万川 reflections

一步万里阔

GEORGIAN London

Into the Streets

Lucy Inglis

乔治时代的伦敦

探寻城市街道里的生活

[英] 露西·英格里斯——著

徐国胜——译

中国工人出版社

前　言

这座伟大城市及其杰出市民值得称道之处不计其数，鄙人无法一一详列，只能根据自己所读所思列出其最精华之处。

——托马斯·德·劳恩（Thomas de Laune），

《伦敦现况》（1690）

14 年前，我受雇于一位古董商，抵达伦敦。这座城市让我如痴如醉，它的历史悬在空中，宛若撩人味蕾的咸盐让人欲罢不能。那段日子，我沉浸于 18 世纪的古董中 —— 牛奶罐、金盒等 —— 都让我乐在其中。制造者何许人也？他们身居何处？又过得如何？寻找答案之际，有关男女、孩童、财富、犯罪、贫穷、色情、异域风情以及令人万念俱灰的世俗世界无不栩栩如生。

君主、政客和贵族已经光照历史，不做赘述，而普通老百姓则值得一提：伦敦市民们，有的在雄鸡报晓时便乘着马车前去劳作；有的宿醉后刚醒便开门迎客；有的坠入爱河不能自拔；有的不顾风险买笑寻欢；有的意识到头虱再殃及孩童；有的违章停车缴纳罚金；有的中了彩票收到现款；有的为公益事业鞍马劳顿；有的则犯下罪行骇人听闻；这里就不一一列举。本书背景为近代伦敦，起始于查理二世的王政复辟，终结于维多利亚女王登基之时。

2009 年夏天的一个周日，圣保罗大教堂（St Paul's Cathedral）钟声悠悠，信徒游客无不前来，我也站在台阶上驻足聆听。人们畅聊甚欢，或沿台阶而上进入堂内。我想，此等喧嚣与 300 年前几乎毫无二致。于是用手机记录下此情此景，而后满载而归。

多年来，我把丈夫硬拽到墓地、住宅、拆迁场所、公共纪念碑和隐蔽的纪念馆，向他讲述橱柜匠、奴隶、用人、织布工、烟囱清扫工以及妓女的故事，而这些人早已亡故。回家后，我又给他放映了录像，这是我与过去的伦敦人“同在”的宝贵时刻。他索性建议我以博客的形式撰写我所积累的故事，以表达我对乔治时代伦敦的所思所想，（他兴许希望我将无限热情寄托于充满戾气的互联网而非他身上）。网络日志迅速博得关注，是因为其探索层面无所不及，将人际关系、犯罪、文学、残疾、个人卫生、工作、性、慈善、体育和购物统统囊括其中。现在，这本书已出版，以致敬 18 世纪的伦敦市民，并以此见证人们的一种永恒念想，即若能足够快地浏览伦敦无穷无尽的档案，便会了解它们，获取细节，并将有关乔治时代伦敦人的一切尽揽无余。

引　言

此书主要记录了1714年至1830年乔治时代伦敦人的日常生活点滴。该时代在伦敦史上绝非寻常，而17世纪后半叶为该时代奠定了基础。当时发生的4起非凡事件缔造了伦敦人的灵魂。首先是政府变革，其次是可怕的流行病及毁灭性大火，最后事关宗教身份问题。

我们的故事从1659年的冬天正式拉开序幕。当时英国本就一穷二白，内战过后，国民更是心如死灰。彼时的英国进入了联邦时代，英格兰共和国由奥利弗·克伦威尔（Oliver Cromwell）组建的“残缺议会”（Rump Parliament）所控制。所谓“残缺议会”，是指政府内战后残余势力组建的议会。而当时（1659年），克伦威尔已撒手人寰。12月，一帮青年走上伦敦街头，手持石头攻击士兵。他们并非街头儿童，而是这座城市的少年学徒，自中世纪以来就因对政府不满而频频发动暴乱，实在堪忧。慑于剑和枪，他们作出让步，但这只是一系列公开骚乱的前奏。水手佩戴上老国王的徽章，顽童点燃篝火，并当街嘲讽“残缺议会”。共和国时日无多。

被处决的国王之子——查理·斯图尔特（Charles Stuart）

已被流放海牙，正在等着复辟掌权。1660 年 5 月 8 日，查理二世被宣为国王，当时他并不在场，但“人声鼎沸，遮掩了圣玛丽—勒—波教堂（位于伦敦的心脏地带，可视为伦敦的象征）的钟声”[1]。贵格会教徒丹尼尔·贝克（Daniel Baker）谴责热烈庆祝的市民，称伦敦为“无耻之妓，放荡成性，嗜血情妇，可恶至极”[2]。但伦敦的保皇派小册子的作者则称查理是从共和国里浴火重生的凤凰。查理于 5 月 29 日，即他生日那天抵达伦敦。受到伦敦市长的欢迎后，他沿斯特兰德大街（Strand）赶往威斯敏斯特（Westminster）。之后，他花了 7 个小时才走出了夹道欢迎的人群，行程近两英里。两万名骑兵与步兵伴他左右，挥刀舞剑，高声呐喊，心中藏着无法言说的喜悦；一路上，紧簇的花团、鸣响的钟声、铺毯的街道、溢酒的喷泉都为他的到来而欢呼。日记作者约翰·伊夫林（John Evelyn）回忆了自己“站在斯特兰德大街，观望查理的到来，并祈求上帝保佑”[3]。

2 王政复辟使伦敦恢复了往日的色彩和乐趣。此前清教徒关闭的剧院重见天日。剧院开放不久，每晚便座无虚席。查理二世复辟前，伦敦的发展预算不足。这是因为此前的统治者谨小慎微，因担心城市管理失控而禁止建设，导致伦敦发展滞后。此时的伦敦依旧是中世纪城市，街道窄小，法院褊狭，杂乱无章的山墙一个挨着一个，既不舒适，也无卫生可言。但查理并没有这种担忧，伦敦很快开始壮大。但接下来恐怖事件成双，1665 年的瘟疫和 1666 年的大火相继出现。短短一年多的时间，黄泉里埋葬了 1/5 的伦敦人。而黄泉外，伦敦城的 4/5 化为灰烬。

1665 年夏，约有 10 万伦敦人死于瘟疫。1663 年，阿姆斯特丹惨遭灭顶之灾，而在那时候，伦敦就知道疾病或早或晚终将袭来。瘟疫肆虐始于 4 月，当月便记录有首例死亡病例。最初暴发地为圣吉尔斯教区（St Giles），即托特纳姆法院路附近的贫困地带。很多逝者既无疾病诊断，也无死亡记录，因为伦敦没有人知道这种棒状鼠疫细菌（学名为鼠疫杆菌）的携带者是伦敦的黑老鼠。毕竟，老鼠不过是城市生活的一部分罢了。鉴于疫情发展不可预测且对人体破坏力极强，疾病的恐怖印象迅速深入人心[4]。没有固定的感染迹象，且有些人没有出现任何症状，便突然命丧黄泉。有些人则发烧严重，腹股沟或喉咙处淋巴结变肿变黑，随后器官衰竭，癫痫发作。街道狭小，天气闷热，死亡量攀升，无人知晓疫情接下来会祸害何处。伦敦笼罩在恐怖之中。

夏季来临，但凡有条件离开伦敦的人全都抛乡离井。商店酒 3
馆关门大吉，街道空无一人。牧师、医生以及塞缪尔·皮普斯（Samuel Pepys）等官员，同少数的“顽固”居民一道固守家园。很多仆人落在后头，逃亡路上，主人哪里顾得上他们。迷信者们携带了“护身符、迷魂汤、驱魔贴、辟邪物”以期保护自己。7 月 1 日，伦敦城（the City）市长和市议会的长老议员发布了一套更为实用的紧急程序，以供各教区遵守履行。饱受摧残的百姓家家户户大门紧闭，门外有看守人把守，所有人不得外出。丹尼尔·笛福（Daniel Defoe）记录道，有些人单纯因看到其家人痛不欲生而死于恐惧。

若有人亡故，一名检查者（通常为可怜老妇）将被派去调查。看守人准许检查者入屋，但他们必须“尽其所能”[5]诊断亡者。所有幸存家庭成员都务必居家隔离 28 天，而期间过活要靠朋友隔窗传食。若无朋友，只能挨饿。

截至 9 月，每周死亡量已高达 7000 人。市长下令，要求将伦敦猫狗斩尽杀绝，而事实上，此举未能阻止疾病蔓延，相反助纣为虐：“他们说杀了 4 万只狗，但数量不过是猫的 1/5 罢了，要知道几乎家家户户都养猫。”[6]没了捕食者，毒鼠的数量大增。伦敦人只有必要时才敢冒险出门，但往往会载病而归。牧师约翰·艾林（John Allin）及其兄弟决定固守伦敦。在那致命 9 月的伊始，约翰的兄弟在一天早上外出了，回来时，却发现“他的耳下僵硬，原来是一肿块，揪不下也破不了，却使他窒息，最后他在周四夜里不幸离世”。那一周，死亡人数达到顶峰，而艾林写下“凄凄惨惨戚戚，丧钟处处鸣响，不绝于耳”[7]。

“死亡马车”在空无一人的大街隆隆作响，大街上尸积如山。当亡者家属走近，车夫便摇响手铃，喊道：“把尸体弄出来！”很少有人会精心备好坟墓。人们挖了鼠疫坑，其中几个在阿尔达门（Aldgate）和克里斯普门（Cripplegate）附近，那里的死者会葬于地底 6 英尺处。如期落成的地面空洞对生者的影响也相当大。约翰·艾林在卧室隔窗观望，看到有人便痛苦不安。在死亡高峰期，笛福记得“那些因感染而濒于死亡的人，以及精神错乱者跑到坑前，裹上毛毯或地毯，并跳进坑里”[8]，车夫和帮忙“埋葬”的人对周围的苦难变得冷酷无情。一个叫白金汉（Buckinham）的车夫穿过大街时大喊道，“卖火把，卖火把，6便士5个”[9]，然后抓住一名儿童的尸体腿部，再拎起其整个尸身。白金汉此举引发众怒并遭到鞭打和囚禁。

不久，秋季来临，城市降温。就在伦敦人担心快要灭绝时，疾 4
病传播速度得以放缓。似乎有更多的受害者幸免于死。他们“微微冒汗”[10]，淋巴结肿块破裂，筋疲力尽。家人还在生病，但不久便有幸康复，有时一家人全都能幸存下来。毕竟，最糟糕的时日已过。1666年春，多数背井离乡的人也都重返家园，国王及其宫廷也荣归圣詹姆斯大教堂。这个疾病会等到下一个炎炎夏日，到某些贫民窟内停留肆虐，但生活以惊人的速度恢复常态。伦敦大难不死，至少当时看来，确实如此。

1666年9月2日凌晨，女仆简（Jane）在希兴巷（Seething Lane）叫醒塞缪尔·皮普斯和他的妻子伊丽莎白（Elizabeth），说她和其他女仆看到伦敦城内在着火。他起床披上睡衣，同简一道观察，但正如他在日记中所述，“觉得火势不过如此，便又上床睡觉”。7点左右，他再次起身，穿好衣服后，“简过来跟我说，她听说我们今晚看到的大火已毁掉了三百多栋房屋，而现在伦敦桥旁边所有渔街都燃烧着”。皮普斯惴惴不安，便走到伦敦塔（Tower of London）处观察火势进展。他下了塔，前往河边，然后乘船在水上观望。杆秤码头［Steelyard，占地4英亩，当时为轻工业园区，盖有仓库和住房，如今被坎农街车站（Cannon Street Station）所覆盖］的大火熊熊燃烧，住户已开始大规模撤离。在人们还不知找谁问责时，公共秩序崩盘了。当天，伦敦的外籍人士，特别是法国人成了众矢之的。14 岁的威斯敏斯特学童威廉·塔斯韦尔（William Taswell）记得曾看到这样一幕：一个铁匠遇到"一名街头行走的无辜法国人，便立刻拿起铁棒将他击倒"。威廉听他兄弟说，他也曾看到一名法国人"差点被肢解"[11]，因为暴民觉得他携带了炸弹。而所谓炸弹不过是一个网球盒罢了。

5 塞缪尔·皮普斯继续在水中穿梭，观望火焰进展。高耸的建筑狭促且"极其厚实"，建筑的山墙彼此倾靠，使得火势在屋顶之间肆无忌惮地蔓延。大风刮起，威力无穷，大火借着风势袭向伦敦城。事实证明，久经干旱后，所有物体都易于燃起，就连教堂里的石头也不例外。大火四处蔓延，国王传唤皮普斯，命他去找市长，并让市长推倒大火所到之处的房屋。皮普斯在坎宁街找到了市长，"他气喘吁吁地拿手帕擦着脖子"。阻断大火为时已晚。皮普斯再次入水观察火势。这里的家家户户都把家当装到泰晤士河畔的货船上，这种船尺寸不大，被称为"驳船"。皮普斯在水中观火，差点被浓烟熏死，他的脸"也差点被一团火星点着"。那夜，皮普斯及妻子坐在三鹤码头的一家酒馆里，眼睁睁看着大火吞没城市，"看到窜起一英里高的火苗，我不禁呜咽起来"。

周一早上，他们开始收拾行装。在皮普斯一家吃力地收拾物品逃跑时，伦敦另一位知名日记作家约翰·伊夫林从德特福德（Deptford）赶来一睹"伦敦大火"。等他从南沃克（Southwark）观望大火时，皮普斯和伊丽莎白昨夜坐过的酒馆已不复存在。市长托马斯·布拉德沃思也不见人影。好在当时查理国王的弟弟约克公爵詹姆斯（James）抵达伦敦城，组建了一支消防队伍，并下令拆除所有街道。火势继续蔓延。皇家交易所，这颗伊丽莎白时代伦敦的璀璨明珠，也于傍晚时分付之一炬。

周二，伦敦塔驻军果断采取行动，炸毁了伦敦城东部边缘的所有房屋，以阻止火势继续向东蔓延。耸立在拉德盖特山（Ludgate Hill）的圣保罗大教堂也遭烈火蹂躏。伊夫林记载道："金属铅'房顶材料'融化后，如溪水般流淌在街道上，人行道罕见地泛着红光，人和马绝不敢一脚踩下。"他回顾了伦敦城的种种惨象，"塔楼，房屋和教堂应声倒地，仿佛经历了一场骇人的风暴"。伦敦城西的詹姆斯及其同僚希望舰队沟渠（Fleet Ditch）能够提供一道天然防火屏障。然而，气势汹汹的热干风从东部吹来，他们亲眼看见了大火跃过沟渠直抵舰队街。然后他们就跑掉了。

那晚，风却突然消失，而防火屏障也起效了。周三早上，皮 6
普斯在城市中四处游荡，发现他曾驻足过的整个摩尔费德斯（Moorfields）一片狼藉，他的"脚差点烧起来"，此外，摩肩接踵的人群也进入他的视线，这些人携带家当逃入灌木丛中。皮普斯目光所及之处，正是惨遭摧毁的中世纪伦敦的缩影。他从街头捡起了"一块16世纪默瑟（Mercer）的查普尔（Chappell）玻璃杯留作纪念。玻璃杯在大火中受热，已严重熔化变形，宛若羊皮纸一般"。此时，"一只可怜巴巴的猫从烟囱口里跳出，爬上皇家交易所的墙头，浑身的猫毛都燃尽了，还好小命尚在”。那晚，有人窃窃私语道，法国人和荷兰人的数量与日俱增，他们，准备接管奄奄一息的伦敦城，然而一切都相安无事。自周日以来，皮普斯首次躺下“酣然入梦”。

周四早上，火焰只是零零散散地燃起。青年人威廉·塔斯韦尔带着宝剑和头盔，沿斯特兰德大街和舰队街走进伦敦城。N55（伦敦地区编号）现在标志着火势的最西端。人行道热浪滚滚，他踩在地上的鞋子几近烧焦。他在舰队桥上停下休息一番，酷热的天气使他担心自己可能昏倒在地。塔斯韦尔勘查了圣保罗大教堂的废墟，一边躲避坠落的砖石，一边将受热变形的堂钟金属放入其口袋。然后，他发现一名女子的尸身贴着东墙，该女子原是在此寻求庇护，她“皮肤完好、体格消瘦、浑身发黄”[12]。伦敦大火所记录的死亡人数很少，实际死亡量不详，至于那个教堂里的女人，那些身带镣铐的囚犯，以及独自生活的老弱病残是否算入其中，就不得而知了。

大火过后，追责便成了迫在眉睫的事项。法国人罗伯特·休伯特（Robert Hubert）这个“可怜的替罪羊”[13]因被控引发大火而遭处决，但罪魁祸首是布丁巷的面包师托马斯·菲里诺（Thomas Farynor），他熄灭烤箱时因操作不当而导致火灾。大火摧毁了超过1.3万座房屋、87所普通教堂、一座大教堂以及伦敦城的大部分公共建筑。查理二世开始为重建计划招贤纳士。约翰·伊夫林和克里斯多弗·雷恩（Christopher Wren）呈交了设计方案，即在轮廓清晰的边界内布置齐整的街道和宽阔的广场。但为时已晚，伦敦市民早已开始疯狂重建，他们清理完烧焦的房屋残骸后，划定界限并采购建材。

除却 1941 年的闪电战，伦敦大火对伦敦格局的改变，是此后 7
其他任何事件都无可比拟的。水蒜芥（Sisymbriumirio）是一种呈亮黄色的芥末植物，大火后在伦敦漆黑的废墟中疯狂生长。它因别名“伦敦火箭”（London Rocket）而闻名遐迩，于 1941 年重返伦敦后，在残垣断壁中生根发芽。

伦敦大火后，许多人西迁，并在霍尔本（Holborn）中世纪街区安家落户。而有的人则在苏活区（Soho）一带打造砖砌房屋，以降低建筑物的易燃性。私营企业崛起，贸易需求加大，使得伦敦发展日新月异。短短两年间，伦敦痛失 1/5 的人口，以及 400 多英亩的仓库、商铺和住宅。如今，疫情转好，人们对那些曾被抛却的仆人的需求大增，建筑工人也颇受欢迎。吉迪恩·哈维（Gideon Harvey）估算“伦敦大火后的仅仅 4 年里，建筑商获利 400 万英镑，年均 100 万英镑”。[14] 当时的这笔钱，放在今日约为 70 亿英镑。

伦敦的变化不仅体现在城市风貌中，也体现在社会结构上。戏 8
剧和文学愈加世俗化，诸如查理·塞德利（Charles Sedley）、约翰·威尔莫特（John Wilmot）以及罗切斯特伯爵（Earl of Rochester）等自由派成了放宽性道德的代言人。女演员首次登上舞台，并且同性异性的角色均可扮演。她们有着魅力十足的生活方式、富有的爱人，并对先前严苛的性别“规则”嗤之以鼻，这使得这座清教徒统治下的城市“如梦方醒”。无论查理二世对宗教作何感受，他都在这个问题上很谨慎。伦敦是一个十足的新教城，但由于实用主义者和商人定居于此，出于商业考量，伦敦海纳诸多宗教。但该城只对天主教几乎采取零容忍的态度。某种程度上，这种态度源自一段痛苦的经历：天主教女王玛丽·都铎（Mary Tudor）于1555年在史密斯菲尔德（Smithfield）纵火焚烧新教徒事件，成了所有伦敦人挥之不去的回忆。普通天主教徒不得庆祝弥撒，不得担任公职，也不得教授儿童。

1685年2月，查理二世的身体每况愈下。他的弟弟詹姆斯，即约克公爵，就是一名天主教徒，他对其信仰毫不掩饰。在查理二世病倒了4天后，迹象表明他时日无多，詹姆斯叫走了国王卧室的侍从，只留下几名亲信，然后将约翰·哈德斯顿（John Huddleston）神父带入。30年前，哈德斯顿曾协助查理二世从克伦威尔圆颅党手中逃脱。不知国王清醒与否，他竟加入了天主教会。没有任何证据显示此举有违他个人意愿。他在遗言中提及了新教妓女内尔·格温（Nell Gwynn），当时，他恳求詹姆斯：“别让可怜的内尔饿死。”

约克公爵登上王位，封号詹姆斯二世。他仅仅执政4年，在位虽短，但期间政治纷争不断，于是他越发依赖其天主教顾问。1688年，他的女儿安妮（Anne）和玛丽（Mary）及其女婿即荷兰奥兰治亲王威廉（William）密谋将他废黜。

1688年6月，詹姆斯二世的妻子诞下儿子，危机随之降临。

如今，英王室有了一位天主教男性继承者。同时，安妮公主写信给姐姐，即奥兰治亲王威廉的妻子玛丽，“毫无疑问，英格兰国教才是唯一真正的教会”[15]。11 月，奥兰治亲王威廉从托贝（Torbay）入侵英格兰，直抵伦敦。安妮与她的最佳好友莎拉·丘吉尔（Sarah Churchill）连夜逃走。詹姆斯二世因为女儿丢下自已逃之夭夭而大吃一惊。他患有严重的鼻出血，病情日益恶化，这使得他的权威和信心进一步受损。他已将妻子和婴儿王储送至法国，并意识到自己也必须逃亡。詹姆斯二世从威斯敏斯特乘船赶往沃克斯豪尔（Vauxhall）。据说，当他穿过泰晤士河（Thames）时，将国玺掷入河中，这标志着此后他再不过问国事。但不久，一名船工找到了国玺[16]。

到法弗舍姆（Faversham）后，詹姆斯二世才被一些水手认出，他们扣留了詹姆斯二世，随后，伦敦一支护卫队迫于威廉之令前往法弗舍姆，意欲将詹姆斯二世带回伦敦，但他并未乖乖就范，双方僵持不下。然而，随着威廉的版图从西向东扩张，詹姆斯二世的时间也快耗尽。12 月，威廉抵达伦敦周边。他给了詹姆斯二世一次离开的机会詹姆斯二世与妻儿一起前往法国，并以国王路易十四（天主教徒）的贵宾身份度过余生。他逝于 1701 年。詹姆斯二世的逊位被称为“1688 年光荣革命”。称为“光荣”，一来因为此次革命为非暴力政变，二来因为新教徒重登英国王位。

议会迅速削减了君王权力。威廉确实是一名新教徒，但人的信仰是多变的，英国人“据经验发现，由天主教国王统治新教王国根本不符合国家安全和利益”，后来于1689年12月16日通过的《权利法案》便体现了这一点。天主教问题在乔治时代的伦敦仍是一触即发的引爆点。人们对天主教一成不变的怀疑、无知和偏见常常演化为暴力。

王政复辟，伦敦瘟疫，大火肆虐，光荣革命。这4大事件为乔治时代伦敦的转型奠定了基础。

伦敦人创造巨大良机，迎来了一波又一波经济移民，将古都建设为新城。1666年9月的一个周五，塞缪尔·皮普斯冒险进入了一片烟雾缭绕的不毛之地，当时的伦敦人口仅为50万人。17世纪末前，这一数字相对稳定且一直未变[17]。然而，步入18世纪20年代，伦敦开始扩张，兴起了建筑狂潮。此外，煤炭进口量增加，啤酒产量上升。但随后，发展突然中止，直到18世纪50年代，伦敦才从停滞中崛起，并向四面八方进行大规模扩张。1831年时，该市人口总量为1,654,994人。而随着建筑投机者慢慢吞并城郊的沼泽和绿地，他们发疯似的为全密德萨斯郡（Middlesex）的屋顶砌上瓷砖[18]，伦敦地皮上先是垒起了坚硬的砖头，而后砖上又有了灰泥加固。在短短150多年的时间里，伦敦从一个燃烧殆尽的中世纪城市，演变为世界之都。在乔治四世（George Ⅳ）统治时期的一个晴朗夏日，赛勒斯·雷丁（Cyrus Redding）沿普林姆罗斯山（Primrose Hill）漫步，并开始深入思考这座城市，“王权、法律、贵族、学习、科学、贸易和商业一齐涌入脑海，它们比世界史上的以往任何时候都更加出类拔萃。这座城名扬千里，荣耀四海，即便远在天涯，也能深深感受到它的魅力”[19]。

这座城及其控制的帝国是由商人、银行家、外交官和那些异乎寻常的贵族一手打造的。他们的子女忙碌于码头和商铺，使得这大好江山得以巩固。工匠和艺术家大显身手，为各类房屋和公共建筑装潢门面。贸易商将一只手置于复印的图书上，放眼窗外，脑中浮现一幅商业蓝图。而男妓、热气球运动员、偷狗贼、移民、裸体模特和新闻记者都是些边缘人物。小贩、妓女和拾荒者则代表着伦敦底层群体。这座城市属于在这里的每一个角色，而这本书就是他们生活的真实写照。本书各个章节所述区域各不相同，所谈到的乔治时代的每个人和每件事都是别具特色的。彼时的村庄，如今已被大都市所淹没，例如，马里波恩（Marylebone），以及皮卡迪利（Piccadilly）南部的圣詹姆斯（St James）等小型居民区。而也有许多地方仍旧保留着乔治时代的特征。即便在现在，伦敦城的办公人员仍四处可见，梅菲尔（Mayfair）一带依旧低调奢华、时尚靓丽，苏活区仍然开拓创新，而在哈克尼区（Hackney），天黑之后便是危险之时。最重要的是，这本书讲述的是乔治时代的伦敦人，以及他们的所作所为、秘密、过失、罪行和娱乐。而伦敦的变化恐怕不如您想象的那么大。

目　录

图版说明

第一章

伦敦城

置身于圣保罗大教堂顶部的环形金廊（Golden Gallery），映入眼帘的是向四面八方延伸的伦敦，点缀其中的铁路孕育出一望无际的远郊。若在乔治时代于此远眺，则能看到伦敦清晰的边界。

大教堂坐落于重建后的伦敦城中心。1697 年 12 月，大教堂首次对外开放后，其炫人眼目的白色外表就蒙上了一层薄薄的灰尘。周围的商店房屋低矮齐整，屋顶脊梁井然有序，遵守了伦敦大火后制定的建造新规。这里有商业巨头的坚固宫殿，也有匆匆架起的廉价城墙，墙下有埃尔德斯门（Aldersgate）和克里斯普门，墙内挤满了搬运工、计日工和船夫。浴火重生的大街比之前更加宽敞，也更加干净了。周围遍布重建后的教区教堂，无数尖塔高高耸立于新铺的瓷砖之上，低洼的南沃克地带薄雾重重，风车帆绰约其中，与河对岸的教堂交相辉映。白雾缭绕的水面上船桅林立，只待卸货。而北岸则是齐整划一的仓库。这里码头的名字颇具古风古韵，耐人寻味："胶泥码头"（Puddle Dock），"蹩脚码头"（Broken Wharf），"皇后区"（Queenhithe），"牡蛎门"（Oystergate）等。

放眼东部，在伦敦塔动物园里，雄狮在饥饿地咆哮。而更远处则坐落着沃平（Wapping）的贫民窟和沼泽地。19 世纪初，沃平新码头建在90多英亩的封闭水域上，使得伦敦东部大变样。若是阳光明媚时，远处的哈克尼和贝夫诺格林（Bethnal Green）绿地会焕发活力，向伦敦市民致意。置身教堂中殿，向西可观拉德盖特山，也可隔着舰队河（Fleet River）眺望皇家法院。舰队街（Fleet Street）是通往伦敦第二大自治市威斯敏斯特的主要通道。舰队河在当时不过是一条又宽又脏的沟渠，上边架着一座平桥，通往另一侧的舰队街和远处的斯特兰德大街。如今，斯特兰德大街的酒吧遍地开花。街头林立着连锁店、咖啡馆以及出售贺卡的普通商铺。过去这里有小酒馆和出售《圣经》色情制品的商店，甚至还有古怪的大象。科芬园（Covent Garden）和苏活区的烟囱和屋顶，新旧交织，鳞次栉比。查令十字街（Charing Cross）则坐落于皇家公园和皇家法院前方，成为连接了西南各郡的交通枢纽。乔治时代的梅菲尔和马里波恩仍是风景宜人的田野，但不久后，开发商便如期而至。放眼北部，汉普斯特德（Hampstead）和海格特（Highgate）构成的双子峰矗立在泰晤士河谷（Thames Valley）的白垩和黏土之中。这个繁忙大都市的边远郊区精致可人，是夏日避暑和周末度假的好去处。

14 在金廊下365英尺处俯瞰，沿袭中世纪风格的伦敦城大街一览无余。这里从古至今都是伦敦财富的诞生地。码头的仓库里堆满了贵重货品，而商贩们可由此提货。伦敦城可谓一个大聚宝盆，因为从重建开始的那一刻起，“一平方英里”（Square Miles，指伦敦金融城。）便由中世纪商人商铺的聚集处，化身为金融家、投机者、保险机构和文员们大展宏图之地。彼时，伦敦城的上班族视金钱为一切，而我们的故事也由此拉开序幕。

圣保罗大教堂：伦敦城之心

当时，吉迪恩·哈维估计，大火后的伦敦城年度重建预算高达百万英镑，这看似是一笔巨款，但它不过是实际费用的一个零头罢了。仅是圣保罗大教堂的重建，开销就不计其数。而这是重建中耗时最长的在建工程，相比那些草草建造的新住宅和新商铺，大教堂鹤立鸡群，堪称杰作。

自公元 604 年以来，圣保罗大教堂一直立足于伦敦城的城市中心。1666 年 8 月 27 日，约翰·伊夫林在日记里提到他和克里斯多弗·雷恩博士同神职人员、市政官员和“数名专家级工人”举行会谈，讨论着如何拯救中世纪的圣保罗大教堂。他们发现大教堂起初就很糟糕，结构“由于年代流逝以及人们疏于维护而被破坏”。雷恩和伊夫林对于建设新教堂的建议大加赞同，并提道“穹顶要优雅别致，形态要独辟蹊径”[1]。仅一周过后，雷恩希望重建的大教堂，变成了一个被烧毁的躯壳。对于雷恩以及那些致力于教堂和城市重建的诸多工作者而言，这是一个无与伦比的职业发展之机。

1667 年，建设新规出台，雷恩和罗伯特·胡克（Robert 16
Hooke）等人一道负责起草城市建设的新指南。允许建设的私人建筑的类型不多，包括富商豪宅，主干道两侧建房，还有小巷及庭院中的小店铺小房子，且其建造规则较为严格。它们需由石材所建，并由木质窗框镶入墙壁，如此便不易起火。规划中的新建筑并不美观，但此规划彰显其明智之处，“不盖棚屋，不建草草规划、匆匆落成的临时建筑，也不设贫民窟、码头，避免有凸出结构的房屋、店铺和凸出墙面的水管（路人易靠近这些凸起物）”[2]。

伦敦城俨然成了一片庞大的建筑工地，到处都是石匠和架子工。新房子、新商铺在木匠、瓦工、玻璃工的助力下，如雨后春笋般“破土而出”。到 1675 年，8000 多所房屋被重建。房屋建设通常都符合新规，但并非高标准的建筑。工人们从乡下蜂拥而来，准备利用伦敦人提供的高薪，让他们的业务运转起来，让他们的家人有一个栖身之所。伦敦城在学徒管理及工作权利方面的制度非常严苛，所以从理论上来讲，工匠须跟着其行业的师傅学习 7 年，才能获得工作“自由”。但伦敦大火打破了这一局面，毕竟当前工匠供不应求，大量工匠从欧洲和英国的各个省份被征召过来。

圣保罗大教堂建筑的主力军依旧是英国人，但也有外籍工人加入其中。教堂遗址四围高墙顷刻拔起，以免引人围观。1667 年 9 月，一个石匠团队受雇沿绳索从高空降至摇摇欲坠的残垣断壁处，然后向其猛击，使其轰然倒地。神职人员不顾雷恩反对，斥资约 50 万英镑对废墟加固修缮，并在尚不稳定的伦敦西区成立了一支临时唱诗班。但此后不久，唱诗班便解散了。

自此，一个由二三十名工人组成的核心团队在雷恩及其助手
17 爱德华·伍德罗夫（Edward Woodroffe，一名经验丰富、能力卓越

的测量员）的监督下，开始了重建工作。夏日，工人们预计早上6点便赶到施工现场，并在考尔布思（Call Booth）报道，此地大致位于今日坎农街（Cannon Street）南侧的可饮用喷泉处。他们一直劳作到中午，并就地享用午餐。一个超大的沙钟设在院中，以确保他们不浪费一分一秒。他们从断瓦残垣中捡到一个古钟，并把它附在框架上，用作提醒。每到下午6点古钟响起，工人们便结束一日的劳作。

事实证明，古教堂的一些结构是无法拆除的，包括伦敦西区东倒西歪的巨柱。它们高达11英尺，历经大火高温后凝固在某处，固若金汤。雷恩不得不求助于火药。他仔细计算了在西北角挖洞的位置，那里有一根特别坚固的柱子不肯倒下来。他安排人员将一个装着火药的松木盒置于洞中，由灯芯牵引，灯芯缠在同样长度的藤条上，并一直延伸至洞外，与撒在地面上的火药无缝衔接。瓦工托马斯·沃伦（Thomas Warren）[3]接受了任务，他在领取额外报酬后点燃火药，并立即撤退寻找掩护。

雷恩真是策无遗算，托马斯不仅安全返回，而且用18磅的火药转移了约三千吨砖石建筑，节省了数千个工时。看到雷恩实验成功，他的助手也想尝试一番。结果，一根柱子引爆后，碎石直接穿过教堂墓区，径直飞向一家书店上层的楼面，而几名妇女恰好在那里忙碌。好在没人受伤，但1672年夏的圣保罗大教堂修缮账目上多出了书店为期两个月的维修费用，此后雷恩被命令不准再在施工现场动用火药了。

他们花了 8 年的时间来准备场地，挖出新地基，并从废墟中捡
18 出好的石头，这期间重建工作从未间断过。6 月，新建大教堂垒起了第一块石头，当时，雷恩已规划出教堂圆顶中心并站在上面。他没打算挪动站位去找记号笔，而是让一个劳工给他找了一大块扁平石。传说，此石为圣保罗大教堂的古墓石之一，仅有一词刻于石上：resurgam（拉丁语，再次崛起）。同一单词还出现在南门（进入教堂圣坛的侧门）之上、“不死鸟”（phoenix，代表国王、大教堂和伦敦城的重生）之下。对于雷恩而言，复活的理念[4]似乎一直以来都至关重要，比如，新建大教堂的主轴与 1675 年复活节周日的日出要恰恰对齐，那一年新建筑的地基工作已经完成。

奠基石一铺好，泥瓦匠便入驻进来。此后的 22 年里，他们将连续不断地为大教堂尽鞍马之劳，对于完成如此宏大的工程而言，区区 22 年是相当短暂的。波特兰石是圣保罗大教堂的主要建材，从多塞特郡（Dorset）水运过来，然后由起重机吊至大教堂的南侧码头。泥瓦匠的棚屋遍布整个场地，若有任何工具变钝或损坏，则由工地铁匠打磨或修补。其他棚子则包含所谓“追踪地面”（tracing floors），其上可按规定比例精心拟定部分草案，并将切石置于粉笔轮廓之上，以检测它们在起吊前是否已恰如其分地拼在一起，然后再被吊到合适的地方。1691 年，克里斯多弗·雷恩似是经引荐加入了圣保罗大教堂墓区（St Paul’s Churchyard）的共济会会所（Masonic Lodge）。共济会正逐渐从基于技术的互助团体，演变为私密信息共享与绅士齐聚一堂的平台。毫无疑问，当以“老

板”身份入会时，雷恩颇受欢迎，但当时毫无秘密可言，直到几十年后，该组织才蒙上一层神秘面纱。组织内严禁议论宗教和政务，获得新知才是重点。17 世纪 90 年代，科学理念和数学思想突飞猛进，共济会取其精华，将这种新“自然哲学”应用于其专业领域。该组织通过讲座，为其会员普及“真实、有用且普适的科学”教育[5]，并在充满手足之情的环境中建立模型进行实验。组建兄弟会是伦敦城的悠久传统之一[6]，在教区系统和中世纪行会以及伦敦城同业公会中都有明确体现。教区官员、会所纳入的行业自由民以及共济会兄弟和伦敦市民越来越习惯于通过各种方式，为社区建设添砖加瓦，改善巩固社区邻里关系，在困难时期为社区发展保驾护航。当然好人有好报，助人即助己。

至于圣保罗大教堂的建设者是否都加入共济会，就无从得知 19
了。但他们都是行业的佼佼者。雷恩聘请了木匠大师约翰·朗兰德（John Longland），以确保一切都能顺利进行。在此过程中大量木材被投入使用，软木硬木不久便被堆积在附近 3 个码头上。软木产自克里斯蒂安尼亚（Christiania）、德拉姆（Dram）和腓特烈斯塔（Fredrikstad），硬木则源自英国森林。当时有一个流传甚广的笑话——伦敦大火为波罗的海的木材商送去了无限温暖。脚手架需要木材，建筑过程中也需要木材。木材嵌于圆顶的内部结构中。置身堂内，您看不到堂外可见的圆顶内景，映入眼帘的仅是构建于内景下方的圆顶而已。两者之间则是另一个砖制的圆锥形圆顶，撑起了其正上方的金廊。置身堂外，您可看到一个覆盖铅皮的木制圆顶。1711 年，圆顶落成，76 岁的雷恩坐上空中飞篮以验收工程质量。

教堂既已建成，其内部装潢便成为当务之急。在伦敦能工巧匠的助力下，大教堂布满了不可思议的奇迹。画家詹姆斯·桑希尔爵士（Sir James Thornhill），即威廉·霍加斯（William Hogarth）的岳父，在圆顶内绘制了闻名遐迩的图案。约翰·伊夫林坐在德特福德的一间“陋室”内，隔窗看见一人用蜡烛点燃了丁托列托（Tintoretto）所绘《耶稣受难》的木制模型。那人便是生于荷兰的雕刻家格林林·吉本斯（Grinling Gibbons），他对石材和木材的运用驾轻就熟，后来唱诗班中的大部分作品都出自此人之手。法国人胡格诺（Huguenot）教徒让·蒂茹（Jean Tijou）则负责铁艺。西南塔最顶端镶嵌的“黄铜菠萝”，由铁艺奠基人简·布鲁尔（Jane Brewer）于 1708 年制造，当时大教堂已对外开放了长达十年之久。布鲁尔并非在大教堂做事的唯一女性，教堂账目上还记录有“管道工程师萨拉·弗里曼（Sarah Freeman）”“画家维多·皮尔斯（Widdow Pearce）”和“铁艺人安妮·布鲁克斯（Anne Brooks）”[7]。她们可不是普通劳动者，而是处于行业金字塔顶端的职业女性。

换算到现代的金额，圣保罗大教堂的最终耗资为 7500 万英镑，这些钱都进了伦敦制造商、工人和妇女的腰包。

主祷文大街：伦敦城图书馆

主祷文大街（Paternoster Row）位于圣保罗大教堂墓区以北。从中世纪到1940—1941年的闪电战期间，此处一直是伦敦的售书中心，当年此地被炸得面目全非，损失的图书超过100万册。彼时的家庭娱乐全都指望着书籍和音乐，因此，那些瞄准商机的商人将书籍和出版视为嘴边的肥肉。这一生意的启动成本相对不高，即便高效的小企业启动起来也是游刃有余。随着17世纪末文学之风的盛行，以及18世纪贸易的日益国际化，阅读甚至书写能力变得愈加重要。

印刷店比比皆是，印刷也像多数18世纪的行业一样成了“家常便饭”。每个店面都要摆两台印刷机作为标配，且每台印刷机均由两人打理。排版师要与店主、老板娘、学徒和用人一道工作。有一本专门帮助父母指点孩子择业的手册，里面展示了可应聘的各类工作，还列出了对语言技能的各种高要求（那些可能精通图书贸易的青年才俊[8]必须满足这些要求）。

若青年才俊想成为排版师，他应持有像样的“天才推荐信”，以证明其有出色的语言天赋：他必须对语法了如指掌，若能懂得拉丁语和希腊语，那他在业务中便能更胜一筹……如今风靡英格兰的“写作精神”和“新闻自由”帮助了人们在印刷行业就业，该行业近年来也已发展得很成熟。

21 曾几何时，瓦匠、木匠和体力劳动者作为核心工作者备受尊重，但是在 18 世纪初，各社会阶层对读写自如的年轻学徒的需求与日俱增。只要女性具备了一定语言能力，无论她们是何种身体条件，都可在印刷店里轻松拿到饭碗。印刷业不同于多数伦敦其他行业，女性并不受限于清规戒律，她们可自由选择印刷业，并可不受偏见地在伦敦城上班。虽说埃莉诺·詹姆斯（Elinor James）是印刷商托马斯·詹姆斯（Thomas James）的遗孀，但她约在 1715 年，就以己之名出版了一本宣传册，名为《詹姆斯夫人致所有印刷商的倡议》（*Mrs.James's Advice to All Printers in General*），并指出："40 多年来，我一直从事印刷行业，我非常热爱它。"纵观埃莉诺的印刷生涯，她共出版约 50 本实用手册。此外，她曾发表过一些演讲，其中包括《埃莉诺·詹姆斯夫人在市政厅向伦敦市民的致辞》（1705），这表明，她不仅是一名热衷政治的出版商，还是一位演说家。她向所有人讲述了她认为正确的行事方式，上到国王，下到平民百姓。而这不止一次使她锒铛入狱，罪因是"散布丑闻并质疑公文"[9]。

埃莉诺因能言善辩以及敢于执笔檄文而著称，这就意味着她的名望不过是"转瞬即逝"，但伦敦城其他印刷商依旧与我们同在。托马斯·朗曼（Thomas Longman），即如今教育出版公司皮尔森·朗曼（Pearson Longman）的创始人，对于新文学有着敏锐的眼光和商业意识，并且具备驾驭棘手作者的能力。朗曼生于布里斯托（Bristol），他曾在伦敦城当学徒，且同他师傅之女喜结连理。1724 年，他拿下了黑天鹅（Black Swan）和主祷文大街舍普（Ship）一带的经营场地，并以己之名开展业务。此外，他还购买了威廉・泰勒（William Taylor）[即丹尼尔・笛福所著《鲁滨逊漂流记》（*Robinson Crusoe*）的出版商] 的股票和店面。不久后，朗曼便开始了启蒙运动中最伟大的印刷尝试之一。

17 世纪末，欧洲知识分子面临严峻考验，因为有关科学、天文学、哲学和自然界的图书泛滥成灾，但其中许多太过于专业，使得普通读者只能望而却步。1704 年，约翰・哈里斯（John Harris）著成了《技术百科全书》（*Lexicon Technicum*），但因其记录散漫，缺乏索引，很多内容都无从查找。为此，需有人为信息分类这门新知识提供一份简单明了的指南。信息分类是永恒的现代主题（“维基百科”是史上最新当然也是最大的信息分类尝试）。

1680 年，伊弗雷姆・钱伯斯（Ephraim Chambers）生于肯德 22
尔（Kendal）[10]。他天赋异禀，但穷困潦倒，被送到伦敦一名机械师那里当学徒，“可他脑子里的念头跟其所做的体力劳动根本不符，因此他遭到辞退，并去找下一雇主”。但这次他又失败了，“最终地球仪制造商塞内克斯（Senex）先生收留了他”。

如今，塞内克斯地球仪因其天文定位精度而倍受赞誉。伊弗雷姆・钱伯斯绝非等闲之辈。塞内克斯来自什罗普郡（Shropshire），后注册为皇家学会研究员（Royal Society Fellow）和共济会会员，仅比他徒弟年长两岁，这让 34 岁的钱伯斯成为伦敦最年长的学徒之一。钱伯斯在那段时间用功学习，一位朋友记道，他离开了学徒班，也离开了“那个冷若冰霜的地球仪制造商”。因为，他去意已决，立志要写“全宇宙最好的书”。

这项事业任重而道远，1728 年，他的《百科全书》问世。钱伯斯将其对此书的可观预期列在书名页上：“《百科全书》，或一本艺术与科学的通用词典。”[11] 1740 年，他与世长辞，临终前仍为新版词典鞠躬尽瘁。传言，一大批出版商争相致力于《百科全书》的量产，甚至为此争休不已。但在伊弗雷姆死后，唯一被特别提及的人就是朗曼，朗曼“在出版钱伯斯作品时尤其展示了王子般的慷慨大度和父亲般的柔情似水。”1775 年，主祷文大街的朗曼又继续出版塞缪尔·约翰逊（Samuel Johnson）的《英语大词典》，这绝非巧合，因为该书沿袭了《百科全书》的风格，写入了诸多艺术和科学注解。

整个社会正愈加具有文化涵养，而图书崛起只是文化进步的催化剂之一罢了。1680 年，威廉·道格拉（William Dockra）推出了他“新颖且实用的发明，通常被称为‘便士邮政’”。若在早 8 点把信送至邮局，早 10 点便可在伦敦市内递送，也可通过六大“邮递专线”送出城外。在整个乔治时期，邮局都由财政部监督，且由一小群精英人士管理：约翰·伊夫林致力于打理国家办公室；弗朗西斯·达什伍德（Francis Dashwood）开展活动呼吁邮差小哥不再用矮马作为代步工具，高马和马车可取而代之；而老威廉·皮特（William Pitt the Elder）则提出有必要对来自境外特定地区的邮件进行消毒。

在 18 世纪，信件的诞生对于精英阶层乃至普通老百姓都是非同寻常的大事。书写工具非常便宜，即便是社会最底层群体也能买得起，而邮政体系则使他们能够将自己的思想、观点和希冀传达给远方的亲友。大街上的专业小贩高声叫卖着颜料和鹅毛笔。那些穷得买不起工具的人，烧掉羊毛并将灰烬捣成黑粉用于书写。最好的鹅毛笔取材于鹅翼上的第三根羽毛。右撇子钟爱取材于鹅左翼的羽毛，因为它们可在手部弯曲自如，且更为舒适。而罕见的左撇子则惯用鹅右翼的羽毛。多数纸张由压成薄片的碎布漂白制成：纸张甚是耐用，其表面纹理对糙笔而言恰到好处。文具店和书店的纸张按“刀”出售，此外，若将纸按指示细细切割或撕开，便可获得符合邮局尺寸标准的纸张，且每张纸邮费仅为一便士。 23

邮政体系及其催生的文学之风至关重要，已成为伦敦本身商业发展不可或缺的一部分，自此，伦敦在英国乃至全世界的影响力也与日俱增。伦敦人可以依靠于此实现信息的快速分发与接收。各地的思想家们都热衷于邮寄连载文学，这使得出版商备受鼓舞，因为他们可定期出版那些未完待续的故事，到查尔斯·狄更斯（Charles Dickens）的作品出版时，这一风气达到顶峰。伦敦人通常迫不及待地将连载小说抢购一空，殊不知全国各地的村民以及世界各处服役的士兵也都对此充满期待。到 18 世纪 20 年代，商务信件定期往返于伦敦和中国。水手在游移不定的船上作业，而他们几乎目不识丁的妻子只能猜测其当前所在码头，然后填写收件人地址，并于信封正面写上寄件人地址。若“他们的船只已离开收信码头”[12]，信件便可原路返回。

自 1760 年起，邮局还负责向伦敦媒体介绍英国其他地区的情况，且大量相关报纸可在加盖邮戳后发行。然而，政府愈加意识到，它虽无法控制报刊言论，但可通过邮局控制报刊发行。对于那些对政府最有力且煽动性最小的报纸，邮局则加盖邮戳并“免费发放给咖啡馆经营者”[13]。

24 伴随着邮局不断扩张，一种办公文化应运而生。18 世纪初，印刷厂的排字工都是受过中学教育的青年才俊，但到 18 世纪中叶，孤儿院才意识到，对于这里的孩子而言，有学识要比有手艺在求职时更重要。1784 年，邮局的价值为 19.6 万英镑。而 30 年后，其价值已逾 100 万英镑[14]。1829 年，邮局入驻华丽新大厦。这些建筑由罗伯特·斯米尔克（Robert Smirke）设计，位于圣保罗大教堂以北的圣马丁勒格兰德（St Martin’s Le Grand）。邮局大厦在此屹立近一个世纪，而书信文化也日趋风靡，但它依旧植根于 18 世纪忙忙碌碌且雄心勃勃的“中等”贸易区。

伦敦的古老市场：史密斯菲尔德、比林斯盖特、利登霍尔和舰队街

伦敦城的古老市场远离喧嚣的圣保罗大教堂的建筑工地和繁华的主祷文大街，基本的现金交易已在此沿用了几个世纪。一侧毗邻圣巴塞洛缪医院（St Bartholomew’s Hospital）的史密斯菲尔德

（Smithfield）市场原是一个古老的牲畜交易市场，而今已成为伦敦城最后幸存的批发市场。丹尼尔·笛福曾坚信“毫无疑问，这是这世上绝无仅有的市场”。

巴塞洛缪大市集（Bartholomew Fair）于9月举行，为期4天，史密斯菲尔德是举办地之一。1703年，内德·沃德（Ned Ward）在市集观看了倒立比赛的女子组竞赛，他留意到女子裙底竟穿着男士马裤。他和朋友走进一家小餐馆里，想尝尝该地的招牌烤肉，但：

> ……我们尚未踏入这个令人窒息的厨房，就看到一个晃来晃去 25
> 的肥仔，即烤肉的监工，穿着汗衫站在一摊口水旁，用擦猪（目的是防止猪身上起水泡）的湿布擦着自己的耳朵、胸口、脖子和腋窝。于是，我们离开了这个肮脏之地，找了家更干净的店面。[15]

1825年，威廉·霍恩（William Hone）光临此地，而当时大市集的全盛期即将画上句号。他回忆起那里的小摊兜售着：

> ……牡蛎、水果、各类廉价的劣质玩具、小柳条篮和其他便宜货……一名男子将已停产的木制小册子纵向排在路边，长达20多英尺。停产前，册子每周出版一次，每册卖两便士，而如今大量册子散布一地，每本仅卖半便士，薄利多销。[16]

鉴于这里太过嘈杂，人们不断呼吁对市集实施禁令，该活动最终于 1855 年遭到封禁。

26 英格兰各地的牲畜被赶入史密斯菲尔德市场，并圈在 5 英亩大的牲口圈内，它们或被屠宰，或被饲养。这里噪声震耳，臭气熏天。18 世纪 50 年代至 60 年代，艾塞克斯郡的牲畜饲养员爱德华·杰伊（Edward Jay）可谓史密斯菲尔德最非同寻常的人物之一：他“身高不足三英尺半，大腿关节全无，完全靠伸直髋骨来撑起腰身。他只有一只胳膊和一只手，但其可以持笔，且无须弓腰便可系扣‘鞋子’”。[17] 有些农民在伦敦郊外经营着自家土地，而那些在史密斯菲尔德市场内外做买卖的牲畜养殖户则瞄准商机，想跟这些农民“分一杯羹”，他们在此地用特制围栏把牲口养肥。围栏多位于伊斯灵顿附近，由泥制高墙和堆积的牛角构成。围栏内种有牧草，栏外设一窄门，可供出入。栏内牧草苍翠繁茂，有人定期浇灌。之后，牲畜便高价卖给牛贩子或饲养拉车马的客栈老板，在新主人“照料下”，它们活动少了，长膘也快了。待到屠宰“时机成熟”之际，这些牲畜在史密斯菲尔德市场要价最高。

27 一旦买家出现，牲畜便被赶着穿过大街，到达最终目的地。后院和屠宰场都有可能是牲畜的临终场地。动物屠宰场主要设在史密斯菲尔德一带，或东边的布丁巷（Pudding Lane）。这些地方至少自 1300 年起就已成为屠宰批发中心，是为接收大量牲畜量身打造的。到 18 世纪中叶，每年接收约 7.4 万头牛和 50 万只羊 [18]。

屠宰场内，牲畜遭当头一棒便晕倒在地，然后被高高吊起，流血致死。有时，屠宰场也设在店铺下面的小酒窖里，还未屠宰的牲畜会被围在角落等候发落。牲畜被屠宰后，肉类大多流向了伦敦最大的肉食零售市场，即科芬园附近的克莱尔市场（Clare Market），那里的屠夫学徒们拉帮结派，喜欢用屠刀打架斗殴，真是令人生畏！在其他屠宰场里，牛羊被剥了宝贵的外皮，这些鲜皮流向了特种批发商，并由他们出售给紧挨着圣约翰街（St John Street）、恰在伦敦城边界以外的皮革商们。

自中世纪以来，伦敦的屠夫，作为肉类批发商，习惯于将屠宰后的垃圾运至泰晤士河畔的码头，并装到船上。退潮时，屠夫将垃圾运至河中央，倾入河中。此外，他们将不可出售的牲口残肢弃置在伦敦的垃圾堆上，而垃圾从这里装箱后便流入由教区管理的垃圾场，由教区雇用清扫大街的拾荒者清理。有时，屠夫将垃圾丢弃在下水道里，但垃圾中的大量动物淤血在人行道下凝结成块，导致人类排泄物无法正常流入泰晤士河。最终，屠宰垃圾被禁止扔进下水道和排水沟，违者将面临高额罚金，但这一规定很难执行下去（可能是由于罪行调查过程太令人作呕了吧）。此外，牛羊圈和奶牛场的尿液汇流成河，伦敦人走在街头时不得不掩面绕行。若是天气回暖，下水道和牲口围栏的臭味混在一起，该地区便笼罩在扑面而来的恶臭之中。

在王政复辟与摄政时代之间，有两个市场仍在开张，即比林
斯盖特（Billingsgate）和利登霍尔（Leadenhall），两者皆在伦敦城 28
内，并对商贩和公众开放。比林斯盖特早年建于伦敦桥以东，桥处

有一水湾，若渔船停靠在此地，可避免交通堵塞。和史密斯菲尔德一样，这里也历史久远，也有长期经营的商店和摊位，它们遍布码头周围，如雨后春笋般蓬勃发展，结果，由于数量过于庞大，导致市场长期不受监管。从地形来看，这里原是伦敦城内一个直通河道（与其说是河道，不如说是峡谷）的陡坡，但现代建筑遮掩了它的地貌本色，若想抵达河畔处密密麻麻的鱼摊鱼店，冒险还是必不可少的。

下船之后，人们在很多小地方都可品尝新鲜牡蛎。1788 年，德国游客索菲·冯·拉·罗什（Sophie von La Roche）前往伦敦，在比林斯盖特看到牡蛎卸货后，她经不住劝说，便在市场旁边的一家客栈中尝鲜，毕竟，之前她从来没有尝过牡蛎是什么滋味。

客栈隔间井然有序，桌上铺有白布。此外，这里有多把藤椅供人就座，真是讨人欢心。一位渔民妇女提着一篮子牡蛎，而一个小伙子一只手握着柠檬，另一只手还拎着一个装有面包、盘子和刀子的小篮子。两人紧紧跟在我们身后……我对牡蛎钟爱有加。[19]

这里的布置魅力四射，即便今天的牡蛎爱好者都会心满意足。就像比林斯盖特的渔妇们在旅馆和大街上兜售的水产一样，她们也引人驻足。对于这些高声叫卖、走街串巷的“游商”而言，“店铺”随身而行，而仓库通常在比林斯盖特市场。她们甚至被描述为聒噪一族……

她们每天早6点便开始了新一天的叫卖。她们极易做生意且顺利交易；卖钱后再购物时，便喜上眉梢、心花怒放。一个篮筐加之声情并茂的吆喝价值5先令，这对她们而言可是一笔大钱。[20]

小贩的每种吆喝都是独一无二的，而那些潜在的买家会驻足聆听他们最爱的吆喝声。这些妇女专门兜售鳗鱼、鲱鱼、白鱼以及螃蟹或其他贝类小海鲜。她们每天公布库存，卖货时使用容量为1/3品脱的锡制大啤酒杯，以估量小虾和其他小型水产品的重量，而个头更大的，则逐件出售，这种方法至今依旧在一些酒吧沿用。

利登霍尔作为伦敦最古老的市场之一，特别像如今的农贸市 29
场，这里有各种小摊出售着各式各样的季节性农产品。夏日里，卖草莓的、卖软果的随处可见。从事这行的多是女性，特别是漂亮女孩，她们耗费大把时间编织“波尔特篮”，即18世纪版的小果篮——带有手提环且体形较窄的锥形柳条筐，可包装货品。男性菜贩牵着驴子或“小毛驴”，驴背上载满了装有蔬菜的篮筐，这种场景在当时很是常见。菜贩的吆喝词并不固定，这主要取决于他们在卖什么菜，他们卖“花椰菜”、芦笋、土豆、胡萝卜、黄豆、豌豆、欧洲萝卜、韭菜和萝卜。奇异的果蔬在这些市场也屡见不鲜，橙子、柠檬以及西班牙和法国洋葱，国产的、进口的，应有尽有。此外，卖墨水的、卖松饼的、卖陶瓷的、挑水的、磨刀的，还有那些卖鸡蛋的女孩也都穿梭在街头。

1736年，舰队河（Fleet River）被泥土覆盖，舰队市场便应运而生。舰队河作为边界，颇具象征意义，舰队桥川流不息，穿梭于此的人们视之为伦敦城的真正入口。河上游紧靠汉普斯特德肯伍德别墅（Kenwood House）附近的北部高地，其下游河道变宽，河水沿着现在的黑衣修士桥路（Blackfriars Bridge Road）一路向下，最终汇入泰晤士河。如今，黑衣修士桥就横架在泰晤士河之上。河流有一段可供通行，这段水路对于缓解泰晤士河的交通拥堵大有裨益。

曾经的舰队河一泻千里，而到17世纪中叶，水路却遭淤泥阻塞。等到后来重建项目启动，由克里斯多弗·雷恩和罗伯特·胡克共同监管，两人不怕劳累，索性在河畔扎营，终于再建了一条颇深、在当时颇具潜力的商业航道。曾有三年半的时间，在每次退潮后，驳船都满载泥沙和废物，船旁则有人站在污物上清理船只垃圾，并将垃圾装入独轮车和篮子。项目最终于1674年竣工，其耗资惊人，高达5.1万英镑（折合到现在约为573万英镑）。当时有一个大问题，上游居民可不受管束地将垃圾掷入河中。到乔治时代的早期，舰队河曾再度成为“一条无人问津，且滋生瘟疫的下水道”[21]。为解决这个问题，上游河道被零零碎碎地堵了起来。到18世纪30年代，大半个舰队河都处于地下。1736年8月，《绅士杂志》（*The Gentleman's Magazine*）披露了下水道的大小，以及附着其中的垃圾量，消息如下：

今日打捞的“公猪”如此肥胖，实属罕见，起初，“它”在舰
队沟里，后被冲进了泰晤士河。原来，所谓“公猪”是住在史密斯 30
菲尔德酒吧区附近的一名屠夫，他在消失的这5个月里一直躺在公共下水道里，而捞尸费从10先令涨到了两基尼。

这一带颇受欢迎，缘于建有中世纪风格的修道院，例如圣衣会堂和多米尼克派“黑衣修士院”，但是到雷恩和胡克时代，河畔两侧则排满了仓库。如今，霍尔本高架桥（Holborn Viaduct）就坐落在上游的霍尔本桥（Holborn Bridge）附近[22]。这里山谷陡峭，因此要尽可能避免使用重型马车和货车。背上货物太重，马儿经常叫苦不迭，当过了低洼处开始上坡时，若是膝盖跌地，马儿便不堪重负。霍尔本桥附近及桥上的建房都是中世纪贫民窟，它们在伦敦大火中幸免于难。《泰晤士报》上的一封信这样描述道，“多年来那些因陷入绝境而铤而走险的流浪者一直容身于霍尔本桥桥上建筑的后面”。

舰队街及周边街道可专享这座古城（伦敦城）的“自由之风”。 31
这种自由是具有宗教属性的地理和历史遗产，不受伦敦城法律的约束。命运可真是一波三折，令人捉摸不透，谁能想到，舰队一带冥冥之中竟凌驾于普通法律之上！这条河（即众所周知的“沟渠”）东侧由所谓的“舰队监狱”（The Fleet）包围，该监狱历经700年风雨沧桑，最终于1846年被拆毁。自13世纪下半叶，这里便成了为债务人量身打造的监狱，此处囚徒多因拖欠极少债务而被债主起

诉，锒铛入狱。很多囚徒刑满释放后，便在利伯蒂（Liberty）一带的街头客栈安顿下来，继续在那里过相对平凡的生活。外国劳工也视此地为容身之处，许多老外都在“吹靴子酒馆”（The Blew Boot pub）附近的客栈扎堆留宿。各种法规成了舰队街神职人员的强大庇护伞，他们甚至可以不受约束地主持重婚仪式，即便在主持婚礼时也可草草了事，舰队街的利伯蒂便由此成了伦敦版的拉斯维加斯结婚礼堂（因结婚礼堂众多而颇负盛名）。

舰队街街头，人们可自由漫步，且只需微乎其微的成本便能举办合法婚礼。到 18 世纪 40 年代，半数以上的伦敦婚礼都在舰队街一带庆祝，那里的房屋和商铺张贴横幅，其上写道“男男女女频频根据规定在‘婚姻承诺书’上挥笔签字”[23]。整个“走进去”，“签字”，以及“走出来”的结婚流程不到 15 分钟便能轻松搞定。这一时期，结婚者比比皆是：在短短 50 年内就有 25 万对夫妇步入婚姻殿堂。正如某些文件所说，在“沟渠一侧”结婚可能并不浪漫，但效率奇高、无拘无束——无须父母同意便能自由结合。诸如“野蛮美妞”（Belle Savage）等当地酒吧，则以固定价位承办婚宴。

1753 年，哈德威克勋爵（Lord Hardwicke）出台的《婚姻法》（*Marriage Act*）获准通过。根据此法，21 岁以下的年轻人须经父母同意方能完婚，此外，结婚公告的宣读、结婚执照的颁发以及教堂婚礼的庆典也须遵守严苛的清规戒律。当然，舰队街的利伯蒂也不例外。该法生效时间为 1754 年 3 月 24 日日落时分，而就在当天日落之前，舰队街礼堂内“有近一百对准夫妇对登记结婚翘首以盼”[24]。

哈德威克《婚姻法》的推出为舰队河的“开放性”画上句号，从此，它再不是一条流动的河，而是转变为一个市场。舰队河再次淤塞，那缓缓流动的河水“卷着狗的尸身向泰晤士河送去丰厚的贡品”[25]。这次伦敦城放弃了“花大钱挖臭沟”的做法，毕竟让舰队河再次畅通需要耗费的时间和成本太多。由于这里的河水不得饮用，也不能用于洗澡，所以这里的污泥浊水已成为人们的“健康杀手”。伦敦人一不做，二不休，采取了完全堵死舰队河的做法：一来创造了一条宽敞便利的下水道，二来构造了一大片用于市场建设的空地。1769 年，黑衣修士桥落成，大半个舰队河直到此时才在砖砖瓦瓦中消失得无影无踪。1763 年冬，最后的受害者因“沟渠”命丧黄泉，但其并非染病致死，也非溺水而亡。原来，一个来自布罗姆利（Bromley）的理发师醉酒后坠入河中，尚未爬出便活活冻死在淤泥里（死时身体竖立着趴向河岸）。

码头和仓库 32

伦敦城的河畔仓库本身便是一个拥挤不堪的市场，因此，中间商可在此购买各种外国商品，“这里砖块无数、烟雾缭绕、船舶纵横，让人感觉污秽不堪且乌烟瘴气”[26]。各式各样的商品均可抵达伦敦港，从码头上征收的运输费不难看出，很多货物都便于选购，包括印花布、烟草、大米、烟、无花果、醋、葡萄酒、黑加仑、橄榄油、奶酪和塔塔粉（工业大量使用的一种金属清洁剂，又称“粗酒石”），不胜枚举。明矾源自中东或英格兰北部，既可用于染布，也可用作除臭剂。此外，这里还有易腐品、国外制品以及花样繁多的动物产品，例如龟甲和鲸须，它们可是伦敦时装界的宠儿。

特别是鲸须，是商品中的香饽饽，因为要想将紧身衣（即几乎所有女性都穿的束身胸衣）穿得更体面，非它不可。据估计，每头鲸的须重与油重之比约为 1∶20 [27]，但鲸须（位于鲸鱼嘴部）贡献了多半收入，它真是奇珍异宝啊！英格兰的独特之处在于，孩子们在很小时便穿上紧身胸衣，以预防生长畸形并养成良好体态：女孩要一直穿到成年，而男孩在正式穿长裤（大约 6 岁）之前也得这么穿。也只有那些在贫困家庭里的孩子不这么穿。而底层妇女穿的束身胸衣是裁缝用包装线将棕色亚麻或皮革缝制而成的。

思罗格莫顿街一带，因其“骨饰品店”（Bone-Shops）而闻名，那里的鲸须价值不菲，成品和半成品都可成捆销售。1750 年，当法国的杜波尔基夫人（Madame du Bocage）访问此地时，她注意到：“女子个个都不化妆，身子却总束得紧紧的。”[28] 据伊丽莎白·汉姆（Elizabeth Ham）记录，在那个时代，穿束身胸衣“简直是人间炼狱”[29]。一度引领潮流的德文郡公爵夫人（Duchess of Devonshire）乔治亚娜（Georgiana）在其 1778 年的小说《仙女》（*The Sylph*）中着重描写了束衣之风：“我那可怜的胳膊穿上束衣疼得不行，身体两侧也勒得要命！但这是一项‘艰巨的使命’，心中的骄傲遮掩了痛苦！”[30]

伦敦城供应鲸须，一方面是由于伦敦人虚荣心作祟，另一方 33
面则因为有人将束身视为家常便饭，最终患上骨病和疝气（这种人数量不多，但其遭遇发人深省）。制作紧身衣或束身胸衣的目的还在于矫正脊柱侧弯和肩膀下滑。骨结核患者亚历山大·波普（Alexander Pope）大半辈子都套着一件紧身衣。

随着百姓日子过得越发红火，贸易变得欣欣向荣，而鲸须需求量也与日俱增。大多捕鲸船在罗瑟希德（Rotherhithe）的豪兰大码头（Howland Great Dock），即后来的格陵兰码头（Greenland Dock）安营扎寨，毕竟，那里算得上城市的一片净土，没有鲸鱼尸身的恶臭。贸易商赶到船上检查鲸鱼，并取下鲸须，将其运至三鹤码头（Three Cvanes Wharf）附近的仓库出售，然后小心翼翼地把鲸须置于仓库地板上，商家则在地板两侧的过道里踱来踱去，不知选哪家为好。此外，地板上还摆有象牙、胭脂虫或天然海绵，奢侈品真是琳琅满目！

买卖达成后就涉及运输了。到 18 世纪 20 年代，伦敦拥有高度发达的物流体系，运营者为齐普赛街（Cheapside）附近的市政厅。任何车辆若想在伦敦城内运送货物，就必须购买年度执照，所有执照加起来至少得花两英镑多，而且车辆驾驶员必须年满 16 岁。泰晤士大街一带设有单向交通系统，以保证货物装卸井然有序：二轮马车空车进入时，须走通向东部的专线，而满载而归时则走通往西部的专线。约 1720 年，单向交通体系建设完成。二轮马车（以下简称“二轮”）和四轮马车（以下简称“四轮”）都有专门候车点（就好比今天的出租车候车区），马车可在那里排队接活，且每个乘客务必搭乘队伍最前边的马车。超载当属违法乱纪，且货车上都须配有长长的货品清单，比如，“3 包茴香”或“6 桶杏仁”，以便检察人员核对运输的货品。“3 桶李子干”占下车厢一隅，而 19 英担奶酪可占车厢“半壁江山”[31]。任何二轮和四轮，若无人看管，或者“按兵不动”的，第一次罚款 5 先令，第二次罚款 10 先令，第三次罚款 20 先令，以此类推。若车主屡教不改，则车辆被带至克里斯普门附近的绿色小园，“车主支付罚金以及车辆‘保管’费之前，二轮、板车等各种车辆甚至马匹都被扣押并保管在那里”[32]。

34 若小宗商品重达 56 磅，则可雇持证上岗的搬运工。这些人膀大腰圆、身强力壮，可把货物从街头运至家中。若两人搭伙，则可获准搬运双倍重量的货物。他们会定期，抑或时不时便来一场即兴打赌，赌一赌究竟多快能把货品送达目的地。此外，有指南手册可供店主和店员参阅，以便了解货品详情，例如，哪个承运人将货物运往何处：货物可由怀特霍斯（White Horse）的鲍尔斯（Powers）送往奇平诺顿（Chipping Norton）或由埃尔德斯门卡斯尔（Castle）和福尔肯（Falcon）的爱德华兹（Edwards）运往南威尔士（South Wales）。1768 年，每日有 22 辆马车离开伦敦赶往布里斯托，他们获准运送小宗商品和乘客。这种指南手册细致入微，揭示了伦敦商品贸易究竟多复杂，以及贸易量到底有多大。随着时代的发展，贸易量与日俱增，指南涉猎的内容日益宽泛，也愈加详细。然而，伦敦城丰富多彩的商贸活动迅速因货币贸易而黯然失色。

英格兰银行和证券交易所：新兴金融中心

针线街（Threadneedle Street）与英格兰银行和伦敦证券交易所的发展密不可分。但是，它也有一段不为人知的历史：它既是法国教堂（French Church）的所在地，也拥有伦敦最古老的犹太教堂之一。

法国教堂是一座法国新教胡格诺派教堂。作为来自天主教国家的非天主教信徒，胡格诺教徒长年累月承受皈依天主教的压力。教堂建于 1550 年，当时一群胡格诺派商人陆续抵达伦敦。他们是加尔文主义者，主要来自受过良好教育的社会阶层，低等贵族也囊括其中。他们经常相聚一堂，志同道合而又情同手足，每个人都有特定军衔。1662 年，塞缪尔·皮普斯这样描述他们轻松惬意的布道："午后，我赶往这座城市的法国教堂，站在走廊听完布道，未料到那布道者小小年纪讲话竟如此让人心悦诚服。"[33] 教堂在伦敦大火中付之一炬，但它得以迅速重建，且到乔治时代伊始，原教堂创始人的后裔也成了伦敦城有头有脸的人物了。

西班牙系犹太教堂（Sephardic Jewish Synagogue）恰在伦敦城金融区的心脏地带，且距法国教堂仅一步之遥。1290 年，爱德华 36
一世（Edward I）通过《驱逐法令》（*Edict of Expulsion*），将在英

格兰定居的犹太人定义为“非法公民”。犹太人继续定居伦敦，但对自己的身份秘而不宣。他们表面上佯装成西班牙天主教徒，但有 3 个古犹太集会依旧活跃于伦敦城，它们分别位于老犹太人区（Old Jewry）、针线街和格雷沙姆街 (Gresham)。

1656 年 12 月 17 日，一群伦敦的犹太人公开践行信仰，并于克雷彻奇巷（Creechurch Lane）购置了一所房屋，作为犹太教堂，共可容纳 85 男 24 女。1657 年，他们又在麦尔安德（Mile End）购买一块土地用作犹太公墓，此后，首位犹太经纪人正式获准进入皇家交易所，首个犹太人的名字也呈现在“外侨入籍名单”（相当于获取了“永久居留”签证）之中。犹太人正式获准进入皇家交易所，这不过是一个象征性的举动罢了，毕竟，那里的人不论何种出身背景、宗教信仰都可以自由交易：“那里的犹太人、穆斯林和基督徒都一起共事……异教徒是不存在的，但你要是破产了，别人可就将你视为异端分子了。”[34]

那些具有黎凡特血统的西班牙系犹太人是伦敦早期犹太组织的主力军，这些组织以小家庭为单位，通常从事商品对外贸易。后来德系和东欧系犹太人携一家老少赶往伦敦，他们从事的职业五花八门，有的富得流油，而有的穷得要命。1692 年，这些犹太人的队伍壮大，足以在阿尔达门附近的公爵府（Duke’s Place）开设自己专属的犹太教堂了。他们自称为“德系犹太人”，且认为自己有别于西班牙系犹太人的“葡萄牙教堂会众”[35]。

所罗门 · 德 · 麦地那（Solomon de Medina）精明能干，有效协助国王威廉三世处理战争和金融事宜。1700 年，他成为首个在英格兰封爵的犹太人。1698 年，拉比·大卫·涅托（Rabbi David Nieto）成立了一个委员会，专为新犹太教堂筹资，德·麦地那力压群雄，成为教堂的最大捐献者。这些犹太人购置了普劳·亚德（Plough Yard）的土地（租期 61 年），并建成了贝维斯·马克斯·犹太教堂（Bevis Marks Synagogue）（贝维斯·马克斯听起来像一个人名，但实际它是普劳·亚德开设的一条街，与公爵府的犹太教堂近在咫尺）。

1699 年 2 月 12 日，委员会与建造者贵格会（Quaker）教徒约瑟夫·阿维斯（Joseph Avis）签署协议，旨在在贝维斯·马克 37
斯街上建造一座犹太教堂，预算不超过 2750 英镑（折算到现在约为 425 万英镑）。贵格会是该地区最大的非传统教会，其教徒习惯居住于伦巴第街（Lombard Street）附近。安妮女王对建设犹太教堂大加赞赏，并捐赠一块颇有寓意的堂顶木材，这与“犹太人在上帝面前掩饰头部（以表谦恭）的需求”相符合。1702 年，贝维斯·马克斯犹太教堂落成，被奉为神明眷顾之地。阿维斯将所剩预算如数奉还，并表示他不会因修建教堂而获利一分一毫。

1723 年，一项法律获准通过，允许犹太人拥有土地所有权。这可是向前迈进的一大步，它促使第三座犹太教堂“正式”开建，该教堂位于芬丘奇街（Fenchurch Street）喜鹊巷（Magpie Alley），被称为汉布罗（Hambro）犹太教堂。1753 年，《犹太人入籍法》（*The Jewish Naturalization Act*）获准通过，这意味着，犹太人在英格兰住满 7 年便可正式加入该国国籍。该法案被誉为“犹太人法案”，但 1754 年大规模的街头抗议迫使它中途而“废”。事态平静后，伦敦的犹太社区继续发展，一如往常。他们不在社会上出头露脸，却在商界中脱颖而出。

尽管犹太人被视为边缘公民，执着持守“异域”的生活方式，但伦敦城的法国社区和犹太社区可是英格兰银行史上浓墨重彩的一笔。正如英格兰君主在《驱逐法令》颁布之前，历来都对犹太放债人青睐有加一样，威廉三世也开始在 17 世纪 90 年代初求助于伦敦的犹太富豪们。当时他对低地国家（Low Countries）发动了战争，造成国库一贫如洗。1694 年，英格兰银行成立，从而填补了这一缺口。1829 年，帕丁顿（Paddington）到伦敦城的第一条通勤综合服务铁路线开通，其在城内唯一站点便是“英格兰银行站”（The Bank）。而如今，我们把名字前缀都甩去了，乘公交也好，地铁也罢，去的都是“银行站”（Bank）。

在 17 世纪后半叶，银行开始迈向私有化，这就意味着，客
38 户往哪里存钱取决于是否对其信赖。蔡尔德银行（Child's Bank）、霍尔银行（Hoare's）和库茨公司（Coutts & Co.），是早期最负盛名的三巨头。它们的创始人分别是弗朗西斯·蔡尔德（Francis Child）、理查德·霍尔（Richard Hoare）爵士和约翰·坎贝尔（John Campbell），3 人皆为金匠和银行家，惯于购置和存储一定量的金银条，以制成首饰。他们的银行期票被称为“游动的现金”，其功能类似钞票。这些人名声远扬，值得信赖，但群众认为，伦敦有必

要像阿姆斯特丹或德国一样开一家官方银行。

于是，伦敦城的商人们朝着这个方向埋头苦干，他们觉得筹资 100 万英镑开家新银行并不是难事。其中多数商人都是胡格诺教徒，包括带头人约翰·霍布伦（John Houblon），他通过做航运业获得了很多财富。新成立的英格兰银行融资百万英镑，并承诺让投资者每年从中获息 6.5 万英镑，且无限期支付利息。因此，1694 年的一项法案快速获准，“国债”便由此诞生。

6 月下旬，织物商大楼（Mercers' Hall）的礼拜堂开展了为期 10 天的“签名登记”（Book of Subscriptions）活动，使得想要投资新银行的伦敦市民如愿以偿。短暂的活动结束后，共有 1267 人签名，此外，霍布伦当选为英格兰银行首任行长。

银行印鉴带有不列颠尼亚（Britannia，又称“不列颠女神”）形象。她的长矛和腿不仅大胆地呈现在印鉴上，也曾呈现在公元二世纪哈德良（Hadrian）和安东尼·庇护（Antoninus Pius）执政时期的硬币上。1667 年（王政复辟时期），查理下令铸造刻有不列颠女神的硬币，以纪念《布雷达条约》（*Peace of Breda*，标志着第二次英荷战争的结束）的签署，于是，她才再次浮出水面。约翰·伊夫林手持蜡烛，查理则在烛光下任由“百里挑一的画匠库珀先生”刻画描摹，硬币正面的肖像便由此诞生[36]。查理认为，不列颠女神应刻在硬币反面，并希望里士满公爵夫人坐下来充作不列颠女神。里士满公爵夫人欣然同意，不久后，她便出现在市面流通的半便士和四分之一便士上。塞缪尔·皮普斯记录道，她的脸“楚楚动人，能够一睹芳容此生无憾。我觉得，陛下选她的脸代表不列颠女神真是明智之举”[37]。

39 两年后，适逢 1696 年铸币大改革，不列颠女神便成了英国货币新标准的象征。旧币、假币或残币（这里指被削了金属边缘的硬币）成为社会的重大隐患。大约自 1279 年以来，英格兰大部分硬币产自伦敦塔附近的皇家造币厂，若硬币由黄金和标准纯银打造，则面值不菲。这些硬币价值固定，市面流通已有相当时日。在过去的几十年中，金银条价格上下浮动，金属的实际价值则时高或时低于硬币面值。若硬币面值较低，相比购买金银条制成盘子、汤匙和叉子，“买入”硬币直接铸造岂不更为划算。于是，硬币流通被“连根拔起”了。与此同时，欧洲大陆上的金银条价格一路飙升，精明的商人将英国硬币运至欧洲，以供人购买并铸为金银。到 17 世纪 70 年代，约翰·伊夫林记录道，各处硬币不足，就连简单的家居品和食品都买不了了。于是，伪造者迎来了千载难逢的机会。若没人那么仔细地辨别钱币真伪，他们只是继续将假币丢到市面上，则假币面值和真币并无二样。丹尼尔·笛福总是先试着把假币花出去，同时确保他口袋里的真钱够用，但万一运气不好，被抓怎么办？ 1662 年，19 岁的艾萨克·牛顿（Isaac Newton）在圣神降临周（Whitsuntide）列出他的“罪过”清单：“偷鸡摸狗”“跟修女打架”“跟仆人大吵大闹”和“思想龌龊”，并“费尽心机拿着半冠的黄铜钱币四处行骗”[38]。这个即将成为皇家造币厂厂长（指牛顿）的人居然也用假币！前景不容乐观。店主收到假币后本应统统销毁，但硬币仿冒如此风靡一时，以致他们自己也花假币。于是，伴随着金银条贸易兴起，二次假币贸易愈加嚣张跋扈。假币制作是个技术活：雕刻模具必不可少，而且把硬质合成金属铸成硬币也绝非易事。

那些远在货币链下游的人却琢磨着削去硬币的金属边。英国 40
近代硬币的金属边都被铣削了，目的就是防止这种“投机取巧的勾当”，但在乔治时代早期，市面上流通有许多破旧的硬币，所以，修整和抛光旧币的细边也就理所当然了。旧币无处不在，于是，伪造者甚至削去伪造品的金属边缘，以达到以假乱真的目的。削币可以使穷困潦倒但又胆大妄为的群众积攒足量的金属刨花，然后将其送到冶炼厂换钱。冶炼厂必须有所行动了，但利益链错综复杂，而冶炼厂不过是其中一环罢了。此外，法律之手也要介入。对于在钱币上做手脚的行为，法庭一律严判：女子削币按律当处以火刑，而男子则处以绞刑（但是实际上，按照这个法律执行的并不多）。

假币和贬值货币不计其数，四处流通，怪不得1696年时，威廉三世下定决心重新铸币，从而让英国货币改头换面，并重新对英镑进行有效估值。至于收回尚可利用的金银条储备，英格兰银行认为，有必要委派一个“对黄金和白银了如指掌的合适人选”[39]。那人便是莫卡塔（Mocatta）和戈德史密德（Goldsmid）公司的合伙人摩西·莫卡塔（Moses Mocatta）。摩西·莫卡塔和他家人都在贝维斯·马克斯犹太教堂做礼拜，且与阿姆斯特丹金银条圈子关系密切。他在银行附近建起一座贮藏室。只知道这个贮藏室叫“金银库”，库里存放的金银条数之不尽。银行本票的发行为早期的金银条交易做了补充，本票发行后即刻大获成功。英格兰银行本票一经出示就能当钱花，且该银行的信誉度良好，该银行的本票很容易成为伪造者的靶子。1724 年，英格兰银行觉得自己找到了对策。胡格诺教派的亨利·波特尔公司（Henry Portal）在汉普郡的贝雷米尔（Bere Mill）生产高档纸。毕竟，纸上加水印伪造起来可就不是那么简单了。英格兰银行开始印刷大量数额固定的纸钞，还未印刷，客户已提前定额预购，且订单爆棚。1725 年，第一批现代纸钞腾空出世。如今，波特尔公司依旧从事制作所有面值的英格兰纸钞。

待英格兰银行正式确定新钞形态后，新钞印刷便正式运行开来。显然，英格兰银行一方面要巩固发展，另一方面则要保障安全。18 世纪 80 年代后期，约翰·索恩爵士（Sir John Soane）被任命为一座新古典主义建筑的设计师。从那时起，直到 1833 年，英格兰银行逐渐演变为一个超大保险库。

41 这是一种兼具象征意义和实际价值的转变：英格兰银行已变成了一个规模庞大、金玉满堂的机构，盗窃、欺诈从此再难以得逞。然而聪明的伪造者不甘落后，他们开始复制波特尔钞票，最终多名伪造者被捕，其中就有玛丽·英格兰（Mary England）。1814 年 1 月，玛丽及其丈夫詹姆斯（James）因发行英格兰银行伪钞而被缉拿归案。伪造本身量刑为死刑，但英格兰银行决定不以“伪造罪”罪名起诉詹姆斯。他赶紧开溜，登上一艘船后逃走，而玛丽和4个孩子却被“无情抛弃”了，她因持有伪钞而面临起诉。2月她被带至老贝利（Old Bailey，伦敦中央刑事法院）受审，被判流放14年。当囚犯人数可使得船只满载时，船便扬帆起航，而在此之前，他们被关押在纽盖特监狱（Newgate Prison）中。

而4月时，她已抵押了家里所有衣物，万般无奈之下，她写信给银行，请求原谅她招致的种种麻烦，但银行回信如下：“我对您因银行业务事宜不幸入狱深表遗憾。”[40]在她流放之前，英格兰银行每周给她10先令6便士津贴。当“囚徒之船”北安普敦（Northampton，船名）抵达德普特福德后，她再次向银行申请，请求为其家人一次性支付一笔生活费。银行职员在她的信上添加一句话：“烦请凯耶（Kaye）先生支付她10英镑。”4天后，玛丽在船上签收了这笔钱，不久，北安普敦驶离英格兰。英格兰银行对她的恻隐之心反映了乔治时代该银行对待慈善和财富的复杂态度。

英格兰银行从近代早期的钱库到金融圣殿的转变是其“内外兼修”的结果。遗憾的是，索恩最初的建筑大作今日已不复存在。20世纪30年代，银行大楼已被大量拆毁，当时赫伯特·贝克（Herbert Baker）负责大楼重建。索恩的作品就这样毁于一旦，而尼古拉斯·佩夫斯纳（Nikolaus Pevsner）视之为“建筑犯罪”[41]。英格兰银行作为货币交易商，与马路以南的皇家交易所“脉脉对望”。自托马斯·格雷欣（Thomas Gresham）于1565年成立皇家交易所以来，它就将伦敦的商品贸易合拢一堂，而国内外的商人也都相聚于此，开展业务。贸易品皆为实际商品，例如，香料、布料、毛皮和黄金，应有尽有。但形势正在发生变化。1694 年，英格兰银行成立，其他银行也开始在皇家交易所南侧交易巷（Exchange Alley）的小咖啡馆里处理所谓的“股票”和“股份”。

42 交易巷咖啡馆和南海泡沫事件

不久后，英格兰银行的精英们开始齐聚织物商大楼，以“密谋”一本宝藏书籍，助力那些渴望投资的普通伦敦人发家致富。新兴中产阶级对投资愈加求之若渴，由于国际贸易欣欣向荣以及伦敦城方兴未艾，他们首次发现，手头竟有了闲钱。报纸发行量上升则意味着外国新闻和金融新闻更受推崇，于是，一类人越来越多地光临一种特殊的场所：咖啡馆。

在乔治时代，伦敦的咖啡馆数量与现在一样数不胜数。人们可于此聚集，并获取新闻。当时的咖啡馆和现在一样，就是商务会谈之地。咖啡最初被调侃为“伊斯兰稀粥”（Mahometan gruel），尽管如此，相比葡萄酒，它更能助人达成目的，因为它不会让感官变钝。多数咖啡馆都会售酒精，但咖啡馆的气氛总能让人在专业上保持清醒。“土耳其商人”早就对咖啡很熟悉了，在出国旅途中，他们常获东道主赠予的咖啡，“咖啡置于小瓷盘中，热度刚刚好；它黑如烟灰，但品起来还不错”[42]。不久，伦敦的江湖郎中便开始提笔大肆宣扬滚烫的浓咖啡具备净化功能，没过多久，它便成了万能药，用于治疗痛风、痛经，无所不能。据说，它有提神的功能，能让人保持敏锐的商业头脑。

1652年，希腊人帕斯夸·罗塞（Pasqua Rosée）在圣迈克尔巷（St Michael's Alley）的一个棚屋里开设了伦敦首家咖啡馆，他 43
生于西西里岛（Sicily），以仆人的身份来到了伦敦。同年，他发布了咖啡宣传单，声称“品一杯咖啡，传一份美德”，且将其咖啡宣传为“这简单纯粹之物，是一种在烤箱烤干后研磨成粉，又用泉水煮沸的饮料”。罗塞称咖啡有药物疗效，它的优势在于让饮用者在上班时间保持头脑清醒。他的棚子表面黢黑，挂着有他肖像的店铺招牌，因此被戏称为“土耳其人之颅”。越来越多的咖啡馆在该地区涌现。后来，罗塞离开了乱世伦敦，彼时的咖啡馆光临者虽说不多，但也确是一道街头风景。早年，一位咖啡馆老板约翰·法尔（John Farr）遭到邻居控诉，原因是其做咖啡生意时，会产生难闻的气味。到1663年，伦敦的持牌咖啡馆已多达83家，且几乎所有咖啡馆都设在皇家交易所附近。咖啡馆的常客通常在波罗的海或黎凡特地区贸易中具有特殊商业利益，咖啡馆会给他们提供相关报纸，此外，哪些船只即将驶入？哪些即将驶离？这些信息会统统写在黑板上。这些咖啡馆的扩张如火如荼：到1714年乔治一世加冕时，已有近500家咖啡馆涌现街头。那么，它们之于伦敦贸易的重要性就不言而喻了[43]。

人们来咖啡馆的主要目的无非就是商谈业务、探讨学问、提神醒脑和社交。各色报纸从一开始便组成咖啡馆的文化一角。因此，老顾客就对所有国内外的最新动态了如指掌了。此外，少量书籍也点缀其中，有些来自沃尔萨尔（Walsal），这个“在利登霍尔街格力教堂对面的咖啡师”，他在“咖啡馆内设有专供顾客阅读的图书区”[44]。有时，图书区由咖啡馆老板娘打理。有些“馆内图书区”入选伦敦首批借阅图书馆之列。咖啡馆设定兴趣主题，强调业务往来，且为意气相投者牵线搭桥，所以几乎各种文化、各种信仰的人都欣然前来，济济一堂。若没有咖啡馆，有些人可能就冒险进入酒馆了。

44 到 1690 年，至少有 100 家公司出售可在伦敦交易的股票。有关国际信息线路，即那些往来于伦敦码头的船只的消息不断更新，而股价也随之跌宕起伏。成千上万大小不一的船只带来的无非是货物丢失、运输超载、船员患病和维修延误等消息。咖啡馆雇用小男孩到泰晤士河河口，以便知道有什么新闻传来和什么船只到达。然后他们就会报道自己的所见所闻，将其展示在吧台后边的木板上。顾客只消一便士便可进入咖啡馆品咖啡、看报纸、读时事新闻了。一夜之间，识字不仅标志着大把就业机会，也意味着有能力根据馆内信息把握转瞬即逝的机遇。咖啡馆吸引的那些积极进取的“企业大咖”让这些场馆成为“便士大学”（Penny Universities）。

1720 年，南海泡沫事件（South Sea Bubble）大爆发，投资贸易早期出师不利，这改变了该国在乔治时代后期对股票投资的态度。1711 年，南海公司（以下简称“南海”）成立，其运营启用了政府债券资金。鉴于这些债券的回报率较低，首席财务官罗伯特·哈利（Robert Harley）便提出将政府债券换成南海股票。该公司本来就获利不菲，如此一番操作，获利更大。

1719 年，南海希望购置更多政府债务，为此，该公司还发行了更多股票。为了怂恿人们购买股票，交易员在交易巷的咖啡馆里“妖言惑众”，告诉贸易商，南海是多么大的“贸易大饼”，投资南海多么地有利可图。有些声名显赫的政治大亨也已持股，而他们的名字也广为传播。南海 1 月份的股价还是 128 英镑，但到 5 月底，股价已一路飙升至 550 英镑。6 月，政府通过《合股法案》（*Joint Stock Act*），以对此类公司的成立作出规整，但这仅使得早已成立的南海的发展更加突飞猛进，8 月时，南海股价已逼近 1000 英镑。

但好景不长，庞大的股票售量引发了股市暴跌，最后彻底崩盘。这一年过后，股价已差不多跌至原始水平，很多人都彻底崩溃。于是，伦敦老百姓开始对股票交易忧心忡忡，他们转而投向日益风靡的公共和私人彩票。股市动荡已成为漫画书、歌曲和流行文学的笑柄，而股票经纪人（又叫“股票经销商”）则成了声名狼藉、背信弃义的家伙。

然而，伦敦人投资胃口未减，纵观 18 世纪，咖啡馆一直是 45
特定行业的心脏。劳埃德（Lloyd）的咖啡馆位于塔街（Tower Street），航运商人常前来商讨其船舶和货物保险事宜。不久，保险交易便异军突起，曾经的咖啡馆化身为劳埃德保险社，并最终以劳埃德保险协会的身份于 1774 年入驻皇家交易所大楼。乔纳森·迈尔斯（Jonathan Miles）于 1680 年开设的乔纳森咖啡馆或许在伦敦业界享有最大名气，并成为投机炒股者光顾的主要咖啡馆之一。伦敦城商人常莅临的咖啡馆有二，一是乔纳森咖啡馆，二是加腊韦咖啡馆，不过，人们觉得后者“质量”更加靠谱。胡格诺经纪人约翰·卡斯塔因（John Castaing）在乔纳森咖啡馆度过了大把时间，1698 年，他开始列出股票价格、金银条价格和汇率清单，并在周二和周五出版《交易与其他事项详情》（*The Course of Exchange and Other Things*）。伦敦城诸多咖啡馆都翘首以盼卡斯塔因的价格清单。他的汇率常被视为“参考答案”，相关出版物风靡了近一个世纪。1748 年，乔纳森咖啡馆付之一炬，一个时代由此画上句号。但新馆火速建成，许多经纪人纷纷表示支持，不久它便以“证券交易所”（the Stocks Exchange）命名。该馆靠近斯托克斯市场（the Stocks Market），也就是伦敦最初的牲畜交易市场。两者很快合二为一，伦敦证券交易所由此诞生，那里的许多人都野心勃勃，并立誓要超越别人，他们下大赌注，要么大获全胜，要么满盘皆输[45]。

伦敦首个动物园：伦敦塔

伦敦城现代化的进程不断推进，其中一隅却依旧固守一抹古香。几个世纪以来，伦敦塔一直坐落在伦敦城正东的边缘，它被充作政治监狱和军械库。但在 18 世纪伊始，它也是一个颇受欢迎的旅游胜地。虽说它时而会被充作政治收容所，但在 17 世纪，它已成为极具价值的名胜古迹，一个名副其实的“金钱收割机”。

按照传统，外国政要在访问他国时，会敬献一些奇异物种。早 46
在 1252 年，英国便从挪威获得一只北极熊。它最初获准可在伦敦塔一带四处闲逛，但是当北极熊的体型变大后，饲养员便配上枪支和铁链，带它到外面消磨时光，他们在泰晤士河或钓鱼、或洗澡，彼此陪伴，乐此不疲。在伊丽莎白一世（Elizabeth I）统治时期，英格兰开始就“是否从国外引进动物”展开辩论，与此同时，外国动物频频抵达伦敦，有的甚至被安置在空无一人的护城河中。伊丽莎白就动物园做出了相应改进，自此，公众便可在节假日大饱眼福了。1603 年，詹姆斯一世（James I）再次彻底翻修了动物园，为动物们提供了更大的笼子，以及“来自里昂的可饮用、可洗澡”的活水。此外，他还安置了一个观景廊，以便访客安全地观看动物表演。

无论何时，乔治时代的伦敦塔最多只能容纳 11 头狮子。公狮被视为被驯化者，塞缪尔·皮普斯记录道，1660 年 1 月 11 日，他前往伦敦塔观看“如今已经长成大狮子的克劳利（Crowl），它威风凛凛而又温柔敦厚”[46]。所有幼狮都可以在伦敦塔的场地嬉戏玩耍，游客们可以拍拍它们，也可以跟它们打成一片，不亦乐乎。萨塞克斯公爵（Duke of Sussex）特别喜欢由山羊抚养长大的一对兄妹（或姐弟），并经常去探望它们。此外，伦敦塔中还关有各种怪胎，比如，那种天生腿就比正常同类或多或少的猫狗，但内德·沃德对围观这些动物并不感冒：

……他们应竭其所能地照料那些残疾人，因为他们天生四肢健全，只不过他们为服务这个国家而丧失了一半肢体……看到水手只有一条腿没什么大不了的，同理，看到猫狗只有一条腿或两条腿也很稀松平常，这有什么呢？他们不都照样活得好好的？人们不应该驻足围观。[47]

47 1704 年，约翰·斯特莱普（John Strype）制作了新版《斯托伦敦调查》（*Stow's Survey of London*），据说，伦敦塔动物园收留了 6 头狮子、2 头豹子、3 只鹰以及 2 只瑞典猫头鹰（两只都叫“霍普金斯”）、2 只“山猫”和 1 只“胡狼”[48]。1728 年，当格特鲁德·萨维尔（Gertrude Savile）参观动物园时，雌狮已经生产，而其幼崽却被带走了，因为：“他们说，若受到惊吓，母狮可能担心自己孩子要被夺走，出于护崽心态，它们会把一个幼崽叼在嘴里，但爱子心切会让其用力过度，从而上演误杀悲剧。所以，必须得把幼崽从母狮子那里带走。”[49] 格特鲁德发现，幸存的幼崽被精心安置在一间房里，房间还配有火炉取暖，有些小狮子的房子则比较宽敞，可供它们自由跑动。1729 年，狮展的入场费为 3 便士，而到 18 世纪末则上升至 9 便士。死猫、死狗可充当这种大型猫科动物（狮子）的饲料，若有人携带一只（死猫或死狗）则可免费入场。1741 年，伦敦塔指南手册引入了有关狮子马尔科（Marco）、他老婆菲利斯（Phillis）及儿子尼禄（Nero）的介绍。黎明破晓之际，狮子因饥饿咆哮，声音响彻伦敦城东部并传至城外。它们每天都要吃 8 磅到 9 磅的生牛肉，这还不包括骨头和任何猫狗尸体。周日，伦敦塔不对游客开放，而饲养员发现狮子们经常一整天咆哮不停，除非有人前来观看它们才肯善罢甘休。

动物园里也有老虎，1741 年的记录提及了幼虎迪卡（Dicka），还提到诸如猎豹威拉（Willa）、山猫和豹猫等猫科动物。游客一致认为，豹猫最“亭亭玉立”，而猎豹最“和蔼可亲”。猎豹在地上踩着一对皮带玩杂耍，以供游客观赏。同年，动物园推出第一本儿童教育指南书：“动物园所展出的野生动物全都关在牢不可破的兽穴里，因此，游客大可不必担心它们会带来什么危险。”对于动物饮食相关的信息，该指南也有所涉及。

> 狮子、老虎、美洲豹和猎豹吃羊头和杂碎（动物内脏），每天需两次喂食，其中，狮子一天要吃 4—5 个羊头，而猎豹、美洲豹和老虎对生狗肉情有独钟。它们渴了随时都可以饮水。通常，一天饮几次就够了。兽穴里的每只动物都专享一个石制饲料槽。[50]

待到指南出版之时，异国动物已不再是什么神话传说。18 世 48
纪 30 年代至 50 年代期间，乔治·爱德华兹（George Edwards）和以利沙·阿尔宾（Eleazer Albin）曾在伦敦展开调查[51]，结果发现，社会各个阶层都在养稀有宠物，其中工匠阶层就占了 1/3，例如，药材商布拉德伯里（Bradbury）先生养有獴狐猴，眼镜商斯卡利特（Scarlet）先生养有跳鼠，而助产士肯农（Kennon）女士养有环尾狐猴和狨猴，不胜枚举。有些人会无视这些动物的早逝特性，将它们当成珍贵伴侣。早在18世纪50年代，动物园里的大型猫科动物的幼崽就很难撑到成年。王室的动物饲养员约翰·埃利斯（John Ellys）作出了一项决定：外科医生约翰·亨特（John Hunter）可优先购买动物园所有的动物尸体，以便其从事解剖研究。

约1767年，约翰·卫斯理（John Wesley）和一名笛手一道参观了伦敦塔，其间他让笛手为动物演奏一曲，以借此机会观察一下动物有无灵性。那些无动于衷的动物包括危险的灰熊老马丁（Old Martin），1823年，年纪一大把的它仍将饲养员视为“完美陌生人”[52]。1838年，老马丁与世长辞，据说它活了100多岁。其他危险的动物还包括鬣狗和豺狼。平时单独囚禁而郁郁寡欢的獴狐猴因交到一好友而开心不已，两“人”睡在了一起，“其四肢和尾巴都缠在一块了，姿势自成一格”，这番操作使得两“人”都能看到彼此的背部了，“它们就这样舒舒服服地睡着了”[53]。

猴子领地就在外边院子里，而院旁便是狮塔。1753年，指南手册警告称，其中一只狒狒已成为投弹好手，但凡够得到的东西，它都能举起来，另外，它力大无穷，“能把凳子、碗和其他木制器皿摔个稀巴烂”。而一只狒狒幼崽被认定为举止不雅，因为“当女性靠近它时，它看起来好色得不行，真让人大跌眼镜”[54]。猴子们并不招人待见，1810年，“一只猴子心狠手辣地抓伤了一个男孩的腿”[55]，自此，它们便被逐出动物园了。

动物园通常都收容着一头印度象，但人们普遍觉得，象还不 49
如狗或马聪明。人们发现，大象通常用长鼻喷水自娱自乐。库珀斯（Cops）先生是动物园主管中的佼佼者之一，他对大象的“智慧”深信不疑。大象对“葡萄酒、烈酒和其他让人‘上瘾’的东西钟爱有加”[56]，至于人们是如何发现这一点的，这个问题最好交给过去，在此不做考究，至少在现实中，大象的每日口粮中都有一加仑葡萄酒。

袋鼠和鸸鹋在地上自由自在地踱来踱去。温莎（Windsor）皇家公园（The Royal Park）的袋鼠成群结队、四处闲逛，在1820年之前，它们就已在伦敦塔大规模繁殖了。据这一时期伦敦塔动物园的小道消息，英格兰到处都有各种公园用地，适合投放大量袋鼠。

我最喜欢19世纪20年代有关伦敦塔动物的记载，特别是关于斑马的记载。众所周知，斑马是一种顽固不化的动物，除了极少情况下收敛克制外，大多时候它都野性十足。而伦敦塔那只雌斑马却秉性良好，只要得到奖励，即便身无自由也能忍气吞声，且能对人温文尔雅。

> 当前提到的斑马已在动物园里待了约两年，男孩子常骑着它在院里玩耍，还有人经常牵着它在伦敦塔一带溜达，它除了偶尔跑到食堂喝上一大口自己情有独钟的麦芽酒放纵一下外，其他时候并没想着脱缰而逃。[57]

动物园在库珀斯先生的助力下大有改观。尽管如此，在他任期内伦敦塔的经营状态仍是凄惨，以致入不敷出，难以为继。1832 年，该动物园的动物收容量为 280 只。1835 年，伦敦塔倒闭，那些动物便成了摄政公园内伦敦动物园的基础力量。

第二章

伦敦城四围

伦敦城是旧伦敦的“心腹之地”，是这个蒸蒸日上的大都市的中心所在。在乔治时代初期，伦敦城得以重建，且比以往任何时候都干净，它创意无限、节奏飞快、充满财富。伦敦人不太精于人情世故，但因为他们一心一意搞商业，所以依旧能坐拥繁华盛世。

现在，我们离开摩肩接踵的商业街，远离这鱼、鲸油、动物和咖啡的混合气味，前往城墙外那无法无天且杂乱无章的城市周围地带。躁动不安的学徒、同性恋者以及伪造者、作家、难民和叛徒都出没于此。这是一个“一切皆有可能”的地方。

早在伊丽莎白一世统治时期，伦敦就“摆脱了泰晤士河（玛丽一世血腥执政，曾往泰晤士河投掷人头）”[1]。伦敦城外的生活很快成为许多人的心之所向，尤其是那些想要大庄园而非封闭庭院的商人，还有喜欢大空间作业和自由流动活水的工匠以及那些住不起伦敦城“一平方英里”的普通百姓。然而，从城市开始蔓延扩张至伦敦塔东墙外的那一刻起，它便成为穷困移民和边缘人群的容身之地。

伦敦城的锯齿形边界始于伦敦塔东部，而与伦敦塔“对视”的则是圣凯瑟琳教堂（church of St Katharine）及其附属医院。

1598 年，历史学家约翰·斯托（John Stow）写道，伦敦城外的“一座座小毛坯房真让人烦心倦目”，还写道，那里的“外乡人”比比皆是[2]。关于 18 世纪黑人在当地社区的受洗仪式和丧葬礼仪，伦敦塔旁的圣凯瑟琳教堂和阿尔达门圣博托尔夫堂（St Botolph-without-Aldgate）都有大量记载。记载词目中标有“黑人”或“皮肤黑的人”。1827 年 5 月，圣凯瑟琳教堂应声倒地，因为这里将重新开发为伦敦新码头。为了给新建码头腾出地方，1000 多座小毛坯房被清理一空，同时也导致 1.1 万名住户流离失所，而可获补偿的也只有房屋业主罢了。傲然雄立 700 年的教堂一夜之间被码
51 头所取代。

“破布集市”（Rag Fair）[即露丝玛丽巷（Rosemary Lane）的绰号] 坐落于圣凯瑟琳教堂正北，“那里的衣服都是便宜货，要么破旧、要么艳俗”[3]。但后来史料显示：

> 没听说那里商品质量糟糕，但价格低廉却是真的。一个颇有威望的商人与一名买家相谈甚欢，看到我目不转睛地盯着他们看，商人便在买家拿走他那物美价廉的商品后招呼了我一下，然后跟我说，“实际上 14 便士就把这衣服卖给他了”。[4]

1756 年 2 月 14 日，《公共广告商》（*The Public Advertiser*）记录道，破布集市的二手服装经销商玛丽·詹金斯（Mary Jenkins）以仅“7 便士外加 1 品脱啤酒”的价格将一条马裤出售给一名女士。

这名女士去酒吧时，捡到11枚安妮女王时期的金币和一张缝在腰带上的1729年版纸钞。显而易见，这女的目不识丁，她把旧钞卖给了另一位顾客，其售价刚好够买1加仑“两便士漩涡”——一种由热啤酒、糖、姜和杜松子酒组成的混合饮料。但事后她才得知，那旧币价值30英镑。来看一下其他记载：

犹太人常常拎着装满假发的袋子走街串巷，大声吆喝：“一束一便士。”……男子戴的假发，要么太大要么太小，黑发男子戴红假发，而红发男子戴黑假发；还有人的假发戴得让人无法忍受，但凡正常的公民或工匠都不会那样“糟蹋”自己。[5]

后来，破布集市迁至所谓的女人街（Petticoat Lane），而到了维多利亚时代，若您信步街头，“两三英里所到之处，映入眼帘的全是旧衣裳……这一路的女装，既旧迹斑斑又流光溢彩”[6]。

1708年，古德曼广场（Goodman’s Fields）附近掀起了伦敦的“门牌号”之风。但是，伦敦继续致力于建设一个大型的精心设计的标识牌说明体系，如“在斯特兰德大街新教堂对面的裸体男孩和三个王冠处”。而在伦敦城外的北部和西部，胡格诺难民将较早的纺织品制作点据为己有，毕竟，他们母教会的慈善机构和救济站“拉苏普”（La Soupe）紧挨着针线街，而这些制作点就坐落于针线街上。布劳德盖特（Broadgate）穿过利物浦街车站并化身为诺顿福尔盖特（Norton Folgate），于是，伦敦城对它的管辖权就此画上句号。自克里斯托弗·马洛（Christopher Marlowe）入住这里以来，人们就一直在此地寻找廉价的住宿地。乔治时代初期，这里曾是坑坑洼洼的定居地，但最终越来越多的商业建筑“占地为王”。如今，这里仍然是极不协调的奇异之地，行人车马络绎不绝，而脏兮兮的夜总会和街角小铺无所不在，铺里摆的小饼干全都过期。诺顿福尔盖特西面是摩尔费德斯（Moorfields）偌大的露天场地，这兴许算是伦敦东部所有露天场地中最具象征意义的了。

52 阿尔达门和主教门（Bishopsgate）所在路段延伸至白教堂（Whitechapel）和肖迪奇（Shoreditch）。而在乔治时代伊始，这里不过是乡野小道，但到这一时代末，很多人便借此往返于城郊和市区。猎犬沟渠街（Houndsditch）串联了白教堂和肖迪奇，它恰好位于伦敦城城墙外，“死狗暴尸于此，几百年无人问津”[7]。而更西处的贝特莱姆（Bethlem）医院则在摩尔费德斯的南部边缘“缩成一团”。这里俗称“疯人院”，是那些歇斯底里的可怜人的归宿。摩尔费德斯本身是伦敦城休闲活动和抗议活动的主办地，在人心惶惶的岁月里，它还充当了避难所。葛拉布街（Grub Street）位于它的西部边缘，那里可怜巴巴的三流作家在冷冰冰的阁楼里抱团取暖，晾衣绳上的报纸借着风荡来荡去，等待晾干，“树与树之间系着晾衣绳，纸片载着诗歌迎风招展”[8]。

克里斯普门的驿站沸反盈天，各色人等下榻于此，其内部宛若兔子窝一般。克拉肯韦尔（Clerkenwell）曾招待包括铁匠、钟表匠在内的工匠，此外，木匠在格林（Green）附近还设有工作坊。这里很多人都是计件工，薪水少得可怜，他们对伦敦城执行的学徒制羡慕不已。早在 100 年前，那些富甲一方的商人就搬至霍尔本，并沿路修建了一字排开的大房子。法院和田野位于房后，大型花园也点缀其中，随着人口蜂拥而至，花园也就越变越小。截至目前，大多数房屋都被划分为廉价的出租屋。奇克巷（Chick Lane）后面则是花街柳市，这里还坐落着出售二手商品和衣物的店铺。

西南部则是林肯律师学院广场（Lincoln's Inn Fields）和圣殿 53
（Temple），这里可是伦敦的“大学城”，遍地都是背井离乡前来求学的年轻人，但他们都是聪明伶俐的富家子弟。到 17 世纪后期，这里演变成一个小镇，镇上有整齐划一的广场和通道，还有通往河畔的花园，以及在头顶盘旋的海鸥。在这里的不管是上班族还是居民都是稳固的中产阶级。若一口咬定这里便是寻花问柳和横行无忌的天堂未免太过唐突。位于圣殿与伦敦城之间的阿尔萨西（Alsatia）被称为“白修士的自由”（the Liberty of Whitefriars），它因曾居住于此的加尔默罗会修士（Carmelites）的白衣而得名。但它不过是条乏味无趣、狭窄有限、毫无魅力可言从舰队街延伸至河畔的斜坡胡同罢了[9]……这里是债务人的避难所，也是小偷的天堂。半个世纪以来，流氓和骗子与他们那得意扬扬又吵吵嚷嚷的圣殿邻居战事连连。布莱德维尔监狱（Bridewell Prison）就在附近。这里本是亨利八世的宫殿，后来专用于惩治那些“无法无天的女子”，再后来，它便成为伦敦监狱的代名词。

伦敦城参差不齐的四围地带不久便消踪匿迹了。乔治时代它们应运而生，以非同寻常的方式蓬勃发展，后又随着伦敦吞噬了周边村落而夕阳西下。

摩尔费德斯的“杂乱无序”

摩尔费德斯已不复存在，其中大部分都已被巨大的巴比肯建筑群所覆盖了，如今，这里的水景设计五花八门，不禁让人联想到藏在下面的沼泽。摩尔费德斯曾是一片沼泽的海洋，17 世纪末，有些过路人不知绕道而行，他们稍不注意，便可能深陷“泥潭”。这里一片潮湿，于是，斯托开始谈及在湿地之上修建“堤道”的重要性了。沼泽地一半位于伦敦城内，另一半则处于伦敦城外。18 世纪，该地区对伦敦产生的潜移默化的影响便在这种边缘性中得到诠释。

疯人院（Bethlem Hospital，贝特莱姆医院）是世界上最古老的治疗精神疾患的专科医院。1357 年，疯人院接收了首批精神病患者，自此，它历经了 3 次搬迁：起初，这里只是一个小修道院（如今已被利物浦街车站取代），后迁至摩尔费德斯，再到南沃克（1815），最终落脚于贝肯汉姆（Beckenham）。虽说小修道院的个体病房可用于患者独居，但病房供不应求，且检修状况一塌糊涂。

医院的新建筑由罗伯特·胡克设计，它位于摩尔费德斯的南
55 部边缘。与其说它是一所“监狱”，倒不如说它是一个庇护所。胡克的设计彰显出他对医院的空间安排、光线设置和娱乐场地都用心良苦。门上方的两尊雕塑作品《怒吼》（*Raving*）和《忧郁的

疯狂》(*Melancholy Madness*)皆出自凯厄斯·加布里埃尔·西伯(Caius Gabriel Cibber)之手，现保存于维多利亚与艾尔伯特博物馆(Victoria and Albert Museum)。这两个雕塑的含义截然相反，它们分别代表两类人：歇斯底里的“不可治愈者”与郁郁寡欢的“可治愈者”。有些人天生患有智力缺陷以及严重被动型人格障碍，被归为“白痴”之列。街头妓女因“不幸经历”而惹梅毒上身或惨遭心灵创伤，而这里用“精神错乱”形容她们不过是委婉的说法罢了。

自它 1676 年开放以来，游客只需要一便士便可前来参观“怒吼”展。在乔治时代的 100 多年里，门罗(Monro)家族成员担任医院大夫，这期间，病人护理方面得以改观。他们将患者的枷锁换成了约束衣，然后将软木橡树皮或印度橡胶铺在直通病房的地板上。数据显示，这里曾有两百多名患者。另外，约 80 名患者因极度“歇斯底里”而被单独关押，而异常暴力分子或犯罪精神病人仍然被铐上脚镣，有些时候仅穿无袖囚衣。若他们屡教不改，继续“糟蹋”寝具，便只能睡在稻草里了。几乎每个患者都有一名监护作陪，但是，男监护有时也会照料女患者，且时常被冠以“虐待”罪名。在 17 世纪中叶，门罗家族在保护女患方面作出了努力，值得一提的是，若女患因“荒淫无耻而锒铛入狱”，则将其囚于“自己的病房内，没人可前来看望，只有走廊里的女仆与她们朝夕相伴”[10]。

1751 年，“接收疯子”的圣卢克斯精神病院(St Luke's)在疯人院对面“开张大吉”。该院院长威廉·巴蒂(William Battie)从事精神卫生领域，他思维超前，且对门罗家族几乎“全盘否定”。1758 年，他发表了《疯子论》(*Treatise on Madness*)。文章开头就提道：“发疯，尽管目前是一场让人心惊胆战且频频发生的灾难，但我们对其所知寥寥无几，这和其他让人类苦不堪言的灾难并无两样。”他继续抨击门罗家族及其对疯人院的疯狂垄断。此外，巴蒂还邀请医学生前来参观其在圣卢克斯的工作环境，他批评“少数精挑细选的内科医生”将病人据为己有。他的理论摆脱了门罗家族对“发疯”非黑即白的态度。他认为，“不安在凡夫俗子的思维框架里乱作一团”，那么，每一个人都可能成为发疯受害者，这绝非有残缺或心理缺陷者的专利。约翰·门罗（John Monro）立即做出回击，发表文章（售价仅为巴蒂的一半），开头直奔主题：

56 发疯是人类天性的歇斯底里，其真正价值微乎其微……我自己从未想过让自己在刊物上出头露面，只是，我觉得，有必要向巴蒂博士对我先辈提出的不当谴责作出回应。[11]

门罗巧妙地回击了巴蒂的谴责，但其好形象在某些程度上化为泡影，因为他吹嘘催吐药具有神奇功效，是治愈发疯的灵丹妙药，此外，吐根可驱除体内痰液，只有一次性将痰液清理干净，催吐和出血才能双管齐下，助力患者排出体内的残留毒素。

1770 年，约翰·门罗不再将疯人院用作付费公众的取乐之地。此处并非所有人都语无伦次、疯疯癫癫。有些人头脑清醒且能说善道，詹姆斯·蒂莉·马修斯（James Tilly Matthews）便是其中的典例。马修斯于1797年入院，他被视为第一个充分记录在案的偏执型分裂症患者。他是一名威尔士茶商，对一个想法如痴如醉，即有一个间谍专家团伙已在伦敦城墙上建立了一个磁性空中织布机[12]。他以此洗脑伦敦市民，连政要都不放过。马修斯虽为病人，但尚有几分魅力，患病后，他被判终身监禁，并逝于1815年。他死时恰逢疯人院迁至南沃克，同年，议会委员会（Parliamentary Committee）成立，以调查疯人院体制内的职权滥用情况。

疯人院，以及之后的圣卢克斯（St Luke's）精神病院一直耸立在摩尔费德斯的边缘地带，越发使得人们把该地区与“发疯”和“边缘化”联系起来。此外，这里还是伦敦城人群扎堆之地，有的以主人公的立场感同身受，有的则以旁观者的心态隔岸观火。学徒们喜欢这里，他们可在此见面畅谈，也可以带上恋人玩耍，以及踢足球或做其他体育运动。此外，当政府官员、外国劳工以及自家师傅和商业惯例的改变让学徒受到威胁或遭到利用时，他们便可于此扎堆聚集商议抗议。值得一提的是，斯皮塔佛德（Spitalfields）的织布工还在此举行街头抗议，怒斥廉价的爱尔兰劳工吞并了他们的生意。起初政府对此置若罔闻，但理查德·斯梯尔（Richard Steele）在《闲谈者》（*Tatler*）中记载道，1709年7月14日，总部设在摩尔费德斯东侧的炮兵公司（Artillery Company）“已在伦敦城北部的摩尔费德斯一带开展武装演练”，这着实让居民们大吃一惊。政府对暴乱群众惶恐不安，认为有必要采取行动维护其政权了。1714 年，《防暴法》（*Riot Act*）出台，自此，任何有着 12 人及以上的集会皆属于非法行为，会依法受到严惩。

摩尔费德斯的住房便宜，且用水便利，然而，自炮兵公司于
57 此树立雄威后，人们便感觉自己“在杂乱无序中得过且过”。周边环境不尽如人意：几个世纪以来，伦敦城的垃圾堆（粪堆）一直堆积在该地区以南，但“这边沼泽地”四周的小店小铺变得欣欣向荣。此地租客主要为“粗活工”[13]，其中许多人从事“推车”的制作，其受众包括儿童、老人及其他弱势群体。几乎整个纺车巷（Spinning Wheel Alley）都是推车的贸易天堂。露天广场是摔跤和棍术等体育运动的活动场地。那些最穷的住户无外乎“零工裁缝和旧衣翻新者，他们总是蓄势待发，离开柜台后便加入门前上演的‘比武大赛’”[14]。沼泽地低洼一带绿树成荫，二手书商便在树下摆摊，古董商人光临摊位翻箱倒柜。作家贫困潦倒，暴力威胁不止，反暴承诺不断，这就是此地。

58 北部的建设工作正在进行，而新建的圣卢克斯教区也于 1733 年对外开放。市民们埋头苦干，旨在将垃圾堆的问题彻底解决，并铺设绿树成荫的人行道。这是规划者的设计初衷，但绝非人行道的唯一价值。这里特别要提到一个臭名昭著的人行道。它沿摩尔费德斯上部与下部的边界延伸，将官方认可的“循规蹈矩”的伦敦城内和“为所欲为”的伦敦城外分开，它被称为“鸡奸者人行道”（Sodomites' Walk）。伦敦有不同“性交区”（cruising areas），它们都有自己的特色，而摩尔费德斯因其“粗俗行当”（rough trade）

而为人所知。摩尔费德斯可能是该术语的兴起之地，因为那些出没于“鸡奸者人行道”的人往往寻求与“粗俗行当”工作者结合，他们有的从事煤炭运输和沿河贸易。1752 年，“鸡奸者人行道”被正式拆除，当时那一堵将摩尔费德斯上下部隔离开来的墙体也土崩瓦解了，“因为它是梁上君子和最可憎可恶者的保护墙”[15]。多年以来，同一伙人频繁出没于此地，而“学徒和其他毫无防备之心的青年”在他们的感染下也变得伤风败俗起来。伦敦的年轻人和那些可能使他们道德败坏的始作俑者还出没于另一个地方，那便是“冒险池塘”（Perilous Pord），即老街附近一个危机四伏的沐浴洞。1743 年，它演变成为伦敦首个室外游泳池，其宽为 108 英尺，长为 170 英尺，并且冬天可用作溜冰场。“绝世泳池”已荡为寒烟，但芬斯伯里广场（Finsbury Square）以南的“鸡奸者人行道”风采依旧。因此，您若有兴致，仍可沿它漫步。

1750 年，伦敦地震不断，摩尔费德斯“杂乱无序”的本性再次暴露无遗。2 月 8 日（星期四）中午，大法官法院（Chancery Courts）的人感到一阵剧晃，林肯律师学院（Lincoln's Inn）的人看到家具移动，而格雷律师学院（Gray's Inn）的灯夫则被迫贴紧梯子保命[16]。

常规的小册子和布道很快便准备就绪，有人散播消息称伦敦人罪孽深重，亵渎圣灵。1750 年 2 月 10 日至 13 日，《伦敦晚报》（*The London Evening Post*）作出科学解释，但只字未提罪魁祸首——地质的概念。然而，约翰・卫斯理对此一无所知，且对任何“自然解释”不屑一顾，因为他觉得，“地震是上帝之作，而道德罪恶则是地震元凶”[17]，这一点大家是有目共睹的。

忙忙碌碌的伦敦人可能很快便将地震的事情抛之脑后了，然而就在1750年3月8日（星期四），即第一波地震刚满一个月，第二波地震便卷土重来。但它只是微微震颤几下，估计此次震级为3.1（而第一波震级估计为4.1），但伦敦人已开始变得狂躁不已。

59 詹姆斯党人叛乱（Jacobite Rebellion，1745）、气候干旱、“牛瘟”导致牲畜短缺以及随之而来的牲畜涨价都是过去十年伦敦的伤痛。这个城市在宗教的麻痹中江河日下。

1750年3月16日，伦敦教区主教托马斯·夏洛克（Thomas Sherlock）向伦敦人写了一封公开信。此信以小册子的形式大量出版。它对科学家发出严词警告，称其为“哲学文盲”。这些人眼光“狭隘”——小册子直截了当地谴责了伦敦人亵渎神灵，并且以令（纸张计数单位）出售。即便在那个福音传播面临挑战的年代，教会也未放弃上帝之道。

教堂布道称伦敦为“邪恶大本营”[18]，并认为地震是一个教训。各色人等都想着通过地震这个事情发财：小册子和报纸满天飞，地震讲座也随之开展。所有这些都让伦敦民众更加心惊胆战。

然后，“疯疯癫癫的救生员米切尔”仿佛被火烧身了一般，开始走在伦敦街头，高声叫喊着一个预言——伦敦将在4月8日再次遭受大地震，这座城市将被夷为平地。于是伦敦人开始阔别故土了，有的去找了乡下的家人，而有的干脆外出度假。显而易见，那些迫于无奈而固守家园者只能在街头紧张兮兮的氛围中惶惶度日了。神职人员抨击人民懦弱无能，而反派教堂（与国教教堂持不同意见的教堂）的牧师、皇家学会的会员罗杰·皮克林则“脚踏两只船”。4 月 5 日，他发表布道，要求伦敦人按兵不动，但要服用“神药”。

我恳求你们，请相信福音的功德，相信让你们灵魂得以安息的信仰，请带着基督的信念，和一颗谦卑之心，就在上帝赐予你们的容身之所，听候神的旨意。

但一个多月来，伦敦人一直被告知，地震不仅埋葬了恶人，也 60
埋葬了善人。据霍勒斯·沃波尔（Horace Walpole）4 月 7 日晚间记录，在过去 3 天中，“据估计，有 730 辆马车驶过海德公园角（Hyde Park Corner），私人派对也统统到乡下举行”[19]。那晚，每个人都提心吊胆，毕竟，第二天生死未卜，于是，他们携家带口，要么前去摩尔费德斯，要么赶往海德公园，哪里空旷人们便去哪里避难。而有些人乘车开启了逃亡之旅，困了就睡在车里；有些则搭起了临时帐篷和防风墙。于是，摩尔费德斯再一次成为城市边缘的避难之地。第二日清早，地震偃旗息鼓，摩尔费德斯难民便匍匐前行，赶往完好无损的房屋继续过活。毫无疑问，他们一方面如释重负，另一方面又感觉自己愚不可及。

邦希田园（Bunhill Fields）墓地靠着摩尔费德斯，那里遍布国教异议者的坟墓，贵格会运动创始人乔治·福克斯（George Fox）、浸信会传教士约翰·班扬（John Bunyan）以及约翰·卫斯理的母亲苏珊娜·卫斯理（Susannah Wesley）都葬于此地。1738 年 5 月 24 日，卫斯理就在此地的埃尔德斯门外举行了露天布道。他在日记中写道，他对路德教会的服务“感到一股不可思议的温暖”。当年的那个地点如今已化身为伦敦博物馆门外的纪念馆。有些人尚未踏足国教教堂，卫斯理则致力于给他们布道，他那海纳百川的敬拜方式吸引了无数无家可归的追随者。城市大道（City Road）附近有一家弃置不用的铸造厂，起初，他就在那里举行卫理公会会议，到 1777 年，追随者纷纷涌来，其数量庞大，卫斯理只得委托小乔治·当斯（George Dance the Younger）设计城市大道礼拜堂（City Road Chapel），而该教堂至今犹存。他的著作涉猎宽泛，宗教信仰，乃至科学和医学突破都无所不及，他的思想理念也使会众大开眼界。有些群体深感自己与伦敦城教会的富人格格不入，便寻求释然之道——听他布道，读他著作，并对他拥护有加。卫斯理常在摩尔费德斯讲道，大批群众都被他吸引而来。

到 18 世纪 70 年代，人们开始在摩尔费德斯这个开放之地娱乐玩耍和集会抗议，使得布道作用逐渐减弱。1777 年，芬斯伯里广场在一片较干的土地上拔地而起，这里的人口迅速增加，而圣卢克斯教区也应势飞快发展。在 18 世纪最后 25 年里，摩尔费德斯四面楚歌，面积不断缩水。但在 1784 年，它再次成为伦敦人的重要地盘，殊不知，这是它“最后的狂欢”。

1766 年，亨利 · 卡文迪许（Henry Cavendish）出版了有关氢的新作品，全欧的科学家和莽夫们都因此开展气球飞行实验。小氢气球或用于娱乐，或用于通信，这并非新鲜事，但冒险者一系列的冒险足以证明，人类飞翔不是梦。其中最为人所知的是蒙戈尔菲耶（Montgolfier）兄弟，他们的气球于 1783 年在巴黎升空。1767 年，气球因故障空降伦敦。

温琴佐（或文森特）· 卢纳尔迪［Vincenzo（Vincent）Lunardi］ 61
以外交官身份来到英国，但他对飞行的想法如痴如醉。他仅 22 岁，风度翩翩，一心想在他的搭档乔治 · 比金（George Biggin）的帮助下获得皇家许可，以“展示”载人飞行气球。展览于 1784 年 9 月在摩尔费德斯附近的炮兵阵地上进行。竟有近 20 万人观看了这场飞行试验，其中也包括皇室成员和大量贵族。

卢纳尔迪的一切布置都那么引人注目，他将猫狗放进篮子与他做伴，然后将拴绳解开。随后，气球“逐步升空，看起来雄赳赳气昂昂”，这使那些“不怀好意”的质疑者大失所望。“他看上去镇定自若，气球升起时，他以最优雅的姿势鞠躬致敬，并从容不迫地向对他大加赞赏、发出惊叹的观众们挥舞着旗子。”[20] 不过，好戏还在后面：后来这只猫病了，为把猫放下治病，气球刚到伦敦北部便迫降了，卢纳尔迪最终着陆于韦尔（Ware）一带，接待他的人都惊叹不已。

卢纳尔迪的帽子、扇子和吊袜带都成为时尚，这位魅力四射的 62
意大利人坐拥了一个粉丝会。气球展览地为牛津街（Oxford Street）

的万神殿（Pantheon）——詹姆斯·怀亚特（James Wyatt）所设计的公众娱乐大厅。如今，它已被玛莎百货（Marks & Spencer）所覆盖。卢纳尔迪的气球在万神殿的圆形大厅中展出，成千上万的群众前来观赏，空气动力科学成为时代奇迹。据说，1784 年，霍勒斯·沃波尔看到了豪恩斯洛赫尔斯（Hounslow Heath）的气球，此后，他便预测整个赫尔斯都将成为“天空之港”[21]，果然，后来希思罗机场（Healthrow）便于此落成——这是沃波尔受神明启示后的预言？可能更多还是个人预测吧。首个气球的升空释放出强力信号：显而易见，这激动人心的一刻证明，世界正在发生变革——几乎一切皆有可能。

卢纳尔迪之后，摩尔费德斯不再人满为患，因为具有乔治时代低调风格的建筑很快取而代之，但这里的作坊和野营厨房依旧保留如初。1800 年，该地发生了一起发人深省的小狗绑架事件，说明该地区还真是千姿百态[22]。当时，一名男子冒险溜进一个厨房，只为讨一碗汤喝，但意外发现了他那失踪了的令他唏嘘的牛头梗——塞萨尔（Cesar）。不过，它已有了新名字。这里的老板戴先生（Mr. Day）解释道，这只狗叫查尔斯（Charles），不可能是塞萨尔，而是那个卖菜小贩的狗——“斯穆特情人”（Lover of Smut）和灯夫的爱犬罗斯（Rose）的爱的结晶。查尔斯出生在摩尔费德斯的一个“马厩”房内，它由一名车夫抚养长大，后来便被戴先生花一基尼（英国旧货币名）买去了。但最终事实还是浮出水面，戴先生实际上是从查理（Charley），也就是“那个穿梭在水上的送奶工”那里买下了这只狗。

塞萨尔的合法拥有者终于失而复得，而那时摩尔费德斯在城市发展进程中基本“黯晦消沉”。“二战”期间，该地全面陷入困境，而在此之前，贫穷人口纷至沓来，这里人口仍旧密集。

葛拉布街：“汝等诗人、衣衫褴褛者、孤苦伶仃者的家园”[23]

摩尔费德斯和疯人院的原有地形如今已消失不见，但两者都与葛拉布街（Grub Street）的传说密不可分，在18世纪初期更是如此。若有人以作家的身份在葛拉布街生活和工作，无论就现实而言，还是以隐喻而论，都意味着在文学上沦落风尘。它是一条从圣吉尔斯教堂（该教堂已从克里斯普门教区分离开来，但其仍耸立于巴比肯建筑群中）北部延伸至克拉肯韦尔奇斯韦尔街（Chiswell Street）的一条狭窄街道。

摩尔费德斯的书籍和民歌作品到王政复辟时才流行起来，而那时候的作品创作者与要创造葛拉布街传奇的作家并非一代人。这里很多人都自诩为葛拉布“最佳”作家，但像丹尼尔·笛福那样有真材实料的寥寥无几。丹尼尔出生于福尔街（Fore Street）一个长老会的屠夫家庭。

后来他成为当时最有分量的政治作家之一，并以首席“政治化妆师”的身份听命于罗伯特·哈利（Robert Harley）和他的保守党派。1701年，他见证了一项重大突破，其诗作《纯正血统的英国人》(*The True-Born Englishman*)讽刺了纯种英国人的“约翰牛”(John Bull，对英国土著的蔑称)空想，并重提了他曾与克里斯普门的诸多外来者和移民共处的种种经历。

因此，自英国成为一个种族大熔炉起，英国人血统便呈现出多样化……

葛拉布街的出版商与主祷文大街的同行不同，他们对研究主题出版物情有独钟，还时不时出版一些色情文学。伊丽莎白·纳特(Elizabeth Nutt)有不少店铺都经营于皇家交易所(Royal Exchange)，她在那里出售的产品数量相当可观，斯威夫特(Swift)的《木桶的故事》(*Tale of a Tub*)就卖得不错。她被列入“水星女人名单”[24]，其在葛拉布街上印刷的廉价民歌作品常具煽风点火或诲奸导淫的性质。自18世纪30年代起，她便开始印刷色情作品，而她的左膀右臂正是其女儿们。

亚历山大·蒲柏(Alexander Pope)在《愚人志》(*Dunciad*)中所描述的沉闷女神(Goddess of Dullness)就住在“疯人院附近”，这意味着伊丽莎白和她的代理商们就是在摩尔费德斯和葛拉布街一带给伦敦蒙上了一抹臭名远扬、俗不可耐和愚昧无知的色彩。蒲柏对“沉闷女神”的人物设定并没什么错，因为他觉得不良文学作品的廉价输出是为社会衰落推波助澜的罪魁祸首之一。

在整个乔治时代，这种观点都未曾改变。塞缪尔·约翰逊在其词典中将葛拉布街定义为“摩尔费德斯附近的一条街道，而街上住的文人骚客多撰写微不足道的史事、词典以及不规则的诗歌”，自此，它便被载入文史。

德拉里维埃·曼利（Delarivier Manley，1672—1742）是伦敦首批为政治服务的作家之一，但并非所有人都喜欢她。蒲柏猛烈抨击了她最广为流传的作品——1709 年出版的《地中海新亚特兰蒂斯岛的几个优质男女的秘密实录及其举止》(*Secret Memoirs and Manners of several Persons of Qualkly,of Both Sexes, from the New Atalantis, An Island in the Mediterranean*)，称其不过是“转瞬即逝的流言蜚语”。1711 年，曼利决定退隐，因为她不想再“蹚下流粗鄙的浑水”，也厌倦了“别人连续不断地向她投掷污言秽语”的生活。当然，她并未真正退隐，1714 年再次提到她可能解甲归田[25]，毕竟，政治“与女人无关”，但当时她还是撰写了 6 卷政治寓言、6 本政治宣传册以及 9 期《检验员》(*Examiner*)期刊。曼利是个朴实无华的女人，她爱情不幸，避世独居，但凭自己的努力以“葛拉布街写手女王”的身份在葛拉布街以男性为主导的政治写作领域取得了骄人的职业成绩。

克拉肯韦尔：时钟、橱柜和监禁 64

葛拉布街附近有一座非同寻常的建筑——圣约翰门（St John's Gate），乔治时代的伦敦最为知名的出版物之一《绅士杂志》就在此安家落户。它始建于1504年，既是圣约翰骑士修道院的入口，也是从南部通往克拉肯韦尔的传统入口。但此门很快便落入“尘世”，在18世纪初期，这里变成了霍加斯（Hogarth）的童年故居。那时，他父亲在此经营一家咖啡馆，此后，爱德华·凯夫（Edward Cave）又把这里当成了住房。1731年，凯夫开始编撰《绅士杂志》，每期杂志都以这里的门房作为封面。该杂志为塞缪尔·约翰逊提供了首份定期写作的工作，它是18世纪最具影响力且富有“人情味”的出版物之一。当年，约翰逊的学生兼好友——戴维·加里克（David Garrick）就在此门开展了其在伦敦的首次戏剧表演。

在18世纪的许多岁月里，此门的一部分还被充作当地的守望台。克拉肯韦尔似乎比其他地区拥有更多监狱，包括克拉肯韦尔拘留所（Clerkenwell Bridewell）、新监狱（New Prison）和后建的冷浴菲尔茨牢房（Coldbath Fields）。这里土地不贵，毗邻老贝利则意味着此处很便利。对家具制造等行业而言，克拉肯韦尔的可用空间也是一块“极品肥牛”，毕竟，这里满足了这些行业对作坊和存储空间的需求。有人雇用大量金属和钟表制作工，他们也发现在克拉肯韦尔“吃肥肉”再合适不过了，不久，便在格林周围搭建起一座大型工匠社区，《雾都孤儿》中的“费京”（Fagin）和“狡猾的道奇”（Artful Dodger）就是在这里教唆奥利弗·特威斯特（Oliver Twist）行窃的。

当地的金属制作工就有银匠，例如，由女家长海丝特（Hester）领导的贝特曼（Bateman）家族。1760年，海丝特的丈夫去世，此后她便发愤图强，完成了从文盲寡妇到成功女商人的华丽蜕变。她的作坊标志着 18 世纪小型家族企业的发展顶峰。

金属加工、钟表制造和橱柜制造这些行业最早按件计薪，且需 65
要充足的自然光和水源。特别是钟表制造业，要求人们以非常高的精度反复生产小零件，且通常是生产同一种小零件，一遍又一遍，周而复始。按件计薪，顾名思义就是工人根据零件生产量来获取工资。其他人则负责组装，但到最后，仅有雇主的名字可刻印在机械装置或容器上。1798 年，有 1.1 万名男子居住在克拉肯韦尔，其中 7000 名都是制表师[26]。

约翰·哈里森（John Harrison）发明了首个靠得住的航海精密计时器，并在 1761 年解决了其经度问题。起初，他落脚于克拉肯韦尔的皮革巷（Leather Lane），后又立足于正西的红狮街（Red Lion Street）。在政府的支持下，他在那里孜孜不倦地拼命工作，就是想制作出能够在海上精确定位船只的计时器。哈里森对工作如痴如醉，长此以往，别人经常把他当笑话看。但若没有他，英国的船员们又岂能信心十足地开启漫漫航程？尽管人们对哈里森褒贬不一，但他对确保英国海军在航海时代中的海洋统治地位作出了不可估量的贡献。

霍尔本的“各种粗暴、卑鄙和淫秽行为”[27]

霍尔本是伦敦最古老的街道之一，街道的大部分建筑都从伦敦大火中逃过一劫。这些大房子建于都铎时期，是为那些想要离开浓烟滚滚的伦敦城的商人们量身打造的，它们早已被分隔为可供出租的公寓，由伦敦四大律师学院的学生或者“挤在一起住”的贫困人家租住。“黑社会”曾将霍尔本山谷（Holborn Valley，高架桥现在所在的高地）据为己有，但因舰队河改造而被迫离开，开始西迁。此外，奇克巷和那些最不入流的客栈的皮条客也出没于此。愿意寻花问柳的男子可以男女通吃，霍尔本地区也因其同性恋亚文化著称。

66 乔治时代的伦敦见证了近代同性恋行为的发展。这里不管男女，或多或少都给自己贴了“同性恋”和“成功人士”的标签，并在不同程度上建立起一个由熟人、朋友组成的社交网络，也知道在什么地方以及什么场合行事。“18 世纪典型的同性恋是受人尊敬的商人，而非时尚靓丽的浪子”[28]，绝大多数在伦敦过着同性生活的男女都不过是普普通通的百姓罢了。

67 众所周知，1533 年，亨利八世通过《鸡奸法》（*The Buggery Act*），规定这种人人之间，以及人兽之间的鸡奸恶习可憎可恶，按律当处以绞刑。但将鸡奸者告上法庭的寥寥无几。王政复辟后，有关鸡奸行为的文学作品势如破竹，而始作俑者很可能就是新自由主义者约翰·威尔莫特（John Wilmot）和罗切斯特伯爵（Earl of Rochester）放浪形骸的诗歌作品。鸡奸成为禁忌，因为这种放荡不羁的病态行为和剧院里的少条失教以及酩酊大醉并无二样，应当予以抵制。1690 年，礼仪改革协会（the Society for the Reformation of Manners）应运而生。该协会在周日四处造访，把酒吧、小酒馆和咖啡馆强行关闭。1701 年，已有近 20 个诸如此类的协会在伦敦成立。他们组建了由一帮好事之徒构成的“改革警员组织网”，伦敦城内每个辖区都配备 4 名警员，城外每个教区则部署两名警员。他们责无旁贷地充当信息枢纽，以寻觅那些丢尽颜面者，并将证据保留下来。不久后，这帮“油头滑脸的改革雇佣兵”[29] 开始在社区内准合法化，当然，所有人都可通过他们捍卫自己的权益不受侵害。1698 年，海运船长爱德华·里格比（Edward Rigby）成为首名“受害者”，他在“篝火之夜”的烟花中物色了一个年轻男子，结果却东窗事发，揭秘者除了那名男子还有协会警员。里格比戴着木枷站在查令十字街和圣殿酒吧（Temple Bar）前示众，以此为惩。此外，他还要付 1000 英镑罚款，蹲一年大牢，好在他未遭处决。

到 18 世纪初，该协会乐此不疲地打击那些暗地寻花问柳的同性恋团体。1707 年，他们发起了一场为期 10 天的抓捕行动，成功捉拿了 40 多名涉嫌鸡奸的活跃分子。鸡奸指控使得人心惶惶，也使得敲诈勒索肆无忌惮，勒索者先试图讨好敲诈目标，后告诉他们，若不付钱，则向协会通风报信。

与此同时，“茉莉房”（molly house）发展为伦敦男同性恋春风一度的固定经营场所。别看活春宫于此上演，但它们本质上与同性恋妓院并无瓜葛，只不过是招待同性恋客人的酒吧或小酒馆罢了。到 18 世纪 20 年代，伦敦至少有 20 座生气勃勃的“茉莉房”。1726 年 2 月一个周日的晚上，警官们汇聚一堂，突袭了霍尔本菲尔德巷（Field Lane）的一处“茉莉房”，这里的掌舵人是玛格丽特

（Margaret），或称“克拉普妈妈”（Mother Clap）。玛格丽特·克拉普（Margaret Clap）与约翰·克拉普（John Clap）结下姻亲，后者是附近一家酒吧的掌柜，很少光顾她的咖啡馆。表面看来，贵宾们只是在敞亮的中央房间把酒言欢、载歌载舞。但实际上，咖啡馆的诸多房间都有明码标价的床位，以供客人拈花惹草。馆内还有一个“结婚室”，男人可在春风一度之前承蒙祝福[30]。

68 在那个周一的凌晨，40 名同性恋男子被逮捕，并被送至纽盖特监狱收押审讯。值得注意的是，没人被发现有过性行为，尽管有些人在现场一丝不挂。那些被逮捕的人，有的交罚款；有的遭监禁；有的戴上木枷游街示众；而有的则被处以绞刑。此事的起因是“贵宾”马克·帕特里奇（Mark Partridge）与情人闹掰后便痛下决心将四处巡视的礼仪改革协会带至“茉莉房”，由此便上演了一幕协会突袭“克拉普妈妈”的悲剧。30 岁的男妓托马斯·牛顿（Thomas Newton）为检方起诉提供了便利。牛顿是监狱在押人员，他探望“克拉普妈妈”，旨在为其保释铺路。他曾在那里被两个警员逮捕，在警员威逼利诱下，他成了揭发者。牛顿似乎对伦敦所有同性恋的天堂都了如指掌，协会有了他可谓如虎添翼，特别是当他作为一个熟悉的面孔，被用来诱捕在摩尔费德斯鸡奸街一带寻欢作乐的风流男子时。

我对他们“狩猎”的方法了然于胸。因此，我就那样走走转转，时不时靠在墙上。不一会儿，一名绅士路过，他走近时仔细

> 打量了我一番，然后贴墙站立，似要小便一般。渐渐地，他靠近我，直到最后他都贴在我身上了。“这可真是个良宵美夜啊”，他说。“没错，”我答，“的确如此。”然后他牵了牵我的手，捏了一捏，又把玩了一番。见我并无不悦之色，他又把我的手置于他的马裤上。于是，我紧抓不放，并叫来了威利斯（Willis）和史蒂文森（Stevenson），在两人协助下，最终将此人送进了看守所。[31]

威廉·布朗（William Brown）是因阴茎暴露被缉拿归案的已婚男子，他对被捕感到义愤填膺，并对此提出异议：“我之所以这么做，是因为我觉得我认识他，而且我认为我只是用某些方式来取悦我的身体而已，这算什么犯罪？”他的自我申辩与哲学家约翰·洛克（John Locke）的言论同声相应，约翰假定：“大地和万物是全人类的共有财富，但个人也拥有自己的私人财富。除了他以外，没人可支配这笔财富。”[32] 布朗言之凿凿地主张自己有权自由支配其身体，但他还是被戴上木枷游街示众，并遭受臭鸡蛋、死猫和萝卜头的袭击。

1726年，被审的那些人都不过是普通劳动者罢了：养牛人、送 69
奶工、家具商，还有卖橙子的小贩。这些人大约半数已婚，或育有子女。但显而易见，也有未成年人对从事男妓或有过同性性行为的过往供认不讳。审判将同性恋公之于众。上流交际场鲜少提及同性恋，但这并不意味着它不存在。1726年5月7日，《伦敦杂志》（*London Journal*）的头版将伦敦主要男同性恋聚集地的资料公之于世：

> ……每到夜幕降临，如此淫荡之徒便成群结队地聚集在他们所谓的场子中——皇家交易所、摩尔费德斯、林肯律师学院的沼泽小屋、圣詹姆斯公园南侧和科芬园广场。他们在那里立下契约，然后撤到一些黑暗的角角落落用简单的英语签下他们所谓的协议，然后实施鸡奸行为。

70 随着道德改革之风逐渐落下帷幕，这些协会也在 18 世纪 40 年代偃旗息鼓，在乔治时代末期，霍尔本地区的同性性丑闻以白天鹅（White Swan）事件告终。白天鹅是维尔街一家摇摇欲坠的破酒吧，如今已被金斯威（Kingsway）酒店取代。它坐落于吉本网球场，而这家古老的室内网球场已逐渐沦为破烂不堪的剧院。这一带混乱不堪，多数居民都在利用廉价、陈旧的房屋“行事”。

1810 年 7 月 8 日，弓街（Bow Street）警察空降酒吧，攻其不备。27 名男子因涉嫌鸡奸罪束手就擒，他们也确实尝试了鸡奸。白天鹅酒吧由库克（Cook）和雅德利（Yardley）两人共建，不到 6 个月的时间，便有大批追随者趋之若骛。

> 一间房配有 4 个床位，而另一间配置为女士更衣室，室内有化妆柜，柜上摆满了胭脂粉黛。酒吧上层是为年轻人量身打造的专区。这些年轻人一直在等待偶尔光临的顾客，他们搔首弄姿，若用“妓”描述他们更为自然，因为所有风骚动作与妓院的妓女并无两样。那些在生活中颇有大家风范且受人敬仰的人也可能与那些最窘

迫的可怜虫们滚床单。[33]

白天鹅酒吧的常客包括：吉蒂·坎布里奇（Kitty Cambric），煤炭商；赛琳娜小姐（Miss Selina），警局送信人；黑眼睛的利奥诺拉（Black-eyed Leonora），鼓手；漂亮的哈丽特（Pretty Harriet），屠夫；戈代娃夫人（Lady Godiva），服务员；格洛斯特的公爵夫人（the Duchess of Gloucester），绅士仆人；德文郡的公爵夫人（the Duchess of Devonshire），铁匠；甜嘴小姐（Miss Sweet Lips），乡村杂货商。

这种蔚然成风的"激情"只是娘里娘气、弱不禁风者的专利，这也是人们普遍接受，且视为理所当然的观点。但依库克之见，这似乎是一个错误的观念，毕竟恰恰相反的例子显而易见而又比比皆是，谁能想到：范妮·默里（Fanny Murry）是一名身强力壮的驳船船员；露西·库珀（Lucy Cooper）是一名力大无穷的运煤工；而吉蒂·费舍尔（Kitty Fisher）是一名聋哑的轮胎匠呢？

在混乱的人群中，黑眼睛的鼓手利奥诺拉脱颖而出，他极有可 71
能就是护卫队的 16 岁鼓手托马斯·怀特（Thomas White）。托马斯是站在咖啡馆翘首以盼的年轻人之一。他是这所酒吧中"较高段位"客人的最爱，"大众情人的存在是同性恋圈时尚潮流中比较匿影藏形的部分了"。可怜兮兮的托马斯甚至在突袭之夜都未踏足白天鹅，但他还是因为扛不住压力而低头认罪，在被监禁了一年之后，被处决了。46 岁的男子约翰·赫伯恩（John Hepburn），因购买了托马斯·怀特的色情服务而同他一道一命呜呼。怀特被起诉为男妓，而并非嫖客。因此，当审判团判他有罪时，法院不得不对他处以死刑。处决怀特是一个社会性事件："乌压压一大片群众都赶往刑场目睹那惨绝人寰的一幕。坎伯兰郡（Cumberland）公爵、塞夫顿（Sefton）勋爵、雅茅斯（Yarmouth）勋爵和其他几名达官贵人都在拥挤的庭院等待即将上演的好戏。"[34]

1810 年 6 月，坎伯兰郡公爵九死一生，避免了同性恋丑闻。当时，他的仆人被发现时，已被割喉致死。这个仆人发现公爵及其贴身侍从"关系不合礼仪、有违常理"[35]之后，便威胁揭露主人的同性恋身份。坎伯兰郡公爵兴许就是怀特颇具大家风范的"贵宾"之一。具体真相如何，我们永远无从知晓。白天鹅事件被逮捕的另外 25 人中，仅有 6 人罪名成立，他们或被戴上木枷游街，或锒铛入狱，这其中就包括店主库克。而雅德利似乎一切相安无事。白天鹅事件引起了公众不满，《泰晤士报》报道说，被定罪的男人们竟栽在了一帮主力军为女人的乌合之众的手里，他们拿着从屠宰场带来的一盆盆鲜血、垃圾和粪便，以及死猫、红萝卜、土豆、臭鸡蛋和其他"弹药"。他们不断扔向罪犯，不到最后一刻，绝不善罢甘休。羞辱结束时，犯人已满身污垢。待到马车将他们拉回纽盖特监狱时，马车"已填满泥土和粪便，他们被完全'淹没'"。

曾几何时，人们改变了对同性恋的认识，也提高了对它的包容，托马斯·怀特却死在这种积极改变之时，实在悲哀。关于同性恋起诉案越来越少，启蒙运动带来了关于同性恋的另一种思维方式。鸡奸已不再是所有人单纯想做就做的事情，若对同性恋的了解鞭辟入里，便会把鸡奸视为同性恋的一部分。1785 年，杰里米·边沁（Jeremy Bentham）在他的论文《侵害个体自我的罪行》（*Offences Against One's Self*）中提倡将同性恋合法化，认为说同性恋不正常就“好比说男人酷爱音乐有违自然之道”。

托马斯·查特顿：模仿者、伪造者还是天才？ 72

托马斯·怀特在 17 岁时便与世长辞，这其中的浪漫主义悲剧色彩与另一名来自霍尔本的 17 岁同名男孩的无疾而终遥相呼应。1770 年，托马斯·查特顿（Thomas Chatterton）在霍尔本的阁楼中服毒自尽，他毕生都在追求写诗，死后他以诗人身份扬名后世。“他是文学史上绝无仅有的神童”[36]，小小年纪竟创作出如此优质的作品，其他同龄的浪漫主义诗人又岂能与之相提并论？但查特顿的最佳诗篇全是假的，他在布里斯托（他的童年故乡）圣玛丽·雷德克里夫的教堂发现了 15 世纪修道士托马斯·罗利（Thomas Rowley）的手稿，然后模仿着进行自我创作，达到了以假乱真的地步。

托马斯 14 岁时便成了律师的学徒。在朋友眼里，他又瘦又高，皮肤白皙，但又邋里邋遢，还有一双灰色大眼睛。人们发现他会定期写诗。但他的诗篇因一文不值而被当地报社投入火中。但他无所畏惧，继续投稿。别看他年纪轻轻，但已成为女士眼里的香饽饽。

他热情洋溢地写信给通讯员霍拉斯·沃波尔（Horace Walpole），并附上了托马斯·罗利的一些作品。沃波尔予以回信，说当他向朋友展示“罗利手稿”时，朋友指出这些手稿是赝品。托马斯信中的语调如此信誓旦旦又成熟稳重，以至于沃波尔觉得他是成年古董商，而非学徒文员，如此一来，沃波尔岂能不被蒙在鼓里？

同样，待托马斯·查特顿收到沃波尔的回信后，便开始对自己心中的英雄大失所望。毕竟，他只不过是邮寄了一些受人推崇的古老诗词的样本罢了，甚至连要求都没提出来。他既不图钱，也不求职业晋升，但沃尔波竟以高人一等的姿态建议他做好日常工作，他怎会不心烦意乱、垂头丧气呢？虽然托马斯经历了此次挫败，但他还是很快就开始为伦敦媒体撰写读物，讽刺政治，并因此获得媒体邀约而赶往伦敦。若他的写作生涯不能越走越远，他便威胁要自我了断。对于他的威胁之词，周围人都大吃一惊，包括他那跟他解除学徒契约并对他放任自流的师傅。托马斯离开时写道：“作别了，布里斯托那一排排阴暗肮脏的砖头。”他去投奔了住在肖尔迪奇（Shoreditch）的表姐巴伦斯（Ballance）太太。与他同样寄人篱下的小男孩还会记起，“受不了他的傲慢不逊和妄自尊大，无论如何也做不到待见他”。他还记得，托马斯几乎不吃什么东西，也不怎么睡觉，只是通宵达旦地坐在窗前阅读。

巴伦斯太太对她废寝忘食的表弟感到大惑不解。她曾经称他为 73
“表弟汤米”（Cousin Tommy），当他勃然大怒并“反问她哪有诗人叫汤米”时，她感到苦恼至极。托马斯的脾气令人难以忍受，但他的才华令人叹服不已。抵达伦敦后不到两个月，他的作品便发表在《米德尔塞克斯杂志》（*Middlesex Journal*）上了。他为已逝的市长写下挽歌，并在笔记本的背面做下记录：“很开心他死了，这份挽歌挣下了 3 英镑 3 先令 6 便士。”他离开了肖尔迪奇，并寄宿于霍尔本布鲁克街 29 号的阁楼。他的房东是安杰尔（Angel）夫人，在接下来的几周里，她将不负“姓名”（“Angel”在英文中有“天使”的意思）。见年轻的房客日渐消瘦，她便对他照顾有加。他像托钵僧似的不停写着短篇小说、短剧、一首涉及色情内容的长诗以及其他一些描述非洲的文章。他为马里波恩花园撰写喜剧作品而获取佣金。此外，他还撰写了有关朱诺和朱庇特婚内纠纷的滑稽片段，并为此获得 5 基尼。

8 月降临，与伦敦相伴的是安静的漫漫长假。托马斯的大部分作品都未曾获得报酬。另外，他还患有性病。克罗斯（Cross）先生是霍尔本的化学家，他在漫长的下午与托马斯共消良辰，并再三劝说托马斯和他家人一起就餐，可这位年轻的诗人却不领情，但只要克罗斯先生在柜台打开一桶牡蛎，并分他一份作为诱饵，他就乖乖听话了。安杰尔太太意识到，托马斯已经两三天没进食了，便邀他共进晚餐，但他再次拒绝，并赶往阁楼。次日（8 月 24 日）早上，她发现他已离开人世。原来他就着水喝下了砒霜，早已面目全非，身上全是呕吐物和残破的纸屑。

74 验尸结论为“他因精神错乱自杀身亡”。他永眠于休巷（Shoe Lane）济贫所的墓地中，但这个郁郁不得志的天才的传说已经传开了。许多人认为，霍拉斯·沃波尔为托马斯之死推波助澜。12 年后（1782 年），舆论压力变得如此之大，以致沃波尔感到悔恨交加，觉得有必要通过《绅士杂志》将他与这名青年诗人的全部书信公之于众了。他总结道，“那一屋子的‘赝品’全都是在平铺直叙地讲述故事”。

在整个 18 世纪，造假作伪抢尽风头，愈加嚣张跋扈。假硬币是一个长期存在的问题，人们越来越需要知道在集体意识中什么是“真实”的概念。英国古典文学强调了对真理理性本质和浪漫主义幻想的追求，而查特顿的作品正是这方面的巅峰之作。威廉·布莱克（William Blake）和塞缪尔·泰勒·科尔里奇（Samuel Taylor Coleridge）都受他影响。济慈（Keats）也致力于有关他的创作。霍拉斯·沃波尔在临终之际已收集 18 卷有关托马斯的剪报和剪贴簿，而塞缪尔·约翰逊在无意间也承认，“这小伙子写出如此大作，简直太不可思议了”[37]。

林肯律师学院广场：沼泽屋和《乞丐歌剧》

林肯律师学院广场位于霍尔本正南，现在是那些法律从业人士的据点，但是在 18 世纪，此地居民更加多样化，而且它处于险象从生的危险地带。它由依理高·琼斯（Inigo Jones）设计，是“伦敦最大也最精美的围建式中央公园之一，也是古代遗物中看起来最有古雅风味的”[38]。广场本身坐落于科芬园和伦敦城官方认定的边界之间，一直沿大法官法庭巷（Chancery Lane）向下延伸。伦敦生活的方方面面都尽在其中：这里贫富交织，是戏剧的宫殿，也是艺术和科学的天堂。

新建广场的原始房屋宏伟壮观、威风凛凛，尽管如此，它依旧声名狼藉。1716 年，约翰·盖伊（John Gay）在他的诗《伦敦街头漫步的艺术》（*The Art of Walking the Streets of London*）中警告读者：

宽阔的林肯律师学院广场建有扶手，可供人把着四处走动，克罗斯在这里走起来蹑手蹑脚。日光倾下，回荡着鬼鬼祟祟的小偷的苦苦乞求……

乞丐抑或冒充乞丐的劫犯便是广场的“心头大患”，毕竟广场 75
和花园是伦敦人民往返伦敦城的必经之路。而西侧一片树木丛中则有着伦敦最赫赫有名的沼泽房、公厕、非法活动场所以及行凶抢劫之地（曾经的性交易场合）。这里条条道路通向露天场所，

……若您不及时大发慈悲，乞丐可能就会挥棒而来，让您头破血流，栽倒在地。

在乔治时代的伦敦，乞丐一直以来都是人们的眼中钉、肉中刺，而他们集中神出鬼没于林肯律师学院广场。有一些破衣烂衫的乞丐“货真价实”，他们“因右腿残疾而整日求捐求援，讨来热乎乎的晚餐，但夜里又以卖淫为生”[39]，而有一些则是扮成乞丐的坑蒙拐骗之徒。这里的花园，早期就建有围栏，以专门防止流浪者进入。（如今，几个世纪过去了，林肯律师学院广场仍是无家可归者养家糊口的主要场地之一。待到天黑，服务于各教各派的敞篷货车便停了下来，向广场上那些蓬头垢面、居无定所的流浪者分发援助食品。）

1728 年，约翰·盖伊的“纽盖特牧歌”（Newgate pastoral）——《乞丐歌剧》（*Beggar's Opera*）在林肯银河大剧院（Lincoln's Inn Theatre）举行首映礼，这似乎并非巧合。该剧院的前身是一个室内网球场，由里奇一家接管后被改建为话剧舞台。《乞丐歌剧》成功连演 62 场，愉悦了富人，也让一些同性恋变得富有[40]。这部歌剧是一部滑稽的英语剧，对意大利歌剧的流行进行了冷嘲热讽，其主演为波莉·佩奇姆（Polly Peachum）和她放荡不羁的爱人麦希思（Macheath）——一名拦路强盗，两人将成为 18 世纪文学和民间文化中家喻户晓的话题。

时代的车轮滚滚向前，而林肯律师学院广场依旧安居着富裕阔绰的房主和一贫如洗的流浪者。1782 年，建筑师约翰·索恩和他的家人抵达这里，当时他购置了广场 13 号，这预示着广场要蓬勃发展了。此后，他又购买了广场 14 号。随着他愈加富有，且雄心见长，他开始将两处房产合并。如今约翰·索恩的所有大作几乎都已化为乌有。试看 18 世纪的伟大建筑师，谁能与之争锋！但纵观索恩一生，他并未得到普遍认可，他对成功和完美主义的过分追求使他不受民众待见。

约翰·索恩原是伯克郡（Berkshire）的一名“普通瓦工”，其 76
因“对功名抱有狂热渴望”[41]，而华丽转身为伦敦首屈一指的建筑师和艺术收藏家。其广场北侧的房屋用以收藏希腊和罗马时期的大理石、骨灰瓮以及哥特式仿品和当代绘图，包括荷加斯（Hogarth）的《浪子生涯》（*Rake's Progress*）。索恩别具匠心地将各式各样的建筑风格（古典和现代）融为一体。他对陪葬品痴迷不已，这在他最喜欢的房间上有所体现。该房间建在坟墓之上，且只有一束骇人的朦胧光线可以进入。他非常热衷于用彩色玻璃创造斑驳陆离的光效，索恩太太甚至用姜黄将网状窗帘染色，人若至于房中，便恍若隔世。此外，索恩还是集中采暖的先行者，他的房屋装有热水淋浴设备。但如此现代的思维和戏剧效果并未让他获得认可，一位评论员在《晨报》（*Morning Post*）中写道：

> 我猜测您最近并未经过林肯律师学院广场，否则，我想您早已对那些百无一用的新建筑百般指责了吧，现在它们正耸立在那个精致广场靠近霍尔本的一侧。这种荒诞不经的建筑结构使得街道均匀性毁于一旦，简直煞风景。[42]

显而易见，索恩并不招人待见，此外，他还曾有过失误的判断。尽管如此，星相显示他运势仍在上升。他被任命为皇家艺术学院建筑学教授，该学院已明令禁止教授在讲座中对在世艺术家妄加评论，但索恩还是不能自已地炮轰其年纪轻轻的劲敌罗伯特·斯默克（Robert Smirke）在新科芬园剧院（Covent Garden Theatre）的设计有“明显不当之处”。听众大吃一惊，对他嘘声一片。索恩作了如下自我辩解：“情非得已提及了现代新作品，这真让我万分痛苦。”[43] 祸患随之而来，他的讲座中道而止。

索恩的儿子不想追随他的脚步，这令他大失所望，于是，他表达了将自己的房屋和收藏品赠予国家的想法。1833 年，在《议会法案》（*Act of Parliament*）的助力下，他如愿以偿了。1827 年，约翰·布里顿（John Britton）撰写了一本面面俱到的房屋指南书[44]，书中陈述到，索恩的房子“从一开始就是为演出和展览量身打造的。也就是说，这是一个炫酷璀璨的剧院”。即将晋级为爵士的约翰·索恩将其房子“永远”留作博物馆，激发了一些人的思索，即“索恩眼中的永远究竟是多久？”100 年后？ 1000 年后？抑或 10 万年后？若是 100 年后，那么他是一个沉谋研虑的人；若是 1000 年后，则他是个贪慕虚荣者；若更长远，他便成了目中无人的狂妄之徒。[45] 兴许，他三者全占吧。如今，约翰·索恩爵士的住所仍受《议会法案》保护，且可供游人参观。

圣殿和律师学院：伦敦的学术中心

尽管林肯律师学院广场身处伦敦“法律为王”的地带，但这里成了各色人等的落脚地。它位于法制伦敦的脊梁——大法官法庭巷的正西，其最前方是霍尔本的格雷律师学院（Gray’s Inn）。伦敦城区范围内的中殿律师学院（Middle Temple）和内殿律师学院（Inner Temple）坐落在最靠近河流的底部。外殿律师学院（Outer Temple）位于伦敦城区范围之外，并被逐步淘汰。因此，这些律师学院（Inns of Court）跨越了伦敦城边界，却是与伦敦城和威斯敏斯特完全不同的一个定居之处。

在伊丽莎白一世时代，这一带欣欣向荣、一派繁华，是年轻一代争分夺秒学习的战场，他们对法律求知若渴，也非常希望体验伦敦的光鲜生活。法律是一个正在运转的机器，同时也是一个理论网络，网织好了，它就可以最好地服务于人民和国家。每个律师学院都设有一个大厅，供公众就餐；小教堂供教徒做礼拜；图书馆供读者参阅图书。让人大跌眼镜的是，他们提供的法律指导寥寥无几。若想学习法律知识，男孩需要付费学习。那时既无正规的教育结构，也没有“资格考试”（于1852年推出），踏足律师界不仅取决于个人魅力和才能，还取决于法律知识和道德修养。

在18世纪，有两个人从律师学院中脱颖而出，他们虽有天壤 78
之别，但都见证了英国法律“现代”体系的诞生。他们建功立业，为律师界乃至整个国家都作出了丰功伟绩。起初两人都是外行，但他们勤学苦练，加之天资聪慧，便使得法律学习逐渐走上上坡路。其中，托马斯·厄斯金（Thomas Erskine）是巴肯伯爵（Earl of Buchan）最小的儿子。

他仪表堂堂而又聪明伶俐，14 岁便扬帆出海，而此前，他在苏格兰学校接受了基础文法教育。航海并非他所爱，因此他筹足银子在陆军委员会买了一官半职。22 岁那年，他遇到了詹姆斯·博斯韦尔（James Boswell），詹姆斯后来记录说，这位军官小小年纪“言谈竟活泼生动、流利自如而又精准。这孩子太不可思议了，他值得特别关注”[46]。托马斯卓尔不凡的口才和能力使其考虑向法律界进军。他在剑桥大学三一学院（Trinity College，Cambridge）注册，尽管没来上课，但 3 年之后他还是获得了法律学位。与此同时，他将年轻的妻子安顿在肯特镇（Kentish Town）的娘家。如此一来，他在学习法律期间就可靠着每年 300 英镑的津贴勉强糊口了。1778 年夏，厄斯金已受邀加入律师协会。他魅力四射、才华横溢，因此接到的案件也使他应接不暇。他精通“向陪审团致辞”[47]，常帮其委托人打赢官司。不久后，这个信奉言论自由和新闻自由的律师便以自由派知识分子的身份声名鹊起。1792 年，托马斯·潘恩（Thomas Paine）在《人权论》（*Right of Man*）出版后被控煽动诽谤罪，而厄斯金担任其辩护律师。他在本案中未获成功，但对于那些不受欢迎且风险较大的案件，厄金斯通过讲座为律师们指点迷津，为此名声大噪。

他因个人魅力和优秀口才而卓然不群，此外，厄斯金是劳埃德·凯尼恩（Lloyd Kenyon）的得意门生，尽管他与凯尼恩迥然不同，但他仍为老师的得力助手。1732年，凯尼恩生于威尔士，曾为一名律师打杂过一段时间，在此期间学习了大法官法庭的法律法规。1756年，年纪轻轻的他就跻身于律师界，但由于他不擅长公开演讲，且交际圈子小，所以他那时百无一用。后来，他被任命为案卷主事官（Rolls of Masters），也就是首席大法官的左膀右臂。在此职位上，凯尼恩负责大法官法庭乏味无趣但又至关重要的法律部门，他还为此专门受训。他的工作成为其他人努力追求的基准。4年后，他接替曼斯菲尔德（Mansfield）伯爵，成为终身首席大法官。作为一位法官，他非常受人尊崇，他诲人不倦、知识渊博，且“坚毅无比又刚正不阿”[48]，这与他那气宇不凡、能言善道的徒弟形成了鲜明的对比。

要想在18世纪从事法律行业，除了听天由命外还要学会投机 79
取巧，厄斯金和凯尼恩成为这种法律职业体系下的最佳代表——这不仅标志着现代法院体系的诞生，也意味着陪审团审判体系的逐步成熟。

18世纪的律师学院人才济济，厄斯金和凯尼恩是其中的天之骄子，但并非他们所有的同事都如此勤学苦练。律师学院可谓丰衣足食，有一大批年轻人享有特权，有大把时间享受这里的一切。1710年，艾萨克·牛顿商议在舰队街正北的克兰法院（Crane Court）购买一所小房子，那时，皇家学会已搬于此地了。塞缪尔·约翰逊也住附近，如今他的住所已成为他的个人纪念馆。而他在当地的酒吧——柴郡奶酪（Cheshire Cheese）仍坐落于此。萨蒙夫人（Mrs Salmon）的蜡像就矗立在中殿律师学院入口附近，人们也可在此看到国王和王后的蜡像。此外，这里的自动化蜡像——“希普顿修女（Old Mother Shipton）在访客离开时会主动吻别，真让游客惊掉下巴”[49]。律师学院的青年才俊们最喜欢的咖啡馆——南多（Nando’s）就位于路南侧，且靠近圣殿酒吧（Temple Bar）。

1710—1712 年，一群 20 岁左右的毛孩子拉帮结派，成立了暴力团伙——“夜行人杀手”（Mohocks），把南多斯作为他们的作案目标。“夜行人杀手”全年活跃，主要分布地为霍尔顿、斯特兰德以及威斯敏斯特。这帮人酗酒成性[50]、吸食大麻，而且非常心狠手辣，他们的所作所为也正如其名所释。

大麻自 17 世纪末就开始在伦敦用作消遣性药物了。1689—1690 年，罗伯特·胡克就在皇家学会上召开讲座，指出：

> 大麻可使……吸食者胡言乱语；但他还兴奋不已，辗然而笑，甚至吟歌一曲……但是他并非头晕目眩，也不是烂醉如泥，而是一路走走，一路跳跳……不一会儿，他便睡倒了，非常酣畅淋漓地安然入睡了。当他醒来时，却发现自己精力充沛，而且还饥肠辘辘。[51]

胡克是从一家咖啡馆的船长那里获取信息后才记录如上的，毫无疑问，他还有诸多其他信息渠道。

“夜行人杀手”实施街头暴力时，不分男女，且会随机作案，但受害者的受害程度不尽相同。巡夜人会饱尝毒打，而妇女则惨遭侮辱。两名妇女被刺穿了下唇，这大概是一种匪夷所思的穿刺仪式吧。

被捕后，这帮年轻人都表现出“绅士风度”，而且跟法律学院有关系。他们的保释金高达数百英镑。人们觉得，1712 年暴力事件的罪魁祸首就是欣赤布鲁克勋爵（Lord Hinching-brooke），尽管他被捕入狱，但在第二年还是入选为议会成员。谁能想到，那些因卷入暴力而锒铛入狱的人后来竟踏足律师界！

学生们不仅涉猎法律，还学习跳舞、剑术以及其他必要的社交技能。1744 年，老贝利的一个法庭案记录下了对安·杜克（Ann Duck）的审判。安生于大法官法庭巷[52]，是黑人老杜克的女儿，法律学院很多绅士都知道老杜克，因为他教他们如何使用轻剑，老杜克在这方面可是大师级人物。安继承父业，继续教年轻人如何使用轻剑，但她已沦为娼妓。

法律学院出手阔绰的年轻人不在少数，自然吸引着“质量更好”的妓女。法林顿区（Farringdon）藏有 70 多个寻柳问花之地。18 世纪初，这里的妓院占了伦敦城的半壁江山都不止。有人猜测，那些受过教育但陷入困境的年轻女士会冒险与学生达成长期协议，她们蒙着面罩在圣殿或林肯律师学院飞快地进进出出……普通妓女也在学生和律师中寻找长期对象，如甜美性感的沙尔德小姐：

81 ……有人愿意成为这位“神秘维纳斯”（代指沙尔德小姐）的学生，而这个最让人赏心悦目的美人儿完全可以为学生们传道授业解惑。她大概 20 岁，赚个一基尼就能让她乐半天，她在伦敦城有几个朋友，也认识来自格林律师学院和圣殿的律师。[53]

因此，即便是伦敦最受人尊敬的法律机构，也会藏污纳垢（流氓、吸毒者和妓女），这使得许多大律师与受审人相差无几。

18 世纪初，伦敦城四围不过是一个人口爆炸、鱼龙混杂的城市边缘之地，但不久后，那些老房子和妓院就在疯狂的建设和重建中倒塌了。18 世纪初，新伦敦已沿着斯特兰德大街向西一路延伸开来。只有圣殿和法律学院几乎是古今一辙。

第三章

威斯敏斯特和圣詹姆斯

威斯敏斯特是伦敦第二大自治市。自 12 世纪以来，它便一直是政府大本营，是国家主权的象征。我们现在所看到的行政中心雄伟壮观，可在 1700 年，它远非如此。那时，它只是一个小规模的定居点，那些古老宫殿、修道院和学堂在这一带“生根发芽”。白厅宫（Whitehall Palace）经亨利八世拨款，由红衣主教沃尔西（Walsey）修建而成。它是当时的行政办公之地。1698 年，一个女仆不小心将晒干的床单放在火源旁边，大火燃起，白厅宫付之一炬。大火过后，唯有依理高·琼斯设计的宴会厅完好无损。约翰·格温（John Gwynne）对重建伦敦野心勃勃，但他的规划到头来化为一场空。还要依照计划有条不紊地搞重建？恐怕没机会了吧！正如约翰所言，“在城市一角展示品位和优雅是民心所向，而我们也得到了这千载难逢的机会，但为何如此机会被利用得糟糕透顶？大概建造者自己都困惑不解吧！”[1]

威斯敏斯特宫建于中世纪，它位于泰晤士河畔，被用作议会两院。如今，议会广场（Parliament Square）已成为一个熙熙攘攘的环状交叉路口，那儿的警察穿着非常醒目的服装，仅少数人可获准入内。但在 18 世纪，此处诸多满目疮痍的建筑物、开阔的空地和各种简易房（多数房屋可追溯至中世纪）“相映成趣”，这让议会苦恼不已。失去壮丽风采的宫殿以及附近的贫民区都非常显眼，因为它们恰巧坐落在威斯敏斯特大教堂（Westminster Abbey）后面。新街道的不远处便是托西尔广场（Tothill Fields）的贫民窟以及“不堪入目”的空地，这里有踢足球的男孩，也有在渣堆里安家落户的猪。克里斯托弗·雷恩（Christopher Wren）和约翰·洛克的母校威斯敏斯特学校就坐落于此地，但这里“险象”丛生，学校难免会受到影响。1679 年秋，一群绅士学者受到审讯，原因是他们闯入学校并把实施逮捕的法警乱脚踢死了。“这些人年少轻狂但才华突出”[2]，经深思熟虑后他们就被无罪释放了。但这些年轻的学者们不断光顾学校的小酒馆和饭馆，与形形色色的伦敦人一起厮混。学校附近的派伊街（Pye Street）上的贫民窟被称为“魔鬼之地”（The Devil’s Acre），而宫殿和大教堂不过是“蜷缩在后面的破屋烂舍的庄严门面罢了”。“迷宫一般的小巷、法院、大街和贫民窟是滋生无知、邪恶、堕落和犯罪的巢穴”[3]，它们将威斯敏斯特下层阶级的生活状况暴露无遗。

85 贫民窟中最贫穷的妇女会在煤渣堆里颠来倒去，以期从中找到可燃物。这里也有最底层的妓女，她们在漫画作品中化身为“稻草人”，全身污秽、嘴巴歪斜、牙齿全无。许多人都靠救济为生。圣玛格丽特济贫院（St Margaret's）是伦敦最古老的济贫院之一，圣玛格丽特教堂是议会大厦的官方教堂，与之相关的济贫院在一个世纪以来几经搬迁，而利特尔施赈所（Little Almonry）的下属机构，在 18 世纪 40 年代便率先开展了产妇保健工作，有志于为穷人助产的当地妇女都可以以非常优惠的价格学习助产课程。同她们一道学习的还有年轻男士，不过他们的学费不菲，毕业后他们会从事“男性助产士”职业并从中日进斗金。

该地区的贫富对比如此鲜明，也是在不断提醒议员们要尽职尽责地服务于不幸的社会成员。他们只需要走出宫廷大院（Palace Yard），就可以看到那些翻找煤渣的妇女带着小孩在托西尔广场（Tothill）的垃圾堆里挑来挑去。一群贫困人家的孩子们由一个哥哥或姐姐牵在后面，毕竟父母工作期间，哥哥姐姐是要负责照看弟弟妹妹的。1762 年的一个周六，玛丽·弗拉蒂（Mary Flarty）在托西尔广场附近一个破旧的小巷里把蹒跚学步的杰瑞（Jerry）丢给 5 岁的安妮·埃里森（Anne Ellison）照看。街上没什么人，表面看来，幼儿独自在街头能够安然无事。公厕里专门设有幼儿低位座，小杰瑞试着使用却不慎落入粪坑。小杰瑞失踪后，社区人员二话不说立刻开始寻找，但他早已一命归西了。[4] 当时，若行人稍不留神，就可能跌入粪坑、掉进水井或卷入车轮丧命。

政府越来越意识到解决社会贫困问题是当务之急。人口与日俱增，城市贫困问题愈加显著。一般而言，政治是暴乱的元凶，但暴乱通常也与人们食不果腹脱不了干系。其中最“严峻”的暴乱要数戈登暴动（Gordon Riots）了，一帮乌合之众咆哮着袭击了议会，这使伦敦政府意识到，一支警力是必不可少的。虽然之前很多政府官员都认为警察不过是一支常备军罢了，但 1780 年，他们终于意识到了若无警力相助，伦敦将乱成一锅粥。随着警力日益强大，更宽敞、更优质的新监狱也应时而生。向西不远处便是米尔班克（Millbank）——“骑兵渡口”的故乡，“河对岸的磨坊也坐落于此”[5]。1821 年，骇人听闻的米尔班克监狱便建于此地，设计师为哲学家杰里米·边沁。这里可是一个让人毛骨悚然的迷宫，连看守人都能迷路，囚犯们身处不同的牢房，用各种稀奇古怪的声音沟通交流着。狱中押着大批等着漂洋过海的囚犯，多年来，监狱大船就潜伏在狱外的河上。

86 威斯敏斯特后面是一片尚未开发的开阔土地，土地一直延展到骑士桥（Knightsbridge）。1660 年，查理二世登基，他将圣詹姆斯宫（St James's Palace）选为住所，把威斯敏斯特颇具中世纪风情的建筑、贫民窟和煤渣堆都留作“乡野之地”。那一带有水景设计和人行道的阿卡迪亚·圣詹姆斯公园（Arcadian St James's Park）就出自查理二世之手。他还提出要求，即打造最智能的全新住房，圣詹姆斯广场（St James's Fields）便由此诞生。此地住房为雍容华贵者量身打造，当然那些腰缠万贯的国外游客也可在此临时落脚。处理完一天的公务，比如参观完咖啡馆，解决好议会事宜后：

> ……他们就可以利用晚上尽享灯红酒绿了。傍晚 4 点钟到 5 点钟，所有人都沸腾了，他们驾着最豪华的马车在街头穿行，有人会观看比赛，有人则倾心于歌剧、集会、化装舞会或音乐聚会。这里人头攒动，马车很难穿街而过。[6]

这些“新富人”并非完全只顾自娱自乐，他们也越来越意识到贫与富的天壤之别。在威斯敏斯特，最恢宏的府邸也躲不开贫困的幽灵，那些富丽堂皇的宫殿也会招收清洁女工。威斯敏斯特和圣詹姆斯唇亡齿寒、一衣带水，它们培育了一些英国最出类拔萃的人才。威斯敏斯特的发展日新月异，思想家、政治家和时尚达人们全都会聚于此，这个伦敦的风雅之地与伦敦城的商业发源地大相径庭。

为城市穷人提供服务：《济贫院法案》

宗教改革后，信奉新教的英格兰要求当地教区官员将部分土地税分发给穷人作为善款，此举增强了教会和国家“济世扶贫”的团结力。1601 年的《济贫法》（*Poor Law*）规定，获得某教区慈善救助的个体须归属于该教区。找“归属”可不像找住所那么轻而易举：穷人即便即将成为定居者，通常也会被教区官员除去归属资质。人们普遍觉得，《济贫法》给了那些赤贫如洗者一个钻空子的机会，即便他们不去工作，也可以获得最低生活保障。

居无定所谱写了中世纪的主旋律。那时，体面的伦敦人都对修 87
补匠、小贩和其他流动人员避而远之，而流动人员与社区也渐疏渐远，并被视为社会的毒瘤，且与“伤风败俗”和“轻微犯罪”挂钩。然而，随着英国步入现代时期，“迁徙”变得至关重要。季节工、家庭佣工以及那些仅希望或需要求职的人员都抵不住城市，特别是伦敦的诱惑而纷纷赶来。若想在新教区获取定居资格，须通过复杂的资格认证。到1700年时，若在教区出生、结婚、当学徒、工作满一年或担任教区官员，则可获取定居资格。

中世纪时，城镇虽小却殷实富足，而贫穷更多成为一种农村现象，若农作物歉收，或畜疫暴发导致牲畜死亡，农民就会一贫如洗。扶贫制度起源于16世纪中叶，扶贫工作主要是照看那些无人问津的病人、老人和其他弱势群体。17世纪末，各大城市特别是伦敦都在开疆扩土，而与此同时，那些与季节性丰收或歉收毫无瓜葛的城市贫困者成了英国国土的一道“风景”。约1624年，圣玛格丽特教区在托希尔建造了济贫院，以收留那些老态龙钟、体弱多病者。行动自如、体魄强健的穷人概不收容。城市贫困通常比农村贫困更让人愁眉不展，毕竟，城市生活更是拿钱说话。在乡下，即使物资短缺，也能发现食物并找到木材当燃料，农村房租可按季度支付，房客也可用劳动力抵作房租。18世纪，伦敦飞速发展，而人们却按月、按周甚至按日租房住。那时，可用的燃料就是煤炭了，而煤炭是需要花钱购买的。食物从外市带到伦敦并被零售。为了显得符合招聘条件，当时的求职者还要身着整洁的亚麻衣，这一点至关重要，应聘服务业岗位更是如此。因此，伦敦的生活成本不菲。

伦敦人不惜一切代价附庸风雅，以避免呈现出一副穷酸样。约翰·洛文伯格（John Lopenberg）是一名仆人，他先后在威斯敏斯特和圣詹姆斯工作。约翰通常一大早便赶往帕丁顿（Paddington）的池塘洗亚麻衫：

> 任何人看到我如此模样，我都无地自容，毕竟衬衫破破烂 88
> 烂、凹凸不平的。我去了一个池塘，见那儿有人，便去了另一个地方……我把衬衫挂起来晾干，并在晾干之际踱来踱去，然后，看到两男子走来，我便把衬衫丢了，如若不然，我觉得他们会嘲笑我。[7]

约翰·洛文伯格是诸多伦敦仆人的典型代表，他们生活在体面的边缘，并且总在担心“有失风雅”。有些人追随雇主而来，从海外或英国其他地方赶往伦敦。当他们“上天无路，入地无门”时，会请求教区予以支持，但监督员完全有权把他们轰走。必要时，警察可动用武力，但这种情况鲜少发生。

威斯敏斯特和圣詹姆斯就业需求的巅峰期从 3 月一直持续到 7 月底。在这几个月里，但凡有人声称从事时尚行业或做生意，都会活跃在城里，并需要雇用仆人、洗衣妇、跑腿男孩和搬运工。此外，他们还为鞋匠、裁缝、妓女甚至小偷提供就业岗位。在严冬的几个月里，街头劳作便变成了镜花水月，零工需求降低，济贫院的人口一下子增加了 25%。[8]

1723 年，《济贫院法案》（*Workhouse Act*）在伦敦推出，此后，城市济贫院发展得如火如荼。简而言之，该法令规定，若想获取教区慈善救济，赤贫人口必须走进济贫院，为教区效劳。直接给人发钱的“户外救济”推出后，穷人便可待在自己家里过活了，但这也帮不了像约翰·洛文伯格这样的人，毕竟他们同时失去了工作和住所。但济贫院的确在医学和社会福利方面都取得了新发展。这里设有孕妇、劳务、病人、健康人、同性和已婚人士的各类专区。被收容者常穿着镶有教区徽章的制服。未婚妈妈有时要根据要求身着黄色礼服，而那些行为不端者须穿着特殊制服并佩戴特殊徽章。

89 历史的车轮滚滚向前，济贫院也一步步发展，它们身上的社会责任感也越来越强。它们不再只是老弱病残的收容之地，那些身陷困境者也携带孩子来此求援。1817 年，在菲尔茨圣马丁教堂（St Martin-in-the-Fields）济贫院的收容者中，2/3 是成人，1/3 是儿童。成人中，妇女占 60%，平均逗留时间为 38.5 天。[9] 相比之下，男子平均收容时间为 20 天。我们可以清楚地看到一点，即男人更容易东山再起。逗留于此的育龄妇女中有 1/3 处于妊娠后期，但她们都是孤零零一人。

成为收容人员并非什么受欢迎的事，但这也算不上一种惩罚。很多穷得叮当响的家庭都觉得，这是解决眼下贫困问题的权宜之计。当觉得可“自食其力”时，他们便可从容自信地离开了。但济贫院这地方“出去轻轻松松，进来却难上加难”。若非来自本教区的临产妇女以及工伤事故受害人，他们都会被拒之门外，这种例子比比皆是。逗留期间，被收容者还须遵守礼节，包括吸烟和访客方面的种种规定。有时，孩子在父母缺席或父母无力照料期间要被单独收容。有时，妻子生病后，也可和孩子一起被收容，丈夫每周探访个一两次，与此同时，他还要继续埋头苦干，以确保这个家庭再次独立。

济贫院除却提供食品和庇护所外，还供给药品和护理。就在

《济贫院法案》颁布不久，济贫院就纷纷引入了独立的医务室。圣墓教堂配有“一个烤炉”[10]，用以加热囚犯的衣服，杀死害虫，且济贫院外的教区贫民也可享有此项公共服务。

到 18 世纪末，越来越多的人迫于生计，前往城市求职、学习技能以及提升自我。这些青年男女出身农村，他们背井离乡赶往伦敦工作，只能将自身安全保障寄托于已在伦敦的朋友或家人。若工作不顺，他们只得长途跋涉返回家乡，或煞费苦心寻求换岗。1796 年，马修·马丁（Matthew Martin）在皮卡迪利大街（Piccadilly）190 号开设了他的乞讨问讯处（Mendicity Enquiry Office）。他的想法很快奏效：他制作了 6000 张带编号的票据，持票人可将票据出示给问讯处，每票可获 3 便士。为拿到 3 便士，持票人须接受马丁所设计的采访。伦敦的贫困不断加剧，令人绝望，但其中原因和具体情况，大家都不知所以，而这正是此设计想探究的内容。

在不足 8 个月的时间里，他们用数十卷书本汇集了 2000 多名 90
成人及其 3000 名受供养子女的故事。这还不包含 600 个拒绝别人给自己贴上“乞丐”标签的人。结果显示，马丁救济的穷人中十有八九是单身母亲。数据表明：受救济者中，男性 192 名，而女性高达 1808 名。马丁总结说，男性比女性更能自力更生，也拥有更多资源。若妇女非法怀孕，雇主偶尔会继续雇用她们，但这种情况具体有多少就无从得知了。最重要的是，若一名妇女肩负抚养子女的重担且没有受到任何抚养补助，她很可能就不名一钱、揭不开锅。

关于贫困女性的研究很少，马丁的“乞讨研究”[11]便是其中之一。

此外，托马斯·马尔萨斯（Thomas Malthus）和杰里米·边沁的新理论也让伦敦人惊诧万分。伦敦人一直以为伦敦人口呈下降趋势，但恰恰相反，马尔萨斯向他们证明，贫困大军正在变大变强，而食品很快也将供不应求。作为一名实用主义者，边沁主张为最多人口提供最多食品。19 世纪初，“准”慈善机构[12]应运而生，比如 1818 年，“乞讨镇压协会”成立。协会赞助人是约克公爵，会长为诺森伯兰公爵，其内部官员包括 4 名侯爵、8 名伯爵还有马修·马丁。该协会的运营哲学在于聚焦贫困经济学，即将“值得同情者”与“游手好闲者”区分开来，就如同现在，我们也拥有辨别“勤劳致富者”和“不劳而获者”的政治试金石。

在 19 世纪的前 30 年里，有一点越来越明显，即，是时候作出改变了。1832 年，皇家委员会断定济贫旧体制已是过时黄花，无法应对当下情况。1834 年，《济贫法修正案》（*Poor Law Admendment*）开创了一个“新时代”。济贫院成了人们恐惧的事情：它们的运营成本极其低廉；食物质量很差但还供不应求；被收容者还要遵从苛刻的条条框框。这里的穷人缺衣少食，一副惨象，哪有什么慈善可言？济贫院破旧不堪，它成为支持底层人民的“临时摆设”。正如 1832 年出台的《改革法案》（*Reform Act*）赋予了伦敦新中产阶级选举权，1834 年颁布《济贫法修正案》进一步剥夺了伦敦穷人的选举权。贫穷演变成一场数字游戏。

威斯敏斯特桥：彩票和耶尼根水箱 91

公共资金是贫困话题辩论绕不开的焦点。纵观历史，公共资金与教区挂钩且仅在部分地区使用。街道照明也好，道路铺设也罢，这些城市优化项目最初的资助者就是大街小巷的住户们，这些项目也为伦敦的多元形象再添一抹色彩。显而易见，蒸蒸日上的城市怎能少得了基础设施？但问题是，建设资金从哪儿获得？

怎么获取公共资金，以及如何利用它们仍是“未解之谜”。在处理资金问题上，政府表现得糊里糊涂，威斯敏斯特桥的建设故事便是典例：在 18 世纪 30 年代后期，他们用其持有的一系列彩票建造了大桥。

伦敦桥充当了伦敦城与南部萨里的连接通道，但威斯敏斯特除却“威斯敏斯特和朗伯斯之间古老的‘骑兵渡口’外，没有其他通行路线”[13]。修建桥梁成了燃眉之急，于是一项法案获准通过。正如《伦敦公报》（*The London Gazette*）所述，“要跨越泰晤士河建造一个从伦敦城威斯敏斯特新宫院（New Palace Yard）到萨里郡对面河畔的大桥”。人们对建桥项目呼声很高，1736 年，项目开始在工程界招标了。但真正症结还是在于建设资金。约有半数资金是通过 5 张彩票筹集得来的，其中一等奖彩票的奖品为现存最大的英格兰银器，即耶尼根（Jernegan）水箱。[14]

亨利 · 耶尼根（Henry Jernegan）生于一个天主教贵族家庭。他以银行家身份起家，收获了利特尔顿 · 伯恩次 · 梅内尔这个客户。梅内尔是个投机商，跟耶尼根下赌注时，他有时会赢一大把，但也有输得不轻的时候。在梅内尔赢的时候，耶尼根就会帮其用客户赢得的资金制作纯银艺术作品。这有助于耶尼根通过征收加工费挽回些损失，确保他客户的钱转化为“商品价值”。1730 年，耶尼根和梅内尔决定制造有史以来最大的装葡萄酒的水箱。该水箱容积为 60 加仑，由 250 千克银打造而成。打造一块重量超过 250 千克的银需要花费相当时日，作品打造完成之时，梅内尔赢的钱也都花得一干二净了。耶尼根为这个“又白又大的废物”愁眉不展。

92 此时，政府仍旧缺乏建造威斯敏斯特桥的资金。于是，耶尼根向议会请愿，他解释说他“设计并造出了一个银制水箱，他表示自己在制造此类银器方面无人能敌且有口皆碑，尽管他竭其所能想将水箱卖给外国王子，但水箱最终还是栽在自己手里”[15]。万般无奈之下，他用水箱充作了彩票一等奖用以援建大桥。作为交换，他会从大桥门票中抽取一定份额以收回部分损失。最终多塞特郡的农民荣获一等奖，但那里的人们对洛可可式的银色水箱的价值知之甚少，所以他便将其卖掉了。到第二年，该银器现身俄罗斯，其收藏人为摄政者安娜·利奥波多芙娜（Regent Anna Leopoldovna）。也许当初耶尼根错在试图将银器转让给外国王子，若他转让给外国公主，岂不如愿以偿！这个世界上现存体积最大的纯银古董乖乖躺在艾尔米塔什博物馆（Hermitage Museum）里。

彩票兑出后，政府便填补了项目尚缺的经费，确保了威斯敏斯特桥不再是天方夜谭。贫民窟小巷位于国王街（King Street）南端附近，这个地狭人稠的迷宫被通往桥梁的道路取而代之。大桥于1750年11月18日对外开放。人们对其赞不绝口，“对我们的大都市而言，它是非常壮丽的装饰品，所有外国人看到它都羡慕不已”。“拱桥回音”成为意外惊喜。回音多伴有法国号声，夏日里，桥下便变成了游客自娱自乐的天堂。每个桥墩上都设有凹室，目的是在恶劣天气下为人们提供庇护之处。但悲观主义者忧心忡忡，毕竟强盗、刺客也可能出没于此地。不过这里有12名守卫和较高的栏杆，这也算是一种特殊保护，如若不然，坏人们可能会乘游客不备谋财害命，然后把游客尸体推入河中。[16]

河中尸体一直令人惶惶不安。英国人有非常强烈的自杀倾 93
向，在黯淡无光的11月更是如此，而高栏杆充当了自杀的“绊脚石”[17]。尽管有栏杆防护，仍有相当一部分人在威斯敏斯特桥跳河自尽，其中多为无名之辈。只见“一堆衣服”纵身一跃落入河中，瞬间水花四溅，然后就有人在河流下游找到自杀者尸身。在11月一个阴郁的晚上，一位伦敦游客勉强逃过一劫，他差点在威斯敏斯特桥上自寻短见。那晚，他身上表现出的郁郁寡欢在平日里并不多见。

1763年，贾科莫·卡萨诺瓦（Giacomo Casanova）抵达伦敦，并计划在这里从事彩票生意，并去探望一下他那住在苏活广场（Soho Square）的私生女。他在帕尔商城（Pall Mall）买了一套房子，还养了一个情妇。此后，他又被年轻的妓女安妮·玛丽·夏皮隆（Anne Marie Charpillon）迷得神魂颠倒。夏皮隆对其客人最为挑剔，不管卡萨诺瓦哪次招呼她，她都以头疼为由断然拒绝。然而，有次卡萨诺瓦去拜访她时，却发现她在和美发师一起缠绵，他二话没说就把那地方砸个稀巴烂。[18] 此后，他返回帕尔商城，穿上外套，并在口袋里塞满了大量铅弹，然后走向河边。他记得，由于当时口袋里装有重物，他走得慢慢吞吞。当他站在桥上鼓足勇气准备跳河时，年轻的韦尔博雷·埃利斯（Welbore Ellis）打断了他的念想。28 岁的韦尔博雷是个“乐天派”。当他觉察到卡萨诺瓦心灰意冷时，便主动提出带他喝上一杯、吃点东西。但卡萨诺瓦拒绝了，并表示他想随便走走。于是韦尔博雷就跟他一起漫步街头，最终把他带到了一个小酒馆里。然后，卡萨诺瓦付钱让一名年轻女子一丝不挂地跳起角笛舞，以便从中找点乐子。若不是韦尔博雷干预，卡萨诺瓦可能就一命呜呼了。他没再返回威斯敏斯特桥，相反他买了一只鹦鹉并教它说话：“夏皮隆小姐比她母亲更像个荡妇。”[19] 然后它便被搁在了皇家交易所，把这一句话讲给路人听。

威斯敏斯特大厅和王座法院：“天崩地裂，公义不倒”

威斯敏斯特大厅的历史可追溯至 11 世纪下半叶，“国王等达
94 官贵人曾在此地宴请宾客、接济穷人”[20]。它“长 270 英尺；宽 74 英尺”。厅顶卓尔不群，可追溯到理查二世（Richard Ⅱ）统治时期，它“美轮美奂，颇具哥特式风格”。[21] 15 世纪末，王座法院与威斯敏斯特学校经营的小饰品店和书摊一道在此地“安家落户”。

法院门外放置着日晷，上面刻着："管好你自己的事！""据说，表盘制造商派他的年轻伙计向法院提出刻印铭文的要求，而一名老法官暴跳如雷，令他离开，并撂下一句话'管好你自己的事！'这伙计便回来转达给了他主人。"[22]这铭文其实还挺不赖的。后来，咖啡屋开在了北门附近的大楼里，人们纷至沓来。此外，大楼离瓦霍恩（Waghorn）先生的咖啡馆也不远。瓦霍恩咖啡馆的偌大阳台与下边的上议院"脉脉对望"，若赶上假期或人们集会时，上议院就会人头攒动。[23]伦敦周围零零散散地分布着诸多用于囚禁的安全场所，而威斯敏斯特大厅门房的小囚室便是其中之一。

18 世纪的监狱生活险象环生且无正义可言。1720 年的门房囚犯玛丽·费里尔（Mary Ferril）身上可生动体现出这一点。她指控，圣玛格丽特威斯敏斯特的囚犯爱德华·伍尔德里奇（Edward Wooldridge）和约翰·尼科尔斯（John Nichols）对她实施强奸。[24]法庭之上，她振振有词，"大约凌晨两点钟……他们两个对她图谋不轨……一人站在门口放风，另一人则与她缠磨"。伍尔德里奇和尼科尔斯都曾与玛丽行床笫之欢，这一点毫无争议，因为两个男人"第二日早上起床后便吹牛说，他们睡了楼上的小娘们"。毋庸置疑，这件事使得玛丽人格遭贬、含羞忍辱，但法院听闻她曾在门房那里殴打其母亲，并对治安官进行言语攻击，而且在她和丈夫穷困潦倒时，她还做过妓女。一名证人说："这个女的傻里傻气，如果她不把这事告诉丈夫，就不会自讨没趣了……陪审团综合衡量事件后，宣布将两名'强奸犯'无罪释放。"

尽管两人对玛丽暴力相待并肆意侮辱，但她兼职妓女的身份使其在案中处于劣势，此外，事件就发生在她监狱里的牢房内，更使其毫无优势可言。18 世纪，伦敦最成功的强奸起诉案跟绑架脱不开干系。自《大宪章》颁布以来，非法拘禁一直是身份尊贵的英格兰人的特权。“人身保护法”后来便演变成法律体系的核心原则之一。约翰·洛克坚持，人人“拥有”支配自己身体的自由，并将人权主题延续至后世。

95 若人身自由受到侵犯，法律自当予以坚决保护，且法律视绑架罪为罪大恶极。诸多强奸指控案都扑朔迷离、错综复杂，但“若绑架，则严惩”是一个不争的事实。

1757 年，丹尼尔·拉基（Daniel Lackey）因强奸克里斯蒂安·斯特里特（Christian Streeter）而受审。[25] 而事实上，是克里斯蒂安自愿跟丹尼尔从威斯敏斯特桥附近的赫拉克勒斯小酒馆（Hercules Tavern）前往其位于圣詹姆斯莱德街（Ryder Street）的住所，这一点对于丹尼尔的无罪释放至关重要。

1797 年夏日的一个晚上，37 岁的约翰·布莱恩特（John Briant）在绿色公园对 14 岁的挤奶女工简·贝尔（Jane Bell）实施强奸，他动用拳脚，不准她大喊大叫，还强迫她把奶牛搁置一边，并携她前往一个僻静的“山洞”中。受害人描述了强奸犯实施强奸前的种种粗暴行为和强奸的过程。丢了工作的女仆莎拉·斯科特（Sarah Scott）看到了这一幕，她指责布莱恩特为“无赖之徒”，并表示他应该去找那些心甘情愿跟他做爱的妓女，找个“小女孩”成何体统！于是，她“先发制人，抓住了他的脖领”。正是因为她的及时干预，布莱恩特才被绳之以法。尽管布莱恩特此前品性良好且有很多证人为他发声，但斯科特的证据充分，简·贝尔也言之凿凿，简被绑架后又被强奸的来龙去脉已非常清晰了，这足以为布莱恩特定罪量刑。最终，布莱恩特被判处死刑。

强奸案能提上法庭，这反映了一种被告人、公诉人及其各自代表的法律体系。纵观 18 世纪，强奸案的定罪率平均约为 17%，[26] 这反映了普通老百姓诉诸法庭从而依法保护自己的信念，而保证民众持有这种信念，便是 18 世纪法律的一个基本功能。

若你愿意付钱给那些坐在威斯敏斯特大厅小隔间内的律师，他们便可以花上几分钟简洁明了地为你出谋划策。这些律师通常被视为贪婪之徒，但好在他们明码标价，普通老百姓也能咨询。大厅的另一侧是开放的法庭，鸡毛蒜皮的小事也好，惊天动地的大事也罢，都由法庭全权做主。尽管在中世纪时，英格兰不乏优良的法律传统，但到 18 世纪，法律和哲学合二为一，法律的现代气息扑面而来。人们为法律事业兢兢业业、持之以恒，甚至不惜“唇枪舌战”，使得社会能够良性发展。

17 世纪与 18 世纪之交之际，人们对从殖民地来到英国的奴
隶的地位感到担忧。1690 年，约翰·洛克（John Locke）在其著 96
作《政府论下篇》（*Second Treatise of Government*）中指出，法院处理强奸案件的方式反映了“不受他人变化无常、不确定、未知、任意意志的支配”[27] 是一项基本权利。然而，洛克是皇家非洲公

司（Royal African Company）的股东，该公司从事奴隶交易。洛克撰写了《南卡罗来纳州第 110 条法令》（*the 110th Statute of South Carolina*）："卡罗来纳州的每个自由民，无论持有什么观点，信仰何种宗教，都对黑人奴隶拥有绝对的权力和权威。" 1729 年，约克 - 塔尔博特（Yorke-Talbot）依法规定，英格兰大地上，奴隶不得自由。1772 年，萨默塞特（Somersett）的判决让一切成为过眼云烟。

1765 年，外科医生威廉·夏普（William Sharp）收治了因被殴打而失去一只眼睛的奴隶乔纳森·斯特朗（Jonathan Strong）。其主人大卫·莱尔（David Lisle）将他弃置街头。待斯特朗康复后，他又被莱尔据为己有。威廉的弟弟格兰维尔·夏普（Granville Sharp）为解救斯特朗卷入一场法律斗争，但以失败而告终。后来夏普成为为奴隶赋权的倡导者。1772 年，他策划了詹姆斯·萨默塞特（James Somersett）的判例案件。萨默塞特以波士顿海关官员查理·斯图尔特（Charles Stewart）个人财产的身份抵达英格兰，并于 1771 年初在圣安德鲁霍尔本（St Andrew's Holborn）受洗，当时有 3 名教父（母）伴其左右。当他希望不再为斯图尔特效鞍马之劳时，他惨遭绑架并被送上了前往牙买加的船只。夏普将此案提交法庭，还出版了与此案相关的小册子，引起了公众兴趣。法庭主持人是曼斯菲尔德勋爵（Lord Mansfield），他温文尔雅、知书达理，他那混血私生侄孙女黛朵·伊丽莎白·贝莱（Dido Elizabeth Belle）就寄居在他汉普斯特德（Hampstead）肯伍德别墅（Kenwood House）

的家里。

曼斯菲尔德遭到奴隶制支持者的严厉批判，因为“一名黑人（黛朵）操控和影响了他和他的家人”。马萨诸塞州州长托马斯·哈钦森（Thomas Hutchinson）与他们一家共进晚餐，并在日记中写道：

> 晚餐后，一名黑人走进来，她与女士们并肩坐下。饮完咖啡后，她便与旁边作陪的年轻女士手挽手漫步花园了。她戴着一顶高高的帽子，脖子上的毛绒卷得厉害，跟流行的时尚大卷儿相比还是小巫见大巫。她既不好看，也不够文雅……他称她为黛朵，我想这应该就是她的全名了吧。他知道，他因为对她表现出好感而受到责备——当然我不敢说这是罪犯。[28]

曼斯菲尔德曾尝试说服斯图尔特去进行庭外和解，将萨默塞特卖给他的教父（母），但双方僵持不下。于是，双方便决定寻求法 97
律裁定，毕竟法律可以彻底解决此事。曼斯菲尔德裁定，人身保护令适用于英格兰所有人，这无关乎他们是否出生于此。后来他便意识到，自己的裁定具有里程碑式的意义，他说“*Fiat justitia ruat caelum*”，即“天崩地裂，公义不倒”[29]。尽管废奴运动的胜利路漫漫其修远兮，但奴隶制的终结已开始。奴隶制在“自由社会”中的地位如何？这成为伦敦人四处讨论和辩论的话题。威斯敏斯特论坛是主要的辩论学社之一，多年来，它反复提出这个话题，并邀请越来越多的“有独创思维的非洲人”在辩论中发言，并探究：

若自由人是政治巨头或商业大亨，他们就可以光明正大地从事奴隶贸易吗？一名非洲人（在西印度群岛做了多年奴隶）将出席辩论并向观众谈到，许多案例都表明，虐待奴隶竟能赢得尊重。他自己便是个典例，当年有人在非洲海岸强行把他从家人和朋友的手中夺走，并把他当奴隶卖掉。[30]

有了曼斯菲尔德的干预，奴隶制的发展在英格兰国土变得举步维艰，但该制度并未被废除。1793 年，曼斯菲尔德与世长辞，[31] 但他已立下遗嘱，百分百“确保”了黛朵享有人身自由。人们继续用令人反感的种族主义小册子记录下奴隶贩卖贸易的对象，他们以萨默塞特案为案例，自以为是地谈论其“黑奴大计”[32]。但对威斯敏斯特，甚至全伦敦的普通民众来说，“种族融合”（integration）才是大势所趋。

威斯敏斯特的伊格内修斯・桑乔（Ignatius Sancho）心满意足地待在食品杂货店的上层住房里。他要么出生在奴隶船上，要么就生于格林威治。蒙塔古（Montagu）公爵在布莱克希思 (Blackheath) 面见了桑乔并将他带至家中，以扮演其妻子玛丽夫人（Lady Mary）的开心果。1751 年，玛丽驾鹤西去，她临终时开给桑乔一年薪水，外加 30 英镑年金。桑乔立刻沉溺于女人和赌博中不能自拔。但“跟犹太人打牌，他惨败连连，最终把衣物都搭了进去”[33]，后来他似乎已放弃了赌博，他又以侍从的身份回到了老雇主的女婿乔治·布鲁德内尔（George Brudenell）那里。1749 年，乔治以妻子的姓氏为自己和孩子们起了名字，如若不然，此姓氏就不复存在了。乔治的岳父去世后，他被提名为蒙塔古第一公爵，并获“二世公爵”的头衔。作为继任者，乔治接替了约翰·蒙塔古，并代蒙塔古尽职尽责。乔治做事灵活多变，绝不单一死板。约翰曾对不幸的桑乔施以援手，而乔治继续展示了这种慈悲心肠。在乔治雇用桑乔期间，桑乔与“西印度裔”年轻女子安·奥斯本（Ann Osborne）喜结良缘。1773 年，桑乔因痛风而瘫痪，无法再为公爵效劳。公爵见状，便在威斯敏斯特赐他自由之身，还给了他一家小杂货店供他经营。

桑乔是一名书信作家，著作等身。[34] 1766 年，他写信给劳伦 98
斯·斯特恩（Laurence Sterne），简洁利落地描绘了他的一生：“我便是那些粗俗无礼者眼中的黑奴之一。”他在 1776 年时也谈及了黑奴贸易“这个令我愤怒的话题”。桑乔酷爱音乐，一生共出版 3 部唱片集，这使他成为首位英国本土黑人作曲家。去世之后，他的信件集得以发表，其中既不乏 18 世纪的种种生活琐事，也包括了他生命中的一件里程碑事件：1779 年夏，他希望那只看家犬纳特斯（Nutts）不要在热浪里抓跳蚤，1780 年 9 月，他在给朋友考克斯基夫人（Mrs Cocksedge）的信件中提到，他在那年大选中以“自由民身份”投票支持了查尔斯·詹姆士·福克斯（Charles James Fox）。伊格内修斯·桑乔是英国记录在案的首位黑人选民。

在他去世那年的 12 月份，《绅士杂志》刊登了这位黑人的讣告，这在英国实属首次。讣告简洁明了：“伊格内修斯·桑乔先生曾在查理大街和威斯敏斯特落脚，这位杂货商及石油商因与斯特恩互通书信而流芳百世。”但这里并未提及桑乔的种族。1782 年，约瑟夫·哲基尔（Joseph Jekyll）出版了桑乔的传记以及他的部分信件，并首创了一些措辞，使得这位“非凡黑人”[35]——曾经的威斯敏斯特男管家及杂货商名垂青史。

议会大厦：“若一个人不受欢迎，特别是在英格兰不得拥戴，他绝不会永垂不朽”[36]

威斯敏斯特旧殿的很多房间都拥挤不堪、满目疮痍，而这正是英国政府的办公环境。分布在各个房间的议员们在这种既成制度下效忠议会，殊不知，他们的办公环境及工作制度都已经过时。各种辩论会社忙于在报纸上刊登广告，以呼吁政治达人们前往酒馆和咖啡馆，抨击外交内政。

99 政府（可能不含乔治三世国王）开始意识到，他们对普通百姓不再是大权在握，当务之急便是要解决愈演愈烈的“反政府暴动”。随着房地产产业欣欣向荣，许多独立的伦敦公民也开始享有选举权，以往只有少数永久产权业主才享有的特权也开始为伦敦公民所享有。18 世纪时，随着英国建立起殖民帝国，议会得以迅速发展，以应对英国社会乃至全世界的变化。发生在威斯敏斯特的 3 件事将成为旧制度变革的催化剂：约翰·威尔克斯（John Wilkes）事件、戈登暴动以及 1784 年大选。

在 18 世纪的大半个世纪里，政治腐败现象比比皆是。即便有人出于毫不利己、专门利人的心态服务于议会，他们也会利用老掉牙的制度，或口袋选区（被拥有土地的某个人或家族控制的英格兰议会选区）制度为自己在议会争取一席之地。这些选区的投票都具有可操控性。诸多农村地区的人们对此都睁一只眼闭一只眼，毕竟在那里，社会关系就是一切，且人们对当地的土地所有者也都忠心不二。但伦敦这座城市的独立商人开始大量涌现，人们按照自己的意愿投票并以此为荣。当他们投票时，很少会有地主监视他们的一举一动。到 18 世纪中叶，许多人意识到了目前的政治体系不尽如人意，而且，关于这座城市以及这个国家如何发展，又如何变化，该体系起不了什么作用。英国政府有诸多短板，一个名叫约翰·威尔克斯的男子揭露了英国政府的缺陷。

1725 年，威尔克斯生于克拉肯韦尔，其父是一名酿酒师。他其貌不扬，长着一双斗鸡眼，还有一口大龅牙。尽管如此，他仍将追求女性作为当务之急。他那昙花一现的婚姻以失败告终，此后，他带女儿波莉（Polly）定居伦敦。一年后，他通过贿赂下议院如愿成为艾尔斯伯里（Aylesbury）议员。

威尔克斯长得歪瓜裂枣，这也确实没能让他在众议院演讲中称心如意，但这也没能阻止他成为大众情人。

1762 年，他开始用书面文字表达政见。6 月 5 日，他匿名出版了反苏格兰杂志《北不列颠人》(*The North Briton*)。次年，他又在该报刊的第45期中抨击了国王在议会开幕中的讲话。这一期由苏格兰大臣布特勋爵（Lord Bute）亲自撰写，而布特与詹姆斯党（Jacobitism）息息相关。这期杂志的期数“45”都是颇具象征意义的，因为它会让人联想起“1745”年的詹姆斯党人的叛乱。该期报刊堂而皇之地抨击了国王。4月26日，政府签发逮捕令寻找并逮捕了《北不列颠人》的匿名作者。4日后，约翰·威尔克斯遭捕并被带至伦敦塔。政府搜查了他的房子，也没收了他的文章。

100 但政府犯下了一个滔天大错。尽管威尔克斯看起来老奸巨猾且在财务上毫不节制，但还是颇受群众拥戴。此外，他还老练多谋。他辩称，逮捕他有违法律。作为下院议员，他又岂能因诽谤而遭捕！官员将他从伦敦塔带至威斯敏斯特厅后，他开始为案件辩护，而此时，欢呼的人群高声叫喊着战斗口号（该口号后来在伦敦还变得颇具传奇色彩）：“支持威尔克斯，自由万岁！”

显而易见，威斯敏斯特法院与政府之间存在鸿沟，且鸿沟越来越大。5月6日，威尔克斯被无罪释放，政府还因非法踏入私人领地而赔偿他1000英镑。但是这仍旧无法填补他的财务窟窿。

约翰·威尔克斯不仅在财务上泥足深陷，而且也无力让自己摆脱不法侵扰。重获自由之身不久，他便开始将《北不列颠人》印刷成册，因为他觉得这能帮他捞点银子。另外，他还少量印制了自己创作的一首诗歌并在朋友圈子里限量出版发行。这首名为《女人随笔》(*Essay on Woman*）的诗歌对亚历山大·波普的《男人随笔》(*Essay on Man*)进行了冷嘲热讽，开头便是："醒醒，我的范妮(Fanny)!"事态就从这里发生了转折，这首诗是在上议院宣读的。而在下议院，塞缪尔·马丁(Samuel Martin)称威尔克斯为懦夫，两人第二日清早在海德公园大打出手。威尔克斯腹股沟中了一枪，他一度病重，危在旦夕。当他意识到一切都化为泡影时，于1763年圣诞节前夕逃往巴黎。

尽管如此，曼斯菲尔德勋爵还是在威尔克斯不在场的情况下对其开庭审讯。最终，威尔克斯被判有罪，并被下议院除名。现实是残酷的，巴黎也容不下威尔克斯这样的人，主要是因为他财力不足，可能会因债务问题锒铛入狱。1768年2月，威尔克斯重返伦敦，当选米德尔塞克斯(Middlesex)议员，这引发了选民的更多呼吁："支持威尔克斯，自由万岁!"尽管群众为他打抱不平，但他还是被判刑，进了南沃克监狱。

1768年5月10日，国王宣布议会开幕。一大群人聚集在王座 101
监狱(King's Bench Prison)外，以期威尔克斯"重返"下议院，毕竟他是下议院议员。军队严阵以待，枪声响起，7人丧生，其中包括在附近工作的一位农民的儿子。此次镇压立即被冠以"圣乔治大屠杀"的称号。

1769年2月，下议院再次驱逐了威尔克斯，于是他官位空出。接下来，酝酿中的议会改革运动正式显现出雏形了。在推举官职候选者时，威尔克斯的名字竟出现在报纸上。选票结果出来了，群众又将威尔克斯推至官位。下议院见状，便规定威尔克斯再无参选下院议员的资格，并重新举办一轮选举。可威尔克斯又一次被推举上来。1769 年 4 月，威尔克斯再次当选。两日后，下议院干脆宣布选举无效，并任命亨利・劳斯・勒特雷尔（Henry Lawes Luttrell）上校为下院议员。群众大声疾呼，要求改革。

伦敦城对威斯敏斯特嗤之以鼻，将威尔克斯选作法灵顿区议员，该区与他在克拉肯韦尔（Clerkenwell）的故园近在咫尺。伦敦城向国王请愿，称其阁僚贪污腐败。国王并未理会，但伦敦城更加大胆，再次请愿，可国王依旧置之不理。此时，人民意识到，政府正与“国家利益”相背而行。

与此同时，约翰・威尔克斯被任命为伦敦城的 26 名治安法官之一，他不负众望，比以往任何时候都更卖力地处理日常法律事务。威尔克斯后来成为伦敦城市长。18 世纪 70 年代，他还支持将议会大厦的业务报告公开化，而在这之前，业务报告是禁止被公开的。大街小巷的人们都在讨论“美国问题”，这就非常清晰地表明，政治讨论越来越多地出现在公共领域。

102 1776 年，美国颁布《独立宣言》（*Declaration of Independence*）。此前不久，英国割让大量据为己有的外国领土，为“七年战争”（Seven Years War）画上句号。这无疑给了伦敦那些与生俱来的乐观主义当头一棒，毕竟，许多伦敦公民还得通过与美国人贸易赚钱过活呢。各大学社、新闻界以及很多普通人对该主题的争论从未间断。1776 年 1 月 18 日，《宪报》（*The Gazetteer*）发问：“难道大不列颠立法机关与美国国会和解并非明智之举吗？”如此发问与约翰·洛克的想法一拍即合，甚至还直接引用了他《政府论下篇》的内容。美国虽为英国附属国，但它又与众不同，那里有无穷无尽的机会，有互相冲突却又灵活自如的价值观念。正如塞缪尔·约翰逊所写："我们为什么会听到黑奴车夫为自由高声疾呼？"[37]

威斯敏斯特辩论学社成员来自中产阶级，他们挤爆了议会周边的小酒馆，在此展开口舌之战。他们觉得《独立宣言》并非"终极爆点"，它不过是漫漫长路中的一道关卡罢了。中产阶级的美国人对政事的兴致也有增无减。许多人感到失落不已，觉得若不是乔治三世固执己见，英美兴许早已达成协议。

那些理性的公民开始求助于政府。但 18 世纪下半叶，满目疮痍的议会大厦变得脆弱不堪，如此明显的破败之象不禁让人忧心忡忡。1780 年夏，在大约一周的时间内，伦敦被一个醉醺醺的暴徒掌控，他对 1778 年颁布的旨在让天主教徒回归公共生活的《天主教解放法案》（*Papists Act*）大发雷霆。该法案获通后，谣言开始流传：两万名耶稣会（天主教修会）牧师躲在班克赛德（Bankside）严阵以待，等罗马教皇的指令，炸毁泰晤士河畔，让伦敦泛滥成灾。还有传闻说，一群本笃会修士会冒充议长，在整个辖区的面粉里投毒。接连几日，没人敢去购买任何面包，直到用狗进行了公开测试证明面包无毒后，人们才松了一口气。

乔治·戈登（George Gordon）勋爵是生于伦敦的苏格兰贵族。他魅力四射、口齿清晰、热情洋溢，但戈登家族的人普遍"曾疯疯癫癫的，如今依然如故"。这跟戈登家族选什么样的媳妇不无关系，比如，戈登的母亲在爱丁堡“疯狂地骑在猪背上沿街疾驰”[38]，无人不知。戈登在 22 岁时便买通拉奇斯霍尔（Ludgershall）的“口袋选区”，顺理成章地进入议会。后来，他一跃成为一名出色的演讲者，但他把所有政党统统抨击了一遍，因此在下议院，他并不招人待见。

103 新教对《天主教解放法案》的抗议也燃起了戈登内心的火花。他提议，伦敦新教徒可以于 6 月 2 日（星期五）上午 10 点在圣乔治费德斯（St George’s Fields）同他会见，然后教徒们可以赶往议会大厦，送去反对该法案的请愿书。6 月 2 日，人山人海，五万多名群众不畏盛暑前来请愿。他们早早赶来，在羊皮纸制成的请愿书上签下名字，每张羊皮纸都被填得密密麻麻。填毕，裁缝便将它们缝在一起。戈登在人群中挣扎着前行，待他到时已迟到近一个小时。那天酷热难耐，人声鼎沸，戈登的声音都被淹没了。他很快便放弃了，被拥挤的人群一路推搡，还好，他的一位朋友帮他抽了身，并把他送至下议院。人群紧随其后，卷起的请愿书像地毯一样被人抬着。

15 岁的弗雷德里克·雷诺兹（Frederic Reynolds）和他最好的少年朋友贝德福德（Bedford）公爵都是威斯敏斯特学校的学生。他们一边狼吞虎咽地吃着午餐，一边出来观看群众抗议。他们看到抗议者“占领了通往议会大厦以及威斯敏斯特桥的所有大街，抗议队伍一直延伸到议会街（Parliament Street）北端”。[39]

议员们乘着四轮马车赶往上议院。群众开始失去理智。议长

（Lord President of the Council）巴瑟斯特（Bathurst）勋爵年事已高，但发疯的群众把他从马车上拽下来，对他拳打脚踢并朝他投掷污物。斯托蒙特（Stormont）勋爵的马车在路上就被群众毁了，他本人遭到了持续不断的殴打。曼斯菲尔德勋爵的车窗也被砸了，示威者试图薅着头发把他拽下来，却未料到薅在手里的竟是他的假发。若不是英勇精明的车夫出手相助，他又岂能毫发无损地走进上议院！此外，老阿什伯纳姆（Ashburnham）勋爵被人打得非常惨烈，以至于群众中那些比较体面的人都看不下去了，便将他举过头顶送入上议院。

前往下议院的议员们的“待遇”要好一些，但也有些议员不幸中招。韦尔博雷·埃利斯几年前曾“救过”卡萨诺瓦。混乱中，马鞭狠狠地抽在韦尔博雷脸上，他飞一般地跑向威斯敏斯特大教堂，血流如注。吉尔德霍尔（Guildhall）遭到三十多名男子的追赶，无奈之下，他从屋顶跳到了旁边的楼上。

治安官不够多，所以控制不了这一帮乌合之众。在下议院，怒 104
气冲冲的群众等着听戈登讲话。羊皮纸请愿书也被带入并铺展了一地板。在接下来的 6 个小时中，议院开始了口舌之战。晚上 8 点时，议员们开始投票。那天，190 名下院议员一路披荆斩棘进入下议院，但仅有 6 名议员投票赞成戈登。

这一消息传至暴民耳中，暴力愈演愈烈。9 点钟后，骑兵卫队（Foot and Horse Guards）赶来“解救”惨遭俘虏的下院议员。士兵们并未让暴民们望而生畏，相反，他们遭到了石头和污物投掷。

夜幕降临，包括诸多流浪儿童和妓女在内的群众会合于林肯律师学院，他们走向附近撒丁岛大使的礼拜堂。几分钟后，礼拜堂内部被拆得四分五裂，并被付之一炬。接下来的几天里，暴乱席卷了苏活、摩尔费德斯和霍尔本地区。爱尔兰天主教徒成为众矢之的，其中一名丝绸织工的房屋都被捣毁了。新教徒在野外燃起篝火，将这名织工收养的金丝雀置于火上。一个旁观者见此情形后难免伤悲，便打算花钱买下金丝雀，但他遭到回绝并被告知，这些鸟是"天主教鸟，应同其他天主教物品一起被烧掉"[40]。

纽盖特监狱和舰队监狱迎来了大解放，1600多名罪犯四处流窜。犯罪团伙在街头大吼大叫，恐吓行人以抢夺财物。诗人威廉·柯珀（William Cowper）看到整个城市大火冲天，写道："伦敦似乎已成为第二个特洛伊（Troy）。"[41]

周三黎明时分，有7000名伦敦郊外的民兵进军伦敦。随着军队到来，暴力逐渐减少。塞缪尔·约翰逊不久便写信给斯雷尔（Thrale）太太，"在如此恐怖的一刻，幸好你没现身"[42]。在这场暴乱中，官方公布的死亡人数较低——约为210人。但堆积在黑衣修士桥下的驳船上并被抛入泰晤士河急流中的尸体恐怕不计其数。

戈登因叛国罪而遭逮捕。不过他运气非常好，劳埃德·凯尼恩和托马斯·厄斯金受命为其做无罪辩护，最终他全身而退。此后，他便消失在伯明翰（Birmingham）的贫民窟里。几个月后，人们发现他成了东正教犹太人。他已施割礼，并取名为伊斯雷尔·巴尔・亚伯拉罕・戈登（Yisrael Bar Avraham Gordon）。但最终他还是因其他控告而被关入纽盖特监狱。他在狱中严格遵守犹太教的教条，并获允将自己的房间装饰成安息日用的犹太教会堂。后来戈登似乎因信仰患上了一种厌食症，变得更为虔诚也更加瘦弱。42 岁时，他因患上斑疹伤寒而出狱。这位极其迷人又非常古怪的男子竟有着如此悲惨的结局。

“戈登暴动”在伦敦留下累累印记。当人们写下那段糟糕时日 105
的记忆时，他们心中有个问号，即，这件事会不会是阴谋的产物？“它是意外发生的还是人为设计的呢？”[43] 若是人为，是何人？想要达到什么目的？恐怕无人知晓。

小型民兵团在各个街区迅速壮大，他们很快就赢得了钦佩，却又很快遭到了质疑。早在半个世纪前，像小型民兵团这样的义务警员团体就开始在伦敦光线昏暗和拥挤狭小的牢房里“大展身手”。但在伦敦这次的运动中，他们并非那么招人待见。上议院提出，有必要效仿法国，即拿出适当的资金成立警队，但相关争论无休无止。最终，英国于 1829 年成立了伦敦警察厅。

历史学家爱德华・吉本（Edward Gibbon）称暴徒为“浮垢”，“在大锅里的液体沸腾后便浮在表面”。但引发群众思考的正是这群暴徒，就这点而言，连威斯敏斯特众多活跃在酒吧和咖啡馆的辩论学社都望尘莫及。正因为暴乱，人们才开始对城市社区如何运作、管理和控制提出广泛质疑。同样重要的是，他们对伦敦人的身份抛出问号：他们是谁？有何信仰？当社会规则中止，哪怕只是暂停时，他们将何以应对？

“戈登暴动”使乔治三世比较轻松地摆脱了诺斯（North）勋爵和查尔斯·詹姆士·福克斯。国王任命了24岁的托利党人威廉·皮特（William Pitt）为首相。但福克斯并未打算就此罢手。福克斯放荡不羁又气宇不凡，他常穿着蓝色外套和浅黄色长裤，像是来自乔治·华盛顿的军队。虽然他好赌又酗酒，但他赢得了所有社会阶层的广泛支持。国王对他有敌意，觉得福克斯将自己的儿子威尔士亲王，即后来的摄政王带入了歧途。

106 大选之际，各候选人展开激烈角逐，福克斯所属的威斯敏斯特选区尤甚。福克斯和皮特都为大选斥资数千英镑，此外，两人还互相羞辱，并鼓动朋友为其游说。威尔士亲王和福克斯的绯闻情妇德文郡公爵夫人乔治亚娜也加入了福克斯的游说大军。博斯科恩（Boscawen）夫人轻蔑地写下：“她走下马车，进入小巷，帽子上还镶着许多羽毛和狐尾草。”[44] 甚至有报道称，她用亲吻交换选票。福克斯以微弱的优势重返威斯敏斯特，但由于法律的重重限制，该选举结果一年多也未公布。

威廉·皮特成为首相后，立即提出了一项有关改革选举制度的议案，但议会予以否决。最终在1832年，《英格兰和威尔士人民代表修正案》（*Act to amend the representation of the people in England and Wales*）[又称《大改革法案》（*The Great Reform Act*）]出台，旨在提高选举制度的公平性。

当乔治时代结束时，政治仍旧颇具魅力和神秘色彩。对于许多人而言，政治家是“别具一格的物种”。“一天晚上，一名伦敦人参加了一场下议院辩论。当被问及他是来听哪位议员的发言时，他指向了一个盘腿而坐、双臂交叉的男子。该男子的帽子放在凹陷的双层橱柜之上。”[45] 上述记录将议员们参加会议时悠然的姿态展露无遗，无情地冲击了人们心中政治家的魅力与神秘。《先驱晨报》发出质疑：“人民有更多理由相信，目前对政府的反对是出于对国家利益的真切考虑？还是只想争夺权利？”[46]

议会大厦变得更加破败，于是，约翰·索恩爵士应势对它们进行了现代化改造。但 1834 年 10 月 16 日，因火炉无人看管，火苗沿着黑杖侍卫讲台下的烟道窜了上来，新建筑和旧宫殿都被大火毁得面目全非。威斯敏斯特大教堂和圣玛格丽特教堂完好无损，这不过是风向改变带来的幸运罢了。在围观群众和伦敦救火队的努力下，威斯敏斯特大厅也幸免于难。那晚，陆军上尉乔治·曼比（George Manby）因灭火受伤。正是受这场大火启发，他发明了第一台现代灭火器。伦敦救火队著名的“救助犬”钱斯（Chance）就是他的左膀右臂。钱斯骑在灭火器上，沿着大火路线一路狂奔，对着火焰狂吠不止。

约瑟夫·马洛德·威廉·透纳（J. M. W. Turner）站在泰晤士 107
河畔，将这大火肆虐的景象记录在素描簿中。在围观者看来，这个刻骨铭心的大火之夜颇具象征意义：破败不堪的议会大厦在大火中毁于一旦，伦敦的议会改革因此变得势在必行。

圣詹姆斯村："贵族和其他高雅之人的居住地"[47]

王政复辟后不久，圣詹姆斯广场及周边地区的开发工作便如火如荼地开展起来。查理二世已选择圣詹姆斯宫作为居住之地，如此一来，他喜欢的新鲜空气和乡野风景便唾手可得。最初在皮卡迪利以南的圣詹姆斯广场搞建设的那个人正是圣奥尔本斯（St Albans）的亨利·杰明（Henry Jermyn）公爵，此人"放浪形骸……他安居乐俗，除却享乐别无他念"[48]。若为伦敦顶级的达官贵人设计一个小型村庄，恐怕最有资质的设计者非他莫属。国王的前情妇玛丽·"莫尔"·戴维斯（Mary 'Moll' Davis）就在首批居民名单之列。伊丽莎白·皮普斯（Elizabeth Pepys）称她为"世界上最俗不可耐的荡妇"[49]。仅 29 岁的玛丽，竟然斥资 1800 英镑，购置了村庄的房产，其中原因不言而喻。杰明委托克里斯托弗·雷恩在村庄一带设计了圣詹姆斯皮卡迪利教堂（St James's Piccadilly）以及一个居民市场［位于干草市场（Haymarket）西侧］。

圣詹姆斯村（St James's Village）毗邻各大宫殿和威斯敏斯特，对于那些在法院中有个一官半职以及能为政事出谋划策的人而言，圣詹姆斯村的位置恰到好处：

那些在法院有职有权且能领取津贴，并被给予厚望的住户经常参加王子及大臣的晨起朝见，从未间断，他们早上的大部分时间都在晨见中度过。前来朝见的下院议员都是有绅士风度的达官贵人，中午时分（朝见结束），他们大多数人都会一路赶往威斯敏斯特方向，若朝见不拖延时间，他们还能赶到家吃个晚饭，或到俱乐部找点乐子。有些住户并非两院议员，但也没有特别公事处理，他们常现身于法院附近的巧克力坊或公园。[50]

与伦敦其他市场一样，圣詹姆斯市场的一些粗鲁的摊贩常有很多粗鄙行为。正如多比亚斯·乔治·斯摩莱特（Tobias Smollett）所见： 108

……有一个脏兮兮的街头摊贩推着手推车上街吆喝，她吐了点唾沫清洗了下那蒙上灰尘的水果。天知道，圣詹姆斯教区的那些优雅可人的女士食用的这些小巧玲珑的樱桃竟在污物中翻滚过，还被圣吉尔斯小贩的唾液弄湿了（说不准小贩的口腔已经溃疡了呢）。[51]

斯摩莱特夸张的描述妙趣横生，说实在的，描述中的场景在市场上经常上演。威廉·博德（William Border）竟在市场的干草棚里一连睡了好几年。当地人还给他起了个绰号——“人蝇”。守夜人都知晓他的大名，当地的酒吧还将麦芽酒免费赠送给他。18 世纪 30 年代，理查德·艾尔布里奇（Richard Albridge）在这个市场干活，朋友甚至戏称他为“白痴”。其他人对他也是心狠手辣，他们“把理查德的脸涂黑，还将他装在篮子里，扔进阴沟洗刷洗刷”。[52] 1732 年，理查德把一个心怀不轨的同事刺死了，因为该同事偷了他刚涂上奶油的食物卷。这个小偷的大名无人不晓，摊主们都不待见他。此人的狼子野心令那些反应迟钝但性情温和的搬运工非常痛恨。小偷将理查德奚落一番，于是两人打起架来，但理查德手持刀具，不慎将他刺中。于是，摊主们纷纷赶往老贝利，为理查德作申辩。但他最终被判“过失杀人罪”，手上打上了烙印。

109 纵观市场四围，华丽的大街纷纷落成，成为伦敦最富有群体的天堂。人们逐步对家庭装潢产生新想法，这意味着建筑的内部空间既要富丽堂皇，又要为娱乐而生。女性借用午宴、茶水和牌场让自己在贵族家庭中变得举足轻重，这种方式可谓前所未有。绅士们也都有了用以避难的俱乐部。有一些俱乐部，比如，雅典娜神殿（Athenaeum）和旅行者俱乐部（Travelers Club）的会员教养良好且志同道合。但早期俱乐部，例如，怀特（White’s）、布鲁克斯（Brooks’s）和博德尔斯（Boodles）（都位于圣詹姆斯街）的主要会员则是一些好赌成性的贵族。

怀特和布鲁克斯的赌博簿上写得可都是传奇人物，他们无论何事都可下赌注，比如，美国革命战争结果如何，以及谁会第一个得痛风等。纵观 18 世纪，赌博在上层阶级兴起。到 18 世纪 80 年代，赌博行为已变得屡见不鲜。人们会定期出版一些小册子以抗议赌博，因为他们普遍觉得，理论上来说，统治阶级持有道德权威，所以更应质疑赌博的道德性。此外，赌博游戏本身也在发生变化：惠斯特等社交游戏已被玩家对阵庄家的游戏（如法罗）所取代，而后者风险较高且无社交性质。曾几何时，赌博是一种有钱人打发时间的奢侈消遣，但它突然演化成一种让人不能自拔的心瘾。

很多社会精英或联姻于王室，或结亲于富豪，但如此心瘾让这类婚姻岌岌可危。此外，在其他社会阶层中，同居生活变得相对普遍，但并非所有人都能欣然接受。1776 年，《晨报纪事》（*Morning Chronicle*）就此展开辩论：“若未婚男女和谐相处，且爱到至死不渝，他们的同居难道也不道德吗？”[53] 对于贵族而言，若非死亡，婚姻关系将一直维系，毕竟解开姻亲要付出惨重代价。离婚是对财产和血统的威胁，这意味着那些地主夫妇们即便极其不幸福、不在一起过日子，也不会走离婚之道。但是，英国人逐渐对离婚改变看法，大胆选择离婚，“它是对事态的补救，毕竟这种婚姻正在或者终将会让一个男人，终其一生陷入情感的旋涡，若是离婚，他便可以不受束缚地与另一个自己所爱的女人幸福生活”。[54]

无论在家还是在游戏桌上，麻烦都是少不了的，一个主要原
因便是无节制地饮酒。饮酒被视为一种男子气概的行为，统治阶 110
层的精英尤甚，禁酒者少之又少。生活中的查尔斯·詹姆士·福克斯、小威廉·皮特（William Pitt Younger）和摄政王（the Prince Regent）大多时候都嗜酒成性。此地为富人服务的店铺也数不胜数，葡萄酒店铺贝里兄弟（Berry Brothers）便是其中之一，如今，它仍然坐落在圣詹姆斯大街（St James’s Street）。它不仅供应葡萄酒，也是各路贵族客人的聚会之地，他们在此可用大吊秤称一称自己究竟多重。威廉·皮特跟拜伦（Lord Byron）一样，也喜欢来这里称重。这位诗人潇洒倜傥、魅力四射，但足部畸形使他运动起来

有些费劲。他还意识到了自己的“病态肥胖倾向”[55]，并对称重乐此不疲。后来他因节食和游泳而“华丽瘦身”，贝里兄弟记录了他惊人的体重变化。1806年，他们注意到他的体重为13英石12英镑。但到1811年，他通过节食把体重控制在9英石以下。他对减肥如痴如醉，这让他朋友都为他捏了一把汗，但他并没有罢休，还告诉朋友：“我还是觉得，我们半数以上的疾病都跟我们对营养过剩习以为常脱不开干系。”[56]兴许他说得没错，但他也习惯大量喝酒——他将白葡萄酒视为减肥饮料。

时代大步向前，财富越积越多，人们逐步进步的品位也开始引领社会潮流。1766年，詹姆斯·克里斯蒂（James Christie）在帕尔商城开设了“大房间”（Great Rooms），以出售普通家居用品。但他的抱负更为远大，不久，他便一门心思投入高质量绘画作品的研究上了。洞察出售什么新品已成为一种时尚消遣。随着艺术广为富人所爱，建立国家美术馆的呼声也日益高涨。1824年，国家美术馆在约翰·朱利叶斯·安格斯泰因（John Julius Angerstein）的故乡帕尔商城100号悄然建立。安格斯泰因在包销劳埃德保险社股份方面大获成功，他的债券成为“安全可靠”和“值得信赖”的代名词。艺术就是他的激情所在。他的肖像由约书亚·雷诺兹（Joshua Reynolds）爵士和托马斯·劳伦斯爵士所绘。他曾在拍卖会上购买艺术作品，并对特纳等英国新兴艺术家鼎力相助。1823年，他与世长辞，至于其藏品最终去往何处，我们不得而知，只能猜测。

> ……有人提到，安格斯泰因先生的藏品将在 1824 年出售，若不加以保护，很可能流向海外。随后，阿加·埃利斯（Agar Ellis）先生宣布，他打算拨款买下他的作品，让它们与其他艺术藏品一道成为新建国家美术馆的镇馆之宝。[57] 111

国家美术馆最终坐落于皇家马厩（Royal Stables）一侧的特拉法加广场（Trafalgar Square）。

在安格斯泰因不断丰富自己的收藏的同时，圣詹姆斯已发生变化。古老的石油路灯已成过去式，一同销声匿迹的还有那些臭熏熏的点灯人。

> 他们散发着格陵兰牲畜的味道，浑身油腻腻的。受雇将旧灯加以修饰、点亮时，他们会动用一把令人生畏的剪刀、一个挂在斜绳上熊熊燃烧的火炬，还有一个摇摇欲坠的梯子。这让所有路人都苦恼不已，他们可不愿承受其中的安全隐患。[58]

这些旧品已被煤气灯取而代之，1807 年，照明先驱弗雷德里克·阿尔伯特·文策尔（Frederick Albert Winzer）的煤气灯于帕尔商城亮相。煤气灯大获成功，伦敦和威斯敏斯特煤气灯焦炭公司（Gas Light and Coke Company）应时而生。到 1813 年新年前夕，煤气灯已遍布威斯敏斯特和圣詹姆斯，有了它们，威斯敏斯特桥也流光溢彩。

圣詹姆斯公园："与最卑微的布衣黔首混在一起"

圣詹姆斯公园（St James's Park）是该地的社交中心，它与帕尔商场相接，那里的"女士们宛若无所畏惧的英雄，是从政入伍的好苗子"[59]，而男士们则是一群阿谀奉承、附庸风雅之徒。公园南部是鸟笼人行道，"道旁的树上挂满了鸟笼，人行道由此得名"[60]。公园东部是皇家骑兵卫队阅兵场（Horse Guards Parade Ground），那里有年轻的擦鞋匠——黑衣卫士（Blackguards），他们等着为士兵擦拭靴子以换取一个铜币。黑衣卫士们成群结队，既可为士兵们带来福利，也让那些注重形象且崇尚时尚的参观者们从中受益，毕竟在他们要去的参观之地，"女子对一尘不染、洁白如雪的地板保护有加"[61]。圣詹姆斯公园和格林公园（Green Park）设有牛奶摊，挤牛奶前，消费者需提前订购，这种做法（订购）一直持续至1905年。公园颇受欢迎，被称为"伦敦的公共步行街"[62]，它向所有人开放。晴日里，高贵的花朵姹紫嫣红，尊贵优雅的女士漫步其中，但公园里也夹杂着最卑微的底层百姓，此情此景十分怪异。

112 1725年，乔治一世（George Ⅰ）将乔纳森·斯威夫特（Jonathan Swift）嘲讽的"英国奇迹中最奇迹的奇迹"引入公园，这个奇迹通常被称为"野孩彼得"（Peter the Wild Boy）。乔治一世的猎人在哈梅林（Hamelin）（魔笛手所在的险恶小镇）附近发现了彼得。他约15岁，但连单音节词的发音都掌握不了。[63]他野里野气、浑身毛茸茸的，长长的指甲已劈得不成样子。乔治把彼得当成宠物送往英国，并提出要把他转变为“完美人类”的想法。彼得常常出没于公园，跟着自己的管理员溜来溜去。圣詹姆斯公园的观察员塞萨尔·德·索绪尔（César de Saussure）声称，彼得的衣服“似乎妨碍了他的走动”，他频频将帽子摘下扔在地上。塞萨尔也承认：“我会被他吓到。”[64] 依乔治时代伦敦的知识分子之见，彼得来自森林。18 世纪初期，彼得启发了人们就“自我本质”展开了如火如荼的辩论。有人认为，彼得的存在证明人类并非一定要作为灵魂的载体而存在。还有人觉得，他证明了人之初便如同一张白纸，人性如何发展完全仰仗于“怎样用笔触在纸上勾勾画画”。

也许彼得小时候智力发育就停滞了，而到了青春期，他体型巨 113
大又桀骜不驯，照料起来绝非易事，索性就被抛弃至哈梅林了。有一阵子，英格兰的资助人希望，他能从教育中受益，可他连最基本的书面语或口头语都一窍不通。最后，他的老师约翰·阿布诺特（John Arbuthnot）医生只得知难而退，弃他不顾了。不过，他仍是家喻户晓的人物，威廉·肯特（William Kent）还在肯辛顿宫（Kensington Palace）楼梯的东墙处绘制了他和王室成员在一起的画像（这幅画至今仍在那里）。索绪尔指出，事实上，彼得“根本就学不会如何做到举止得体，所以他必须远离人类社会”[65]。他被“雪藏”到赫特福德郡（Hertfordshire）诺斯彻奇（Northchurch）附近的一个农场，靠着王室的补助金过活。他钟情于音乐和杜松子酒，整天琢磨着趁机潜逃。在他逃到诺里奇（Norwich）后，人们给他配了一条皮革领带，上面刻有浮凸的文字：“彼得乃汉诺威野人，若您看到他，烦请带他到赫特福德郡伯克姆斯特德（Berkhamsted）的芬恩（Fenn）先生那儿，必有酬劳。”[66]

彼得活了70岁，去世前，他一直蒙受芬恩一家的恩惠。他在世期间，有三名国王接连坐拥英格兰王位，每个国王都对他照顾有加。彼得的主要资助人是乔治二世（George Ⅱ）的王后，即安斯巴赫的卡罗琳（Caroline of Ansbach）。尽管卡罗琳对一穷二白、蠢头呆脑的彼得施以善心，但她对进入圣詹姆斯公园的平民百姓嗤之以鼻，因为她认为将公园用作宫廷的私人花园岂不更为妙哉。于是，她向首相罗伯特·沃波尔（Robert Walpole）询问，若实现她的想法需要付出多大代价，首相答道“代价为三个王冠”[67]，即若如此践行，她、她的丈夫和她的儿子都将丢掉王冠。听完，她便决定将公园对公众开放。

18世纪滚滚向前，公园演变成了最引人注目之地。18世纪40年代，身高2英尺1英寸的罗伯特·斯金纳（Robert Skinner）和比他还高1英寸的妻子朱迪思（Judith）坐在微型车上现身街头。这种车“不过是由穿紫黄制服的12岁毛孩驾驶，并由两条狗驱动的轻型两轮车罢了”。他们通过在威斯敏斯特展示自己、引人注目而养家糊口。他俩的姻缘源于罗伯特看到的一家报纸刊登的广告，即一个2英尺2英寸高的“小女人”要在伦敦展览自己。此后，他对她展开了疯狂追求，并在伦敦向她求婚。朱迪思欣然同意，一周后，两人在菲尔茨圣马丁教堂喜结连理。他们可是城里响当当的角色，被形容为“相貌出众、腰杆笔直、娇小玲珑、谈笑风生、聪明伶俐、饶有风趣”[68]。

公园并非绝对安全之地。1790 年，圣詹姆斯街的安·波特（Ann Porter）被一名男子贸然搭讪。该男子衣冠楚楚，但一张口便“粗言秽语”，甚至击打她的头部。安跑向家中，男子尾随而来，并隔着裙子刺向她，给她“右腿留下一个长 9 英寸、深 4 英寸的伤疤，简直太危险了”。安被吓得魂不附体，她没有意识到自己的伤有多么严重，这可是该男子两年来侵犯女性最严重的一次。媒体立即将此案件的“恶劣性”板上钉钉，“伦敦怪物”便由此诞生。受害者远不止安一人，她们通常互为姐妹且都有几分姿色，见到她们，该男子便上前搭讪，他用颤抖的声音说一些有的没的。当他讲话时，他使用最骇人听闻的语言跟受害人交谈，并威胁会让她们大出血，且溺亡于血泊之中。[69] 他的狩猎场便是圣詹姆斯公园。他那性癖好被称为“穿皮癖”（piquerism），即通过将尖锐的物体刺入花枝招展的女性的臀部和大腿获得性快感，这就意味着，若不将他绳之以法，他将一直不能自已地“狩猎”下去。 114

1790 年 6 月，安确定她在圣詹姆斯公园亲眼看见了袭击她的人。于是，她的同伴科尔曼先生跟踪了他，并和他交流。23 岁的伦威克·威廉姆斯（Renwick Williams）在老贝利作了自我辩白，说审判就是一出闹剧，于是威廉姆斯案件只得提上重审日程。重审期间，事实证明了在其中一起袭击事件中，他确实不在场，且证人的证词前后矛盾。尽管如此，他仍被定罪并判刑 6 年。有意思的是，他入狱后，街头袭击也就戛然而止了。

“轿子大军”的出现让公园变得更粗糙，也更喧嚣了。1634年，桑德斯·邓库姆（Sunders Duncombe）爵士在威斯敏斯特获准向公众提供轿子，许可期为14年。自此，轿子将在接下来的150年里广受欢迎。轿子在人行道和普通道路上都可以合法通行，因此必要时，人们可坐轿避开交通堵塞。那帮时尚靓丽的人们常抱怨公园里的轿子大军：轿子是露天的，若赶上雨天，皮椅就浸透了，闻起有一股“腐朽”味，有害健康。爱尔兰人是轿子行业的霸主，因为他们身体力行，立志将该行业做大做强，还心甘情愿地为之付出。那些轻质轿子的最大承重为100磅，但轿夫常用该类轿子在大街上承载140磅的乘客。尽管如此，伦敦轿夫还是颇受欢迎，很多人将轿子视为陆地交通工具中的最佳选择，毕竟，车夫灵敏自如、疾驰如飞，可以克服多数路障。瑞士游客塞萨尔·德·索绪尔在1725年写道：“轿夫走得快得很，步行很难赶上他们的步伐。我不信在全欧洲，还能找到比伦敦轿夫更好、更灵巧的轿夫。他们实力非凡、技巧娴熟，所有老外都惊叹不已。”[70] 他记录到自己在访问伦敦期间，曾有4次被轿子撞到。轿夫常在街头破口大骂，还因此被罚钱。这些人是臭名昭著的好斗者和浪荡子，若要满足工作之需，他们还需提升耐力。随着伦敦城市的发展，轿子逐渐退出历史的舞台。1791年，霍勒斯·沃波尔写道：“各类轿子几乎消失殆尽了，因为连赫拉克勒斯（Hercules）和阿特拉斯（Atlas）（两者都是希腊神话中的大力神）都无法把人从偌大的首都的一头抬到另一头去。”[71]

公园西端远离沸沸扬扬的轿子队，白金汉公爵（Duke of 115
Buckingham）的房子便坐落于此，后来该房被乔治三世（George Ⅲ）和夏洛特王后（Queen Charlotte）购去了。这套房产值得拥有，因为它有“精美的花园和优良的土地，还可一睹近在咫尺的乡野风采”[72]。王室成员最终搬至白金汉府（Buckingham House），但并非所有人都对这座宫殿的翻新工程青睐有加。到乔治时代结束时，许多人认为先前皇家住所和皇家公园中乡野的魅力已荡然无存。首先，涨潮之时，泰晤士河的水面比查理二世打造的荷兰运河高出5英尺1英寸，“这里的水汇入观赏性水库后，致使河道淤塞，河水再也流不出来”，因此，在“闷热”的天气里，河道就会臭气熏天。原景观不招待见，爱德华·布洛尔（Edward Blore）对白金汉府（即如今的白金汉宫）的新设计自然也不会受到欢迎，毕竟，它跟查理修的运河比肩而立，“他们选择在这个臭水坑的边缘，斥资一百多万英镑，打造了一座疯人院一般的建筑作为皇家住所”[73]。

“时尚草本”：茶与慈善

圣詹姆斯并非传统的上层阶级的专属之地。茶以及“全女性茶会”变得越来越时尚，乔治时代伦敦的慈善机构方兴未艾，它们常从这种时尚中受益颇多。

至少自1659年起，茶水就开始风靡伦敦了，“那时他们的器 116
皿就是盛装土耳其酒的酒杯，这种器皿盛的是大街小巷随处可见的‘咖啡’，此外，它还可以用来盛一种叫‘茶’的饮料”[74]。1660年9月25日，塞缪尔·皮普斯在日记中写道，他“赠我一杯我从未喝过的饮料——茶（中国饮料）”。那时候，咖啡馆也开始卖茶。但很快它就变成了专属女性的咖啡替代品，有些女性认为，咖啡闻之欲呕且有害身心。1676年，《女性抵制咖啡请愿书》（*The Women's Petition Against Coffee*）抱怨道，咖啡使英国绅士们沦为“矮小的雄麻雀”，并声称：“男人连大一点的马裤穿着都不合身，哪儿还有什么男儿气魄。”请愿书作者将这种现象归因于“这种最新流行的酒，它属非基督教的烈性酒，还被美名为‘咖啡’，实在令人作呕”。与此同时，人们觉得茶有益健康且能提神醒脑。17世纪80年代，饮茶演变为一种宫廷仪式，成为朝臣的品位和社会地位的象征。人们爱茶通常是因为喝茶能证明其腰缠万贯、独具慧眼。但不久之后，17世纪90年代，旅行者们前往印度，他们发现茶其实“对我们的健康也大有裨益，并且还能满足人体嗜好”[75]。

塞缪尔·约翰逊将自己描述为“坚定而又无耻的饮茶者”[76]，他喝起茶来，一壶接一壶，二次泡茶时，水壶几乎都不会冷却，他是为数不多的嗜茶如命的男子之一。反对茶的人认为，将茶与女性联系在一起并不妥当。他们觉得真正的英格兰人绝不会饮用不含酒精的茶，并质问道：“难道那些在克雷西（Cressey）和阿金库尔（Agincourt）战场赢得胜利，并用高卢（Gallic）人的血染红多瑙河（Danube）的战士都是饮茶者吗？难不成现在的喝茶人都是这些战士的后裔？”[77]

英国社会，一茶难求。其他食品的味道极易把茶的味道污染，为此，运输途中茶叶必须包裹得严严实实。但茶只在一样东西中才不会遭到腐蚀污染，它就是专门泡茶叶的中国瓷壶。于是，船只也开始运输瓷器了，并将其出售到伦敦那些富丽堂皇的住所里。通常而言，这些薄瓷器被称为“china”（因瓷器来自中国，“瓷器”一词在英语中拼写字母与“中国”一样）。运输船会装载 1 吨茶叶，并携 6 吨瓷器作为压舱物。结果，这些物美价廉的外来瓷器在伦敦迅速流行：1712 年，216 片茶叶外加晚餐服务的价格为 5 英镑 10 先令；1723 年，茶壶进口量为 5000 个，且进口单价仅为 1.5 便士。[78]

茶壶和茶杯成为富人称心如意的餐具，却是穷人可望而不可即的奢侈品，他们似乎已下定决心“向富人看齐，并开始仿造这种奢侈品，并将自己微不足道的收入投入茶叶这种时尚草本上”[79]。此外，约西亚（Josiah）也开始探索如何在伦敦最优雅的客厅里喝茶，以展示出雍容华贵的优良姿态。与此同时，韦奇伍德瓷器（Wedgwood）开始提供茶具，这既是在对最纯净的中国瓷器传达敬意，也是在探索如何培养精英型客户。

茶话会不再只是有钱人的消遣。所有女性，不论阶级，都将茶 117
会视为社交佳机，许多中上层女性还借茶话会发展慈善事业或举办辩论活动。其中，玛丽·沃特利·蒙塔古夫人（Lady Mary Wortley Montagu）[原姓氏为皮埃尔波因特（Pierrepoint）] 欲将预防天花的疫苗接种方法引入伦敦，便利用茶话会表达了这个想法。

玛丽与爱德华·沃特利·蒙塔古（Edward Wortley Montagu）通过结为夫妻摆脱了与克洛沃西·斯凯芬顿（Clotworthy Skeffington）的包办婚姻。虽然玛丽并不爱爱德华，但还是给他生了个儿子。在伦敦期间，她把时间都花在了顶级交际圈上。她注重发展“文学情谊”，与亚历山大·波普有着轰轰烈烈的感情，她对他爱恨交织。1715 年冬，玛丽夫人不幸染上天花。不过，她幸存了下来，但她的外表和气质都大不如前。她那国色天姿已化为乌有，她的头发和睫毛也逐渐掉落，“这使她看起来目露凶光，毫无美感可言”[80]。

1716 年 8 月，她丈夫被任命为伊斯坦布尔（Istanbul）大使。一开始，这座城市让玛丽大吃一惊，不过，她还是很快喜欢上了这儿的气候条件和风土人情。1717 年 4 月 1 日，她在土耳其写信给伦敦亲友，信中提到，她儿子用土耳其的方法接种了天花疫苗，即用一枚大针“挑破”四五条静脉血管，并从天花受害者的溃烂处挤出脓液植入健康人皮肤，然后用“空心壳”包扎伤口。玛丽向丈夫汇报儿子的状况时说：“上周二，儿子接种了天花疫苗，目前他在唱歌、玩耍，什么都不耽误，还急不可耐地想吃晚餐。”这项手术无疑大获成功，于是她便“煞费苦心地推广这项大有裨益的发明，从而使其风靡英格兰”。

回国后她发现，人们对天花和其治疗方式展开了口舌之战。她的许多好友和熟人都死于 1719 年的天花流行病，对此，她痛心不已。1721 年初，天气回暖，玫瑰在一月份便盛开，天花“像‘毁灭天使’般四处扩散”。玛丽夫人请求查理·梅特兰（她在土耳其遇到的一名英国医生）给女儿小玛丽接种天花疫苗，但他并未立刻同意。毕竟，在土耳其开展手术是一回事，在伦敦进行手术则是另一回事（伦敦人对手术不了解、不信任）。在动手术前，他要确保有两个皇家内科医师学会（Royal College of Physicians）的人为其作证。詹姆斯·基思（James Keith）便是其中之一。1717 年，詹姆斯的两个儿子不幸感染天花，离开人世。亲眼看见接种手术后，他便马上给活着的儿子接种了疫苗。

伦敦的达官贵人们开始拜访玛丽，他们想知道自己的孩子是
否也能接种。来访者包括威尔士王妃卡罗琳，正是她批准对纽盖 118
特监狱死刑犯实施接种测试。实验结果不负众望，天花接种喜获皇家批准。然而媒体对此方法却心怀叵测，对玛丽夫人也大肆批判。她被媒体强贴了“一个罔顾孩子的生命安危的残忍母亲”的标签。自此，人们也开始在街头对她大声苛责。但玛丽夫人的朋友和熟人大多都已采取了早期行动来保护孩子。玛丽充分利用茶话会的机会为自己澄清，她将孩子带到伦敦各地，以证明孩子手术后毫发无损。

玛丽成为社会上享有盛誉的权贵显要，在很大程度上促进了梅特兰顺利地进行随之而来的疫苗接种事业。他们的开拓性工作为爱德华·詹纳（Edward Jenner）向英国大规模引入天花接种疫苗奠定了良基。

当地医院：威斯敏斯特的医院和洛克医院

1716年，亨利·霍尔（Henry Hoare，银行家）、罗伯特·威瑟姆（Robert Witham，葡萄酒商）、威廉·沃根（William Wogan，作家）与帕特里克·科伯恩（Reverend Patrick Coburn）牧师一起聚在舰队街的圣邓斯坦咖啡屋（St Dunstan's Coffee House），商议建立一个慈善协会，以服务于病人和穷人。首先，他们打算探望“怀特查普尔监狱（White Chapple）、王座监狱、克林克监狱（Clink）和马歇尔希监狱（Marshalsea）”[81]的囚犯，并向他们发放慈善基金。这些人有了这笔善款便能前去就医，必要时还能请来萨维尔（Savile）先生（药剂师）和谢尔曼（Sherman）太太（助产士）。但在那年夏天，这些慈善家就意识到了慈善是“供不应求”的，于是便决定仅在威斯敏斯特提供公共医务室。

119 尽管作出妥协，但他们依旧雄心勃勃，因为当时伦敦仅有两所公立医院，即史密斯菲尔德圣巴塞洛缪医院和南沃克圣托马斯（St Thomas）医院。1720年，慈善家们在圣詹姆斯公园以南的佩蒂法兰西（Petty France）购置了一所房子，并于5月份收治了他们的首位患者——一名患有关节炎和坏血病（维生素C缺乏病）的男子。一个月后，该男子便顺利出院了，该医务室很快便人满为患。1732年，医院主管人员在海德公园角收购了兰斯伯瑞大楼（Lanesborough House），并创立了圣乔治医院（St George's Hospital）。该医院因拥有精明强干又性情古怪的外科医生而闻名遐迩。威廉·切塞尔顿（William Cheselden）可以驾轻就熟地利用手术提取膀胱结石，该手术被称为“切石术”。几十年前，塞缪尔·皮普斯就曾在这种险象环生的手术中挺了过来，他一直满怀感恩，并将切石留作纪念。但很多人就不像塞缪尔那么幸运了。据记录，切塞尔顿的手术技术数一数二，他可精确定位结石的所在位置，然后将其切下，并在一分钟内把伤口缝上。他动作敏捷又冷静自信，这意味着患者在术中因桌子震动而死亡的案例很少发生了。圣乔治医院还有一名外科医生，叫亨利·沃森（Henry Watson），他一直在该院从事教学工作。1793 年，亨利与世长辞，享年 91 岁。他的外科手术技术鲜为人知，但他“戴着卷曲的假发和一顶旧式三角帽，穿着带有许多大纽扣的老式全袖大衣”[82] 的形象流传一时。还好，他手里握着一个时尚的手杖，抵消了部分陈腐老气。他称自己的医学生为“小毛孩”。

圣乔治医院最著名的学生要数爱德华·詹纳（Edward Jenner），他在 21 岁，也就是 1770 年便供职于该医院了。他与约翰·亨特（John Hunter）及其家人住在一起，因此他有机会研究亨特那收养了各种奇异动物的动物园，其中一些动物来自伦敦塔。他在亨特身上“学习到了率直和简单的重要性，也培养了自己追求真理的热情”[83]，这对他之后开展对抗天花的工作大有裨益。

圣乔治医院附近，已有相关人员开始研究一种有别于天花的皮 120
疹：花柳病。伦敦的首家洛克医院（Lock Hospital）坐落于白金汉府后面，它于 1747 年 1 月 31 日开业，专门收治花柳病患者。“洛克医院”是麻风病院的旧称，人们认为“洛克”（Lock）一词源于法语“疯子”（Loques）。洛克医院凝聚了威廉·布罗姆菲尔德（William Bromfield）的心血，他本是一名来自霍尔本的医师，在理发师－外科医生厅（Barber-Surgeons’Hall）负责解剖实验，后又担任威尔士亲王弗雷德里克（Frederick）的外科医生。布罗姆菲尔德曾亲眼见证过收治那些感染花柳病患者的不易：各大医院理事会已开始为这些自甘堕落的患者穿上黄色套装，街头妓女也由此“荣获‘金丝雀’的美誉”。传统的治疗方式是以毒攻毒，直接将砷和汞施于患处，当然治疗方式还有很多，但效果均不佳，不足为道。通常而言，花柳病患者只有在发病阶段自然缓解，内科医生才可能会治愈其中 1/3 的患者。但布罗姆菲尔德坚信，自己可以做得更好。

洛克医院从一开始便尝试召开公共会议，让富人阶层了解花柳病的实际情况。1755 年 11 月 17 日，《公共广告商》（*The Public Advertiser*）报道说，一些已婚妇女的丈夫劣迹斑斑，并残忍地感染了她们，而一名“品德高尚的女士”在参加完其中一次会议后，收容了这些备受煎熬的妇女，并为她们提供了新病房。该报道还指出：“有近两百名 2—10 岁的孩童在这所医院得以治愈。有些染病的恶徒被一个卑劣的观念所误导，即若与健康孩童发生不道德的关系，这种病便可不治而愈。因此，他们对儿童痛下狠手。”洛克医院还自己承担费用，至少起诉了一名企图通过性侵儿童治愈性病的男子。1764 年，医院管理者状告了埃德蒙·瑟克尔（Edmund Thirkell），因为他强奸了 5 岁的玛丽·阿米莉亚·哈夫彭妮（Mary

Amelia Halfpenny），玛丽因此染上性病，只得住院。曼斯菲尔德爵士审理了他的案子，并对他定罪量刑，但最终他命运如何，我们无从考究。

布罗姆菲尔德任命卫斯理·马丁·马丹（Wesleyan Martin Madan）为洛克医院的专职牧师，此外，马丹自己还出资在医院修建了一座小教堂，以方便健康人群和病人错开时间前来做礼拜。马丹开始与教堂的盲人风琴家查尔斯·洛克哈特（Charles Lockhart）改编旧赞美诗，并创作新赞美诗。这些诗歌在那些时髦阶层的会众中大受欢迎，马丹还将很多作品出售给会众，包括《诗篇和赞美诗曲调集》（*A Collection of Psalm and Hymn Tunes*）……《在海德公园角附近的洛克医院就医》（*To Be Had at the Lock Hospital near Hyde Park Corner*）等。[84] 在18世纪60年代和70年代，一年一度的清唱剧票常被抢购一空，音乐活动也一向广受大众欢迎。各色男女受到鼓励后便满怀热情地一起唱歌，与此同时，演唱会场中也会有人传道授业，以便人们更好地认识性病引发的社会问题。但在一次争吵后，洛克哈特（Lockhart）甩身离开，音乐活动便由此迅速衰落。1780年，演唱会由福音布道所取代，与此同时，马丁·马丹出版了书籍《千叶草》（*Thelyphthora*）。他在书中提出，一夫多妻可避免女子沦落风尘。那年冬天，基督教学会和杂志《美女如云》（*La Belle Assemblée*）就此事展开辩论，但一位律师竟主张一夫多妻，这实在让人难以接受。[85] 受到这一系列事件影响，上流社会的富人们逐渐不再光临。

121 没了富人阶层的支持，洛克医院还是要继续运作，只不过，医院的成就会大打折扣。1790 年，马丹以“蒙受羞辱的隐士”身份与世长辞，那一年，有人在骑士桥（Knightsbridge）建造了一个设有单间的客栈，以收留那些愿意从良、告别卖身的妇女。客栈一直原地营业，直到 19 世纪中叶，它才搬去了哈罗（Harrow）。一个世纪后，客栈被纳入英国国民健康保险制度（NHS）中。

海德公园的冰人

海德公园长期以来都是时尚达人的散步场所，周末尤其如此，这一点和詹姆斯公园并无二致。1831 年，《农业杂志》（*Journal of Agriculture*）指出，风和日丽时，便有人乘坐两轮轻便马车在公园里兜圈游逛。马车被白氏斑马（这种马现已绝迹，“白氏斑马”由科伊人命名）驱动，伦敦的时髦阶层都对它青睐有加，因为它对人类俯首帖耳，比它那野生的表亲——斑马强多了。

伦敦的公园都是为大众提供休闲娱乐的公共空间，海德公园自然也不例外。1637 年，查理一世一声号令，公园便对外开放。威廉三世在这一带为自己修建了通往肯辛顿宫的私人道路——骑马道（Rotten Row）。但是，今天我们熟悉的公园则是乔治二世的妻子卡罗琳王后所建。1730 年，她下令筑坝，以阻拦韦斯本河（Westbourne River），蛇形湖便由此形成。蛇形湖原本由 11 个池塘构成，深受游泳者和溜冰者青睐。但如此运动是少不了风险的，当游泳者“冒险进入没过他们头顶的深水区”[86]，抑或溜冰者不幸跌入冰窟时，死亡是常有的事。

在溺水事故频发的情况下，提供溺水急救便成了伦敦医疗先驱 122
们的头等大事。他们知道呼吸停止不同于心脏停滞，也深谙两者之间的联系。约翰·亨特（John Hunter）对活体动物进行了血淋淋的实验，他剖开狗胸骨，观察其呼吸受到“风箱式机制”严格限制时的心跳情况。[87]受实验启发，他基于风箱设计了一个机器，让那些看似已经溺亡的人重新开始呼吸。1776 年，他将论文呈交给皇家学会（Royal Society），论文写得有理有据：据他观察，人淹没在冷水里要比淹没在热水里的存活时间更长，且人的身体会慢慢回暖。他也的确认为，对嘴吹气可以让空气流通到肛门处，这对溺水者可能也是有所裨益的。但事实上，这种方法的结果好坏参半。

对于溺水后如何复苏，人们饶有兴趣，而亨特的论文讲的恰是这一点：通过风箱或口对口的方式进行人工呼吸。这一理念逐渐赢得一席之地，此外，心脏按压的入门知识也逐渐走入大众视野。

生于伊斯灵顿的医生威廉·霍斯（William Hawes）一直殷切期望能够获取资金，以启动“让看似已逝的溺水者复苏”的项目。未料 5 年之后，亨特影响深远的论文就出版了。[88]1773 年，霍斯用“孜孜不倦的热情”证明，帮溺水者闯过鬼门关并非不可能，他自己组织并出资构建了威斯敏斯特和伦敦桥之间的接待处，“每隔一段时间就有人带着溺水者”前来求助，医生们则竭尽全力地救治。1774 年夏，他和接待处的其他医生在溺水救治方面大获成功，他们与包括剧作家奥利弗·哥德史密斯（Oliver Goldsmith）在内的一群慈善大家在圣保罗（St Paul）教堂墓区的查普特咖啡馆（Chapter Coffee House）会面，商议组建了“溺水假死者康复协会”（Recovery of Persons Apparently Drowned）。

该协会提供培训，帮助受训者了解救援新技术。同年 7 月，水手托马斯·文森特（Thomas Vincent）用心脏按压技术从沟渠里救活了一名 14 个月大的男孩。1776 年，该协会更名为“人道协会”（Humane Society）。正如当年 1 月份的《晨报》报道，公众大力支持“原本奄奄一息、濒临死亡的生命”[89] 的救治。“弓巷（Bow Lane）的皇冠酒吧辩论协会就‘溺水假死康复协会’的每个主题都展开了口舌之战，若辩论方言之凿凿并得到认可，则可获得 5 基尼奖励。这足以证明，该协会的确深受大众欢迎。”

霍斯及其同事继续改进完善他们发明的急救方式（即按住溺水
123 者的肺进行排水，并有节奏地拍打其胸腔）以精益求精。同年，英国皇家学会会员威廉·亨利（William Henly）写信为人道协会出谋划策，“若溺水者表面看来已无生命体征”，可用电震击其心脏和大脑。他在论述中提及，为何不让“自然界中最有效的资源立即渗入动物组织结构的最深处呢”？ 1794 年，皇家人道协会（Royal Humane Society）首次在使用电力重启心脏方面大获成功。年轻女孩索菲娅·格林希尔（Sophia Greenhill）从苏活区的一扇窗户上掉了下来，后被米德尔塞克斯医院（Middlesex Hospital）的一名医生宣布死亡。然而，人道协会的苏活区会员斯夸尔斯（Squires）先生只用了约 20 分钟就让女孩“起死回生”了。原来，他使用了摩擦式电机对她的身体施以震击。一开始，震击看似徒劳无功，直到他开始击打她的胸腔，女孩才有所好转。他感觉到了她的脉搏跳动，女孩又开始呼吸了。女孩得了脑震荡，但后来完全康复了。皇家人道协会最终证实：电击对于“生命体征暂无者”的复苏至关重要。[90]

同年，乔治三世以“人道协会赞助人”的身份在蛇形湖北岸划出一块地，建立起援救大本营和至关重要的救援接收站。救生员于此安营扎寨，他们受训良好，且了解最新的复苏技术，也知道如何使用设备来恢复溺水者的呼吸和脉搏。到维多利亚时代初期，伦敦已有 18 个救援接收处，据《伦敦新闻画报》（*Illustrated London News*）估计，每年约有 20 万人在蛇形湖游泳、滑冰。凛冬来临，救生员便会身着背面印有“冰人”字样的外套在岸上巡查，并时刻准备营救可能跌入冰窟的滑冰者。全伦敦所有常规滑冰场周围都不乏冰人的身影。

根据要求，冰人工作期间不得饮酒，他们了解拯救自杀者错综复杂，也知道在冰中拯救体温较低的溺水者绝非易事。当然，他们也不可能“百发百中”。1816 年，珀西·比希·雪莱（Percy Bysshe Shelley）抛弃发妻哈里特（Harriet），并迎娶玛丽·葛德文（Mary Godwin），哈里特一气之下，跳入蛇形湖，自我了断。

1834 年，乔治时代画上句号，蛇形湖接收处面目一新，惠灵 124
顿公爵为蛇形湖翻新工程奠定了基石。皇家人道协会向诸多伦敦人传授复苏技术，该协会的救援接收处便是医院事故部和急诊部的最初雏形。救生员和冰人们常在蛇形湖边严阵以待，这已成为人们习以为常的一道风景。18 世纪伊始，那些溺亡者的存活机会微乎其微，而到乔治时代末期，协会的医生和救生员们在拯救溺水者方面已“无所不能”了，用他们自己的座右铭来讲，这是因为“星星之火，可以燎原”。

威斯敏斯特和圣詹姆斯庄严肃穆，无疑又举足轻重，多元性和人文性都曾是它们的写照，而如今，这些性质似乎已荡然无存了。举杯豪饮的政客、热衷竞选的女士、在意体重的诗人以及那力大无穷的议长都投身于艺术、慈善和科学领域，各显其能。这推动了附近科芬园和苏活区的奢侈品行业和娱乐产业发展得如火如荼。接下来，我们将参观乔治时代伦敦的一些鲜为人知的景点。

第四章

布卢姆斯伯里、科芬园和斯特兰德大街

布卢姆斯伯里（Bloomsbury）长期以来都是圣吉尔斯教区的一部分。1624 年，布卢姆斯伯里只有 136 套住宅；而到 1710 年，该地开始受辖于圣吉尔斯议会，仅圣吉尔斯教区就有近 3.5 万名居民。当时的布卢姆斯伯里仅有一个大教堂，三个礼拜堂和一个长老教会堂（Presbyterian Meeting House），不能满足居民之需。于是，政府决定在布卢姆斯伯里北部建立一个新教区。1724 年，圣乔治教堂落成。该教区的教堂设计者为尼古拉斯·霍克斯穆尔（Nicholas Hawksmoor），建设预算估值为 9790 英镑，而实际耗资仅超估值 3 英镑。圣乔治教堂坐北朝南，恰好将选地面积占满，教堂尖塔呈台阶式上升，顶部为一尊乔治一世的雕像，构造独特。到 18 世纪末，布卢姆斯伯里教区共计容纳了 3000 套住宅。[1]

布卢姆斯伯里的变化可谓沧海桑田，且在乔治时代最为显著："几世纪以来，这一带打家劫舍、杀人放火事件频发，那些萎靡不振、恶贯满盈的人极度危险……但现在这里实现了蜕变，壮观的广场和宽敞的街道迅速崛起，人民群众安居乐业，社会面貌也焕然一新。"此前，霍尔本以北除了沼泽地（意气用事的绅士常在此地打架斗殴，一决高下）、几个农场和一些酒馆，别无他物。

酒馆中有一座葡萄藤酒馆（Vine Tavern），它坐落在伦敦唯一一个古香古色的葡萄庄园内，位于金斯盖特街（Kingsgate Street）的尽头。酒馆附近的梅登黑德客栈（Maidenhead Inn）则被冷嘲热讽、夸大其词地描述为“最丑陋的酒铺、最肮脏的客房，乞丐和绝望者的出没地”[2]。这是布卢姆斯伯里市民“眼不见为净”的地方。

126 汉斯·斯隆（Hans Sloane）曾去牙买加旅行，后来，他在布卢姆斯伯里街（Bloomsbury Place）开始从事内科医生工作。牙买加之行让斯隆更加热爱自然历史和异国风情，他开始以“博物学家”自居，并逐步建立起声望，这为大英博物馆的诞生播下了启蒙的种子。斯隆对收藏的热爱近乎疯狂，而且他从医收入不菲，因此他很快就拥有了建造博物馆的基础。斯隆购置了一套邻近的房子用以收藏个人藏品，随着年龄的增长，他做事越来越没条理，但是他仍贪得无厌地收集着各种东西。年轻的植物学家卡尔·林奈（Carl Linnaeus）拜访他时，看到他如此混沌，不由得瞠目结舌。1753 年，斯隆与世长辞，他的受托人将藏品赠予乔治二世，但遭到拒绝。于是，受托人向议会请愿，请求由国家保管这笔财产。国家还收购了爱德华·哈利（Edward Harley）的图书馆和科顿图书馆（Cotton Library），里面的藏品都太需要一个新家了。此外，陈旧的蒙塔古府（Montagu House）也被列入收购清单，它与斯隆在布卢姆斯伯里广场的故居相隔不远。后来蒙塔故府更名为“大英博物馆”，并于 1759 年 1 月 15 日对外开放。大英博物馆的进馆门票需要申请，馆里规定“差役不得收游客一分钱”，无须怀疑，当时的差役希望领着游客走走转转，从而捞取一大笔好处费。

三年后，大英博物馆喜获皇家印章，与此同时，布卢姆斯伯里出现了另一座教育圣殿：伦敦大学学院。长期以来，伦敦没有真正可与牛津大学和剑桥大学相提并论的高校。哲学家、立法者杰里米·边沁，布鲁厄姆勋爵（Lord Brougham）和诗人托马斯·坎贝尔（Thomas Campbell）都希望成立一个机构，以“适度的费用”提供“文学和科学教育”[3]。

这所“无神论学院”（godless college）位于布卢姆斯伯里的北部，在此之前这里是一片农场。“农场主是两个姓卡珀（Capper）且年事已高的未婚姐妹。她们身着女士骑装、头戴男士帽。一个露出一脸坏笑，手持一把大剪刀，骑上一只年迈的灰色母马，奔向放风筝的男孩，并准备剪断风筝的绳子；另一个则把闯入他们房屋洗澡的小伙子们抓个正着，并紧拽着他们的衣服不放手。”

穿过卡珀姐妹奶牛场的不只有“风筝男孩”，还有新河公司（New River Company）的水管，它们穿过农场和田野进入伦敦。“有些地段的水管有6—8英尺，人们可以走在水管下面收集豆瓣菜，这种水灵灵、绿油油的植物四处蔓延”。[4] 这一派美景与布卢姆斯伯里最古老的街道之一——南安普敦街（Southampton Row）近在咫尺，离布卢姆斯伯里的格里格斯（Griggs）夫人的长期住所也很近，格里格斯夫人于1792年告别人世。

年鉴记录道：

127 ……那个离奇古怪的女人……也就是格里格斯太太，一般都待在布卢姆斯伯里南安普敦街的家中，足不出户。她的遗嘱执行人在她的房屋中发现了86只活猫和28只死猫。她有一名黑人女仆，女仆每年获赠150英镑，一来用于维持自己的生活；二来则养活那些幸存的猫。格里格斯太太是个单身贵族，死时留下3万英镑的遗产。前阵子，格里格斯太太的姐姐撒手人寰，先她而去，留给她一笔财产。这下格里格斯太太的财富更多了，于是，她给自己装配了一辆四轮豪华马车，几乎天天出门兜风，但这个富婆始终没能跟男仆发生点什么。格里格斯太太的女佣们天天照顾这么“一大家子”（猫），不胜其烦。于是，在别人的劝说下，她找了一名黑人妇女前来照看、喂养它们。格里格斯太太逝世后，黑人女仆又活了很多年，并且有丰厚的年金来照管这帮小崽子。

后来，卡珀姐妹的农场由伦敦大学学院取而代之。两姐妹的农舍仍旧坐落于托特纳姆法院路（Tottenham Court Road）东侧，但农舍周围的土地很快便被拔地而起的建筑物占据。1808年，理查德·特里维希克（Richard Trevithick）在附近找了一片开阔空地，并在空地上设置了伦敦首条客运专线，顺便为他发明的动力机车宣传。“看谁能赶上我”（Catch Me Who Can）号机车就位于如今的尤斯顿火车站（Euston Station）附近，它绕环形轨道运行，乘客若想乘坐，需花 1 先令。特里维希克本想证明火车跑得比马快，但他轨道铺得不够好，因此没人真正看到火车是如何在轨道上风驰电掣的。10 年后，也就是 1818 年，来自西南郡县的床垫制造商约翰·哈里斯·希尔（John Harris Heal）搬到这一带，住在后来的托特纳姆法院路 196 号。他接管了老卡珀姐妹的农舍，并开了一家商店，虽说经营不善，但也能勉强糊口。1917 年，商店旧店拆迁。如今，希尔公司（Heal's）仍坐落于旧店原址。

短短几十载，布卢姆斯伯里就从庄稼地演变成时尚区，布卢姆斯伯里广场（Bloomsbury Square）优雅而简约，时尚气息不言而喻。詹姆斯·伯顿（James Burton）和托马斯·库比特（Thomas Cubitt）在布卢姆斯伯里展开了大规模建设，大片建筑由此落成，一小块露台出现在大英博物馆对面的大罗素街（Great Russell Street）上，它便是约翰·纳什（John Nash）的家居设计处女作。伯顿和纳什设计了摄政街（Regent Street），此后两人的设计理念对伦敦西区产生了举足轻重的影响，而库比特则以截然不同的风格开发了皮姆利科（Pimlico）和贝尔格莱维亚（Belgravia）。布卢姆斯伯里保存至今且最有分量的建筑作品就是贝德福德广场（Bedford Square），它建在卡珀姐妹的奶牛场上，至于建筑师是何人，我们无从得知。

科芬园戏剧区与之相隔不远，位于霍尔本以西，这里热闹非凡，令人神往。1631 年，贝德福德第四代伯爵弗朗西斯·罗素（Francis Russell）开始在此开发房屋，工程建造速度让人瞠目结舌，

1637 年便完美竣工。科芬园的与众不同是因为该园园区内的各种设备一应俱全，而亮点在于依理高·琼斯设计的广场。广场上坐落着圣保罗教堂（St Paul’s Church），还有一间小型地方监狱和一处鞭打柱子。1662 年，彼得罗·吉蒙德（Pietro Gimonde）将其“模型剧场”带至广场，并在教堂前上演了《潘趣和朱迪》（*Punch and Judy*，木偶戏），这种演出在英格兰尚属首次。

贝德福德府（Bedford House）地处斯特兰德大街北侧。这一路的花花草草生意盎然，一直延伸至广场，然后隐遁于高墙之后。1677 年，科芬园市场开业。原来，贝德福德已将此市场租给两名当地居民，租赁合同规定，他们每周有 6 天都可以在市场上交易“各式各样的水果、花朵、根茎和草本”[5]。毋庸置疑，广场美丽动人，且保留了王政复辟前的古风古韵。至少在 18 世纪末之前，这里都有着良好、合理的排污规定，因此，尽管广场上的住所样式已过时，但通风良好，也无不开化之处。能让科芬园广场“上火”的恐怕也只有这锣鼓喧天、熙熙攘攘的环境吧，但对于看剧人来说，这又算得了什么呢？

130 广场南部便是连通威斯敏斯特和伦敦城的斯特兰德大街，其名称源于盎格鲁 - 撒克逊时期的罗马，在古英语中意为“岸”，因为这条路靠近泰晤士河的浅岸。在乔治时代，斯特兰德大街的亮点非埃克塞特交易所（Exeter Exchange）莫属，它坐落于小酒馆、食堂和奶窖之间。牛被牵至奶窖地下室挤奶，两周之后则被送回当地牧场。当时中世纪宫殿散布开来，像迷宫一般分布于斯特兰德大街和泰晤士河之间，殿内被破败之物塞得满满当当。涨潮时，河水四溢，拍击着宫殿内数之不尽的台阶和狭窄的楼梯，毕竟，它们与泰晤士河直接相连。萨默塞特府（Somerset House）和阿德菲综合建筑群（Adelphi）在此地拔地而起。这两个精美绝伦的项目均出自威廉·钱伯斯（William Chambers）和亚当（Adam）兄弟之手。但不久之后，建筑群下本为河道的隧道就沦为了伦敦妓女和流浪者的栖息地。谁能想到，这些狭小拥堵且人满为患的街道和场地竟是伦敦二手书交易以及色情品买卖最主要的场所。特别是霍利韦尔街（Holywell Street），这可是尽人皆知的色情品天堂！1837 年，50 多家色情品商店都在此招徕顾客。

这一区域是伦敦熙熙攘攘、活力满满的热闹之地。但从北部享有盛誉的布卢姆斯伯里到坑坑洼洼的斯特兰德大街，处处都充斥着一个潜在的主题。有的妓女不慎诞下孩子，而有些女孩则因“一时失足”而身怀六甲，布卢姆斯伯里便是她们的私生子女的收容之地。在科芬园商店和市场摊位店主中，女性比例不容小觑，她们可是挣钱的好手。同样能挣钱的还有此地的女演员们，不过，她们挣钱的资本是花容月貌和个人魅力。此外，斯特兰德大街是伦敦街头娼妓的容身之处，她们招徕顾客，卖身过活。色情品经销商则在大街南部经营商店和摊位，男女老少频频出没于此。毋庸置疑，这一区域潜在的主题就是性交易。

131 弃婴堂："莫以在弃婴堂成长为耻，接纳它。"

1722年，54岁的托马斯·科拉姆（Thomas Coram）的海上生活过得穷困潦倒。返回伦敦后，他前往伦敦城工作，但又选择住在罗瑟希德（Rotherhithe）——"航海人的共同家园"[6]。他天生就喜欢努力工作，每日早出晚归，往返于住所和伦敦城之间。很多"年幼的孩子无人照看，有些幸存下来，有些不幸离世，而有些则生命垂危"，此情此景让他大吃一惊。

132 这些孩子中，许多都是街头妓女的私生子（女），可这些妓女有的撒手人寰，有的奄奄一息，有的喝个酩酊大醉，无暇照看孩子，有的则干脆把孩子抛至街头，任其自生自灭。科拉姆本人也是一名弃婴，并非富人，但他仍决定以股份公司的模式成立慈善机构：该机构将以合法企业的身份投入运营，通过募集善款来照顾弃婴，而善款会在法定董事会的监督下使用。但历经南海泡沫危机的人们还在为巨额亏损隐隐作痛，因此善款的募集绝非易事。科拉姆并未为此愁眉不展，1729年，他首次使用签约妙计，与萨默塞特公爵夫人签约，让其成为赞助人。在之后6年里，他又设法说服了另外7名公爵夫人、8名伯爵夫人和5名男爵夫人，她们均保证对他的事业大力支持。"女士请愿"是该项目的成功关键，这种方式在当时非常奏效，也使得慈善与时尚结下了不解之缘。

皇天不负有心人：1739年8月14日，乔治二世签署了宪章，并成立了"弃婴幼儿保育院"（Hospital for the Maintenance and Education of Exposed and Deserted Young Children，简称为“弃婴堂”）。1740 年，名声斐然的弃婴堂从索尔兹伯里（Salisbury）伯爵那儿购置了南安普敦街附近的 34 英亩牧场，搬离了地狭人稠的哈顿花园（Hatton Garden）。

同时，弃婴堂的管理人员制定了入堂规则：符合条件的孩子，须不满两个月、没有花柳病、身体健康等；孩子做体检时，弃养孩子的成人必须耐心守候，若孩子不符合入堂规定，成人只得将其带走，若孩子符合条件，所有所附物资、婴儿胎记和疤痕等信息都要记录在案，物资还要放置于带有编号的皮包中；每个孩子脖子上的链条上都绑着相应的铅制“标签”，任何人不得移除，若父母回心转意想将孩子带走，则可凭此精准地认领孩子。入堂后，这些孩子便被送往位于伦敦边界的乳母那里了。待他们重返弃婴堂时，会有专人教导他们如何阅读以及如何编织、纺纱和缝纫。男孩躲不了体力劳动或出海的命运，而女孩注定要管好家务。

1741 年 3 月 25 日，弃婴堂接收了首批弃婴。里士满（Richmond）公爵和威廉·霍加斯负责监督弃婴入院。一大群人聚集在堂外，跃跃欲试，都想要自己的孩子进入堂内，而搬运工费力地关门，以防他们进来。这一天弃婴堂共收容了 30 名婴儿，包括 18 名男孩和 12 名女孩。“虽说有些妇女的孩子被弃婴堂拒之门外，但相比那些即将离开孩子的母亲，她们更好受一些吧。还有什么场景比作别亲生骨肉更让人动容呢？”[7]

和疯人院一样，弃婴堂也并非仅仅是一个凑合能住之地。这

133 里空间广阔、光线充足，建筑物美轮美奂。庄园里养殖着奶牛，可供应牛奶，孩子们在堂内茁壮成长，波伊斯·韦尔斯（Powis Wells）便是其中之一。很快，弃婴堂还拥有了艺术画廊，画作来自4位杰出画家——海曼（Hayman）、霍加斯、何摩尔（Hymore）以及威尔斯（Wills）。[8] 此外，这里还举办了慈善音乐会，包括亨德尔（Handel）的义演。亨德尔给弃婴堂捐赠了一台崭新的管风琴，在此后的许多年里，他用这台管风琴开展了剧目《弥赛亚》（*Messiah*）的公益演出。1759年，他在对《弥赛亚》的年度表演进行排练时，因体力不支倒在台上，并于一周后与世长辞。

弃婴堂落成之时，大奥蒙德街（Great Ormond Street）成了伦敦的北部边界，弃婴堂坐落在田野之上，尽享新鲜空气。管理者为弃儿们制定了严苛的管理模式。孩子们春夏季5点起床，9月份6点起床，秋冬季7点起床。他们须在1小时内洗漱完毕，并穿上棕色制服，该制服由一种叫作“粗布”的粗糙羊毛制成。服装设计师霍加斯在羊毛上添加了活泼的猩红色饰边，使衣服看起来明光烁亮。霍加斯的姐妹都是裁缝，或许他曾前去拜访她们以求获取灵感。弃婴堂不养闲人，每个孩子都有活干，但孩子到8岁时才能坐在长桌旁吃包括肉汤、麦片粥或燕麦粥在内的早餐。早餐后，年幼的孩子就去阅读了，年长些的孩子则去做手头活儿。中午时，他们有半小时的就餐时间，午餐有煮制的羊肉、牛肉或猪肉，还有米饭和饺子。每周7次的晚餐中，3次为面包，两次为面包和牛奶，两次为面包和奶酪。

然而，人们并不觉得弃婴堂尽善尽美。有报纸推测，弃婴堂的博施济众会纵容了求偶男女“犯下罪行”。1751 年，伦敦妇产医院在伦敦埃尔德斯门大街（Aldersgate Street）开业，使得该地区的非法性行为和私生行为越发肆无忌惮。有人对“单身汉和女佣”展开了猛烈攻击，且道出了一名女孩前往乡下的埃尔德斯门偷食禁果、诞下婴儿，重返伦敦将婴儿交托给弃婴堂，并再次从事仆人工作的来龙去脉。[9] 1760 年 2 月，议会迅速撤回了对弃婴堂的财政支持，此前弃婴堂正是依靠议会划拨的大量资金才得以运营。弃婴堂采用了传统的接收方式，将入堂的截止日期定为 3 月 25 日。那年的截止日期前，最后一名入堂弃儿是名女婴，管理者为她取名基蒂·菲尼斯（Kitty Finis）。[10]

政府资金的撤回无疑给了弃婴堂当头一棒，毕竟，弃婴堂这个庞大的慈善机构收养了六千多名弃儿。为筹集更多急需资金，弃 134
婴堂开始让年纪稍大一些的孩子成为廉价的日工。这是弃婴堂支持者以及媒体最不忍心看到的集资措施。通常而言，那些愿收养弃儿为教区学徒者“毫无人道主义关怀，这帮人唯利是图，可怜的弃儿一旦拜师，就会挨打受骂，惨遭剥削，无奈之下常想着溜之大吉”[11]。许多孩子最终逃之夭夭，他们往往会跑到老乳母那儿求助。而有一个男孩竟一路跑至卢顿市（Luton），回到其寄养家庭（乳母）家里。弃婴堂政策严格，乳母们须将弃儿视为家庭一员，绝不能把他们当小狗一样随便养养。一些乳母及其丈夫看到弃儿走步、听到他们说话时“心就融化了”，便说服弃婴堂，由他们收养孩子。有些乳母则与自己之前收养的弃儿保持联络，并尽可能前来探望。一般而言，乡下乳母要先步行，然后乘马车前往伦敦，光赶路就要消耗一天。

返回伦敦后，多数男孩都去做了学徒，要么出海，要么当园丁和烟囱主扫工的下手。烟囱主扫工在伦敦街头踱来踱去，身边带个爬烟囱的男学徒（有时也会是女学徒），等着管家和仆人招呼。毕竟，只有小孩才足够敏捷，可爬进狭小而又打弯的烟囱里把烟灰清扫一空。但从业者从来少不了窒息、灼伤和摔倒的安全隐患。

1817 年，有人在议会委员会上讲述了 8 岁男孩托马斯·皮茨（Thomas Pitts）的死亡事件。[12] 托马斯的老板是一个名为格里格斯的扫烟囱工，他前往梅塞尔·卡尔弗特公司（Messrs Calvert and Co.）的酿酒房打扫一个小烟囱。当时火苗仍在燃烧，格里格斯将火灭掉，后又把男孩从烟囱顶向下塞进去。烟囱内有一根铁管，管内兴许还装有热水。托马斯竭力挣扎，并大声喊道："师傅，我爬不进去了！我死定了！"片刻后，消防警报启动。一个在附近做工的瓦匠走上前来，将大锤砸入烟囱，并和格里格斯一起用手紧紧抓着砖头。他们把托马斯从烟囱中拽出来，但他已一命归阴了。据主诊医生报告，托马斯的下半身被严重烧伤，肘部也烧得不轻，"这个遭遇不测的可怜孩儿一看自己处境危险，便尝试用肘部向上攀爬"。

135 格里格斯并非一个不仁不义的老板。虽然他将托马斯置于了致死处境中，但他绝非有意，而且他还竭其所能助力托马斯摆脱困境，甚至强迫自己爬上热滚滚的破烟囱找回男孩。托马斯之死不过是烟囱工的坏运气罢了。事实上，很多烟囱工都不得好运垂青：若烟囱男孩到了青春期还能活得好好的，他们就很容易患上一种叫作“黑疣”的睾丸癌，即一种由“烟尘致癌物导致的最令人讨厌、痛苦，且极为致命的疾病”[13]。几十年来，人们一直视它为一种因与烟灰“亲密接触”而引起的性病，毕竟，它在男孩青春期时才初露头角。

有关烟囱女孩的事故报道寥寥无几，毕竟多数情况下，女孩都在从事能够彰显女性本色的职业。比如，女孩可做助产士，费特巷（Fetter Lane）的助产士伊丽莎白·布朗里格（Elizabeth Brownrigg）特别受人尊重。她从弃婴堂领来临产女孩，并助力女孩生产，但这一切不过是表象而已。

1767 年，一个名叫玛丽·克利福德（Mary Clifford）的女孩年满 15 岁。[14] 母亲撒手人寰后，父亲娶了另一个女人，这个女人也叫玛丽。4 年后，父亲因照顾新家庭而对玛丽放手不管，继母玛丽也无力抚养一名年轻女孩，便将其继女送至弃婴堂，并“离开前往剑桥郡（Cambridgeshire）”。年轻的玛丽·克利福德与伊丽莎白·布朗里格一道为弃婴堂效力。不幸的是，玛丽患上了遗尿症，而伊丽莎白·布朗里格和她十几岁的儿子约翰（John）落井下石，刮光了她的头发，脱掉了她的衣服，让她赤身裸体地工作，还把她悬挂在吊钩上残忍殴打。这对母子在周末前往赫特福德郡的小屋时，会把她关起来，不给她吃的，也不让她喝水。

仅仅几个月后，克利福德夫人家境好转，她重返伦敦，前往费特巷去找继女。但她被拒之门外，约翰·布朗里格（John Brownrigg）告诉她，玛丽不想见她。但事实上，约翰及其母亲已将玛丽殴打得不省人事。

136 威廉·克普森（William Clipson）是隔壁面包师迪肯（Deacon）先生的学徒。他在师傅家的楼上干活时，碰巧望了望布朗里格家的院子。结果他发现，玛丽·克利福德和他们的猪躺在污物上，不堪入目。于是，他从天窗里爬出来，“跟她对话了两三次，但都没得到回复……我看到她的两眼发黑，脸肿得像个包子似的……便走下楼把这一幕告诉了师母。这女孩的惨况，真让人瞠目结舌、不忍直视”。威廉叫来了教区的督察和一名警员。克利福德夫人和邻居们挤过人群赶到屋里一探究竟。当他们看到玛丽时：

> ……她的脸已胀至原来的两倍，她那嘴巴也胀得不得了，合都合不拢，喉咙以下全是划痕，全身好像被藤条抽过似的。她说不出话来，双肩因遭受鞭笞和棒打而布满伤疤……她头部遭到重创，上面全是伤口，背部和腿部也未能幸免。

当天晚些时候，玛丽就一命归西了。新闻界将布朗里格鄙视为“惨无人道的恶妇”和“怪物”。她被判有罪，且于审判后的周一在泰伯恩行刑场（Tyburn）接受绞刑。约翰·布朗里格在纽盖特监狱度过了6个月，后又（在其他监狱）被关押7年。约翰·布朗里格已引起公愤，刑满释放后，他简称自己为“布朗”，并向西迁至牛津广场（Oxford Circus）附近居住。

尽管发生了如此令人触目惊心的案件，弃婴堂的管理层还是竭尽所能地为成千上万的儿童提供帮助。而且，他们并未将混血儿拒之门外，甚至还收养了精神病母亲的孩子。弃婴堂的管理者们越发意识到，弃婴堂有“双重意义”：有些父母无力照顾孩子，弃婴堂让他们如释重负，并有机会恢复至“勤勤恳恳生活，堂堂正正做人”的状态。这便是弃婴堂的双赢效果，即孩子得以保护，父母得以解放。

一名残疾男孩乔治·格拉夫顿（George Grafton）10 岁时因严重的畸形足而入堂，他只能借力于脚踝外侧行走。在经过一次成功的外科手术修复后，他的情况大有改善，其手术费由弃婴堂支付。此外，弃婴堂还赞助了他一笔钱，让他去做鞋匠的学徒。学成后，他又重返弃婴堂，为了“给孩子们做鞋穿”。

在弃婴堂，失明儿童会接受音乐教育。有一名叫汤姆·格伦维尔（Tom Grenville）的盲童成年后成了弃婴堂的管风琴家，并与妻子和家人在当地一起生活。有些儿童就没那么幸运，他们残得太厉害，不能“外出学艺”，便只得终生接受弃婴堂的照料了。

那些离堂的孩子最后都怎样了呢？很多人都在日后的某个时候 137
返堂了。有些人是为了寻求支援，有些人是回来献计献策，而还有些人则是为了打听父母的信息。莎拉·比林顿（Sarah Billington）便是其中之一，这个 28 岁的女孩写道，“想知道父母是何许人也，工作这么多年，每天都对父母日思夜想，渴望了解他们”[15]。而管理层所能做的，也不过是给她一份入堂记录的副本罢了。

20 世纪 20 年代之前，弃婴堂一直未变更地址，而之后，这儿的土地便被卖掉用于开发了，弃婴堂残留的部分也只有柱廊而已。但近年来，弃婴堂慈善基金会将残留部分改造成了儿童游乐场，提供给大奥蒙德街医院（Great Ormond Street Hospital）使用。托马斯·科拉姆的遗产（慈善基金会）仍会照顾儿童需求，帮助其度过艰难时期。

1754 年，弃婴堂管理层写给即将告别的弃儿的文字表达了成为该机构的一分子并不丢人的寓意，“莫以在弃婴堂成长为耻。接纳它”。

圣吉尔斯和霍加斯金酒巷的伦敦爱尔兰人

“那些最底层的爱尔兰小贩就寄居在圣吉尔斯教区拥挤的狭窄巷子和院落里，久而久之，这里便演变成了‘污秽肮脏’的代名词。”[16] 爱尔兰人在伦敦遍布各个社会阶层，从事着五花八门的职业，圣吉尔斯的爱尔兰人尤为活跃。自伊丽莎白一世统治以来，每年，爱尔兰劳工在当地种完马铃薯后，便会于 5 月前赶往伦敦。然后，他们会花大把时间在伦敦四围的田间里为别人收割干草，之后再匆匆返乡收割自家干草，整个夏季都过得风尘仆仆。此外，他们还从事了方兴未艾的建筑行业，并在轿子行业（即从事人力轿夫行当）大展拳脚。无论走到哪儿，他们都由老婆和孩子作陪，在漂泊的生活中也能找到一份归属感。若是单身汉，则可住在寄宿房中，或睡于谷仓和简易房里，但若是一大家子，则需要找个正儿八经的地方落脚了。

自 16 世纪以来，圣吉尔斯一直是可怜巴巴的爱尔兰人的出没 138
之地。此处住房陈旧廉价，通向牛津街以北的方向上有一块空地，此处既能用于养猪，又能吸引赤手搏击者和空中格斗者前来比武，这种比赛可吸引了不少忠实铁粉。圣吉尔斯贫困人口持续增长，1662 年，圣吉尔斯请求成立济贫院，成为伦敦最早请求设立综合济贫院的地方之一。17 世纪 90 年代，托马斯・尼勒（Thomas Neale）制订了计划，设立“七面钟”地区（Seven Dials），于是此处便成为“鸟和鸟笼卖家，以及兔、猫、狗等宠物卖主的出没佳地”。此处的建筑颇有中世纪风韵，建筑内部装有深窗，且设有小型花园，为这个阴沉衰落之地增添了一抹明朗兴盛之色。此外，这里自古传承的乡村习俗与越来越多的城市生活限制格格不入。

养猪以供全家吃肉是爱尔兰人的风俗，可在都铎式建筑风格的庭院和小巷里，牲畜的可用空间实在少得可怜，搞得后院臭烘烘的。为了降低成本，一大家子往往要挤在一个单间里。房间由脏兮兮的破木头支起，就像是破败肮脏的巢穴，这也难怪圣吉尔斯中心被戏称为“鸟窝”（The Rookery），维多利亚时代晚期的所有破破烂烂的住所都“享有”此名。1904 年至 1905 年，最后一个“鸟窝”在“大翻新”中化为乌有了。

爱尔兰人一年到头手里的活都停不下来，伦敦人为此开始不淡定了。1736 年，有人将矛头直指爱尔兰人，视其为讨嫌的外来竞敌，这很快在工人中引起强烈反响。随后，一个标题为“英格兰人和爱尔兰人出没的菲尔茨和肖尔迪奇地区出现了大暴乱”的册子出版了。

克莱尔市场（Clare Market）的屠夫拉帮结派前去应援。1740 年，敌对双方兵刃相接，这场“战争”的起因是有人在圣帕特里克节（St Patrick’s Day）烧毁了“爱尔兰人”雕像，然后，爱尔兰青年发疯似的跑过临近街道……约翰·菲尔丁（John Fielding）写信给国务大臣（Secretary of State），谈到他所看到的这种越发让人无法容忍的事态，他请求：“若采取措施禁止恣意放荡的爱尔兰人进入英格兰境内……我们也可为英格兰减少抢劫事件添砖加瓦。”关于爱尔兰人，有三件事尤其让英格兰人不能释怀：爱尔兰人习惯与猪共享生活空间；他们人丁兴旺，其住所经常挤成一团；爱尔兰人下葬前尸体摆置时间长，有害人体健康。

139 在圣吉尔斯的爱尔兰人社区中，许多问题都是由饮酒造成的。饮酒问题究竟多严重？当地警员于 1750 年呈交的一份报告显示，圣吉尔斯有 1/5 的住宅要么用来卖金酒，要么用来造金酒。1751 年正值伦敦长达 31 年的“金酒热”末期，这一年，霍加斯印刷出版了《金酒巷》(*Gin Lane*)。那个时代，英国社会和经济发生了巨大变革，人们对于酒精的态度也发生了 180 度的转变。人们将淡麦芽酒视为营养水。啤酒既有益健康，也能让人适度陶醉，但它受《特许经营法》的严格限制，且售价相对较高。有人穷得叮当响，喝不起葡萄酒，但富人也好、穷人也罢，他们都把葡萄酒用作药材。烈酒，如白兰地，则是富人的专属。但到 18 世纪上半叶，贸易往来得到进一步扩张，烈酒得以大量进口，金酒也被囊括在内，它价格不高，在欧洲大陆广受欢迎。政府也对金酒青睐有加，毕竟它增加了税收，也刺激了贸易。烈酒一下子风靡起来，即便是伦敦庞大的工人阶级也可满足口腹之欲。

不久，伦敦也开始制作金酒。它很廉价，可由啤酒厂丢弃的劣质谷物制成。此外，制作方法也相对简单，口味可以通过添加杜松等成分调制改变。由于出售金酒的商店无须许可证，因此，这类商店开始在贫穷的教区激增。当时酒中掺假的现象比比皆是，若酒水中掺入未经加工的原料，饮者将面临安全隐患，甚至一命呜呼。虽说伦敦有些工人一穷二白，但他们常坐拥大把时间：码头工、洗熨女工、裁缝和各种各样的临时工要么投入工作，忙得要命；要么等着工作，闲得要死。此外突然之间，无论是专门的商家，还是普通人家都可以出售这种廉价饮品。这意味着，当男人和女人找个地方舒服自在地一起喝酒时，旁人也不会有什么闲言碎语。性滥交、暴力以及放肆的买醉也随之泛滥，令伦敦新兴的中产阶级目瞪口呆。

到 18 世纪 20 年代末，伦敦因金酒消费而陷入严重的社会问 140
题。据说，伦敦在营的小型酿酒厂不下 1500 个。[17] 许多人觉得，主要问题出在价格上，因为“金酒便宜得很，所以人们只需消费 3.5 便士，甚至 3 便士就能喝得晕晕乎乎，还能耍个酒疯”[18]。人们认为，沉溺金酒会让人玩物丧志，滋生非法生育问题，还会让男人身体虚弱、不适合参军，使胎儿有残疾风险，还会使街道环境缺乏安全感、舒适感。此外，酗酒还会破坏国家的小额信贷系统，使得城市贫民生活无法维继。有些消费者为了买酒还不惜典押衣物和家具。面对这种情况，政府左右为难：截至 1730 年，1/4 的财政收入源于酒类税收，而这在很大程度上归功于金酒。[19] 但金酒的确也导致了穷人经济雪上加霜，使他们道德沦丧。霍加斯创作了《金巷》和《啤酒街》（*Beer Street*），及《四个残酷阶段》（*Four Stages of Cruelty*）等作品，以此警醒世人。关于“金酒热”的流行文学还引出了“成瘾”的概念。对于女人而言，金酒更加危险，毕竟，成瘾不仅会使女性忽视婚姻职责，还会威胁其家庭状况和性健康。伦敦街头买醉者大有人在，但女人喝金酒给这个城市蒙上了一抹恐怖色彩。在金酒贸易中，女性也更为突出：近 1/4 的酿酒师为女性，而酒品交易商中女性仅占 1/10。[20] 这种“背离传统”的数据让人毛骨悚然。

1751 年，《金酒法案》（*Gin Act*）将交易商的牌照价格定为 2 英镑，并采取了严苛的控酒措施。不久之后，受人尊敬的商人都办理了牌照，他们成为办理者的主力军。当地治安官的管理也变得容易不少。面对竞争，酿酒商做出反应，他们设立附属商店，以提供便宜一点的啤酒。1751 年法案出台的主要原因是粮食歉收和短缺。根据法案，蒸馏只得在特定日期进行，以减少金酒产量。饮酒之风开始转向，连圣吉尔斯的饮酒老手也开始把目光投向白兰地或混合酒了。该法案使得“金酒热”中道而止，人们对金酒的狂热追逐渐渐消退，但对圣吉尔斯而言，此举未免太迟了。毕竟，金酒已经破坏了当地人的工作方式和社会结构，也打破了男女之间的性约束。此外，教区饮酒致死的案例也从未断过。

1814 年，缪克斯酿酒厂（Meux and Company Brewery）装啤 141
酒的大桶破裂，酒水涌向四周，冲倒邻居又撞向路人。30 多万加仑的啤酒在街上泛滥成灾，淹死了 6 名女性和 1 名 3 岁男童托马斯·马尔维（Thomas Mulvey）。

圣吉尔斯藏污纳垢，这里是卖淫者、穷人、买醉者和失业者的活跃地。直到维多利亚时代后期，形势才有所好转。圣吉尔斯的前居民詹姆斯·道森·伯恩（James Dawson Burn）回忆了他住在那里时的情形。伯恩是一个苏格兰男孩，他和他酗酒的父亲一起前往伦敦，但后来父亲酒瘾发作，竟试图刺伤他，如此举动使得两人都陷入绝望、危险的境地。正是圣吉尔斯使得伯恩回忆起“巨大的伤痛，野蛮的生活和不计其数的犯罪”[21]。

胆识过人，快乐常在：
大卫·加里克领导的特鲁里街皇家剧院

特鲁里街皇家剧院（Theatre Royal, Drury Lane）与圣吉尔斯的茅舍只有一石之隔。科芬园是剧院的理想位置，它靠近斯特兰德大街的购物区，此外，这也是伦敦城的上班族回家时的必经之地。剧院重建曾是一件鼓舞人心的好事，1737 年，《授权法案》（*Licensing*

Act）获准颁布。根据法案，相比音乐剧和喜剧剧院，“古装戏”剧院所面临的管制更为宽松。因此，在乔治时代初期，戏剧演员们表演了更多艰深晦涩的戏剧。道德放松的女性可以在剧院登台演出，取悦观众，也可以在此瞄准客户，倚门献笑。随着18世纪社会的发展，戏剧表演也演化成女性的合法职业。但是，让从事这行的女性摆脱“污名”还尚需时日。

最初，剧作家强调创作“严肃戏剧”。演员们以演说的方式演出，但这使得戏剧几乎迸发不出什么情感，也表现不出什么人物性格。18世纪30年代后期，剧院经理艾伦·希尔（Aaron Hill）已颇有声望，她发起了一场运动，以在剧院表演中融入更多情感。查尔斯·麦克林（Charles Macklin）饰演了《威尼斯商人》（*The Merchant of Venice*）中的夏洛克一角，他所塑造的形象逼真而丰富，被人奉为楷模。麦克林原名卡塔尔·麦克劳克林（Cathal McLaughlin），生于爱尔兰的一个罗马天主教家庭，他志在千里，决定干出一番成绩，便前往伦敦发展。他改了名字，学了波兰语，还操着一口英格兰口音，他平静理性地看待自己的宗教身份。夏洛克通常被描述为穿着红色衣服、戴着大假鼻子的“喜剧”犹太人，但麦克林扮演的夏洛克形象可怜、可恶又可怕。他在1741年的那场演出是剧院史上的转折点。

142 对麦克林而言，人生如戏，戏如人生：1735年，麦克林在与另一名演员讨论假发时，用拐杖刺穿了对方的眼睛，致其死亡。他逃过一劫，未以故意杀人罪论处，但被判在手上烙上“M”字样，然而，没有证据表明这种判决真的得以执行了。麦克林在皇家剧院还发现了一位名人的门生——大卫·加里克（David Garrick），他是与导师塞缪尔·约翰逊一道赶到伦敦的。

麦克林与加里克分享了对莎士比亚（Shakespeare）的热爱。1742 年，他们参观了斯特拉福（Stratford），并坐在莎士比亚手植的桑树下畅聊。据剧作家塞缪尔·富特（Samuel Foote）所言，加里克就住在斯特兰德大街附近的达勒姆亚德（Durham Yard），“此人酒窖里放着 3 夸脱醋，自称葡萄酒商”。酒品业务与表演娱乐又岂能分开？不久之后，这个葡萄酒商果然投身娱乐圈了。纵观加里克的职业生涯，可谓是角色满满，若莎翁在世，估计他会对加里克大加称赞并恭敬问好。加里克对自我角色和观众需求了如指掌，别看此人身高仅为 5 英尺 4 英寸，说话也不是那么振聋发聩，但他依旧魅力四射、热情高涨。

1749 年，大卫·加里克花 500 基尼在南安普敦街（Southampton Street）27 号租下了一块“脏乱不堪”[22] 的地皮。后来他同一名舞蹈演员缔结良缘并成就不凡，但他始终脚踏实地。据塞缪尔·约翰逊描述，加里克扮演不了“一个从容淡定而又彬彬有礼的绅士”[23]，毕竟，就外貌而言，他依旧是那个利奇菲尔德（Lichfield，加里克童年故乡）的小伙儿。加里克还成了特鲁里街皇家剧院的合伙人。戏剧在乔治时代进入了黄金发展期，加里克从事戏剧的如意算盘打得恰到好处。他弟弟乔治成为他的左膀右臂，乔治怡然自得地生活在大卫的影子中，奔波于台前幕后，还反复问：“大卫需要我吗？”大卫去世后不久，乔治也撒手人寰了，有人俏皮地说，这是因为大卫需要他。

143 18世纪，为特定用途而建的剧院发展得如火如荼，不久后，剧院内便设置了乐池、包厢和画廊。这种构众拉开了观众间的距离，也让情侣或夫妇更便于坐在包厢内共享私密空间。但剧院并非总是文雅之地：加里克任职期间，皇家剧院曾发生了一次骚乱，起因是外国舞蹈演员抢了英国舞蹈演员的风头。自此，伦敦对外国工人的厌恶之感就没停止过。当时，哈迪（Hardy）上校在后台观看，于是，加里克忐忑不安地请求上校平息观众怒火。上校走上前来，称他来此协商一个条约。

大厅内顿时鸦雀无声。最后，乐池里的两三个绅士留意到此情此景，便上前询问上校，条约是何性质，以及条约签署方为何人。上校转过身来，整理了下上衣下摆，然后拍了拍手。“就在那儿”，他大声回答，“就在你和我……”

加里克意识到上校怒火中烧，

……便开始心惊胆战，觉得不妙……他尚未听完上校不堪入耳的回答，便跑出剧院，赶往南安普敦街的住所。原来，一帮乌合之众在大肆糟践剧院后侵入了他的私人住所，拆毁了他的窗子……但之后，剧院一如往常，仿佛什么事都没发生。[24]

加里克告别舞台、作别观众时，观众对男女演员的敬意油然而生。1776 年，他在皇家剧院扮演了最后一个角色后眼泪夺眶而出，他走出角色，向观众动情说道："不管我未来的生活变成什么样，你们的善心将永远扎根在我的心底，感激之情永不褪色。"[25] 加里克的离去为皇家剧院和伦敦剧场留下一个漏洞，直到约翰·肯布尔（John Kemble）和其妹莎拉·席登斯（Sarah Siddons）登上舞台，这个漏洞才得以填补。在"加里克时代"，女演员在伦敦舞台的地位得以巩固，于是，这些秀色可餐、卖身求财（理论上可以这么说）的年轻女子便华丽转身为威风凛凛、才华横溢的表演者。莎拉·席登斯便是最好的例子。莎拉在其职业生涯的早期便博得了大卫·加里克的关注，但是他对她的表演功底不甚满意，便对她置之不理了。不过，她并未放弃，并在地方剧院中不断锤炼着扎实的表演基本功。

1782 年，受理查德·布林斯利·谢里丹（Richard Brinsley 144
Sheridan）之邀，莎拉重返皇家剧院，彼时，她的表演已让观众如痴如醉。威廉·哈兹里特（William Hazlitt）回忆说："与其说人们对她推崇备至，还不如说对她叹为观止，她仿佛从天堂降入人间的尤物……称她为'女神'都不为过。"[26]

虽说莎拉·席登斯以无聊、贪婪和不友好著称，但她将现实生活带到了舞台上，而在此前，舞台表演通常都矫揉造作、扭捏作态。她是一名妻子，也是一位母亲，她甚至在整个孕期都没有中断演出。1775 年，也就是她首次同加里克打交道那年，人们发现她穿着（宽松的）马裤饰演《皆大欢喜》（*As You Like*）中的罗莎琳德（Rosalind），而当时，她已怀有6个月的身孕。一位“星探”报告称，她未怀孕时身姿肯定“极为曼妙”。加里克，这位“跃跃欲试”的雇主，有些疑虑地回复道，“您对‘大肚子’的描述给我敲响了警钟！那么，她的身材何时才能恢复原样呢？”他和这名“星探”继续将莎拉称为“大肚子”，也不断商议接下来如何聘用她，直到她丈夫向加里克报告称莎拉“在舞台上表演时意外生病，第二天一大早便诞下一名健康女婴”[27]，聘用大计终于提上日程。1785年，她儿子威廉与她同台演出。后来当她的孩子们去世时，大家都有所耳闻，并对她个人的悲剧感同身受。

莎拉·席登斯的最大成就之一就是让人们对女性上台表演不再耿耿于怀。在18世纪60年代和70年代，人们开始认可颇受欢迎的女剧作家，其中包括汉娜·考利（Hannah Cowley），伊丽莎白·英奇巴尔德（Elizabeth Inchbald）和伊丽莎白·格里菲思（Elizabeth Griffith）。与此同时，弗朗西斯·阿宾顿（Frances Abington）和玛丽·罗宾逊（Mary Robinson）等女演员也大获成功。但她们的私生活盘根错节，媒体乐此不疲地拿“她们可能卖身求财”大放厥词。莎拉·席登斯在生活中秉持高尚的道德操守，即便她在戏剧中扮演女凶手，以及有道德污点的女性，她也能神乎其神地在现实中留有清名。她在职业生涯中还见证了“新剧院”的诞生，所有的产品、风景和服装都形成了新剧院表演的一部分。剧院开始扩建，扩建后的皇家剧院可容纳3600名观众，并上演着颇具创新的戏剧之作。包厢座票价从几先令到十几先令不等，观众可在大厅的售票处或城市各售票点购票。

18 世纪末的伦敦剧院处于其艺术形式的发展高峰，那些家喻 145
户晓的名人和喜闻乐见的偶像不断涌现。偶像崇拜现象已经开始。1777 年，罗宾汉协会（Robin Hood Society）抛出一个问题："爱慕名望可能真是一种普遍热情？"所有人异口同声地给出了肯定的答复。[28]

弓街治安官亨利和约翰·菲尔丁

如今，科芬园治安官亨利·菲尔丁（Henry Fielding）因其小说《汤姆·琼斯》（*Tom Jones*）闻名遐迩，但在 1747 年，他却是伦敦的首席治安官。亨利嗜酒如命，还经常创作一些扰乱治安的剧作。可他竟成了治安官，这的确稀奇。亨利的盲兄约翰是其左膀右臂，他 5 年前双目失明，眼睛上缠着黑带。俩人住在弓街首任治安官托马斯·德·韦尔（Thomas de Veil）的住所——弓院（Bow Court）4 号。托马斯坚信，有必要在判案前对被告和原告严格审查。菲尔丁兄弟从他身上受益匪浅。

在伦敦金酒问题发展到巅峰之际时，菲尔丁兄弟来到了弓院。科芬园因有人小偷小摸、寻花问柳等问题变得混乱不堪。随着奢侈品贸易与日俱增，这座城市的黑社会组织的发展也越发错综复杂。围墙式商店最晚在 17 世纪 30 年代就得以建立，彼时，莫尔·卡特普尔斯（Moll Cutpurse）在舰队街经营着她的“小偷仓库”。当地社区形成了具有“凝聚力”的社交网络，社会底层的职业乞丐、顶层的拦路强盗和赃物交易商全都囊括其中。按规矩，捉贼人将罪犯缉拿归案是要拿报酬的，毕竟他们一不小心便会触碰法律红线。捉贼制度涉及特赦、奖励和线人三环，但环环都容易滋生出欺诈行为。亨利·菲尔丁无法阻止这一点，但他了解其中的弊害之处。此外他还知道，在泰伯恩刑场施以绞刑并没什么威慑力，他在《科芬园杂志》（*Covent Garden Journal*）中写道：“让这些人付出生命代价，不是为了让坏人改邪归正，而是为了娱乐大众。”

146 亨利确信，若他能聘用一群拿到薪水就能“全身心投入地逮捕劫匪”的“千里马”[29]，那么，他确实可以大有作为。1749 年至 1750 年，“弓街侦探”（The Bow Street Runners）应运而生。当时，亨利召集了一批威斯敏斯特巡警，让他们追踪犯罪嫌疑人。之后，嫌疑人便会被押至弓街，在他面前受审。若立案，嫌疑人将被送至刑事法院。1754 年，亨利喜获特勤局资助的 200 英镑，用以管理一支由 6—8 名军官组成的常备军。但他很快就病倒了，这很可能是长期酗酒所致。亨利启程前往里斯本（Lisbon）休养生息。两个月后，他在那儿与世长辞，约翰便只身挑起弓街的治乱大梁。

147 约翰的失明似乎并未成为他职业生涯的绊脚石。他继续将亨利的理论加以推广，即若要有效治乱，受害者必须迅速举报；弓街侦探必须立即响应；政府必须采取有效的司法行动。依他之见，鼓励公众前往治安部门举报犯罪才是维护治安的根本所在。为此，受害者需要意识到，有人为他们伸张正义。为鼓励公众举报，约翰开辟了弓街 4 号，创造出一个类似于剧院的机构，公众“无论是出于商业目的，还是源于好奇”，都会赶往那里，都可以目睹治乱的运作流程。[30] 约翰的工作模式令其他治安官醍醐灌顶，不久，克拉肯韦尔、肖尔迪奇、怀特查佩尔（Whitechapel）、沙特维（Shadwell）以及南沃克的圣玛格丽特希尔（St Margaret's Hill）法院也纷纷收到了群众的犯罪举报。

约翰·菲尔丁对治安管理驾轻就熟，“弓街盲人治安官”以发掘最微妙的犯罪细节而声名远播。此外，他也非常勤奋努力：弓街的一半案件都经约翰之手。1756 年至 1780 年，老贝利 35%—49% 的案件都由弓街呈交。但约翰去世后，这一数字跌至 20%。到 18 世纪 50 年代后期，约翰在弓街建设起了强大的基础设施，并推及了新方式，即“通过目击者识别罪犯”以及“培养常备侦探”。若侦探出现了“心狠手辣或不公不法”[31] 的行为，他们都得被解雇，这大概是该团体规模很小的原因吧。最初，治安团队并没有办公之处，他们索性驻扎于弓街 4 号对面的“棕熊酒吧”（Brown Bear Pub）。约翰则在庭中剧院处理一些小案件，这些案件要么跟酒精挂钩，要么跟科芬园积重难返的卖淫活动有关。

在卖淫活动中，特定图案或物品都可能是妓女发出的暗号：一个红色头巾或围巾，一个挂在左腰的衣饰，或一个别在乳房的花束。德国的日记作者约翰·威廉·冯·阿彻霍尔兹（Johann Wilhelm von

Archenholz）对科芬园和斯特兰德大街的街头妓女饶有兴趣，他对下层妓女“勾引路人并主动陪伴”的行为大吃一惊：她们拉帮结派围堵路人，一来爱抚，二来恳求，堵住路人前行之道，让其拜倒在自己的石榴裙之下。后半夜发生的事更让他目瞪口呆，“五六十岁的老可怜虫们从阁楼走下来，袭击了意乱情迷的客人，原来，这些人常常经不住诱惑公开在大街上释放热情”。[32]

女孩们在接受约翰·菲尔丁的询问时表示，街头娼妓的年龄通常在 18 岁至 20 岁，但有些人年龄更小。她们主要来自伦敦、英格兰东部县郡以及爱尔兰。[33] 在 18 世纪，很多人认为若与处女甚至小孩春风一度，花柳病便可不治而愈。菲尔丁两兄弟充分意识到，儿童性侵的问题不容小觑。约翰·菲尔丁尤其如此，他采取行动，把儿童带离街头防止他们受到侵害。他还协助慈善家乔纳斯·汉韦（Jonas Hanway）成立了海军协会（The Marine Society），以援助小男孩远离街头虎狼之口，毕竟那些沦为虎狼之餐者不仅是女孩，夜间手持火炬提供照明的男孩有时也会出卖身体。阿彻霍尔兹看到这些儿童试图在大街上卖淫后，写道：“如此小的孩子居然也有情人，这可真是世风日下。”[34]

148 但并不是所有伦敦人都因义愤填膺而抵制“卖身求财”的存在。当时男性的平均结婚年龄为 25 岁，而大家公认“那些不懂夫妻恩爱和家庭温馨的年轻人很大程度上都会去寻花问柳”[35]。富裕阔绰的詹姆斯·博斯韦尔（James Boswell）在伦敦任职期间和许多街头妓女都行过床笫之欢，包括他最喜欢的那种“穿白线长袜、彬彬有礼的美丽少女，她脚如灌铅，沿斯特兰德大街缓缓行走，她会让玩伴沉浸于她‘阁下’的甜言蜜语，从而甘愿敬她一品脱葡萄酒，并赏她一先令”[36]。但并非每次寻欢作乐都能让博斯韦尔感觉良好。1763 年 3 月 13 日，他同傍晚散步时遇到的第一个妓女行了床笫之欢。“她长得又丑又瘦，呼吸时却铿锵有力。”他未问及她名字，交谈几句后，他就戴上避孕套。然后，她临阵逃脱了，如此草草了事让博斯韦尔久久不能释怀。[37]不过，在整整两周后，他又“重返战场”，这次，他邂逅了“斯特兰德大街一个身躯庞大的妓女”[38]，但还是以失败而告终。这些邂逅具有偶然性和投机性，但斯特兰德大街、皮卡迪利、帕尔商城、牛津街和考文垂大街（Coventry Street）的妓女如果不想接客，就绝不会到处游荡，并对男人们挤眉弄眼。

那些希望在室内完成性交易的人会有多种选择，其中之一便是前往一间“可供交易双方自由思考”的公共场所，那儿会留出一些房间，以供妓女接客。这些房间饰有色情瓷砖或帘布，但它们也只是些普通的酒吧房间而已，而非卧室。此外，女孩出于卖淫目的也会租用这儿的房间或建筑物。广场建成时，科芬园的建设也就提上日程了，但它开始变得满目疮痍，科芬园市场和斯特兰德大街之间的区域尤其如此。这儿的房东并未费力劳心地修缮房屋，而女孩租房只是为了进行性交易，这激起了约翰·菲尔丁的怒火。

下面介绍一些《哈里斯科芬园女士清单》（*Harris's List of Covent-* 149
Garden Ladies）中的女性。该清单是一位名叫塞缪尔·德里克

（Samuel Derrick）的男子所作，他是一位失败的演员，也是一名不成器的诗人。德里克就住在科芬园，他跟杰克·哈里森（Harrison）混得很熟，而哈里森是莎士比亚黑德（Shakespear's Head）的服务员领班，其夹克内装有一个妓女清单，客户可从清单中挑出满足自己需求的合适人选。名单这事无人不知，哈里森还因此被称为“全英格兰的皮条客首长”[39]。1757 年，德里克从债务人的关押中解脱后，便开始创作“伦敦夜场女士指南”，他形象地描述了她们的价格、身材和才艺。这种指南立竿见影，并风靡了 38 年。有些男子喜好型号较大的妓女，那么小野街（Little Wild Street）20 号的乔丹（Jordan）小姐绝对是他们眼中的“奇珍异宝，她至少重 17 英石或 18 英石，考虑到乔丹体重不轻，且身手敏捷，我们必须承认，连我们自己都难以相信自己还能在她面前得心应手，不被压垮就万幸了”。伊莱扎（Eliza）是个“彻头彻尾的黑白混血儿”，身上“长着精美的毛发”。红发女郎们则别具一格，“一绺橘红色的头发给人淫荡之感”。大胸女孩也是独领风骚，比如，1773 年，贝琪·迈尔斯（Betsy Miles），因“乳房巨大而闻名圈内”……

1769 年，德里克离开人世，与他一同离去的还有他早期的独特幽默。妓女清单中也包含一些令人感到欣慰的条目，例如，1788 年版清单中的多德（Dodd）夫人，“诚然，她已经 40 岁了，又胖又矮，但她面相不错，且穿着得体……她会待在自己的住处，让您一夜春宵后心满意足，并在早晨为您提供一杯价值一磅的茶水，让您倍感惬意”[40]。

多数妓女都会待在自家住房，她们或拥有永久住所，或暂租了营业场地，但如果不想这么做，妓女还可以在妓院或从科芬园众多“澡堂”中选一个接客。1717 年，玛丽·沃特利·蒙塔古正从远在土耳其的大使馆里写信，与此同时，澡堂开始引入伦敦，使得人们对于所有具有东方色彩的事物都兴致浓厚。她在信中谈及了土耳其浴，“我现在进入了一个全新的世界”。很多澡堂都享有盛誉，它们会提供蒸气浴、按摩和拔罐服务，有的还提供夫妻鸳鸯浴，按照礼节迎合“鸳鸯”需求。大多数科芬园澡堂都融合了小酒馆、按摩院或桑拿浴室、大学泡澡派对场所的特色，客人可沐浴，也可饮酒、找女孩。广场上就有这样的澡堂，它被命名为哈德洛克澡堂（Haddock's），由理查德·哈德洛克（Richard Haddock）及其妻子伊丽莎白共同经营。理查德去世后，伊丽莎白便独自经营了 3 年澡堂，直到 1752 年，索菲亚·莱莫伊（Sophia Lemoy）接管了澡堂。相比其他澡堂，哈德洛克澡堂的环境更为错综复杂，它附近有粗野狂放的广场咖啡屋（Piazza Coffee House）、臭名昭著的莎士比亚哈德酒馆、道格拉斯大妈妓院（Mother Douglas）以及位于拉塞尔街（Russell Street）拐角处售卖色情制品的摊位。哈德洛克澡堂配有上乘的红木家具、精美的镜子和优质的床位，显然这是一个寻欢作乐的好去处。

1760 年 8 月，安·贝尔（Ann Bell）开始以卖淫为生。她和另 150
一个女孩接了两名男客，并前往哈德洛克澡堂住了两晚。第二晚，安惨遭一名男客的袭击。经历某个浪荡子的“令人触目惊心的糟践”后，她在几周后便痛苦死去。这场袭击及随之而来的死亡，成为整个秋季的报纸津津乐道的话题。

事情的经过是这样的：经另一名皮条客（一名“演员”）的介绍，安招待并取悦了一名绅士。他和安相约在澡堂见面。据外人提供的证据，事实似乎浮出水面，即这名男子想要某种特殊性服务，他觉得自己有必要为“特殊”付费，而且他认为，安会在床上听令于他。然而，当他试图尽情泄欲时，安却“对他惨无人道的行为表现出深恶痛绝”。当安抵抗时，他便从口袋里掏出一把刀，“以最让人瞠目结舌的方式向她捅去”[41]。

安从澡堂中被移走，并被带至马里波恩，她在那里挺了几周，或许是伤口受到感染，最终她还是一命归阴。验尸官宣称，她的死是因为发烧。有人（兴许是安的袭击者）似乎已买通了外科医生和验尸官，并且贿赂媒体，让媒体将虚假的报告公之于众。但有两家报纸没有任谎言蔓延。《公报》（*Gazetteer*）报道说：“这次强奸是冷酷无情的野蛮行径。”《总账报》（*The Ledger*）则反复推论其中的残忍行为。公众舆论也认为，某个有财有人脉的家伙迫害了一个可怜巴巴的女孩，致她身亡，而现在，此人正贿赂所有人以掩盖真相。最终，验尸官只得为其撒谎行为作自我辩护，他在辩护中对安的伤口进行了描述，但越描越黑，此番辩护只会让他的处境变得更糟。安的肛门附近有着深深的戳伤，这让那些野蛮声明越来越站不住脚。但官方却认定了以下说辞，即安因为她荒淫无度的生活方式而死于性病。不过公众可不吃这套。

1761 年，老贝利在公众舆论压力下，公开审判此案。刚一开 151
审，便有人指出，安死于她私处的伤口，“8 月 30 日至 10 月 4 日，受伤后的安日渐憔悴，然后死了”[42]。受审人便是商人维利·萨顿（Willy Sutton），他曾现身于哈德洛克澡堂。他是不是杀死安的凶手呢？由于审判中的许多证据都相互矛盾，最后维利并未被定罪。1785 年，《泰晤士报》估计，伦敦约有 5000 名妓女死于非命，她们的死因五花八门，安便是其中之一。

性、食品和园艺用品：科芬园的购物

记者理查德·斯蒂尔（Richard Steele）于 1712 年夜间奔赴科芬园市场（Covent Garden Market）。夏日里：

> ……我一大早便与贸易商赶到普特尼（Putney），并很快偶遇了果农船队（由 10 艘载有杏子的船只组成），同他们一道乘船。船队经停九榆树（Nine Elms）装载甜瓜，并最终于早上 6 点在斯特兰德桥（Strand–bridge）靠岸卸货，彼时，忙了一夜的车夫们正互相告别。我觉得没有哪个地方比科芬园更令人开怀了，我从那儿的一家水果店闲逛到另一家，身旁总有一群和颜悦色的年轻妇女在为各自的家人购置水果。[43]

妇女是市场的主力军，斯蒂尔提到，她们与搬运工和船老板相谈甚欢，还时不时讲些黄段子。很多人误认为伦敦人过去要么没新鲜果蔬只吃肉，要么没肉只吃面包和奶酪。斯蒂尔在其文章中提到了杏子和甜瓜两种水果，它们种植于沃克斯豪尔（Vauxhall）的“深坑”中。此外，那儿还种有菠萝和紫色花椰菜。莴苣和西红柿在当时似乎已普及世界各地了。天气转冷后，伦敦人便将蔬菜煮熟食用，法国人亨利·米森·德·瓦尔伯格（Henri Misson de Valberg）记得，他吃的烤牛肉周围堆有五六种蔬菜[44]，有卷心菜、胡萝卜、芜菁，还有些草本或菜根蔬菜，牛肉上撒了胡椒，加了盐并在黄油里泡着。

在市场助力下，酒吧和啤酒馆的生意欣欣向荣，以满足各色
152 酒徒的需求。内德·沃德只青睐出售上乘麦芽酒的酒坊，“上乘酒进入五脏六腑不会翻江倒海”[45]，但弗朗索瓦·德·拉·罗什富卡（François de La Rochefoucauld）称赞当地酒吧为“优良酒馆，男人可不断前来畅饮，不醉不归，这是约定俗成的规矩”[46]。附近是泰雷西亚·康斯坦莎·菲利普斯（Teresia Constantia Phillips）的性用品商店——格林卡尼斯特尔（Green Canister）。约 1732 年，她与共事良久的上司闹掰，此后便在半月街［Half Moon Street，即现在的贝德福德街（Bedford Street）］开了这家店铺。她能开店得益于她在担任高级妓女时学到的一些技能。“火炬少年”在街头分发印刷广告，以宣传她的商品功效，并从中赚取几便士。

康斯坦莎的“保鲜剂”，即避孕套闻名遐迩，它们呈现在霍加斯《娼妓的进步》（*Harlot's Progress*）一书中的第 3 页插图中。保

险套是由绵羊肠的盲肠部分制成的，其标准长度在 7 英寸至 8 英寸之间，且基部系有一个彩带。让它们变薄变柔的处理方法多种多样，其内部可充气，以检测漏气与否。它们可浸泡在水中储存，使用前再将水挤出，从而保持弹性和舒适性。毋庸置疑，它们具有一定功效，且颇受欢迎。卡萨诺瓦视其为信得过的产品，不管何时找到靠谱货源，他都会整箱整盒地买下来。

除了形形色色的两性用品商铺，斯特兰德大街也是伦敦西区主要的食品购物中心。科芬园市场供应新鲜农产品，几乎所有的农产品都可以由信童或搬运工运送。于是，“送货上门”风靡伦敦，这为数千人提供了就业保障。有些男子在地窖里租了煤炭存储空间，他们便可将煤炭运到住宅区，然后将单个麻袋扛至或推至各家各户。运水也是如此，这里的水清澈见底，通常是从本地井中获取的，但有些人味蕾挑剔，商家便从远处的埃普索姆（Epsom）甚至巴克斯顿（Buxton）寻求水源。街头的挤奶女工将轭套在牛身挤奶，并大声叫卖。她们挤奶的时间很长，但薪水低得可怜。有些挤奶女工是独立的个体经营户，通常为威尔士人。那些优质牛奶供应商往往会牵着奶牛走街串巷，并在买家门口挤牛奶。婴儿和牛奶不耐受者可能会喝驴奶，于是驴子也被牵着东奔西走。漂亮女孩头顶篮筐穿梭于富勒姆（Fulham）和切尔西（Chelsea）的市场花园，她们出售着易腐烂的食物和草药，例如，樱桃、芦笋和薰衣草。

多数食品或由“流动顶篮者”出售，或在市场摊位贩卖，但有 153
些保质期较长的食品，比如奶酪和腌制肉类，可在斯特兰德大街附近的大型仓库中出售。许多仓库都是根据国籍划分的，包括霍尔特（Holt）夫人经营的意大利仓库，其广告单由威廉·霍加斯设计。

意大利外交官洛伦佐·玛加洛蒂（Lorenzo Magalotti）在日记中写道，这些商铺“店主多为穿着高雅的女性”[47]，年轻学徒是她们的左膀右臂。经营体系看起来很出色，几乎所有买家都饶有兴趣。

154 固定式橱窗曾风靡一时。橱窗内陈列有书籍、墙纸、绘画、雕刻物、丝绸、织物、手套和饰带（展品通常都是精制而成）。会所、茶馆和咖啡馆数量翻倍，而裁缝店和制衣店也方兴未艾，不甘落后。多数所售衣物都是成品，不过，女裁缝可对衣物加以拆改，若在上班时间，她们会在窗户上挂起一个大木针（表示可以开工）。宠物店位于科芬园北侧，店内出售各类宠物，从在汉普斯特德捕捉的画眉到“全副武装”的小猕猴，一应俱全。此地的眼镜商可为客户检查视力并出售眼镜，这些眼镜既有现做的，也有现成的。普通的绿色和蓝色镜片也可用作太阳镜。有人对威尼斯的潟湖反射光极为敏感，太阳镜的点子便由此而生。

商店营业全在白天。食品商铺在黎明破晓之际就开门营业了，直到将商品售罄或天色全黑才会打烊。夏季时，多数非食品商店都在上午 8 点营业，一直营业到夜幕降临或晚上 9 点。这里的连锁店少得可怜，每家店觉得合适就会进行商品交易——这比购物街有趣得多。我尤其喜欢阿拉贝拉·莫里斯（Arabella Morris）花园中心（也位于斯特兰德大街）发出的声响。

阿拉贝拉·莫里斯

位于伦敦斯特兰德大街的“裸体男孩”和“三个王冠”旁边，并以新教堂为背景。

这里出售各种菜籽、花籽和花根，也出售果树、开花灌木、常青树和森林树苗。

大剪刀、耙子、线轴、锄头、铁锹、镰刀、修枝芽剪、浇水盆、垫子、滤网和从事园艺所需的各种材料也应有尽有。软木纸、丹津克和荷兰亚麻籽以及各种草籽，包括纯正的达勒姆草籽和我们习以为常的芥菜（开花植物）籽也都囊括其中。

若漫步在斯特兰德大街，则可以看到一些小型销售点在出售衣 155
服、饰品和书籍。埃克塞特交易所建于 17 世纪末，靠近埃克塞特大街（Exeter Street），与几经沧桑的萨沃伊宫（Savoy Palace）“脉脉对望”。这儿的半壁江山都是女性打下的，她们出售帽子、连衣裙和饰带。1773 年，这里焕然一新，皮多克（Pidcock）家族租赁了此地的上层商房。皮多克家族成员个个都是企业大亨，在研究外来动物领域有一技之长。不久之后，他们便在交易所的第一层建立起一个动物园。与伦敦塔动物园一样，这里的大型猫科动物都是观众喜闻乐见的，但最惹人注目的还是大象。

对大多数英国人而言，大象属外来物种。可以想象一下，猫科动物高声嘶吼，而大象吹着喇叭随声附和，这与斯特兰德大街上的人声马鸣交相辉映，岂不别有一番异国风情？但游客们很快就发现，身囚高层的动物们郁郁寡欢，它们身居“囚室”，经常会做出“古怪动作”。

1810 年，阿斯特尔夫人（Lady Astell）抵达布莱克沃尔（Blackwall）东印度码头区（East India Docks）。她就职于东印度公司，船上载有一头年轻的雄象。人们叫它处那拉哈（Chuneelah），或简称为处那（Chuna）。处那在科芬园剧院（Covent Garden Theatre）的表演短暂却精彩。在表演时，它会登上剧院舞台，然后扰乱演员着装，或甩头离开，使得现场表演与原计划大相径庭。交易所老板爱德华·克罗斯（Edward Cross）见到此情形后二话不说便将其收购。处那真是一个香饽饽，但它的生活境况不尽如人意。它每天一动不动，体形遂与日俱增。很快，它就“因身材太大连自己的小窝都躺不下了，这让它忧心忡忡，变得越发肆无忌惮，也更让动物园不省心了”[48]。

1826 年 3 月 1 日上午，处那站都站不起来了，并开始了“头撞栏”的自残行为。发情期的处那暴躁不安、耐心全无。见此情形，爱德华·克罗斯意识到他必须做点什么。他穿过马路跑至萨默塞特府，请求驻扎士兵前去射击处那。士兵纷纷前往，他们躲在快被撞毁的护栏后朝处那扫射。面对子弹，处那怒不可遏，它几乎就要摔破笼子，马上就要爬到地板上。根据一名步枪士兵的回忆，当时他们必须不惜一切代价阻止处那脱离笼子或“我们要带着人员、狮子、老虎和鸟类安全撤离这层楼”[49]。士兵在射击前都惊慌失措，直到一名军官命令他们立即射击，士兵才壮起胆量。经过第二波子

弹的“洗礼”，处那最终一命呜呼，重重地倒在加固的地板上。 156

那个周六早晨，《泰晤士报》报道了人们在埃克塞特交易所第一层设置滑轮的过程。处那被吊起来剥了皮，它的皮被送至格林威治（Greenwich）鞣革。周六下午，在解剖过程中，有人从它臀部割下一块肉排并当场煮熟，几个人（包括负责解剖的外科医生）对处那进行了取样。夜幕降临时，人们将处那的“五脏六腑”带至泰晤士河，并从威斯敏斯特桥上抛下。

对于接下来如何处置处那，爱德华·克罗斯有些不知所措。他将处那的骨骼重新组装并放回了笼子。当时人们逐渐有了“虐待动物”的警惕。各大报纸对圈养动物合理与否展开了口舌之战，3 月 10 日，《泰晤士报》刊登了一篇文章，评论处那一事，并告诉读者：

> 若将没有伴侣的大象或其他野兽置于只能容下身体的牢笼（这比放置尸体的棺材好不到哪儿去），我们的人道何在？毫无疑问，身无自由以及对配偶极度渴求导致了它的歇斯底里。

处那难逃厄运，使得许多伦敦人都开始反思：这种动物如此神奇，它可以捡起他们扔的硬币并将其归还，还能用鼻子同他们“握手”，而如今，它竟沦为阁楼上血流不止的一坨烂肉。处那事件促使人们为野生动物寻找更多“自然”栖息地。1857 年，那天参与射击处那的一名射击手致信顶级动物学家弗朗西斯·特雷维扬·巴克兰（Francis Trevelyan Buckland）以澄清真相。这个步枪士兵回忆起处那“(在动物栏内)折叠前肢，调整躯干，并最终一命呜呼的来龙去脉，它是这帮残忍坏蛋中唯一的和平爱好者”[50]。处那（骨架）最终被带至亨特博物馆（Hunterian Museum），并在那儿沉寂一个多世纪，但在后来的闪电战中，它被炸得支离破碎。

157

斯特兰德大街南段和“众多淫秽照片”[51]

盘根错节的中世纪街道位于斯特兰德大街南段。弗朗西斯·普莱斯（Francis Place）记得，该地区很多孩子“头发里长了寄生虫”，“每周都要用带有小齿的梳子梳一下头，梳下的寄生虫则被置于风箱上或母亲腿上的一张纸上”[52]。此地一穷二白，又破烂不堪，非常适于销售二手书和印刷品。威奇街（Wych Street）和霍利韦尔街尤其如此，在那儿，专门出售廉价印刷品和色情书的书商比比皆是。

至少自16世纪末开始，欧洲大陆的色情文学就开始在英格兰出现，但它只为小众的富裕阶层量身打造，这些阶层的人喜爱文学作品。王政复辟后，查理宫廷制度放宽，两性话题便进入公众视野，有关色情的文学作品崭露头角。人们认为法国色情文学特别多汁多味，且很多标题都含有“伪造”的法语单词或短语。荒淫无耻和污秽不堪是同一时期多数英格兰色情作品的主旋律。欧洲大陆色情作品更加复杂多样，色情品市场蓬勃发展。塞缪尔·皮普斯大概便是普通消费者的写照：他的办公桌上摆着一幅内尔·格温的裸体铜版画。1688年初，他从书商约翰·马丁（John Martin）那儿购买了一本《女子学校》（*L'Écoledes Filles*）。他在日记中指出，2月的一个周日——“主日”，他赶往办公室做了些活，并读了点他新买的书，“这是一本彻头彻尾的淫秽读物，但对一个清醒者而言，读来无妨，可从中了解这个世界的淫恶之处”。

1748年，约翰·克莱兰德（John Cleland）的《范妮·希尔——快乐女人的回忆录》（*Fanny Hill——Memoirs of a Woman of Pleasure*）出版，象征着“真正”的英格兰色情文学诞生了，也标志着色情文学告别了之前的文学形式，而向新文体——小说逐步迈进。《范妮·希尔》故事的讲述人是一名年轻女士，她诉说了自己抵达伦敦，并随后因“经不住诱惑”而成为一名妓女的来龙去脉。然后，范妮讲述了自己在竭尽全力“跨越阶层”，成为一名高级妓女的那段时光里的亲眼所见及亲身经历。这本书将英格兰色情作品中的所有常见主题都囊括其中，也对女同性恋加以描写。第一版还包含了一个插曲，范妮不厌其详地讲述了一个男同性恋的遭遇。不过后来这部分被删掉了。《范妮·希尔》在两个方面都很出类拔萃：首先，它以小说的形式呈现；其次，范妮的结局圆满，她嫁给了那个故事之初让她坠入爱河的男孩。

女性不仅是色情作品的主角，还是作品的生产者。1750年， 158
玛丽·库珀（Mary Cooper）印刷并出售了《露西娜·塞纳·孔库比塔》（*Lucina Sine Concubita*）。这本书发行的第一年就在《女士杂志》（*The Lady's Magazine*）中刊登了，[53]这样一来，即便是那些德高望重的女性也可以名正言顺地购买了。1805 年，巴蒂萨·贝尔塔齐（Baptisa Bertazzi）被判入狱 6 个月，原因是她在伦敦女子学校出售淫秽印刷制品。乔治·坎农（George Cannon）是一名色情书商，其雇用小贩隔墙将色情制品投入女子寄宿学校。

科芬园和斯特兰德大街粗俗不堪、十分嘈杂，却又被人文气息填得满满当当，这两处真是十分独特。坦率来讲，那儿的妇女拥有“特异能力”，她们在各行各业都能拥有独立生活。接下来，我们将目光转向西部的苏活区，那里的能工巧匠用双手创造财富，并让工艺永垂不朽。

图版 1　1809 年 9 月的火灾后，林肯律师学院维尔街外的吉本网球场遗迹

图版 2　萨德勒涌泉水上剧院，佚名艺术家，1813

图版 3 《爱与尘》，托马斯·罗兰森，1788，威斯敏斯特托西尔广场的穷人漫画

图版 4 《午后，1738》，威廉·霍加斯，展示了伦敦街头一幕

图版 5　耶内根水箱

图版 6　银匠保罗·德·拉梅里制造的咖啡壶，1738

图版 7 《伦敦塔》，威廉·米勒，1832

图版 8 《织机上的学徒同胞们，代表着勤勉与懒惰》，威廉·贺加斯，1747

图版 9 《佳士得拍卖行》，托马斯·罗兰森和奥古斯塔斯·普金，1809

图版 10 《大英博物馆的大厅和楼梯通道》，托马斯·罗兰森和奥古斯塔斯·普金，1809

图版 11 《济贫院》，托马斯·罗兰森和奥古斯塔斯·普金，1809，圣詹姆斯济贫院内部

图版 12 《海格特拱门，1821》，约翰·希尔

第五章

苏活和查令十字街

1600年，苏活区（Soho）还只是一片田野。但在不到一个世纪的时间里，这里便坐落了落落大方的小广场和扭成一团的插建建筑。与伦敦大部分地区不同，“苏活”的字面含义为“霍尔本南部”[1]，它既无教区界限，也无清晰的地理轮廓。它涵盖了圣安妮教区（St Anne's）和圣詹姆斯教区 (St James) 的北部，但其真正的北部边界为牛津街，东部边界为圣马丁巷（St Martin's Lane），西部边界是摄政街，而南部边界较为流动。传统意义上的苏活区现在已不复存在，它已化身为莱斯特广场（Leicester Square）以南的一条街道。

在1650年，这里唯一的重量级建筑群沿着所谓的科尔曼赫奇巷（Colman Hedge Lane），即后来的沃多尔街（Wardour Street）而建。伦敦大火迫使数以万计的居民西迁，他们赶赴苏活，并迅速在苏活的田野空地上大搞建设。1685年，路易十四（Louis XIV）将法国新教徒驱逐出境，成千上万的教徒抵达了伦敦。很多奢侈品贸易商都倾向于在宫廷附近做买卖。他们的礼拜堂位于已遭遗弃且破旧不堪的萨沃伊宫（Savoy）中，苏活就在附近。

在今天的查令十字街站（Charing Cross Station）附近，是金十字（Golden Cross）和灵缇犬（Greyhound）客栈，它们是为往返于海岸以及来自英格兰西部的旅客提供住宿的驿站。当地住所住的全是来访的贵宾和外国游客，他们写下日记信件，详细介绍了这一复杂地带的陈旧规矩和奇人怪事。

在苏活和查令十字街，永久居民也好，临时住户也罢，都住在庭院且相互帮助。这里是艺术家和工匠的天下，艺术品、藏品、游览胜地的风景和室内装饰都出自他们之手。他们经常光顾同一家咖啡店，不期而遇时往往会擦肩而过。他们还会在赢得人们认可以及获取财务报酬上并驱争先。

159 戈尔登和苏活广场

苏活的建筑工程建设始于17世纪80年代，戈尔登广场（Golden Square）和苏活广场（Soho Square）首先落成。从一开始，苏活广场就更胜一筹，这可能是因为，正如查尔斯·狄更斯所写，戈尔登广场“并未完全借鉴某个人的理念，或仿照某个建筑物的风格”。[2] 威廉·布雷克（William Blake）生于戈尔登广场附近。1809年，他的作品在广场上的针织品商铺的楼上进行了展览，那是他哥哥开的商铺。展览名为“理想的和历史的愿景”，《观察家报》（*The Examiner*）派人前往观看，但他们觉得布雷克的画作并不尽如人意，他们说布雷克“这个可怜虫把自己幻想成了一个大师，画了一些令人作呕的图画，其中有些图画的寓意不为正常人类所理解”。

苏活广场在该地独占鳌头，是第二个落成的广场。此地是个令人愉悦之地，乔治时代结束之际，狄更斯对它予以描述：

彼时，牛津街以北没什么建筑，但林木旺盛、野花繁茂，山楂树在如今已荡然无存的田野中遍地开花。乡土气息在苏活自由流动，迸发活力，绝不像居无定所的流浪乞丐进入教区时表现得那般有气无力。南城墙排得密密麻麻，值此时节，不远处的桃子已经成熟。[3]

也许这种乡野气息以及方便利用的开放空间是苏活学院（Soho Academy）大获成功的原因之一。1718 年，马丁·克莱尔（Martin Clare）创立该学院，它是 18 世纪伦敦首屈一指的住宿生和走读生兼具的学校之一。与威斯敏斯特学校里那些无拘无束的学生相比，这儿的学生更多出身于商业之家。苏活学院的男孩“适合从商”，以及“学习数学、地理、法语、绘画、舞蹈和击剑，且每周听讲有关道德、宗教以及自然哲学和实验哲学的讲座”。[4] 1736 年，卡斯伯特·巴维斯（Cuthbert Barwis）担任校长，他在学生技能清单中加入了“戏剧演出”，使得学校声名鹊起。詹姆斯·博斯威尔（James Boswell）将其第二子送至苏活学院，并指出：

……9 月时，他才年满 11 岁，但他已成了我的好伙伴。那天， 161

他去了位于广场上的苏活学院上课，校长是原就职于牛津大学王后学院（Queen's College, Oxford）的巴罗牧师（Rev. Dr. Barrow），是个气质粗俗的北方乡巴佬，但又是一名优秀学者，我儿子在学校受教良好。[5]

1799年3月7日，约瑟夫·班克斯（Joseph Banks）搬到此地，并在其客厅举行了皇家学会首次会议，当时，学院仍在教授有关科学学习的主题。[6]

乡村微风使苏活广场芳香四溢。自18世纪中叶起，本地居民特雷莎·康奈利斯（Teresa Cornelys）夫人等人开始掀起了一阵异国风。她生于威尼斯，本名叫安娜·玛丽亚·特雷莎·伊梅尔（Anna Maria Teresa Imer），比贾科莫·卡萨诺瓦年长两岁，两人彼此相识，且都生于戏剧之家。约1760年，她带着7岁的女儿索菲（Sophie）抵达苏活广场。索菲之父正是卡萨诺瓦。特雷莎搬进了苏活广场东侧的卡莱尔之家（Carlisle House），开始在此举行派对，她断定“伦敦是欧洲最广阔，最富有，也是最重要的大都市，但欧洲尚未为达官贵人量身打造招待娱乐场所的大都市仅伦敦一个”。[7]特雷莎举办的派对盛大奢华且只能凭票入场，这种派对不久便掀起了一股时尚之风。通常而言，派对以化装舞会的形式呈现，这增添一份威尼斯式的魅力。卡莱尔之家的房间富丽堂皇，且派对主题丰富，特雷莎还聘请了最出类拔萃的音乐大师，包括约翰·克里斯蒂安·巴赫（Johann Christian Bach）和马里波恩的斯蒂芬·斯托雷斯（Stephen Storace）。

说服别人付费参加派对是特雷莎·康奈利斯的拿手好戏。为达到此目的，她主动邀请男仆和女仆举行派对，以期望他们能向雇主推荐自己的派对。

上周六（1763 年 2 月 18 日），康奈利斯夫人在卡莱尔之家为作为时尚达人的上等仆人们举办了一场舞会，借此对那些非富即贵的主人们表达敬意，希望他们能够积极参与她的派对。特雷莎的派对组织有 220 人，举行派对时，会有 80 对土风舞蹈演员登台演出，其间，表演者几乎闲不下来，而其他人则会坐下打牌。[8]

卡莱尔之家的娱乐活动持续了十多年，特雷莎逐渐入不敷出，于是，“欠债入狱”的魔咒开始生效。当时许多人都对她的派对不以为然。霍勒斯·沃波尔，作为一名著作等身的信件作家、不落俗套的“仲裁者”，对特雷莎的狡猾方式并不买账。当她执导了未经许可的歌剧，并假装用票房收入为穷人买煤时，沃波尔指出，“她接下来会为了弃婴室的利益开设一家妓院”。[9] 但他又说这种情况不会发生，因为他知道，特雷莎可不会辛辛苦苦设置那么多床铺。 162

1772 年，卡莱尔之家倒闭，家具被出售以抵偿特雷莎的债务，最终她因负债累累而锒铛入狱。接下来的几年里，特雷莎在监狱进进出出，她甚至在“戈登暴乱”中从王座监狱逃之夭夭，但当年

8 月份时，她再次被捕，后来在舰队街死于乳腺癌，去世时 74 岁。

1760 年，在特雷莎的鼎盛期，苏活和伦敦最光芒四射的角色之一便是苏活广场的一个小孩——威廉·贝克福德（William Beckford）。他生于广场 22 号，也就是现在的希腊街（Greek Street）1 号。其父曾两次出任伦敦市长，是一名好公民。为确保儿子获得最优教育，他在 9 岁的沃尔夫冈·阿玛多伊斯·莫扎特（Wolfgang Amadeus Mozart）访问伦敦期间聘请他指导 5 岁的威廉。莫扎特住在附近的迪恩街（Dean Street）21 号。

163 威廉 10 岁时，贝克福德先生就撒手人寰了，于是，这个男孩继承了一笔 100 万英镑的现金，还有威尔特郡的丰特希尔（Fonthill）的地产和牙买加的 4 个种植园。这笔财富多到超乎想象，可与现代最厉害的石油大亨的财富相提并论。贝克福德 22 岁就已成家，尽管他对妻子钟爱有加，但他还是常常光顾林肯律师学院一带的沼泽地和练兵场寻花问柳、花天酒地。1813 年 2 月 18 日，他记下了一个令他难忘的白日梦，“一个高大的苏格兰士兵”[10] 主动与他干柴烈火。他在性方面的自我接纳（他是个双性恋），加上万贯家财带来的经济独立让他沾沾自喜。他和年轻的威廉·考特尼（William Courtenay）陷入爱河，但他的情书不慎落入了考特尼的叔叔之手。1784 年 10 月至 12 月，考特尼的叔叔在报纸上将他们的情书信件公之于众。威廉万般无奈之下带着妻子和女儿逃往欧洲其他国家。1786 年，他妻子在瑞士因分娩而离开人世，享年 24 岁。同年，他写下《瓦泰克》（*Vathek*），这部伟大的哥特式小说很快便成为畅销书。

贝克福德沉淀的才能在欧洲大陆得以磨炼，他也凭此在每一代古董商中都享有盛誉。他孤身一人回到故园，在丰特希尔过着隐居生活，并重建了巨大的哥特式建筑群。评论家威廉·哈兹里特谴责这些建筑为“费力劳心建成的气势宏伟的沙漠和熠熠生辉的荒地”。[11]

贝克福德在丰特希尔的艺术收藏品中包含拉斐尔（Raphael）、利比（Lippi）、贝利尼（Bellini）和委拉斯凯兹（Velasquez）的作品。他委托当时最好的银匠，例如本杰明·史密斯（Benjamin Smith）和保罗·斯托尔（Paul Storr）为他创作。他还购买了特纳（Turner）和布莱克的早期作品。令人大跌眼镜的是，他竟然也开始缺钱了。1822 年，他开始出售丰特希尔（建筑群）及其藏品。克丽丝蒂（Christies）将七万多册的藏品目录打印成册，并以一基尼每本的价格出售。这可是百年一遇的买卖，于是，伦敦群众趋之若鹜，争相购买。藏品出售期间，丰特希尔方圆几英里内的旅馆房都被订购一空。1844 年，贝克福德在巴斯（Bath）与世长辞，临死之际他依旧在做白日梦，也在坚持写作。丰特希尔建筑群，这个显示威廉勃勃野心的愚蠢之作轰然倒塌，而他的藏品如今也分散于世界诸多伟大的博物馆和收藏馆之中。虽然他在伦敦的影响并非看得见摸得着，但他那些风流韵事、文学才华和大家风范给人的影响都不可磨灭。

当贝克福德离开苏活广场时，另一位值得纪念的居民到来了。 164

托马斯·德·昆西（Thomas De Quincey）求学于曼彻斯特，[12] 17 岁来到伦敦。无家可归的他走进希腊街上的一所空空荡荡的房子，他在那儿发现了一个失魂落魄的女孩，“女孩大概有 10 岁，但她似乎饥肠辘辘，生活的摧残往往使孩子们看起来比实际年龄更加成熟”。孩子开心不已，毕竟有人能与她共度这黑暗时光。德·昆西就房屋状况画出了一幅清晰图画：这里没什么家具，老鼠吱吱乱叫，宽敞的楼梯上和大厅里发出了异乎寻常的回响，这个被遗弃的孩子时时刻刻都在面临着真正的痛苦——寒冷和饥饿，但她似乎更因自己内心的惶惶不安而备受煎熬。晚上，他们一起入睡，女孩“倍感温暖”，而在那里，他经历着所谓的“打盹式睡眠”，因提心吊胆而时不时从梦中醒来。这个女孩是房子房客的仆人。他没继续住在女孩那里，但白天会去聘她擦鞋或跑腿办事。后来德·昆西的生意失败后，他不敢时时刻刻都住女孩那里，但又不想把女孩带到他的寄宿之处。也许是因为他房间空间太小，也许他不想给她钱花。

德·昆西不久后便离开了女孩，但有关小女孩的记忆仍旧萦绕在他脑际：“她既没有花容月貌，也并非一点就透的聪明人，更没有明显讨人喜欢的举止礼仪……但我爱这个孩子，因为我身陷困境时，是她与我做伴。”不久后，为减轻神经疼痛，17 岁的德·昆西从牛津街 173 号的药剂师那里购得鸦片并吸食起来。在此期间，他唯一的伙伴便是 15 岁的妓女——安。当她为了生意疲于奔命时，他们一起漫步街头，抑或有时“并肩坐在柱廊下的台阶上休息”。一天，在苏活广场的一个门口，德·昆西情绪崩溃了。他意识到自己必须离开伦敦返回家中。于是，安同他一起向出租马车走去。到了戈尔登广场，他们相依而坐，“并不想在纷纷攘攘、流光溢彩的皮卡迪利大街分道扬镳”。他记得她：

> ……将手放在我脖子上，一言不发地哭泣。我希望自己至多一周之后就能返回。我同意她的看法，在我走后的第五个夜晚，以及此后的每个夜晚，她都会于6点钟出现在大蒂奇菲尔德街（Great Titchfield Street）的尽头等我回来。因为那里曾是我们惯常的约会之地，只有相约在那里，我们才不会在这颇具地中海风情的牛津街失去联络。

然而，托马斯忘记了问安的姓氏。重返伦敦后，他四处找她，165
但搜寻无果。

莱斯特广场

莱斯特广场（Leicester Square）臭气熏天，这也许是排水所致，也许只是因为空气中含有毒素。广场延续了18世纪所确立的主题，专门提供简短的娱乐活动。1635年，罗伯特·西德尼（Robert Sidney）在菲尔茨圣马丁教堂顶部建起了莱斯特之家（Leicester House），莱斯特广场由此得名。

直到乔治时代下半叶，莱斯特广场的露天场地才被称为“莱斯特菲尔茨”（Leicester Fields）。在威尔士亲王弗雷德里克（Frederick）与其父乔治二世产生矛盾后，莱斯特之家便成为亲王府邸。威尔士亲王对艺术很忠贞，尤其对洛可可风格的艺术支持有加。很多苏活最出色的艺术大师和能工巧匠们都卖力表现以赢取他的资助。霍加斯和雷诺兹都曾在广场上住过一段时日，今日矗立在此地的雕像正是用于纪念这两人的。威尔士亲王对板球情有独钟。他是狂热的板球运动支持者，有时也亲自参与这项运动。1751 年，他与世长辞，死因显然是被板球击打胸腔所致的肺脓肿。对于伦敦艺术界，特别是苏活人民而言，威尔士亲王的逝世实乃一大损失。

威尔士亲王英年早逝后，莱斯特广场便成为一个提供休闲娱乐的公共场地。虽然今日的莱斯特之家已破败，但自 1775 年，它便由自然历史收藏博物馆——胡鲁普呼斯肯（Holophusikon）所占。馆内藏品来自世界各地，馆主阿什顿·利弗（Ashton Lever）小心翼翼而狂热地收集，藏品越积越多，其中甚至不乏库克船长（Captain Cook）的航海物品。不久之后，莱斯特之家的租金变得高不可攀，莱维尔博物馆（Leverian Museum，该博物馆现名）只得向（泰晤士）河以南迁移。

1783 年，外科医生约翰·亨特（John Hunter）将畸形人体器官的收藏品带至广场，并开始将其教学藏品公之于众。

166 而在广场旁的潘顿街（Panton Street），性学家詹姆斯·格雷厄姆（James Graham）为女士们提供了“裸体泥浴”之处，她亲自监督了此项活动，她认为裸体泥浴可使“性”获得营养滋润。肖像画家罗伯特·巴克（Robert Barker）不久后便抵达广场，展示他所绘的伦敦全貌图。此举大获成功，这是伦敦人第一次有机会一睹城市究竟多大。

然后，1781 年，菲利普·詹姆斯·德·路德伯格（Philip James de Loutherberg）在“面朝莱斯特大街（Leicester Street）的大房子”中放映了自己的机械话剧（Eidophusikon），展示了各种城市景观和海上船舶的动感全景图。图中风景由油漆涂制而成，包括非洲丹吉尔港、那不勒斯的日落、地中海月光，以及“不同民族水手的对话”“遭狼袭击的伐木工”和“人牛共处的夏日黄昏”，尾声为“风暴和遇难船只”。[13] 此外，话剧还应用了镜子等道具，以及烟气等特效。机械话剧在伦敦的演出有好几场，展出的场景不断变化，直到路德伯格将它卖掉，机械话剧才开始在外地巡演。此类机械话剧被公认为早期电影的首次尝试，因此若将“莱斯特广场”视为电影的代名词，那就再贴切不过了。

避难所：圣安妮的法国人区

苏活区多姿多彩，这不仅体现在宗教方面，也表现在种族方面。1685 年，就在首批苏活广场地基刚刚打好之际，欧洲就发生了一件大事：路易十四撤销《南特敕令》（*Edict of Nantes*）。平平安安做礼拜成了法国新教胡格诺派教徒可望而不可即的事。路易下令，要求这些教徒要么改变信仰，要么离开法国，如果确实要离开，则不允许带走任何金钱或财产。在这种背景下，很多人逃之夭夭：1685—1688 年，70 万人逃离法国，其中 4 万人抵达伦敦。他们称逃亡为“避难”，并自称“难民”。

167 他们成群结队抵达伦敦，其队伍成员参差不齐：一个 14 岁男孩，照看着三个兄弟姐妹，包括一个不能走路的小婴儿；一名 17 岁女孩一直走在后面掩护，以确保其家人逃脱时不被发现，然后她将自己伪装成为一名男子，徒步穿越半个法国，最后登上前往英格兰南海岸的船只。逃亡者将生命托付给胡格诺派向导（其中一些后来惨遭处决），随他们翻山越岭，进入德国境内。两名十几岁男孩手持胡格诺派同胞和天主教支持者给的安全草图逃离法国。婴儿、儿童和孕妇则被委托给其他胡格诺派教徒，他们彼此大多素不相识，但会齐心协力设法上船。

在伦敦，多数法国新教徒的落脚之地——针线街设立了救助基金，以接济那些遭受迫害的避难者。针线街教堂（Threadneedle Street Church）也是避难者的社交网络枢纽。这里贴满了启事，用以寻找家人、求职招聘和租赁房屋。此外，这里还留存了发放援助物资的账簿详情。从账簿中我们可以了解当时人们所处的形势及其态度。里面记录着避难者的绝望处境，比如“身怀六甲”和“光着脚丫”。

针线街教堂是一个强有力的机构，但它也有犯错的时候。内战期间，当有人拥护克伦威尔时，教堂会众各执一词。教堂的保皇党半数都离开了，被迫前往其他地方敬拜。一些胡格诺派的书店已在斯特兰德大街落成，用以出售圣经和宗教文稿。有人独具慧眼，发现旧萨沃伊宫有废弃不用的教堂，于是他们开始在脚手架、破碎水桶和残石碎屑中会面。宫殿本身由亨利七世（Henry Ⅶ）改建为医院，但在 1702 年，除却一座临时监狱，一些小型住宅和花园，宫殿大部分都已废弃荒芜。不久之后，路德会教友（Lutherans）加入了胡格诺派。到 1736 年，法国教堂在萨沃伊管理区东部占据了一席之地。萨沃伊礼拜堂（Savoy Chapel）是旧宫留存至今的唯一遗产，本堂教徒在主日做礼拜时仍使用 1662 年版《公祷书》（*Book of Common Prayer*）和钦定版《圣经》（*King James Bible*）。如今，一些旧宫场地已被萨沃伊酒店（Savoy Hotel）和萨沃伊剧院（Savoy Theatre）取而代之。

彼时，伦敦乱作一团，局势瞬息万变，胡格诺派教徒在城市 169
之中安顿了下来，苏活正迅速崛起。1686 年，圣安妮教区新教堂建在了迪恩街和沃德街（Wardour Street）之间，并由主教康普顿（Compton）圣化，以容纳与日俱增的人口。许多胡格诺派教徒轻而易举地融入了他们的新社区，有些人渴望去做礼拜，圣安妮教堂便成了他们的聚集之地。不久后，威廉·梅特兰（William Maitland）就谈到了圣安妮教堂："此教区遍布法国人，若是陌生人置身于此，很容易以为自己身处法国。"[14] 1700 年，伦敦已建成 23 个胡格诺教堂，其中 14 个位于西区，9 个处于伦敦城东部边缘。

1711 年，据苏活的圣安妮教堂委员会估计，有 8133 人前来此教堂做礼拜，其中40%为法国人。因宗教信仰不同，胡格诺教徒在英格兰与众不同，而在信仰助力下，他们发展成一支不容小觑的力量，军人、艺术家、思想家、作家、工匠、手艺人以及清洁女工中无不活跃着胡格诺教徒的身影。胡格诺教徒劳苦功高，特别是在艺术、科学、工业、验光和牙科领域大有作为（但英国人几乎从不认账）：主街眼镜连锁店——多伦德 & 艾奇森（Dollond & Aitchison）的店主约翰·多伦德（John Dollond）就是胡格诺教徒，1759年，他首次申请了消色差透镜专利。此外，皮洛（Pilleau）家族制作了伦敦最精致的假牙。

牙齿问题在乔治时代的英格兰不可轻视，因为当时并没有矫正器，很多人的牙齿参差不齐，伦敦人黑不溜秋、歪歪斜斜的牙齿的确有失风雅。当时人们知道，糖会导致龋齿，也深谙牙菌斑的形成原因，因此他们会在粗面皮革匣内放置许多牙签和家用刮牙设备。若有人牙齿长满“鳞屑”或“鱼鳞”，则常被他人嗤之以鼻。若在餐桌上剔牙，则会被视为俗不可耐。当时人们在私人信件中时不时便会提及好牙或洁白无瑕的牙齿，可见他们确实在牙齿卫生方面倾注了大量心血。伦敦的牙刷是从法国和土耳其进口而来的。人们可用牙膏漱口，它通常含有研磨材料（乌贼骨、珊瑚或雪花石膏）以及甜味剂（玫瑰水或橙花水）。人们可根据需要购买粉状牙膏或糊状牙膏，也可以购买名为“洁齿剂”的小卷，将其咀嚼后与牙刷一起使用。

乔治时代，英格兰人所面临的最大的牙齿问题就是牙齿脱落。江湖郎中和牙医都能植牙，至于成功概率多大便是未解之谜了。法国牙医通常被视为技艺超绝。1696 年 2 月，《邮差报》（*The Postman*）报道：法国金匠皮洛先生告知公众，凭借 18 年的经验，他已找到一种制作和安装人造牙的方法，假牙比较牢固，咀嚼食品不成问题。这可是假牙制造领域的“圣杯”（Holy Grail）。有很长一段时间，假牙都是由骨头、贵金属和象牙制成。河马长牙因其洁白无瑕的特性成为假牙材料的首选，而众所周知，象牙置于口中会呈现出黄色。但其实假牙不仅无助于饮食，反而还会限制人们的进餐能力。 170

1719 年 1 月，《邮差报》报道：皮洛先生仍以最精致的方式制作、安装人造牙以及矫正颌骨。这里的皮洛便是少年佩兹（Pezé Junior）。小皮洛按照惯例，在继承父业时签发了新名片，他的专长显然被广告宣传为“拥有制作和镶嵌人造牙的绝活，这种与生俱来的本领真是无可比拟”。

金色球上标记着：胡格诺银匠保罗·德·拉梅里 [15]

1688 年 4 月 9 日，保罗·德·拉梅里（Paul de Lamerie）生于荷兰斯海尔托亨博斯。他父亲保罗·苏沙伊·德·拉梅里是一位法国小贵族兼士兵，也是一个胡格诺派教徒。1685 年《南特赦令》撤销后，苏沙伊为威廉三世效力。他们一家来到伦敦，并在苏活的伯维克街（Berwick Street）落脚。因为保罗·苏沙伊一没工作，二没资产，他们的生存之道是个未解之谜。

在朔姆贝格（Schomberg）公爵管理下的帕尔商城住着一个名叫皮埃尔·普拉特尔（Pierre Platel）的胡格诺金匠。彼时，人们称银匠为金匠，因为他们工作时金银材料皆用，而金匠一词更适合称呼那些在伦敦工匠行业金字塔尖上的人。普拉特尔精明能干又一丝不苟，他是胡格诺社区的活跃分子。纵观其职业生涯，他仅收了 4 名学徒。1703 年，他莫名其妙地同意收了 15 岁的保罗为徒。

1703 年 7 月，苏谢（Souchay）求助于胡格诺慈善机构，请求支援其 6 英镑（现约为 1000 英镑）作为普拉特尔培训保罗的学费。1711 年，这个年轻人的学徒生涯终于画上了句号。他隐遁近两年后，向达官贵人们出售了“价值千金”的大型银器。毕竟，他曾在普拉特尔商铺任职，这让他声名鹊起，并与帕尔商城和圣詹姆斯建立起了良好关系。1713 年，保罗在金匠大厅（Goldsmiths' Hall）将其首个制造商标输入官方账簿，并把地址写为“干草市场附近的风
171 车街（Windmill Street）”。

1714 年，保罗被告上了金匠大厅的私人法院，原因是未给自己的工艺品添加官方标记。他的很多作品都没有官方标记，只有他自己的制造商标，这证明他在逃避成品银器的税务，并正将作品出售给那些对其工艺品卓越品质信赖有加的客户。虽然法院最终没能对他的罪行程度加以证明，但还是罚了他 20 英镑（相当于现在的三千多英镑）。此次尖锐的指控可谓充满了恶意，保罗几乎是立刻反击，他提供了大量基础家用银器，并由相关人员在大厅展开测

试，即一种称为“化验”的程序。结果证明，银器并非出自他本人之手，这是他从伦敦小街小巷的匿名法国铁匠那里拿到的作品，并将自己的信息标于其上。不久之后，他再次出庭受审，被控购置了“外国工艺品，该作品就触感而言与展厅作品并无二致”。

1717 年，保罗又被控“制造和出售大量未被带至金匠大厅依法标记的大型板材”。但是大厅意识到他们必须认输：保罗并没有犯错，他只是变得树大招风。出庭后不久，他被传唤至金匠大厅，并被督察官约谈。结果是虚惊一场，原本他以为官方召唤他是想让他解释为何去年非法篡改了制造商标。

1722 年，风车街上的银器和珠宝店经营得顺顺当当，保单金额也越来越大。同一年，一个特别的案例记录在了“王座法庭报告”（King’s Bench Court Reports）之中：保罗对决阿莫里（Armory）。

……原告阿莫里是一名烟囱主扫人的学徒，他无意间发现一个珠宝，便把它带至被告商店（被告是个金匠），想让金匠鉴别此为何物。他把珠宝交给金匠学徒，后者从珠宝上取下宝石后，佯装称重，同时将金匠喊来，金匠告知阿莫里此珠宝价值 1.5 便士并表达了收购意愿。但他一口回绝并坚持让金匠完璧归赵。然后，金匠学徒竟将取下宝石后的珠宝凹槽归还给了他。

保罗因欺诈阿莫里被判有罪，并被要求支付巨额赔偿，那枚镶嵌于珠宝凹槽处“最上乘、最一流的钻石”价值多少，他就要赔付多少。“王座法庭报告”是英国已知的首个司法公益服务，它为我们提供了被称为“发现者和守护者”的法律。

保罗在伦敦的生意已做大做强，但他并不满足现状，而是将业务扩展至出口贸易。罗伯特·丁利（Robert Dingley）是康希尔（Cornhill）的金匠，他在俄罗斯法院很有人脉。他接受了某些物品的订单，交由胡格诺工匠制作，但他对商品出口税“不屑一顾”。1726 年 8 月，当他的出口货船靠近海关大楼（Customs House）附近时，官员们尝试将其扣押。有人向丁利通风报信，他闻讯赶来等着官员，后将官员带至泰晤士大街（Thames Street）货船停泊地拐角处的藤蔓酒馆（Vine Tavern），商议如何解决此事。在他们刚踏入酒馆时，货船就划出了泊位，驶向俄罗斯。于是，丁利被带去了吉尔霍尔法院（Guildhall Court）。他在法庭上振振有词，说女沙皇（Tsarina）所购置的 1.8 万盎司货物已全部依法做好标记。如今陈列于埃米塔日艺术博物馆（Hermitage）的沙皇藏品绝大多数都未标记丁利之名，其中半数以上反而带有保罗·德·拉梅里的制造标记。

1737 年 12 月，保罗·德·拉梅里竟然当选了议会委员会成员，打击金银工艺品欺诈成为其职责所在，于是，“偷猎者”转身成为“猎场看守人”。调查金匠经营场所是金匠组织（Goldsmiths' Company）在中世纪就享有的权利，委员会打算将此权利恢复如初。同年，保罗向哈德威克（Hardwicke）勋爵出售了一件大口水壶，他从中逃了税。不出所料，保罗坚称那项对他逃税不利的条款“完全排除在新拟议法案之外”，然后也缺席了随之而来的会议。

1751 年，保罗死于一种“冗长乏味的疾病”，并葬于苏活圣安妮教堂。《一般广告主》（*The General Advertiser*）报道如下：“痛哭流涕的哀悼者紧随着他的尸体抵达坟墓，毕竟，他是个好人，他在业内业外均表现颇佳，高朋满座。”1939 年，他的坟墓毁于一旦，当时，教堂在一次空袭中被毁得面目全非。

将保罗・德・拉梅里归入恶棍之列并不为过：欺骗行业体系、 173
欺诈扫烟囱工，以及对权威人士谎话连篇。然而，法国胡格诺医院出示的一份文件表明，保罗・德・拉梅里是一名正派人士，也是乔治时代伦敦法国社区的典型代表。詹姆斯・雷（James Ray）是位镀金工。若工人在镀金过程中使用发热水银则容易变得疯疯癫癫。1734 年，雷开始“丢下生意，疯子一般跑在街上，大喊大叫‘给我柑橘和柠檬’”。通常而言，任何严重“歇斯底里的患者”入院之前，都要找个社区成员为患者所造成的损失“买单”。詹姆斯・雷“买单书”上的签名便是保罗・德・拉梅里。

“所有英格兰人都是非凡的新闻传播者”：圣马丁巷和奥尔德斯劳特咖啡馆

圣马丁巷毗邻圣安妮法国教区，这里创新意识满满，创意先驱无处不在。罗伯特・琼斯（Robert Jones）就是在这里写下有关烟花的论文以及关于花式溜冰的首本英文宣传册，[16]但他后来因在其住所内虐待 12 岁男孩而被判死刑。许多雕刻师、画家和知识分子都住在街上或街道附近，而奥尔德斯劳特咖啡馆（Old Slaughter's Coffee House）正是他们的聚集地。

多年来，奥尔德·斯劳特曾在此招待了威廉·霍加斯，威廉·肯特，雕刻师休伯特·顾锐夫劳特（Hubert Gravelot），雕塑家亨利·赤尔瑞（Henry Cheere）和弗朗西斯·卢比里埃克（François Roubiliac），作家亨利·菲尔丁，艺术家弗朗西斯·海曼（Francis Hayman）、托马斯·庚斯博罗（Thomas Gainsborough）和乔治·莫泽（George Moser），以及胡格诺数学家亚伯拉罕·棣莫弗（Abraham de Moivre）。资金吃紧时，棣莫弗便在这里靠上数学课赚一笔。艾萨克·牛顿也住在附近，两人彼此友好相待。咖啡馆虽然并不是上层社会达官贵人的光顾之处，但它也绝非仅是一个肤浅的娱乐场所。这些准公共场所的光顾者不仅有思想家、作家和艺术家，也有普通民众。游客恺撒·德·索绪尔（César de Saussure）表示："所有英格兰人都是非凡的新闻传播者。" 1730 年，他写道，"他们习惯性前往咖啡厅阅读最新的新闻，以开启新的一天"。[17]正如其他咖啡馆为股票、银行和保险行业提供了卓尔不群的专业服务，奥尔德斯劳特咖啡馆也竭力满足了著名的圣马丁巷集团艺术家的群体之需。

该群体的组织者为威廉·霍加斯，他在圣马丁巷旁的彼得
174 庭院开设了人体素描课。霍加斯的代表作便是安东尼·凡·戴克

（Anthony van Dyck）的头像，“他用几层压叠在一起的软木塞雕刻出了凡·戴克的上半身，并将其镀金，置于门之上”[18]。这一雕像与英国黄金时代的“宫廷”艺术有异曲同工之妙，彼时，凡·戴克担任了最伟大的皇家赞助人查理一世（Charles I）的宫廷画家。

次年，一名年轻的约克郡人在圣马丁巷租下 3 间房子。对一个 36 岁的男人而言，此举风险重重，毕竟他还有家庭成员等他养活。这个青年才俊便是托马斯·齐彭代尔（Thomas Chippendale）。

他在圣马丁巷选择的店铺档次不够，根本表达不出他改变英格兰人客厅布置方式的渴望。1753 年，霍加斯在《美之剖析》（*An Analysis of Beauty*）中发表了他的艺术见解。1754 年，齐彭代尔出版了《绅士和家具设计指南》（*Gentleman and Cabinet Maker's Director*），改变了英格兰人家具购买和制造方式。

齐彭代尔此举并非推陈出新。自 18 世纪初以来，巴蒂·兰利（Batty Langley）等人就一直推出有关花园和建筑设计的书籍。齐彭代尔所做的就是想象出和谐的内部装饰，这与霍加斯对画面构图的思考如出一辙。他的设计时尚前卫且颇具实用性。不久之后，便有一大群人赶往圣马丁巷 61 号为他鞍前马后。

齐彭代尔突破了同龄人对设计和家具的思考模式，他继续为时 175
尚风格和家具类型作出定义。他并没有在家具上留名，只有几件附带托马斯·齐彭代尔的发货单的家具可能会让人想到这件家具出自托马斯之手。齐彭代尔的成功与他书中连贯一致、与众不同的主题息息相关。技术达人可以购买该书，并用最流行的方式将任何实用木材打造出“齐彭代尔式”家具。橡木、榆木、胡桃木和桃花心木都是备选木材。这本书大获成功，那些才华横溢的模仿者打造出的作品与齐彭代尔本尊的大作并无二致。

“解剖艺术”：风车街解剖学校

苏活区艺术气息四处渗透。1746 年，解剖学家威廉·亨特（William Hunter）抵达保罗·德·拉梅里的风车街，并成立了解剖学校，以便“各位谦谦君子有机会在整个冬季学习解剖艺术，宛若置身巴黎一般”[19]。

亨特正在产科领域大步向前阔进。他对死于各个妊娠阶段的妇女及其生殖器进行铸模，然后将石膏填入模具。填充物成型后，则被刷上油漆，制成人体模型，以供教学使用。

自米开朗琪罗（Michelangelo）和莱昂纳多·达·芬奇（Leonardo da Vinci）以来，人体知识对于艺术家来说举足轻重，也成为艺术教育中不可或缺的内容。18 世纪 50 年代初期，圣马丁巷艺术学院（St Martin’s Lane Academy）的艺术家特聘了威廉·亨特，以帮助他们了解人体结构、人体运作模式及运动方式。这群志同道合之士创造了 18 世纪最重要的艺术实验之一。

“Écorché”（法语）意为“剥皮”，威廉·亨特通过剥去尸体皮肤和脂肪向学生阐明了人体内部肌肉系统，而学生彼时也有了可供自己大显身手的尸体。当意识到这种肌肉系统对于艺术系学生也很重要时，亨特便开始着手铸造一系列的“剥皮”模型。亨特与圣马丁巷的艺术家们从泰伯恩刑场上已被处死的罪犯中选出了首个“人模”，人模的右臂呈举起状，左臂稍稍离开了身体。之所以选中此具尸体，是因为他体形优美。死囚要在尸体变僵之前被送至圣马丁巷，由亨特和艺术家们为其摆好“姿势”。“当尸身变僵时，我们所有人都会动手操作起来，以确保次日上午尸身外侧肌肉得以充分暴露，方便我们建模。”[20]

由此而建的“剥皮”人体标本现已成为皇家学院（Royal 176
Academy）收藏品的一部分，学院对“纹丝不动”的人体模特青睐有加。1769 年 1 月 2 日，时任皇家学院院长的乔舒亚·雷诺兹（Joshua Reynolds）在开幕词中提出了一个理论，即绘画之于艺术家技能至关重要。“若能竭其所能、精准细致地复制眼前人物，一来可养成精准无误、丝毫不差的绘画习惯，二来对人体认知也会更上一层楼。”[21] 同年，威廉·亨特被任命为皇家学院的解剖学教授。18 世纪 60 年代后期，随着亨特与即将成为皇家学院院士（Royal Academicians）的艺术家的联系日益紧密，他将艺术与医学更紧密地结合起来，创造出了让人们印象深刻的佳作——《人类妊娠子宫解剖图》（*The Anatomy of the Human Gravid Uterus Exhibited in Figures*，出版于 1774 年）。这本精美的图册展示了扬·凡·莱姆斯戴克（Jan van Rymsdyk）所作的版画，极大地增进了人们对怀孕机理的理解。

1775 年，皇家学院最赫赫有名的“剥皮人体”诞生了。威廉·亨特与雕塑家奥古斯丁·卡利尼（Augustina Carlini）商议后，决定从泰伯恩刑场获取一具尸体。亨特选的是当日最优质的死尸标本，尸体身份仍颇具争议，但可能为以下两人中的一人：托马斯·亨曼（Thomas Henman）和本杰明·哈利（Benjamin Harley)。相关人员将尸体带至风车街，花了大半夜时间对其进行剥皮处理。完工后，尸体被摆成“垂死的高卢人”姿势，其头颅垂向断掉的脖颈。如今，皇家学院教室中使用的原始青铜模型已经丢失，但爱丁堡艺术学院（Edinburgh College of Art）还存有另一具模型，即所谓的“垂死的高卢人仿版雕塑”。

1801年，时任皇家学院院长的理查德·科斯韦（Richard Cosway）热衷于另一个人——詹姆斯·莱格（James Legg）的人体解剖，此人死于十字架刑。有人将他的尸体运回风车街，趁其还有柔韧性时将皮剥掉。尸体被钉死后，相关人员根据“尸身自然垂落的外形”[22]，将尸身铸模。

当时人们难以接受使用罪犯尸身开展剥皮实验，因此可替代的骨骼和人体模特变得日益重要。1785年，一名批评家表示：“对于皇家学院而言，尸身铸模大有裨益，但在公众看来，学院这么做并不妥当。”[23]艺术家们越来越多地从街头挑选模特，他们通常是天生具有超凡肌肉组织的男模，也有从事体力劳动（例如拉煤）身体饱经风霜的模特。

178 1810年夏，人体模特威尔逊（Wilson）抵达伦敦。他是“生于波士顿的一名黑人，[24]一个无与伦比的‘活古董’”。他在旅途中或下船不久后便受伤了，尽管如此，他还是去拜访了安东尼·卡莱尔（Anthony Carlisle）博士。卡莱尔作为威廉·亨特的继任者之一，担任皇家学院解剖学教授。伯乐一眼便识出千里马，卡莱尔将威尔逊带至了人体课堂。托马斯·劳伦斯（Thomas Lawrence）对威尔逊过目不忘，[25] 并宣布威尔逊为（他所）目睹过的“最佳人体”……“古董”雕像的特色和完美无瑕之处尽在他身上得以体现。本杰明·罗伯特·海顿（Benjamin Robert Haydon）时不时雇用威尔逊，不久，他延期聘用了威尔逊，照着他作出了详细草图，这对他的整个职业生涯都大有裨益。海顿对威尔逊的赞赏近乎狂热。几年后，他还引以为傲地回想到，“我对这个男人的形体之美心驰神往，我为他铸模，为他作画，还给模型上了漆，每个细节我都了如指掌”。海顿用 7 蒲式耳石膏为威尔逊全身铸模，石膏（从脚底）延伸至脖子，他记录道：“在自然铸模过程中，要一丝不苟……待你铸模至他胸口时，他就变得气息奄奄。”有一次，身披热石膏的威尔逊昏倒在地，海顿及其手下将他抬走，他“差点一命呜呼”。海顿忙于照料威尔逊，他“已不省人事，躺在地上大汗淋漓”，但当他开始康复时，海顿便将目光投向了威尔逊“并未受伤”的臀部。他将眼前景象描述为“世界上最亮丽的风景”，然后又评论道：“这个黑奴在此过程中险些丧命，在一两天后就恢复如初了。”确实，威尔逊在“整夜未眠”后又踉踉跄跄找到了海顿，并希望海顿重新为其铸模。

威尔逊在伦敦的精彩表现很短暂，但并非所有艺术家或评论家都一边倒地对他赞赏有加。他乍一看很美，但其脸和身体的细节却与“动物”相像。就现代意义而言，威尔逊这个美国人来到伦敦，并在短时间内发了一笔小财。在他看来，伦敦的大街都是由黄金铺成的。他的身体所创造出的图像，即那个高贵野蛮人的形象，将会一直是废奴主义者的一杆大旗。在 19 世纪的许多年里，其体形在英美艺术的黑人男性形象中占据了举足轻重的地位。也许关于威尔逊的人体细节描述寥寥无几，但在我们印象里，“这具身体与众不同、精美绝伦”。

179

查令十字街的“粥岛”

塞缪尔·约翰逊曾说过，“查令十字街将人类的存在诠释得淋漓尽致”。[26] 这里有大型马车客栈房，包括尽人皆知的金十字，它可为西方游客送行，也能为他们接风洗尘。有人觉得这里是一个宽敞且喧闹之地，这是因为金十字的底层建有可容纳 78 匹马的马厩，还为马夫们提供酒吧，此外这里还设有一个马医棚和一个售票处。老客栈的入口对现代马车来说太低，那里还至少出过一次人命。1800 年，一辆马车出发前往查塔姆（Chatham）。“一个年轻女子 [27] 坐于马车上层，她头向后仰，以防撞到横梁，但车顶堆满了行李，她不得不向后躺下，结果横梁卡住了她的脸，她的脸皮开肉绽。”事后不久，她便一命归阴。金十字大致位于特拉法尔加广场（Trafalgar Square）东侧，即如今的南非之家（South Africa House）

所在地。抵达金十字及其他马车客栈（如灵缇犬）的游客们会在当地留宿。富人会住在圣詹姆斯和帕尔商城，距宫廷不远。而穷人则住于苏活区或斯特兰德大街南段，以获得最便宜的住宿。

诺森伯兰公寓（Northumberland House）坐落于如今查理十字站的所在地，这栋宏伟建筑建于 17 世纪初，作为诺森伯兰大道（Northumberland Avenue）通往堤岸（Embankment）的纪念。查理一世及行刑木枷的雕像面对着白厅。特拉法尔加广场耸立着如今的国家美术馆（National Gallery），而广场北侧是为饲养国王马匹量身打造的皇家马厩（Royal Mews）。这一区域的可住房屋惨不忍睹，大部分都破旧不堪，住户也是鱼龙混杂。查令十字街以南坐落着宏伟壮观但又摇摇欲坠的建筑，此外还有一些街道，河面上运输船只不断，胡格诺法国移民在那里活跃。

达勒姆府（Durham House）是坐落于泰晤士河和斯特兰德之间的大型建筑。如今，此处设有达勒姆府院以纪念达勒姆府。1632 年，爱德华 · 亨格福德（Edward Hungerford）爵士出生于威尔特郡（Wiltshire）。他继承了一笔财富以及达勒姆府。他因嗜赌而负债累累，无力修复这座豪宅，因此达勒姆府变得千疮百孔。尽管如此，房子还是有过人之处：连通泰晤士河的亨格福德阶梯（Hungerford Stairs）。在生意人看来，这是个方便之门，他们可将商品运到此地，并在北边不远的科芬园市场出售。

街头小市场处处都是，但不久人们便意识到，人烟稠密的查令 180
十字街和斯特兰德大街需要开辟专属自己的市场。爱德华 · 亨格福德请愿国王将亨格福德府（Hungerford House）改为市场。1682 年，亨格福德市场隆重开业，这个欣欣向荣的“购物商场式”市场还带有一个屋顶广场。与多数伦敦市场不同的是，亨格福德市场所出售的产品没有特定种类。它出售鱼肉以及各类果蔬。1685 年以后，该处成为胡格诺教徒的购物天堂，且该市场因出售外国食品而声名鹊起。

市场的楼上设有一个大型会议厅，1688 年，难民在此成立了亨格福德市场教堂（Hungerford Market Church）。直到 1754 年，市场经营每况愈下，教堂开始变得支离破碎。尽管如此，该地区居民对市场仍有很大需求，很多人都要穿过亨格福德阶梯赶往市场，因此它又“残存”了一个世纪。当时，彼得·坎宁安（Peter Cunningham）在其书《伦敦手册》（Handbook of London）中宣称，市场最终关门大吉，因为“它不过是个普通市场，却千方百计地想将利登霍尔市场、比林斯盖特市场和科芬园市场合为一体”。尽管亨格福德市场后来启动了重振计划，但并没有如愿以偿，最终被“焚巢捣穴”，为查令十字街车站的开发让了路。1864 年，查令十字街车站建设大功告成。

本杰明·富兰克林（Benjamin Franklin）在亨格福德附近居住了长达 16 年的时间，彼时，本杰明在伦敦从事着印刷工作。虽然他觉得伦敦同事喝啤酒不加节制，但他还是对伦敦情有独钟。他教两名同事游泳，有一回他从切尔西游到了黑衣修士桥。他在青年时期首访伦敦时，就和他最好的朋友的女友打情骂俏，这女子是个

“受教良好、聪明活泼”的制帽商，经营着自己的店铺。女子对本杰明深恶痛绝，本杰明在自传中将此事描述为“另一种错误”。[28]本杰明·富兰克林故居位于克雷文街（Craven Street）36号，现已成为博物馆。

18世纪70年代，斯特兰德街头的娼妓肆意妄为。有天晚上，181
喝得酩酊大醉的值班警员（不分青红皂白）围捕了25名女性，并将她们羁押在了圣马丁巷看守所（Watch House）。其中6人在夜里窒息而亡，包括一名洗衣女工在内。洗衣女工在下班回家路上恰巧遇到这场围捕行动，她不幸被捕。圣马丁及其周边地区是个粗野之地，地区的发展在很大程度上要依靠卖淫。在一个庭院内，“13所房子全都破败不堪，而每所房子的每间屋子里都住着一个或多个最悲惨的普通妓女——这种情况现在在任何地方都见不到了”[29]。彼时，苏格兰场（Scotland Yard）的古老木制建筑物之间有很多墙壁，

……墙上有民谣、图片，还有可恶的乱涂痕迹，其主题是最俗不可耐的那种。一到晚上，墙边便站了一群妓女，她们衣衫褴褛、污秽不堪、令人作呕，此情此景让我大吃一惊，当今伦敦一角竟有这种人！这群龌龊的可怜虫只要拿到两便士便可与客户在墙后干柴烈火。[30]

1829年，军队于白厅广场（Whitehall Place）4号成立警察总局，而苏格兰场是进出这里的通道。到维多利亚时代后期，苏格兰

场周围几乎所有的建筑都被警察总局“据为己有”。因此 1890 年，当他们搬至维多利亚时，新建筑被命名为“新苏格兰场”（New Scotland Yard）。原苏格兰场附近有亨格福德阶梯，查尔斯·狄更斯曾在此地的沃伦布莱克宁工厂（Warren's Blacking Factory）做过学徒，他对此地描述如下：

……这里有一座摇摇欲坠的老房子，它临河而建，这儿的老鼠泛滥成灾。房子带有护墙板，地板楼梯已腐烂，老灰鼠钻入地窖吱吱作响，声音顺着楼梯传个不停，浮现在我脑际的是一派污垢和腐坏之象，宛若我在故地重游一般。[31]

182 当狄更斯在沃伦工作时，查令十字街区已成为时尚亮丽的伦敦市中心的眼中钉、肉中刺。伯克利（Berkeley）勋爵仍将狩鹿猎犬留在狗舍之中。如今国家美术馆的所在地为皇家马厩，即国王马匹的御用收容地。除了宏伟的菲尔茨圣马丁教堂外，这里的建筑物破旧不堪，租户也穷得叮当响。此处还有些“弹丸之地”，例如“百慕达”（Bermudas）和“加勒比小岛”（Caribbee Islands），尤其值得一提的是“粥岛”（Porridge Island），它被海丝特·索尔（Hester Thrale）描述为一条“普普通通的街道，小菜馆在此经营，为贫民带来便利。对于它的真名，我尚不知晓”。[32]

在特拉法尔加广场和查令十字街开发之前，该地的“临时性”体现在神秘的“汪汪馅饼”（Bow Wow Pie）之中。

骑兵卫队紧挨着面前的苹果摊位。每天中午12点，这里都有两个特大摊位撑起，用来出售“汪汪馅饼”。这馅饼的制作材料是调味很浓的肉，一层厚厚的外壳包裹着内馅，“躺”在又大又深的平底锅内。此馅饼一小盘的售价为1.5便士，食客买来之后通常是当场吃掉的。从食客的身份、说出的话、认识的人这些信息之中，能判断出他们基本上都来自底层社会。若有人连这一点都看不出来，只能说他愚昧无知了。[33]

如今，汪汪馅饼里这种调味很浓的肉馅已完全失传，这是一件憾事，兴许也是一件幸事。

19世纪初，该地已沦为破败之地，且已无可救药。摄政王渴望将欧洲大陆模式应用到英格兰，并希望得到回报。约翰·纳什轻举妄动，着手制订了一个“莽夫计划”。他想打造一条笔直的摄政街，那就要拆掉梅菲尔和苏活区现有的模糊边界，设计一条街道“通过东部入口连通贵族阶级出没的所有街道，并避开不良街道”[34]。一条颇具欧式风情的林荫大道将在西区落成，它从卡尔顿府（Carlton House）向北延伸至摄政公园，为圣詹姆斯、梅菲尔以及马里波恩的富人们带来自然风光，他们可在此赏心悦目地漫步、饮酒和受人瞩目。

事实上，这条街道最终建得零零散散，其北端最为成功。183
1820年，查令十字街的清除行动开始了，但特拉法尔加广场的开发却拖延多年。1838年，国家美术馆落成，虽然它是广场上最精美绝伦的建筑，但它终究是个“降格”的建筑，它建于皇家马厩的旧址之上，并重新利用已拆的卡尔顿府中的一些圆柱，也借鉴了其装饰特征。特拉法尔加广场为伦敦地标，但它宛若一潭死水。这里谈不上包罗万象，也谈不上朝气蓬勃，导致这一问题的罪魁祸首便是修建巴黎大街的糟糕尝试。在一位挥霍无度的亲王和一位自以为是的建筑师手下，伦敦最活跃，大概也是最粗鄙的一处地区被清除一空、弃置不用了。随着查令十字街车站的落成，旧伦敦的最后残迹也被迫退出历史舞台。尽管纳什的摄政街最终被“降格”开发，但他将苏活区“不良街道”集中起来的理念取得了成功，确保了该地区直到 19 世纪末和 20 世纪才开始走下坡路。

如今，彼时的艺术家、工匠、士兵、英国妓女、法国金匠、购物者和旅行者都成为过去式，我们穿过摄政街前往梅菲尔，那个伦敦“上层社会”的聚集区。

第六章

梅菲尔

梅菲尔（Mayfair）之名来自“五月集市”（May Fair）[1]，该集市于1686—1688年从干草市场搬来，但地盘已被如今的牧羊人市场（Shepherd Market）和可胜街（Curzon Street）取代。干草市场是伦敦专供干草和稻草交易的市场，也是成千上万匹马的取食之地。牧羊人市场以土地所有人之名命名，若是望文生义，将其理解为“牧羊人与羊群举行的田园聚会”，那就大错特错了，但该地确为乡野之地。

在乔治一世的统治下，五月集市关门大吉，这算是一个尽人皆知的丑闻，此后不久，五月集市便成为过眼云烟。皮卡迪利大街北段豪宅逐渐雄起，将梅菲尔吞没。而在豪宅之后，牛津街前的大部分区域仍为空地，那里是乔治时代伦敦发展最快的地区。到18世纪中叶，空地几乎被建筑全覆盖，那恢宏壮观的市政厅和绿树成荫的私人广场便是为达官贵人和时尚达人量身打造的。

在圣詹姆斯广场建立的建筑很快便转移至梅菲尔和圣詹姆斯分界线——皮卡迪利大街北段。梅菲尔居民可以在城里玩耍和购物。租房子和公寓对他们而言再适合不过，租期从单季到几十年不等，具体期限取决于双方意愿和财力。梅菲尔由7个重要庄园组成，它们主要以开发这些庄园的业主名字来命名：伯林顿（Burlington）、米尔菲尔德（Millfield）、康德特米德（Conduit Mead）、阿尔伯马尔（Albemarle）、伯克利、可胜，当然还有格罗夫纳（Grosvenor）。格罗夫纳庄园是现在唯一一个未被大肆破坏的家族式庄园。

这些在经济繁荣期拔地而起的庄园分布得零零散散，但那个世纪的经济循环（经济繁荣期和萧条期的循环）被战争频频打断。1713 年，《乌得勒支条约》（*The Treaty of Utrecht*）的签订加上乔治一世的继位，使人们摆脱了动荡不安的局势，也激起了伦敦西区的建设狂潮。遍布梅菲尔的绿色植物迅速由砖墙围起，越来越多的知识分子开始感受到阴森恐怖，并直言不讳："我一直以来都在体验着这种新气象，这里处处都有砖匠和劳工的影子，他们看似无事可做，但又像园丁一样挖一个洞、放几块砖，不久后，那儿便冒出一所房子。"[2]

186 梅菲尔是新兴贵族阶层的诞生地，此地财富的增长让它名声大振，此外它还被贴上了"有品有名"的标签。此地建有伦敦最宏伟壮观的府邸和最精美绝伦的花园广场。人们以新的方式创造艺术气息、打造文雅之风，由此缔造出众所周知的 18 世纪英格兰风格。

皮卡迪利大街的伯林顿府：一名"品味男子"[3]

自 1660 年开始，克拉伦登府（Clarendon House）和伯林顿府（Burlington House）等豪宅在皮卡迪利大街北侧纷纷涌现，但在当时，它们都是由红砖砌成的乡村住宅，很快便被历史车轮碾过。此后的一代人对它们进行了重建，但鲜少有人能像伯林顿第三代伯爵理查德·博伊尔（Richard Boyle）那样，如此显著而低调地影响着伦敦的建筑风格。和威廉·贝克福德一样，他在10岁那年，也就是1704年就继承了父亲的爵位。理查德到了十几岁时，便开始了跨越全欧的“盛大教育之旅”（grand tours）。“盛大教育之旅”由低地国家（Low Countries）的“醉游”演变而来，已在欧洲文化中占有一席之地。理查德对意大利心向往之，人也好，物也罢，他都进行了大规模的收集。21岁那年，他结束旅程，带着一名雕塑家、一名小提琴手、一名大提琴手、一些工匠、878箱艺术品和两台巴黎大键琴打道回府。

理查德对威尼斯建筑师安德烈·帕拉第奥（Andrea Palladio）的作品以及他那古典严谨的建筑风格情有独钟。1715年，苏格兰建筑师科仑·坎贝尔（Colen Campbell）出版了首卷《维特鲁威布里塔尼古斯》（*Vitruvius Britannicus*）。它是一部设计品专用目录，其中包括琼斯（Jones）及雷恩（Wren）的作品。同年，21岁的理查德·博伊尔任命坎贝尔为伯林顿庄园建筑师，负责该庄园的现代化重建工作。理查德是一个文质彬彬、才华横溢的年轻人，他热爱着有关意大利的一切，音乐也囊括其中。1719年，他成为皇家音乐学院（Royal Academy of Music）最初的捐助者之一。那个夏日，他就巴洛克歌剧相关话题用法语与亨德尔（Handel）展开了生动对话。理查德凭一己之力成为艺术赞助人。

188 伯林顿府竣工后大获成功。霍勒斯·沃波尔是这样描述这栋建筑的，“一夜之间，一栋宏伟的建筑童话般崛起，宛若神造”[4]。达官贵人前来一睹风采，以求灵光一现，很多人都纷纷效仿。理查德这个谦谦君子继续以建筑师的身份为朋友打造会议室和住宅，甚至为威斯敏斯特学校设计了宿舍。在理查德带动下，“帕拉第奥式”图案很快便风靡伦敦，它通常镶嵌于门廊之上的古典山形墙，以及建筑物的粗琢外墙角。它们崭露于绅士建筑师的书籍中，也呈现在建筑工和木匠的贸易手册里。如今，皮卡迪利大街仍在原址，帕拉第奥式建筑风格无处不在，它在沿街而建的爱德华七世时代的多数办公楼门窗上都有呈现，并悄无声息地验证了教皇对理查德简洁而不失优雅的建筑风格的间接批判，“那些傻瓜们照葫芦画瓢，如此一来，这一带的半数建筑都会有这种风格的痕迹”[5]。

“公证人的女继承人”[6]：格罗夫纳庄园

21 岁的柴郡准男爵托马斯·格罗夫纳（Thomas Grosvenor）与 12 岁的玛丽·戴维斯（Mary Davies）结为连理，自此，帕克巷（Park Lane）和牛津街之间的土地便于 1677 年纳入格罗夫纳家族。玛丽为“伦敦金融城公证人的女继承人”，也就是埃伯里庄园（Manor of Ebury）的继承人。如今，大半个梅菲尔、贝尔格莱维亚和皮姆利科地区都坐落于原埃伯里庄园之上。玛丽及其母亲，还有一个不够宽裕的继父因庄园而负债累累。在这种背景下，“幸运婚姻”是唯一出路。格罗夫纳家族虽然有钱有名，但在达官贵人中不过是个“无名小卒”。玛丽拥有地产，但既没钱也没教养。格罗夫纳44岁时便撒手人寰，在生前，他与玛丽诞下2个女儿和5个儿子。

在他埋葬的前一天，玛丽将家人介绍给天主教神职人员洛多威克·芬威克神父（Lodowick Fenwick）。9月份，玛丽着手计划与芬威克（Fenwick）派系成员，包括芬威克神父的弟弟爱德华（Edward）一道前往巴黎旅行。旅途中发生的事情，[7]对这个家族而言是场“悲剧”。重返伦敦后，玛丽向安妮女王（Queen Anne）起草了请愿书，指控爱德华·芬威克及其神父哥哥将她引诱至巴黎的一家旅馆，并给她灌用“大量鸦片和其他令人意乱情迷之物”，然后爱德华趁她中迷药之际娶她为妻。对于格罗夫纳家族以及玛丽的孩子和诸多仆人而言，这次事件极为惨烈，他们派遣代理人前往法国搜索目击证人。也许是为了支持玛丽申诉，她被公布患有精神障碍，最终婚姻得以取消。1730年，玛丽与世长辞。1733年，她最小的尚在人世的儿子罗伯特（Robert）成为她唯一的继承人。罗伯特有两个哥哥在婴儿期就夭折了，而另外两个哥哥也离开了人世，不过，他们逝前就已继承爵位。

罗伯特开始了他雄心勃勃的建设计划。格罗夫纳广场（Grosvenor Square）是整个梅菲尔广场的龙头，罗伯特特聘科伦·坎贝尔为广场东部设计出谋划策。建筑商约翰·西蒙斯（John Simmons）为其打造了伦敦首个豪宅临街建筑，即一个看起来宏伟壮观、硕大无比的房屋露台。此人令人敬畏，所有地块建设工作均由他承包。但是

1734年，建筑评论家詹姆斯·拉尔夫（James Ralph）对该露台展开了猛烈攻势，甚至称19号建筑（露台）为“对超凡事物的一次糟糕尝试”[8]。

尽管如此，对该建筑认可的人却比比皆是。塔内（Thanet）第七代伯爵很快便入住“糟糕”的19号房，后又以7500英镑（相当于现在的1100万英镑）的价格将其卖掉。20世纪，广场上多数精美绝伦的住宅都惨遭拆毁，19号也未能幸免于难。1764年，9岁的莫扎特[9]就在此地演出。同年，亚当（Adam）兄弟开始了住宅的改良工作。他们在广场一忙就是好几年，参与其中的都是名副其实的施工人员和能工巧匠。广场的多数住宅改造之后都包含了仆人居住的小房间，以及马厩和储藏室。

190 到18世纪中叶，格罗夫纳、伯克利广场（Berkeley Square）以及周围的街道都住得满满当当。这片土地建有住宅277栋，其中117栋（或略高于42%）为拥有爵位的家庭所持有。此外，大量服务行业的从业人员也定居于此。布鲁克街（Brook Street）有一名药材商、一个鞋匠、一位食品商、一名奶酪商和一个裁缝。1749年，76%的梅菲尔住户都是商人，包括建筑商、餐饮服务商、裁缝、两名假发制造商和一个束身衣作坊主。与此同时，这里还有75家酒馆、客栈和餐厅。[10]到18世纪90年代，此地已住有1526名居民，其中近2/3都“从商”，这里有松饼加工商、裁缝，也有绅士建筑师，不胜枚举。这都要归功于那些“贪得无厌”的达官贵人，因为他们可是18世纪90年代该地区的中坚力量。[11]

1792年波义耳（Boyle）的《宫廷指南》（*Court Guide*）首次出版，它是杂志《A–Z》（*A-Z*）和《你好！》（*Hello*！）的“结合体”，旨在向伦敦游客展示时尚亮丽的街道，以及那些“王侯将相”的住所。布鲁克上街（Upper Brook Street）的住户几乎全都是宫廷精英。根据指南，这里大概共有55所房屋，其中49所的户主均为宫廷贵族。指南列表中体现着一种浓浓的等级意识，几乎揭示了贵族之间的等级制度。

大资本家或者公爵处于“金字塔尖”，[12]约有400位贵族和贵族夫人，他们人均拥有1.4万英亩土地。位居其下的则是大地主，平均享有约3000英亩土地，而“金字塔底”的乡绅起码持有1000英亩土地。18世纪时，许多人因经商而获巨额财富，他们热衷于购置住宅和乡村庄园，但若有更好的投资机会，他们往往会在有生之年将房产处理掉（获取钱财进行投资）。对贵族阶层而言，若家族府邸能住三代或以上，此家族可被授予“绅士之家”的称号，而乡村别墅则给人“世世代代都要居住”之感，其住户家世平平。

此时的伦敦是一个假货横行却弥漫着艺术气息的喧嚣之地，发展潜力不可估量，但危险重重。贵族阶层的代表事物——文化、政治、赌博、龌龊肮脏的性生活和华而不实的财富，与城市景观“相映生辉”。伦敦社交季（The London Season）在一定程度上是由议会会期所决定的，会期从11月一直持续至夏季休会。社交季期间，人们可购物、出访、聚会、观展和看演奏等。有2/3的梅菲尔居民会享受这为期 4 个月的社交季（从 4 月至 8 月），那么 9 月注定会苦乐参半。

191 18 世纪，越来越多的人对梅菲尔望眼欲穿，这就保障了最初投机者及其投机行为能够顺风顺水。然而，格罗夫纳家族的内部情况不容乐观。罗伯特死后，他的儿子理查德（Richard）便继承了家业。他并非愚不可及，但也几乎没能继承其父的老成持重，不久后，他便开始大肆赌博。但是赌博并非他身上唯一存在的问题。1765 年，他将坎伯兰郡（Cumberland）公爵亨利（Henry）和自己的老婆汉丽埃塔（Henrietta）捉奸在床。那年，理查德 38 岁，而这对奸夫淫妇都 24 岁。他起诉公爵，罪名为“犯罪性交”或“通奸”。但他未能离婚，因为汉丽埃塔能证明他也有欺诈之过。不过理查德还是胜诉了，获赔了一万英镑。这个引人注目的案件结束后，他同汉丽埃塔分居，并继续“放飞自我，玩弄女色，成为同龄人中最放荡不羁的男人之一”，但也会“落入妓院圈套”。[13]

1785 年，理查德在万般无奈之下将庄园移交至受托人，以便让后者管理，以偿还他自己所欠下的巨债。1802 年，理查德因手术并发症与世长辞，负债 15 万英镑（约为现在的 1.2 亿英镑）。如此巨债，恐怕只有这个对赛马和赌博走火入魔的人才会欠下吧。幸运的是，尽管还款让现金消耗殆尽，但格罗夫纳庄园的大量资产仍保留如初。到 19 世纪 20 年代，罗伯特所授予的所有租期为 99 年的契约都已到期，他的孙子罗伯特也开始对其“家族帝国”加以巩固。

切斯特菲尔德勋爵：梅菲尔的书信作家

菲利普·斯坦霍普（Philip Stanhope，1694—1773），即切斯特菲尔德（Chesterfield）第四代伯爵，设立了一系列规则以供贵族阶级遵从。格罗夫纳广场经过开发后向四处“蔓延”，其南部可胜街的拐角处便坐落着切斯特菲尔德府（Chesterfield House）。在乔治时代的伦敦，最闻名遐迩的系列信件就在此府由伯爵创作。所有信件都指向同一个人，即他的私生子菲利普（Philip）。菲利普生于1732年3月，生母为法国女教师伊丽莎白·德·布歇（Elizabeth de Bouchet）。1733年，切斯特菲尔德迎娶了乔治一世和肯德尔（Kendal）公爵夫人的私生女彼得罗妮拉·梅卢西娜·冯·德·舒伦贝格（Petronilla Melusine von der Schulenberg）。她是他的隔壁邻居，41岁时嫁给了比她小1岁的切斯特菲尔德。尽管切斯特菲尔德有着来自各个社会阶层的情妇，但彼得罗妮拉依旧非常关注其继子的幸福，并乐此不疲。切斯特菲尔德对自己并不满意：他本有高贵血统，但个头很矮、头偏大、牙齿难看。“我多么希望自己再高一点啊，但也就想想罢了，那单座轻便马车都比我这样的侏儒高一些。”[14]他意识到外表的重要性，并痛心不已，且试图在其448封信中向儿子传达这一点。这些信通常言辞犀利、冷若冰霜。纵观菲利普的生活，几乎所有方面他都要寻求侵入或支配。 192

菲利普是一个直言不讳又温文尔雅的男孩。切斯特菲尔德让他参加了一场“盛大教育之旅”。随着两人的距离变远，他的信件教导也越加严格。他将“盛大教育之旅”视为菲利普的学徒课，在此期间，菲利普必须勤勤恳恳，方能培养绅士风度。菲利普需要在此“正规”教育中认真学习语言和基本常识。

可怜兮兮、温柔敦厚的菲利普试图取悦其父，并回复了些拉家常的信件，内容包括他对 18 世纪身在都灵的英格兰人的观察评论。他父亲回信道：“至于他们是谁，我尚不知晓，但我深谙身在异国的年轻同胞普遍行为不良、举止不雅且冥顽不化，他们在聚众扎堆之地尤其如此。”[15]

切斯特菲尔德从未间断对私生子外观的关注，他还为此坐立不安：

> 托洛特（Tollot）先生说，你属易胖体质。我希望你能尽可能减少脂肪摄入量，不要使用任何腐蚀品保持身材苗条，尽可能少摄入那些会使你发胖的东西，勿喝巧克力热饮，勿饮加入奶油的咖啡……任何人摊上肥胖都会有诸多不便之处，此外，肥胖的年轻人毫无风度可言。[16]

这些建议都有“亲爱的儿子”和“亲爱的朋友”等亲切称谓，至于如此称谓能在多大程度上为这冷言冷语加温就不得而知了。然而，切斯特菲尔德并不乏幽默细胞。他的书信通常都趣味横生、富有张力。虽然生活理念和行为观念不知变通，但此人却心细如尘。

193 菲利普似乎不大可能一心一意地花时间在花园尽头阅读伟大诗

人之作。他并非明星，虽然借助父亲的影响力取得了一官半职，但他整天无所事事。1768 年，他去世了，享年 36 岁，此时切斯特菲尔德才吃惊地发现，自己的私生子竟已与一位爱尔兰绅士的私生女结婚 10 年之久，并育有两个儿子。也许他只是过于害怕父亲，而不敢把妻子介绍给父亲。菲利普之死让其父一蹶不振，切斯特菲尔德写道："我感到每况愈下，我觉得我不会轰然倒地，但会缓缓滑落至生命之山的尽头。"[17] 他说得没错，1773 年 3 月 24 日，他在切斯特菲尔德府与世长辞——只花了 8 年时间便走到了山之尽头。他将钱留给了仆人，并在遗嘱中说，"仆人本质上与我们是平等之人，只不过持有财富不同罢了"。切斯特菲尔德写给儿子的信表露出乔治时代伦敦上层阶级细微的影响、压力和期望，而且似乎句句都是肺腑之言。

伯克利：帝国广场

在格罗夫纳庄园边缘地带，其他贵族也在搞建设，但建筑物错落不齐，入住者也寥寥无几。1696 年，第三任伯克利勋爵将伯克利府出售给德文郡第一公爵。德文郡没有对府邸北部的景观设计降低要求，最终北部的空地实现"华丽转身"，成为伯克利广场。

广场东部最著名的居民当属霍勒斯·沃波尔，他在 11 号住宅度过了生命中的最后十五载。他在那儿写下诸多知名信件，"将公共事件[18] 写得非常生动，若无此编年史，那些较为精致的细节将完全不留痕迹地淹没在历史大潮之中”。如今，他的家府之地已被汽车样品间和办公室取代。

194 此外，如今的商业建筑也覆盖了彼时的多梅尼科·内格里（Domenico Negri）的冰激凌店，该店后来又演变为富有传奇色彩的摄政蛋糕店，即甘特蛋糕店（Gunter's）。1757 年，内格里在伯克利广场 7 号和 8 号建起自己的糖果店。他精心打造的名片里写道，他可制作：

> ……各式各样的英式、法式和意式干湿甜肉、香橼、佛手柑片以及那不勒斯蒂沃利内（Diavolini）和蒂沃隆尼（Diavoloni）；形形色色的点心和蛋糕（既有精致的，也有普通的）、糖李子、蕨糖浆、杏仁糖浆、药蜀葵，以及用于防治感冒咳嗽的止咳糖或润喉糖；花样繁多的最佳意式冰块、水果和乳霜；同样，这儿也提供时尚娱乐服务，并以最低价出售各种带有沙漠图案的产品以及玻璃制品。

内格里的两个学徒则不断出版自编的食谱书，并大获成功。弗雷德里克·纳特（Frederick Nutt）所作《完全糖果店》（*The Complete Confectioner*）涉及冰激凌配料，比如扁桃仁和帕尔玛干酪，这种配料即便在今天也很时尚、创新。冰激凌制作器为锡铅合金炒冰器或冷冻锅，将该制作器塞入一个木制冰桶中，之后用木滑槽或铲子从侧面铲下冻结的晶体，搅碎混合物使其表面保持光滑，便得到了冰激凌。内格里还出售棕色面包、接骨木花以及开心果冰激凌。我们可以认为，店内所有糕点的风味都走在时尚前沿。

1777 年，内格里与詹姆斯·甘特（James Gunter）成为合伙人。到 18 世纪末，内格里蛋糕店更名为甘特蛋糕店，摄政时期诸多浪漫人士都光顾于此。甘特蛋糕店绝非一家平平常常的糕点店，它还承载着甘特的勃勃野心。詹姆斯·甘特想将店内原料都取材于自家农产品，因此开始在西边老布朗普顿（Old Brompton）一带买下小型商品果蔬园。此外，他还购置了土地建造“伯爵庭院小屋”（Earl’s Court Lodge），媒体戏称它为“醋栗酱馆”。过了段时间，他又收购了如今博尔顿教区所在的地块，从而为家族后人奠定了财富之基。如今富勒姆（Fulham）的甘特·格罗夫（Gunter Grove，豪华公寓）就是以他的名字命名的。

伯克利广场的西侧则居住着另一类型的帝国栋梁。罗伯特·克莱武（Robert Clive）曾是个行为不端的小学生，但他后来成长为为大英帝国印度殖民地保驾护航的大将。他做过士兵、公务员、股票经纪人，还是个自我宣传家。克莱武出生于什罗普郡的一个古老的律师之家，十几岁时便被派至马德拉斯（Madras）的东印度公司做抄写员。

克莱武在印度时孑然一身，不到一年竟两次尝试自杀。但两次举枪都射出了哑弹。自杀未遂反而让他备受鼓舞，从而全身心 195
投入了工作。1746 年 9 月，马德拉斯沦为法国殖民地，克莱武受命帮助英国人捍卫辖区。1748 年，《艾克斯·拉·恰佩勒条约》（*Treaty of Aix-la-Chapelle*）签订，彼时，克莱武出任军需官，并开始为其私人财富奠定基础。[19] 他 25 岁时就开始“求助”鸦片，以抚慰神经。

埃德蒙·马斯克莱恩（Edmund Maskelyne）作为克莱武在印度最亲密的好友，向克莱武朗读了他收到的来自英格兰的信件。

“写信的人是谁？”克莱武问道。“我妹妹，”埃德蒙答复，“看，我妹妹的微型画就挂在那儿”。“画如其人吗？”克莱武问。“没错，”马斯克莱恩回答，“画中人的脸和身材都是她实际模样，此外她思想超凡、品质卓越，这画可体现不出来”。“很好，马斯克莱恩，”克莱武握住他的手，“你很了解我，请把我如实介绍给令妹吧，你觉得我会把令妹吸引到印度，嫁我为妻吗？”[20]

没想到，埃德蒙还真说服了 17 岁的妹妹玛格丽特前来印度嫁给了他这个魅力四射而又富贵荣华的年轻朋友，不过，那时他已沦为一个郁郁寡欢的瘾君子。一个多月后，他们便扬帆起航，赶往伦敦，但此后，克莱武将其在印度的财富都投资到了钻石上。返回英格兰后，他试图进军政坛。但两年后，不满 30 岁的他在东印度公司的说服下重返印度。次年（1756 年）8 月，孟加拉国的印度行政官攻占加尔各答，40 名英格兰士兵丧生于“黑洞”事件。1757 年，克莱武在普拉西战役（Battle of Plassey）中大获全胜，并收到米尔·贾法尔（Mir Jafar）赠予的巨额现金和大量土地。此人是一名讨人喜欢且握有实权的印度行政官。

英国船员将 4 只巨龟从塞舌尔带至加尔各答，并在那儿将其赠予克莱武。其中 3 只几乎立刻就一命呜呼了，唯一幸存者叫作“阿德维塔”（Adwaitya），又称“当世无双”。克莱武视阿德维塔为宠物。在它主人最后一次作别印度后不久，它便开始在加尔各答的花园踱来踱去。1875 年，再没人照看它，最终，它被送至加尔各答动物园，并于 2006 年寿终正寝，享年 256 岁，成为全世界寿命最长的龟。

1760 年，坐拥万贯家财的克莱武重返伦敦，并入住伯克利广 196
场 45 号。他相当依赖用鸦片控制自己的“神经痛”，其个人财富所引起的公愤也在与日俱增。他通过购买议会席位进军政坛，但《公共广告商》《宪报》和《新每日广告报》通力合作，刊登了他的信件、账目，还就他在印度的斑斑劣迹展开辩论。伦敦人都对他如何不择手段攀登仕途高峰了如指掌。

1769 年夏，印度的局势变得动荡不安，东印度公司本身也陷入混乱。特别委员会对公司展开调查，并对所有高官进行采访，克莱武也在内。他对任何不当行为都矢口否认，他的傲慢有时近乎于妄想：当被问及他是否接受了米尔·贾法尔巨额贿赂时，他义愤填膺地辩驳道，“主席先生，我已经表现得如此克制了，连我自己都惊讶不已！”[21]

1773 年，下议院处理了克莱武从米尔·贾法尔处非法受贿一案，克莱武罪名得以洗脱，因为其所作所为确实为大英帝国的印度殖民地提供了安全保障。同年，议会通过了一项法案，东印度公司变更为国企，以便利于政府管控。该法案也是克莱武开始走向生命终结的标志。此后，他便与东印度公司及其前盟友们渐行渐远，并前往意大利购买绘画作品。1774 年 11 月，他返回伦敦，顶着重感冒抵达伯克利广场。11 月 20 日，他在与朋友打牌时推卸责任。不久后，人们在隔壁房间的地板上发现了他的尸体。克莱武是自杀身亡的，但具体如何尚不清楚。有人说，他用小刀割喉而亡；也有人说，他因服用过量鸦片而驾鹤西游。

报纸对其亡故进行了低调报道，字里行间并未流露出尖酸刻薄。在他生命的最后 10 年里，公众的嗤之以鼻和严词批判从未间断过。他的纪念碑碑文简洁而不失真实："印度超级领袖"[22]。

197 威廉和约翰·林内尔的大店铺：不同寻常的木材雕刻师

伯克利广场的许多居民不想同梅菲尔其他地区保持整齐划一的风格。广场北侧的大部分地区属于格罗夫纳家族，乔治时代的伦敦最出色的家具作坊之一便是在此地开张营业的。

威廉·林内尔（William Linnell）曾受过雕刻师培训，并成为朗埃克（Long Acre）的一名框架和家具雕刻师。该公司发展蒸蒸日上——从最初的雕刻业务发展到后来形形色色的精致家具和镜子制作业务。因此，到 1754 年，他们不得不寻找更大的经营场所。威廉曾从一名蹄铁匠那里购置了一块地，并建起一所新房。该蹄铁匠在伯克利广场北侧的一块农田中生活和工作。该房有 65 英尺长的临街面。前边（临街）部分有 3 个楼层，后边部分有些有 4 个楼层，每个楼层的每个部分都设有工作坊。前侧房屋的一层为陈列室或“前侧商品储藏室”，具体设有“玻璃屋”或镜子陈列室、细木制品店以及办公室和杂物间。杂物间没有原木，但有供客户选购的一些画框和家具。大厅里的大理石板堆放在一起，等待制成桌面。穿过大厅便进入贮木场，那儿有一个锯木坑（可供工匠使用）、工具磨削设备以及一个梯子。家具可在院内进行包装，之后便被运至客户家中。有的客户远在数百英里之外，且运输途中有些道路尚在修缮、崎岖不平，所以每件家具须精心包装，以起到缓冲作用。家具的垫子由灯芯草编制而成，单价为一先令，而其在家具运输时可悬挂在板条箱内的框架中。较小物品（例如镜子）则卖给了那些乘坐轿子的伦敦买家。

房子一楼布置有橱柜和椅子制造室，可容纳 13 个工作台，以 198
及一个座套屋。此外，一楼还有威廉儿子约翰的工作室。约翰曾在圣马丁巷学院就读，是“一名出类拔萃的木材雕刻师”[23]。工作室挂满了图像，还摆着“一个带色盒子、一个旅行用颜料盒、一个桃花心木画架、一块斑岩和一个研磨机（用于颜料研磨）以及一帽盒图纸”[24]。顶楼是进行雕刻、镀金及填充枕头的房间。在满是木屑的房子中，镀金室是最干净的房间之一。玻璃罐置于长凳之上，内装 50 多磅镀金“粘料”，也就是将金色镀到家具上的镀金浆，这可以让人们了解威廉所生产的镀金家具数量及其成本。此外，这种混合粘料的主要成分包括亚麻子油、羊皮纸、白铅、松节油、烈性酒和白垩粉——这些材料都置于室内，极大地增加了阁楼的易燃性。

1763 年，约翰·林内尔的父亲与世长辞，此后，他将业务拓展至家具制造的高端领域。他常与罗伯特·亚当（Robert Adam）合作，根据这名建筑师对内部装潢的要求设计家具抑或完全采纳亚当本人的设计。约翰的私生活超乎寻常。他对女演员和剧院爱如珍宝。最终，他在 65 岁时完婚，但他并未在遗嘱中提及妻子，遗嘱受益人是他的情妇们和一名私生女。

约翰认为“林内尔家具制造帝国”应与他同生共死。在他去世后，其房子便化身为第谷·托马斯（Tycho Thomas）所拥有的伦敦首批“酒店”之一。若今日进入伯克利广场，便会发现这儿几乎没什么亮点可言，但自约翰·林内尔在广场的北侧阁楼上雕刻家具以来，中央花园的伦敦梧桐便一直供广场群众遮阴乘凉。

希尔街和“蓝袜族”的诞生

1744 年，26 岁的伊丽莎白·蒙塔古（Elizabeth Montagu）在附近的希尔街（Hill Street）安家落户。她坚信，这儿将成为“大都市所有时尚达人和知识分子相聚一堂的中心点”。她曾写信给大卫·加里克，“我从不邀请那些酒囊饭袋来我家中做客”。[25] 伊丽莎白还获得了“蓝袜族女王”的称号（这里的“蓝袜族”是知识女性的一种称号，常含贬义），而在童年时期，她却因为无法文文静静而被称为“热锅上的蚂蚁”，但这只是一种精神特质和身体特点而已。

伊丽莎白有些勉为其难地嫁给了一个名叫爱德华·蒙塔古 199
（Edward Montagu）的男子，这一点跟玛丽·皮埃尔波因特夫人（Lady Mary Pierrepoint）并无二致。但蒙塔古并非外交家，而是一个 50 岁的单身汉，不过他在伦敦东北地区坐拥大量煤矿。既然有个非凡的妻子，他便只能生活在妻子的光影之下了。他们有一个儿子，名叫约翰，绰号“庞奇”（Punch），他在两人新婚的九个月零六天便呱呱落地。但是次年 9 月，庞奇就在希尔街房屋建造之际早夭了。祸不单行，儿子死后不久，伊丽莎白的母亲也因癌症撒手人寰，她心如刀割，悲痛不已。关于蒙塔古作何感想，已无从稽考。但在余生，伊丽莎白再也不会为他怀孕了，她与丈夫分居时间也越来越长，不过他们依旧互为好友。

1746 年，伊丽莎白之父搬至伦敦，并与管家一道安家落户。伊丽莎白家族的婚姻普遍不按常理出牌，她姐姐莎拉（Sarah）自然也不例外。婚后不久，莎拉便迫于家人的压力与丈夫分道扬镳，最终因“婚姻无性”离婚。1762 年，莎拉匿名出版了《千禧厅与邻近国之描述》（*A Description of Millennium Hall and the Country Adjacent*）。这部乌托邦小说着重描写了一群来自上流社会的时髦女性，她们规避恋爱和婚姻，从而避免洞房花烛夜，这兴许是莎拉乌托邦思想举足轻重的一部分。此书共有 4 个版本，“蓝袜族”将其奉为“圣经”。

伊丽莎白对姐姐鼎力相助，并竭尽全力保证“家丑不外扬”，之后，她又华丽转身为“伦敦女主人”，并将知识分子团体的核心人员聚在一起，打造了“蓝袜社”。他们欢聚一堂，并对伊丽莎白的两大爱好——戏剧和文学促膝长谈。社团绰号源自植物学家本杰明·斯蒂林弗利特（Benjamin Stillingfleet），他常穿着粗糙的蓝色精纺长袜前去参加精英聚会。

到18世纪60年代，伊丽莎白的聚会已名声远扬。在聚会中，
200 打牌和酗酒是明令禁止的。塞缪尔·约翰逊、霍勒斯·沃波尔、大卫·加里克和乔舒亚·雷诺兹都是她的好友，伦敦的聚会已与巴黎的文学沙龙相差无几。但是，行人并非总能安安逸逸、雍容娴雅地在希尔街进进出出。18世纪中叶，在梅菲尔地区，特别是海希尔（Hay Hill）和希尔街一带，强盗行径越加肆无忌惮，这些地方被描述为“拦路强盗的滋生之地”[26]。

梅菲尔的“奔跑男仆”

16世纪末期，大街上的马车比比皆是，“奔跑男仆”会跑到前面，为马车开路，他们身上背有坚如磐石的棍棒，目的是驱赶强盗。尽管马车提速，出手较为阔绰的车主仍旧聘用可以跟在车后面奔跑的男仆。1663年夏，塞缪尔·皮普斯在7月3日的日记中评论那些街头闲谈：

那不过是里士满公爵的“奔跑男仆”——李（Lee）和一名共济会会所守门人（一个著名的跑步爱好者）在比班斯特德唐斯（Banstead Downs）的竞走比赛而已。尽管包括国王和约克公爵在内的大部分人都赌这名守门人赢，但他却成了李的手下败将。

此外，皮普斯还在日记中记录了另外两项比赛，参赛者中均有一名奔跑男仆。

对奔跑男仆而言，生活如此多娇，“他们在前厅聚众扎堆”，过道里、楼梯平台上那黑压压的一片正是他们的身影……此外他们暴饮暴食、放荡不羁、四处行骗、聚众赌博，威胁访客以求捞些好处。[27] 1750 年，奔跑男仆人均薪水约为 7 英镑，但好处费或额外收入约是 40 英镑（约为现在的 6 万英镑），这意味着他们赚得盆满钵满。他们配有府上最好的制服，包括上乘的白色长袜和衬衫，此外他们身高至少 6 英尺，看起来身强力壮、冷若冰霜而又风度翩翩。梅菲尔的工人酒吧中就有“三位主席”（The Three Chairmen，布鲁顿马厩改建房内的酒吧）和“唯一奔跑的男仆”（The Only Running Footman，位于伯克利街）。

奔跑男仆因流言蜚语而臭名昭著。传统上，他们常被委以秘密差事。此外，他们还因狂妄自大和越俎代庖而声名狼藉。1725 年，塞萨尔·德·索绪尔抱怨：“若您与达官贵人一道用餐，则须在离开时给五六名奔跑男仆每人一枚硬币。他们通常会在大厅排成一列，您至少要给他们每人一先令，如若不然，下次您可能就要被粗鲁对待了。”[28]

201 约翰·帕里（John Parry）本是一名奔跑男仆，但后来却变成了梅菲尔街上的罪犯，1754 年，年仅 27 岁的他就因盗窃被处以死刑。“这个年轻小伙，温文尔雅、眉清目秀，且对自己容貌喜爱有加。”他在蒙茅斯郡（Monmouthshire）长大，后又来到伦敦，并在汉诺威广场（Hanover Square）当过奔跑男仆。他是一名训练有素的英式墙手球运动员，经常在莱斯特广场附近的希金斯球场（Higgins's Court）打球。他曾出海过一段时间，不久后便返回伦敦担任奔跑男仆，因为“波涛汹涌”的喧闹生活使他不堪其扰。他回到了第一位雇主那里，彼时，他住在伯克利广场。入住期间，他“与一位酒店老板的老婆熟识起来”，两人从她丈夫那里偷了约 60 英镑后便逃之夭夭。7 周后，酒店老板的老婆回来了，是她丈夫把她找回来的。帕里蹑手蹑脚地前往牛津郡（Oxfordshire），继续担任奔跑男仆，“但他在那儿待的时间不长，市中心是他的寻欢作乐之地”。

1750 年，他在伯克利广场被另一位贵族聘用。

> ……在那里，他被视为精明能干、英姿飒爽的小伙儿，当女雇主所认识的贵族朋友想找些非同寻常的乐子时，便借他一用，让他站在桌旁等候吩咐。这个十足的“急先锋”积极工作且大有作为，他的两三个同事亦是如此。[29]

1753 年 7 月，帕里“被派往她女雇主的银行经理人那里收取一笔可观的款项用以还账”。然而，他把钱据为己有，并伪造了店主的收据。雇主对奔跑男仆一贯都信任有加，一周之内，他便被委托为雇主偿还 1100 英镑。拿到钱后，他潜逃至查令十字街，在那里，他只敢在午夜乘坐“多佛”马车。不久后，他便赶往巴黎，过上了绅士般的生活，且在网球场上大出风头。巴黎最出类拔萃的球员都成了他的手下败将，因此，他被视为欧洲“墙手球和网球”最佳选手。

而他的前雇主誓要将他一追到底，并写信给了她在巴黎的联络 202
人。最终，帕里落入法网。他对罪行供认不讳并退还了 400 英镑，但法国不会轻易让他离境。19 周后，法国当局大发慈悲，将他驱逐出境。于是，他赶往热那亚（Genoa），他在那里参与了一件谋杀案，不久后便又溜之大吉了。1754 年 3 月，他重返英格兰。

抵达伦敦后，帕里开始了越加肆无忌惮的犯罪生活。他来到伍利奇（Woolwich），并落脚于沃克斯豪尔（Vauxhall）的藤蔓酒吧（Vine Pub）。有一次，他睡了一整天，而第二日晚上 10 点，他便骑上一匹租来的马闯进了梅菲尔，“他正好在切斯特菲尔德爵士的花园围墙旁看到一名年轻女性，便将其拦下，按在墙上，并劫走了她的钞票和一个金表”。毫无疑问，此表相当精美，第二日早上，他便用表换了 14 基尼。“然后，他到了斯特兰德大街的军械工那里，花了 4 基尼买下一个手枪支架，之后他便乘船返回其藤蔓酒吧的房间。”

那日夜幕降临后，他在伯克利广场上拦下了一个名叫尼斯贝特

（Nisbet）的男子，抢劫了其手表和9基尼现金。此后，他又继续在广场上劫持了一辆马车，从卡里斯福斯（Carisforth）勋爵和普罗比（Proby）上尉身上掳走了约9英镑。当晚，他便在斯特兰德大街附近一家非法经营的店铺把这只表当了。之后，帕里付钱给一名酒吧负责人，让他将马牵至藤蔓酒吧，而他自己却步行前往莱斯特广场的妓院，与一名妓女行了床第之欢。

3月30日，梅菲尔的4个无名之辈逮住了他，毕竟此人“对市中心的那些上层权贵人士施以恐吓”。差不多就在前一晚帕里劫持年轻女士的同一地点，他们同他撞个正着。当盘问他时，帕里说他来自牛津，正赶往布卢姆斯伯里广场。这些人对此并不买账，他们在他的腿和马鞍之间发现了一支扣好扳机且已上了膛的手枪。于是他们要求帕里下马，但帕里策马扬鞭，试图逃之夭夭。他们中的一人紧紧握住马的缰绳，其他人则放狗对马展开攻势。此狗正是为“作战”而养，它能跳到马的鼻口处令马动弹不得。帕里遭到逮捕，然后被押至亨利·菲尔丁那里，他对这一切供认不讳。之后，帕里被押至纽盖特监狱，最终在审判中被判有罪，他在泰伯恩刑场被施以绞刑，见了阎王。

203 帕里的自甘堕落恰逢奔跑男仆的辉煌期终结之际。18世纪末，大街上攘来熙往，马车奔驰如飞，奔跑男仆再无用武之地。奔跑男仆逐渐“走出曾盛极一时的世界”[30]。昆斯伯里（Queensberry）公爵被称为“老昆”，据说，他保留了最后一批奔跑男仆，目的是彰显他的男子气概。公爵有个习惯，即在阳台旁观（奔跑男仆）候选人如何在皮卡迪利大街跑上跑下，从而测算其所用时间，衡量其奔跑速度，并择优雇用。测前，奔跑男仆们都会穿上制服。有一次，一名候选人作了自我展示，他穿好衣服并一路狂奔。表演结束后，他来到阳台前，公爵对他说："你表现太棒了，适合跟着我。"那男子答道："您的制服穿到我身上也是恰到好处。"[31] 言毕，身着制服的他撒腿就跑，再一次向公爵展示了他的实力。

"选择不计其数，易让人心生贪婪"[32]：邦德街和牛津街

最初，东部伦敦城的仓库吸引了有闲阶层前去消费，但是，梅菲尔街道很快变得时尚靓丽，商铺也在街道两旁蓬勃发展。1696 年，老邦德街（Old Bond Street）建成，20 年后，二期建设工程也蓄势待发。1717 年 6 月 1 日的《周刊》（*Weekly Journal*）记录道："建筑工人不辞劳苦、竭尽全力地建设邦德街和马里波恩之间的街道，甚至房屋还未建成，便已被出租或出售了。"老邦德街与新邦德街（New Bond Street）交汇于名为康德特米德（Conduit Mead）的露天场地，彼时，新邦德街已成为时尚富人购物以及其他活动的天堂。

在邦德街和牛津街的沿街商店和其他场所中，形形色色的消遣 204
娱乐商品如雨后春笋般呈现，有钱人享受其中。牛津街上的出租马车排了一长溜，等待购物者租用。一到晚上，街上便灯火通明，商

店一直营业至午夜时分。邦德街上的美术馆、美发馆、裁缝店、珠宝店、兽医店、音乐商店、歌剧售票处（仅一家）、帽店、印刷店、书店，以及借阅图书馆和一个名为“卡尔弗韦尔”（Culverwell's）的澡堂都“嗷嗷待哺”，等待顾客喂钱。此外，还有一些普通商店出售衣服、靴子、手套和缎带。旅馆和饮食店也蓬勃发展，是疲倦者心灵的港湾。

商铺上方便是廉价的住房，这是作家和艺术大师们同其赞助人心中的理想佳地。1768 年，劳伦斯·斯特恩——这个嬉皮笑脸的爱尔兰牧师、《项狄传》（*Tristram Shandy*）的作者以及大卫·加里克和伊丽莎白·蒙塔古的朋友死在了“丝绸袋商铺”上层西侧的住所中，享年 54 岁。他患有肺痨，刚从舟车劳顿的旅程中归来。“他所住公寓的女服务员帮他擦热冷脚，以助其恢复血液循环，但这终究是徒劳无功。他抱怨着天气越来越冷，然后便一命归阴，连呻吟都没有。”[33]

邦德街上的其他寄宿者包括优秀人士托马斯·皮特（Thomas Pitt），即第二任卡姆尔福德（Camelford）男爵（1775—1804）。他出生于康沃尔郡（Cornwall）博康诺克（Boconnoc）的一个富裕之家。6 岁时，他便入选成为“英国皇家舰艇多巴哥号”（HMS Tobago）的船长仆人。“英国皇家舰艇多巴哥号”是凶兆还是吉兆？托马斯是否真的在 6 岁时就出海？这些都无从考究，但可以肯定的是，1790 年，他已扬帆起航。彼时，年仅 14 岁的托马斯在船只撞击冰川、船员擅离船队后，帮其指挥官把《卫报》（*Guardian*）

的关注焦点吸引至开普敦（Cape Town）的塔布尔湾（Table Bay）。

1791年，托马斯加入了“英国皇家舰艇发现号”（HMS Discovery），彼时他的身份并非长官，只是一名一级水手。乔治·温哥华（George Vancouver）船长率领“温哥华探险队”（Vancouver Expedition）向加拿大方向扬帆起航。旅途之中，托马斯屡遭鞭笞，因为他一意孤行且胡作非为，尤其是年仅16岁的他竟试图用枪管上的碎铁片“大展身手”，以取悦塔希提岛的一名当地女孩。温哥华对他严惩不贷，最后又在帆船停下后掌掴了托马斯以试图杀一杀他的锐气。自托马斯登船后，别人已经把他当成年人对待了。1793年，他父亲出乎意料地撒手人寰，于是他被叫回家接管庄园。但他并未急于返回，而是在一个又一个帆船上继续服役，直到1796年，他才最终返回伦敦。

回家没几天，他在康德特街（Conduit Street）碰到了乔治·温 205
哥华。从旅程一开始，他便遭受温哥华的颐指气使，想到这些，这名20岁的卡姆尔福德男爵便怒火中烧，索性在大街上跑起来，并对41岁的温哥华大打出手。不久，殴打事件占据了新闻头条，詹姆斯·吉尔雷（James Gillray）还将此闹剧绘成了漫画，冷嘲热讽。漫画中，卡姆尔福德正对温哥华船长大喊“卑鄙下流的懦夫”，而后者则高声尖叫以求援手。卡姆尔福德被迫收手并离开现场。后来，他再次出海。1798年，他枪杀了一名威胁要兵变的军官，因此遭到了马提尼克岛（Martinique）军事法庭的起诉。1798年年末，他决定前往法国，当时英法正处于战时状态，卡姆尔福德赴法实为非法之举。虽然枢密院（Privy Council）没有证据证明他做过任何违法之事，但他们还是怀疑他是间谍，将他逮捕审讯，自此，他便告别了海军服役生涯。媒体虽然将他视为“无耻汉奸”，但仍对他欣赏有加。他风度翩翩，且“高六英尺两英寸，有一头棕色卷发，一双深蓝色眼睛，还有一身柔韧的肌肉”。[34]

卡姆尔福德并未和他母亲住在公园巷（Park Lane）宏伟大气但阴森森的卡姆尔福德府（Camelford House），而是住在邦德街某杂货店商铺的上层。他的室内装饰风格自成一派且趣味横生，“在起居室的壁炉之上，两个铜钩水平撑起了一个大头棒。在它正上方，还平行放着一个个较小尺寸的大头棒，于是一个‘武器金字塔’便逐渐呈现，而‘金字塔尖’则置有一条马鞭”。

卡姆尔福德岁数增长了，可他依旧控制不好脾气，不管什么事，他都会当众争执不休，甚至对别人是否要戴帽子的问题，他也要搅和一下。1801年，伦敦举办了灯光展，庆祝乔治三世恢复健康。每间房子都要在窗户上挂上蜡烛，彼时，“整个伦敦都灯火通明，营造了一种天下太平之氛围”，但是，他却忍受不了将蜡烛挂在窗子上，朋友也好，房东也罢，都对他束手无策。后来一帮乌合之众袭击了其住所和住所下边的店铺。他手持一个“上乘粗棍棒，左右挥舞，乱打一气，直到最后，在群众制止下，他被推进排水沟，滚来滚去，后来他溜进房内，庆幸自己躲过一劫。如此令人垂头丧气之事，他这辈子仅有一次”。[35]

206 同年冬季，他在巴黎被捕，因为他手持特制手枪小心翼翼地穿过英吉利海峡（the Channel），据说他肩负着一个疯狂的使命——暗杀拿破仑（Napoleon）。后来他安全返回，并开始花时间研习拳击以及进一步接受教育。他与海军服役期间结识的最好的朋友罗伯特·巴里（Robert Barrie）一同住在邦德街杂货店上层。1804年3月，他与老友——大名鼎鼎的神枪手托马斯·贝斯特（Thomas Best）因一个女人针锋相对。3月7日黎明时分，在肯辛顿（Kensington）霍兰德府（Holland House）附近春意盎然、露珠翻动的草坪上，两人相遇。卡姆尔福德首先开火，但对方并未中弹。而神枪手瞄准后射击，结果弹无虚发。卡姆尔福德就这样结束了自己性烈如火的生命，享年29岁。他的英年早逝说明，顽固不化者命不久矣！他曾留下遗嘱，表示自己想葬于瑞士湖中央的一个小岛上，"四周风景可对我的遗骸嫣然一笑"。如此良愿让纳尔逊（Nelson）勋爵赞叹不已。但事与愿违，破晓之际，他被葬在德·拉梅里家附近的苏活圣安妮教堂的地下室。

尽管拳击是一种极端的时尚，但卡姆尔福德依然对它情有独钟，这反映了上层阶级已欣然接受了下层阶级的爱好。而充分把握这一趋势的机构包括绅士约翰·杰克逊（John Jackson）所开的拳击学校，它位于新邦德街13号。50多年来，那些备受青睐的拳击场地一直都设在邦德街和牛津街。诸如詹姆斯·菲格（James Figg）这样的业界精英都在教授拳击、棍棒和短剑课程。打拳击伊始，对决双方先是一动不动，然后便大打出手，直到一方被打得落花流水。随着拳击的发展，像杰克逊这样的"催化因子"开始将拳击课卖给那些百无聊赖而又魅力四射的上层阶级的年轻人。和隔壁亨利·安吉洛（Henry Angelo）的剑术学校所教的剑术一样，拳击也是一种格斗式运动，它的发展与从前的“斗鸡”观众以及爱尔兰人不无关系。杰克逊 25 岁时便以冠军身份退出拳击界，此后，他选了块风水宝地成立了拳击学校，这意味着上流社会人士可合法将严格的拳击训练与暴力相结合。但是很多人都心存疑问，这项运动是否得当呢？1788 年，拳击成了公开议题，很多人对这种残酷的运动持坚决反对的态度，“他们个个言之凿凿……言语之间尽是冷嘲热讽”[36]。

207 不久后，拳击备受新生力量青睐，甚至那些温文尔雅的青少年也视之为教育和体育锻炼的一部分。正如拜伦（Byron）勋爵在 1814 年 4 月写给朋友的信中所言：“上月，我天天都和杰克逊切磋拳击。而且，在此期间，我从未间断过饮酒。”

“未支付”：博·布鲁梅尔

对于有钱人而言，邦德街是 18 世纪新型奢侈生活方式的“圣地”。它既适合走走看看，又能满足消费者的消费需求。在 18 世纪 90 年代（处于摄政时代前期），颓废腐化的消费形式“登峰造极”，当时，威尔士亲王乔治被亲切地称为“普林尼”（Prinny），他吸引了一大群喋喋不休的溜须拍马之徒。博·布鲁梅尔（Beau Brummell，“Beau”也有“花花公子”之意）对摄政时代外表装扮的时尚风格之影响不容小觑。

他生于1778年，彼时，他叫乔治·布莱恩·布鲁梅尔（George Bryan Brummell）。他祖母是位洗衣妇，如今埋葬于皮卡迪利大街圣詹姆斯教堂的墓地中。她儿子，即乔治之父也下葬于此。乔治做过下院议员的助手，后又升至伯克郡高级治安官的职位，彼时，他的住址为圣詹姆斯伯里街（Bury Street）10号。这种（跨越阶层的）巨大成功体现的是一种“社会流动性”，这在18世纪和今天都不足为奇，但在19世纪和20世纪却是凤毛麟角。洗衣妇之孙乔治·布莱恩曾在伊顿（Eton）受过教育，“在那儿，他对出身自下层阶级的男孩子态度良好、脾气温顺，人们自然能感受到这种善意，也对此予以认可”[37]。父亲去世后，乔治便继承了两万英镑（如今，这笔钱在该地区相当于两百万英镑）。那时，他担任第十轻龙骑兵团（Light Dragoons）士兵，绰号为“博”。“普林尼”与乔治交了朋友，他对乔治的足智多谋和领导魅力甚是钦佩。乔治拒绝迁居至曼彻斯特这个穷乡僻壤，为此，他辞去了公职，其从军生涯也中道而止。

乔治自小便百般挑剔，他追求独具一格的个人时尚。他的衣物 208
都要量身打造，以白色、浅黄色和蓝黑色为主。他频频更换亚麻衣，每天剃须、洗澡。虽然当时很多人也会清洗及更换亚麻衣，但多数人只有在每周一次（周日）前往教堂前，或去大场合、约会前才剃须一次。乔治要确保亚麻衣洁白无瑕，并在其变灰之前就会扔掉。关于他的很多说法，比如他用香槟擦拭靴子的传闻都是子虚乌有的。此外，他也从未将“普林尼”称为阿尔文利（Alvanley）勋爵的“肥胖之友”。[当然，这似乎是维多利亚时代中期的一个都市传闻，它因1861年的书籍《社会的智者与时尚达人》（*The Wits and Beaux of Society*）闻名遐迩。]

乔治开创了“花花公子主义”（dandyism），但该词在现在比最初更含贬义。社会上的男男女女都对他喜爱有加，他的矫揉造作“主要是为了娱乐大众，让周围人开开心心”，并且他的做作是以一种恶作剧而非轻蔑的语气表露出来的。乔治的成功似乎很大程度上取决于他的幽默感。一天早上，他骑马出门时遇到了一个满头卷发的朋友，此人驾着一辆两轮轻便马车，旁边有一个宠物鬈毛狗。“哎呀！”博大声喊道，并对这位朋友与狗打了个招呼，“瞧这一大家子！”之后，这个“可怜兮兮”的男孩便被戏称为“鬈毛狗”。[38]

不久，乔治开始入不敷出了。一般而言，现代人会觉得他那昂贵的衣物、豪华的住所以及骄奢淫逸的生活方式是他落魄之因，但其实赌博才是罪魁祸首。瓦捷俱乐部（Watier's）是一家专门从事高赌注赌博的游戏餐饮俱乐部。作为会员，他深陷其中，不能自拔且损失惨重。1811年的某个时段，他不再得摄政王之宠爱。1816年1月，各位谦谦君子出没的怀特俱乐部（White's）的“账簿”最终显示，博的债务“未支付”。

在1813年一个美好夏日的清早5点，他一路走着……正穿过伯克利广场……当他突然停下脚步，看到狗窝里闪闪发光的东西

> 时，他开始失声痛哭，哀叹自己牌运不济。此时，他看到6便士，便弓腰捡起，自言自语道："这可真是吉星高照啊。"于是，他带它回家，睡前，他还在钱币上钻了一个孔，并将其固定在手表链上。魔法显灵：在此后两年多的时间里，他成了牌场和赛场上的常胜将军。我相信，他最终赢得了近三万英镑的财富。[39]

在法国流亡时，乔治因感染梅毒而一命呜呼。功成名就的乔治 209
在总结自己的时尚遗产时言简意赅，即让男人穿上了干净的衬衫、长裤和深色夹克。他家位于切斯特菲尔德大街。他彻夜赌博，并在黎明破晓之际返回，而伯克利广场是其回家的必经之路。邦德街是他的常去之地，翻天覆地大变样的皮卡迪利大街就在他的家门口。它（皮卡迪利大街）不再是伯林顿时代的乡间小路，已发展为一条车水马龙的街道，这里承载着形形色色的人物命运，展示着伦敦生活中不为人知的一面。

"怪物议会"[40]：皮卡迪利大街的娱乐区

在乔治时代的伦敦，"畸形人"比比皆是，包括人高马大或健硕无比的妇女、侏儒、早衰症患者以及"灰绿色皮肤者"，他们的主要收入源于"自我展示"。其中，长胡须的女士或雌雄同体的性怪胎尤其受到青睐。任何异国风情之物都会在街道展区的外围供人排队观赏。既然"怪异展览"已是大势所趋，萨特杰·巴特曼

（Saartjie Baartman）的展览——“霍屯督维纳斯”（Hottentot Venus）便提上日程，而它不过是该时代的小插曲之一而已。

萨特杰是来自南非的霍屯督人（Khoikhoi）。事实证明，传教士和早期旅行的科学家对他们兴致浓厚，主要原因在于他们的体貌特征独一无二，且使用“滴答滴答”的语言进行交流。不过彼时，大家最感兴趣的还是霍屯督女性的身体外观，她们乳房巨大，臀部又圆又高。该部落的妇女在自然环境下几乎一丝不挂，使得白人男性游客对超级丰满的（女性）生殖器饶有兴趣。

亚历山大·邓洛普（Alexander Dunlop）是一名在船上工作的外科医生，他为博物馆从非洲角（African Cape）采购了各式各样的“标本”，萨特杰正是由他“采购”而来。1810 年，他途经利物浦将萨特杰带至英格兰。此后，邓洛普在英格兰将萨特杰转卖给马戏团老板亨里克·塞萨尔（Henrik Cezar），后者将她带至皮卡迪利大街 225 号。亨里克制作了一个传单，为了将萨特杰大肆宣传出去，他还四处邀人参观，单次参观费为两先令。“一名绅士用拐杖戳她一下，一位女士用其遮阳伞碰一下她，从而确定，正如女士所言，萨特杰是天然长成的”。萨特杰身着英格兰服饰，但她纤细的腰身上却缠满了非洲珠子和装饰品。[41]

有些人迫不及待地想对萨特杰观赏一番，而废奴主义者则视之
210 为后奴隶制的火花，两大阵营针锋相对。1810 年 10 月 12 日，一家自由主义报纸——《晨报纪事》（*Morning Chronicle*）在出版信中写道：“这违反了公德良序应有的准则。”但是，亨里克火速回应

道，萨特杰有权通过展示自己来谋生。事已至此，便只能诉诸法律。想保护萨特杰的人表示，自我展示有违她个人意愿，当务之急是将她遣返至非洲。但保护者未能如愿以偿，法院作出了有利于亨里克的判决。但此案一结，“畸形秀”便变得声名狼藉。后来，萨特杰和亨里克移居巴黎。1815 年，萨特杰在巴黎与世长辞。

皮卡迪利大街展有形形色色的奇珍异宝。如今，一家星巴克咖啡店取代了彼时威廉·布洛克（William Bullock）的埃及大厅（Egyptian Hall），大厅正对面是皮卡迪利大街 170 号—173 号的伯林顿府。1798 年，纳尔逊在尼罗河河口海战（Battle of the Nile）中大获全胜，从此，英格兰人对“东方”兴趣大增。方尖碑和其他纪念性珍品流出埃及已有一个世纪，而拿破仑从卢克索（Luxor）和卡纳克（Karnak）大量“窃取”的埃及古物，成了欧洲精英分子梦寐以求的宝物。尼罗河河口海战中，英军获胜，与此同时，英军开始将侵略之手大张旗鼓地伸向土耳其和埃及。东方的浪漫新奇很快便勾起了英国上流社会的遐想，于是，有关东方的书籍、版画和服饰风靡一时。

商人银行家托马斯·霍普（Thomas Hope）居住在马里波恩，他是霍普王朝［后因霍普钻石（Hope Diamond，也叫“希望钻石”）闻名］的一分子。由于他没有迫切从事某个职业的需求，年轻时，他便将大把时间花在了一系列“盛大教育之旅”上，因此，他见多识广，充分了解了这个已知世界。他的旅行经历可以体现在其颇具古典风和埃及风的室内装潢上。他的“埃及室”对外开放，这大概就是“埃及厅”的先驱。

1809 年，布洛克博物馆（Bullock’s Museum）从利物浦迁至伦敦。1812 年，埃及厅投入使用。对街头看客而言，埃及厅颇具超现实主义色彩。卢克索附近的卡纳克神殿（Karnak Temple）建筑群绝非寻常，而它的复制品就置于其内部大厅。1819 年，布洛克准备出售其收藏品（其中有真品也有赝品），在长达 26 天的拍卖中，其藏品均被卖掉。后来，拍卖品便散布于世界各地。待最初的承租人租期结束后，埃及厅便迎来了一名更合适的新“客人”：乔瓦尼·巴蒂斯塔·贝尔佐尼（Giovanni Battista Belzoni），他的英格兰朋友们称他为“约翰”。

211 1778 年，约翰·贝尔佐尼出生于帕多瓦。他是一位演员，也是一个“铁血男儿”，在 1803 年到达伦敦之前，他曾在欧洲各处游历。后来他结了婚，并在萨德勒涌泉剧院出演了“巴塔哥尼亚萨姆森”（Patagonian Samson）一角。但在战争年代，贝尔佐尼若一直待在一个地方，便会惹祸上身。拿破仑战争（Napoleonic Wars）之后，欧洲尚未迎来“安宁之日”，他只得带着妻子萨拉（Sarah）离开欧洲。1815 年，他抵达埃及，身在埃及的英国领事亨利·索尔特（Henry Salt）聘他前往卢克索，要他从纪念馆中取回“青年门农”（Younger Memnon），即拉美西斯二世（Ramess Ⅱ）头像，纪念馆正是如今的拉美西斯神庙（Ramesseum）。对于像贝尔佐尼这样的冒险家而言，此工作简直是为其量身打造。他甚至会说，拉美西斯二世之雕像（众所周知，它是“快乐安详”的象征）“似乎一想到要被我带至英格兰，便冲我眉开眼笑了”[42]。

1817 年，他前往帝王谷（Valley of the Kings），闯入塞提一世（Seti Ⅰ）的坟墓，并从中取出一个由白色雪花石膏精制而成的石棺，上面镶有美丽绝伦的蓝色硫酸铜。然而，石棺的取回危险重重：该墓位于地下，其中有迷宫般的陷阱，死路盘根错节。这让“盗墓贼”一头雾水。随行的法国翻译惊恐万分，而一名阿拉伯助手则在一个诱杀装置中摔断臀骨。但贝尔佐尼镇定自若，他取回石棺，并将其与“青年门农”的头像一道带至英格兰。埃及的日晒让贝尔佐尼持续不断地呕吐、流鼻血，这让他切齿痛恨，好在日晒后遗症并未殃及萨拉。

伦敦殷切期盼这些宝藏能够早日到来。1818 年，在贝尔佐尼的宝藏来临之际，雪莱参加了由《观察家报》主办的报纸比赛，并著成诗作《奥兹曼迪亚斯》（*Ozymandias*）。1821 年 5 月，藏品展于埃及厅举行，但一年后，藏品便被拿去竞拍。当时两个最伟大的收藏者，即大英博物馆和约翰·索恩爵士均对此次拍卖饶有兴趣。最终，大英博物馆拍下雕像，而索恩则拍下了石棺。此次拍卖使约翰·贝尔佐尼在经济上得到回报，但未让他精神上满足，于是，他又将旅行手稿交给了出版商约翰·莫里（John Murray），然后出发前往贝宁。不过，他到那儿一周后便因感染痢疾撒手人寰。

此后不久，埃及厅开始展示真正的拉普兰人（Laplanders），这
些人可在中央展区上下自如地滑动雪橇。1904 年重建之前，埃及 212
厅一直用作展览之地，直到这个乔治时代的异想天开之地演变成安

德烈·帕拉蒂奥（Andrea Palladio）的威尼斯式袖珍之窗的办公室。

到乔治时代结束之际，五月集市和牧羊人市场的旧址已被填得满满当当，而干草市场则已迁至新的摄政公园附近，但其北部的露天交易场所并未易址。起初，皮卡迪利大街不过是一条连通骑士桥和切尔西边远村庄的冷清小道，而后却变成了一条繁华大道。当第一批马车在黎明破晓之际朝巴斯和布里斯托“咔嚓咔嚓”前进时，女孩和妇女便络绎不绝地途经伯林顿府。她们每人头顶一篮子农产品，从遥远的富勒姆市场花园一路徒步，赶往科芬园。光阴荏苒，梅菲尔逐渐发展壮大，许多人向北便可看到伦敦的沼泽之地和颇具古风古韵的狩猎场。此外，自然天成的水池和池塘四处分布。而在马里波恩，教区仍奖励提供臭鼬尸体者 6 便士。

第七章

马里波恩

1713 年，英法签署《乌得勒支条约》，此后，马里波恩一带和梅菲尔一样，将兴建工作提上日程。但与梅菲尔不同之处在于，马里波恩吞并了两个已有数百年历史的村庄，即圣玛丽（St Mary's）和帕丁顿（Paddington）。尽管农村基建工作已落实到位，但开发模式和发展本质与南部大庄园大相径庭。

18 世纪上半叶，虽然开发工作已大量展开，但马里波恩仍弥漫着乡野气息。此地有一条主道，还有若干赏心悦目的花园，其周围则是荒郊旷野。1756 年，这种情况有所改观。彼时，连通帕丁顿和伊斯灵顿的新路（New Road）得以落成，从此，牲畜和重物再也不用在牛津街上颠簸运输。此外，新路还是马里波恩最初开发的北部边界。如今，它仍是伦敦经典边界之一（这条路便是现在的“A501”，即交通拥堵费收费区的北部边界，这条路的下面则是“大都会线”地铁线路）。

相比梅菲尔，马里波恩更具波希米亚风情，也更为标新立异。此地多姿多彩、包罗万象，有画家、建筑商、音乐家和贵族，还有伦敦最庞大的黑人群体。此外，大英图书馆（British Library）和邱园（Kew Gardens）的核心藏品就分布于此。在这里，亨德尔听了别人对自己的音乐糟糕的演唱。追求绅士风度是马里波恩的主旋律之一，而且，它还接待了数以百计（甚至数以千计）的优质妓女，她们“不受打扰地体面生活着，她们藏在闺中，甘做情妇，若有任何治安法官企图上门‘招惹’，她们可能会下逐客令，将其拒之门外”[1]。

214 18世纪后期，马里波恩得以翻新，成了一个巨大的居民区，毗邻约翰·纳什所设计的摄政公园。该公园坐落着伦敦现存的最精美绝伦的摄政式建筑，包括10个灰泥露台、7个较小梯田、一个新月形街区、一个营房、一个教堂、两个小型住宅区，以及一个蛇形湖和一条运河。纳什并未对中产阶级的需求视而不见，他在圣约翰伍德（St John’s Wood）为他们创造了别具一格的半独立式别墅。这批建筑建于19世纪20年代，它们成为这类建筑风格中的首批建筑，并在20世纪中期被复制到全英格兰的庄园之中。1828年，伦敦动物学会（Zoological Society of London）在公园北侧开张大吉，伦敦塔动物园中的很多动物都成为动物学会的研究对象。这些动物都被饲养在温度极高的室内环境中，其中不乏现已灭绝的白氏斑马和令人称奇道绝的袋狼或塔斯马尼亚狼。

与此同时，爱尔兰工人修建的新摄政运河（Regent’s Canal）正将彼时的帕丁顿村庄淹没。运河的到来催生了爱尔兰“领航员”和“挖土工”等职业。这些工人将运河从圣吉尔斯修至泰伯恩纳尔（Tyburnia）的开放地带，其东侧为托特纳姆法院路（Tottenham Court Road），西面则全是“牛津街以北伦敦地带”（这里指马里波恩）的那些逐步成形且安宁古朴的街道。街道居民靠养猪过活，还会举行斗狗比赛和不戴拳套的自由搏击赛，这使得他们高雅的东邻西舍们怒火中烧。附近泰伯恩刑场的脚手架巍然屹立，似乎在不断向人们发出提醒，即犯罪是自食苦果，且苦果永不凋零。

泰伯恩刑场："公众对囚犯游街感到满意；犯罪分子则被刑架撑起，苦不堪言"

泰伯恩刑场的首次绞刑可追溯至12世纪后期。1560年，绞架开始出现；1571年，"三叉树"诞生，它是由三角横梁构成的绞架，上面可悬挂8名罪犯。

在伦敦，一年中的8个绞刑日都恰逢公共假日，因此会有大批群众前往刑场驻足观望。押解死刑犯的四轮马车从纽盖特监狱出发，带死囚游街示众，途中，囚犯可停下喝些酒精饮料。许多囚犯抵达泰伯恩刑场时已有几分醉意，这也算是"不幸中的万幸"，但即使是最"铁石心肠"的囚犯也会在这种人声鼎沸的环境中彻底崩溃。

但是，绞刑并非当日安排的最后一项活动。伯纳德·曼德维
尔（Bernard Mandeville）指出，"下一场好戏是外科医生与囚犯之 215
间的混战"[2]。绞刑吏可收下死者衣物作为额外津贴，而这些尸体注定要通过外科医生（有时是艺术家）解剖以进一步揭示人体奥秘。在家属移开尸体之际，人群干扰外科医生的现象屡见不鲜。理

发师－外科医生公会（Company of Barber-Surgeons）的账目记录道，1720 年，他们“向绞刑吏付钱买下亡者衣服（衣服在混战中丢失），并为其献上价值 0.15 镑的圣诞礼盒”。

绞刑吏本身并未违反法律。1718 年，约翰·普莱斯（John Price）[3] 因谋杀大街上卖蛋糕和姜饼的伊丽莎白·怀特（Elizabeth White）而遭处决。普莱斯本是名小罪犯，来自“云雾缭绕的伦敦郊区，他就像墨丘利（罗马神话中的盗贼之神）一般，自‘破壳而出’便会盗窃”。在纽盖特（监狱）遭受短暂的牢狱之苦后，他便被任命为绞刑吏，他操起绳来驾轻就熟，“他手指一动，其心狠手辣程度便一目了然”。

1718 年 3 月，亚历山大·杜菲（Alexander Dufey）顶着夜色走向家去，他忽然听到了一个女人的呻吟，他“听见男人说，婊子去死吧……你若不乖乖就范，我便让你粉身碎骨”。杜菲心惊胆战又犹豫不决，此时他发现前方还有一人，那人也感到情况不妙。于是他们开始找寻呻吟的源头，发现伊丽莎白·怀特的惨状让人触目惊心，而普莱斯就骑在她身上。她“满脸血迹，一只眼睛已与头部分家”。两人袭击了普莱斯，并将其拖至看守所。普莱斯试图以其绞刑吏的身份为幌子金蝉脱壳，但看守员“知道他是盗贼流氓，若不将他绳之以法，他就会反咬一口，自己也会引火烧身”。普莱斯被控制住后，杜菲便带着警员试图找到伊丽莎白·怀特，但在一片漆黑中，他们找不到怀特的身影。最后，一只狗“对着尸身狂吠，怀特便‘浮出水面’”。

审判室上挂有一幅画，上边记录了普莱斯的极端暴行之一：

> 如前所述，他们到来时看到她一副惨象：她身旁是被敲落的牙 216
> 齿……其一只胳膊已经断掉。然后他们将她抬起，走向看守所，路上的一些妇女助他们一臂之力。她的嘴巴和喉咙塞满了血块，发不出声。

外科医生说，患者的头部受伤如此严重，其在职业生涯中还是首次见到。伊丽莎白由护士专门照看，但 4 天后她便一命归阴。普莱斯被裁决有罪且面临死刑，他饮酒（金酒）后便走上绞刑架。

普莱斯被处以死刑毫无争议，但纵观整个 18 世纪，有许多死刑犯在泰伯恩刑场被执行绞刑时，一帮暴民会大唱对台戏。绞刑记录簿上也不乏（死囚）父母的故事，他们不远千里赶来，却眼睁睁地看着孩子因小偷小摸被施以绞刑，他们虽未持有孩子的"免死金牌"，但渴望保全孩子的尸体。对于诸多聚众闹事的暴徒而言，按江湖道义，在泰伯恩被施以绞刑的拦路强盗都是罗宾汉（Robin Hood，英国民间传说中的英雄人物）式的"绿林好汉"。

1763 年，保罗·刘易斯（Paul Lewis）[4] 因被定罪为拦路强盗而遭绞刑，享年 23 岁，詹姆斯·鲍斯韦尔（James Boswell）目睹了整个绞死过程。刘易斯是绅士之子，尽管他是"温文尔雅，热情洋溢的年轻之辈"，但他一直难以达成家庭期望，因为他对"拼写一窍不通，对写出符合语法逻辑的英语力不从心"。多年来，他在学校屡屡受挫。就在他遭处决的那天早上，刘易斯在礼拜堂内变得疯疯癫癫，首次提到他有妻室和孩子。不久，他恢复常态，“且再次在观众面前呈现出一副英雄姿态”，他站在马车上，显得“无牵无挂、大义凛然”。

鲍斯韦尔花费两先令租了一个“泰伯恩靠背长椅”，即刑场木制看台，等待好戏上演。这些看台为私人持有，其主要持有人的名字让人过耳不忘——道格拉斯妈咪（Mammy Douglas）。那种场面让鲍斯韦尔耿耿于怀，他记得刘易斯如何“毅然决然且大步流星地走向前去”。自此，他决定永不再踏入泰伯恩刑场半步。但是，鲍斯韦尔的好友塞缪尔·约翰逊认为，若处决“无人围观，就毫无意义可言……公众看到（囚犯）游行队伍便拍手叫好；而罪犯则被刑架撑起，痛苦不堪”。但舆论风向正在改变，伦敦和米德尔塞克斯的治安官都认为，这“人生落幕”丝毫不能勾起不法分子的畏惧之心。1783 年，泰伯恩刑场不再用公开处决的方式行刑，行刑之地转移至纽盖特监狱内的一处场所。

217 牛津、卡文迪许和布里奇斯：
马里波恩的“小摆件”收藏家

当普莱斯在泰伯恩刑场最后一次恪尽职守时，自诩为“建筑王子”的约翰·佩雷斯（John Prince）为牛津第二代伯爵爱德华·哈利（Edward Harley）设计了卡文迪许广场（Cavendish Square）。爱

德华继承了父亲对书面文字的热情，此外，他“持之以恒地努力工作，且不惜巨大代价”[5]购买了陈旧的国外论文及手稿。他甚至还开设了一家私人书籍装订作坊，并斥资数千英镑将牛津盾徽装订在了精美书籍的封面。他的图书管理员遍访伦敦的店铺和拍卖行，购置的商品耗资从几先令至数百英镑，例如从书店讨价还价购买的埃塞俄比亚手稿只要两先令。

收藏如此不加节制，爱德华不由陷入财务困境。1728 年，他万般无奈之下向妻子亨丽埃塔（Henrietta）坦承，家里财务状况“一落千丈，一来是我冥顽不灵，二来是我本应记录资产去处，可是我没有”[6]。

哈利家族的财务状况每况愈下，1741 年，爱德华借酒消愁，后抑郁而死，毕竟他的“图书帝国”是由累累债务打造而成的。他将许多手稿都置于马里波恩大街 35 号的专用仓库中，但其很快意识到，这所房子太小装不下这么多藏品。亨丽埃塔以 1.3 万英镑的白菜价将印刷书籍卖给了书商托马斯·奥斯本（Thomas Osborne），售价还不及哈利的装订费。最后，未被售出的便只有手稿了。

如此操作让图书馆前途未卜，受托人便在主街（High Street）的哈利府召集了一次会议。出席者包括皇家学会主席、各大书商及新闻记者塞缪尔·约翰逊。1737 年 3 月，约翰逊及其学生兼朋友大卫·加里克抵达马里波恩。他们寄宿于卡文迪许广场附近的城堡街（Castle Street）6 号的克劳夫人（Mrs Crow）家中。[7]会议结束后，塞缪尔·约翰逊和哈利的文秘便开始编写他们的手稿了。

218 塞缪尔·约翰逊曾在爱德华·哈利的图书馆博览群书，这对他后来创作《词典》(*Dictionary*) 至关重要。他在图书馆接触了诸多盎格鲁–撒克逊人 (Anglo-Saxon) 的手稿，《词典》便是以其“撒克逊元素”[8] 而声名远播。此外，他还在那儿研习了希腊语和拉丁语字典，发现其中很多内容都令人赞叹不已。18 世纪 50 年代初期，亨丽埃塔及其女儿玛格丽特打算将图书馆出售给国家，并与政府展开了谈判。1753 年，图书馆最终以一万英镑的价格被政府收购，书籍与汉斯·斯隆 (Hans Sloane) 和罗伯特·布鲁斯·科顿 (Robert Bruce Cotton) 的藏品一道存放进大英博物馆中。如今，它们共同构成了大英博物馆早期手稿的核心藏品，这从侧面证明了爱德华·哈利是个无可救药的藏书狂。

爱德华之女玛格丽特·哈利 (Margaret Harley) 热爱园艺。爱德华在给父亲的信中将她描述为一个活泼开朗的小女孩，花和动物的爱好者。1734 年 6 月，她嫁给了“英格兰最仪表堂堂的男人”[9]，即波特兰第二任公爵威廉·本廷克 (William Bentinck, 1709—1762)。在婚姻生活中，她对花爱不释手，也从事着与花相关的职业。她赞助了诸多植物学家环游世界，且成为美国进口洋玉兰的首批成功培育者之一。邱园于 1759 年成立，玛格丽特对邱园核心植物的收藏功不可没。早期邱园目录的编制者威廉·柯蒂斯 (William Curtis) 注意到，她曾慷慨大度地在邱园赠予“艾顿 (Aiton) 先生不可多得的珍贵植物，国外的、英国的全都囊括其中”[10]。因此，哈利父女对伦敦两大核心机构——大英图书馆和邱园的发展功不可没。1784 年，玛格丽特买下一个罗马浮雕玻璃花瓶，后称它为“波特兰花瓶”。其历史可追溯至公元前 27 年至公元 14 年，奥古斯都大帝（Emperor Augustus）统治期间，它被誉为“人世间最精美绝伦的罗马浮雕玻璃”[11]。1582 年，它首次引起广泛关注，彼时，它在罗马附近的一个古坟中“破土而出”。许多红衣主教都曾保存此花瓶，他们在大殿之上展示了它，对于任何在意大利进行“盛大教育之旅”的年轻人而言，此花瓶都是一道必不可少的风景。

花瓶由多层钴蓝色玻璃精制而成。它所采取的确切工艺无从考 219
究，但若无亮光，花瓶则会呈现黑色。蓝色玻璃顶部呈现出不透明的白色，宝石雕工在瓶体周围制作了连续的雕带。雕带位于瓶体两侧，且每侧一个。一侧雕刻着阿喀琉斯（Achilles）的双亲，而另一侧则是帕里斯（Paris），即那个要在赫拉（Hera）、阿佛洛狄特（Aphrodite）和雅典娜（Athena）之中裁决谁是最美女人的特洛伊王子。有人认为，花瓶是为婚礼庆典而生的。而其他人则觉得，它的制作是为了纪念特洛伊灰烬中罗马的诞生及奥古斯都的成功。

1778 年，收藏家威廉·汉密尔顿（William Hamilton）以一千英镑的价格将其购下。汉密尔顿的一个藏品目录流入约西亚·韦奇伍德（Josiah Wedgwood）手中，他刚刚开始制作他的“伊特鲁里亚”花瓶。起初，韦奇伍德对这个波特兰花瓶视而不见，且制作了其他花瓶的复制品。3 年后，雕塑家约翰·弗拉克斯曼（John Flaxman）写信给他：“我希望你能到城内看看汉密尔顿的花瓶，越快越好，毕竟，这可是从国外引进的匠心打造的精制品，它看起来完美至极，你竭尽全力打造的素瓷和碧玉，其完美程度也不过如此。”[12]

1784 年，玛格丽特向汉密尔顿支付了 1800 基尼买下了这个花瓶，同年她便撒手人寰。玛格丽特被霍勒斯 · 沃波尔描述为“一个朴实无华却耳聪目明，并对空花瓶喜爱有加的女性”[13]。后来她拍卖了收藏品以偿还债务，然而她儿子却反其道而行之，又将花瓶购回。此后他将花瓶租借给韦奇伍德一年，在此期间，他制作出了闻名遐迩的碧玉细炻器（jasperware）。

1810 年，玛格丽特的儿子也一命归阴，此后，花瓶便租借给了大英博物馆。1845 年 2 月 7 日，一位爱尔兰裔青年闯入博物馆，将花瓶砸了个稀巴烂，他将自己的肆无忌惮归咎于一周的酗酒无度。结果，他仅被罚款 3 英镑，但花瓶已碎成 139 片。博物馆工作人员竭力“破镜重圆”，并将其重新摆至陈列品展区。波特兰第四任公爵对该名男子不予起诉，理由是他有精神健康问题。波特兰花瓶连遭重创——填埋、砸碎又重组，尽管如此，它仍在大英博物馆展出，这绝对是个非凡之物，也是玛格丽特鲜为人知的伦敦遗产的一部分。

220 若哈利父女的这些书籍和物品对伦敦而言是稀世珍宝，那么另一位马里波恩收藏家的藏品之于当代音乐也可谓价值连城。钱多斯公爵詹姆斯 · 布里奇斯（James Brydges）是卡文迪许广场“小块圈地”最早的购买者之一，也是乔治时代的伦敦最重要的音乐赞助人之一。

“南海泡沫事件”使布里奇斯资金吃紧。最初，他拿下整个卡文迪许北广场建设项目，但后来，他又扩大了野心，在广场东北角和西北角建起两座大型豪宅，他本人便住在西北角。豪宅的落成遥遥无期，最终他卖掉了这两栋烂尾豪宅，并在圣詹姆斯广场买下奥蒙德府（Ormonde House）。彼时，意气用事和缺乏承诺算是布里奇斯商业活动的特点了。

马里波恩蓄水池位于广场正北，以满足广场和村庄其他部分的用水之需。布里奇斯专门成立了水务公司以求发财致富，但最终未能如愿以偿。1769 年，该蓄水池得以填埋，曼斯菲尔德街（Mansfield Street）在蓄水池上诞生。

湖泊和池塘遍布马里波恩教区，事实证明，不止一个生命葬身于此。1769 年 8 月 8 日，《圣詹姆斯纪事》（*The St James's Chronicle*）得以发表，讲述了一个溺亡悲剧，它发生在附近的池塘——“伦敦东区长柄勺”，它面积不大，却是个龙潭虎穴。悲剧中，“两名年轻人溺水而亡。两人一直在广场拍打着地毯，空气中热浪滚滚，而他们浑身脏兮兮的，所以他们决定去洗澡，但他们并没有意识到池塘有多深”。

虽然布里奇斯不善经商，可他却是艺术和音乐的出色赞助人。他热爱意大利歌剧，同时也加入了音乐绅士表演者协会（Society of Gentleman Performers of Music）。他认为，他的家庭成员加深了他对音乐的挚爱。他同伯林顿一道，加入了早期的皇家音乐学院，甚至在吃饭时，他还在津津有味地欣赏乐团演奏。布里奇斯爱好收集古董和欧洲物件，这一点和伯林顿并无二致。

若有人想参观自己的府邸和藏品，布里奇斯来者不拒。他允许仆人带访客进入布里奇斯府，仆人还可以带访客四处逛逛从而赚点外快，只要穿戴整齐，任何人都能入场。访客在仆人带领下参观藏品，还能享用免费茶点。公爵可以一眼识破对藏品饶有兴趣者，并走过来同他们会面。据记载，布里奇斯是个幽默感十足的人。他这辈子只跟人“决斗”过一次，最终他化解了对手的敌意并向那人致歉，还邀请那人与他共进晚餐。他将自己的收集习惯总结为“我们这些小摆件爱好者，一旦看到一个做工精美的物件，就像小孩子一样跃跃欲试，直到获得它们，才能抚平内心的躁动”[14]。

221

生活的高低贵贱：卡文迪许广场的贵族们

卡文迪许广场仍保留了欢快的乡村氛围。18 世纪 70 年代，贝斯伯勒（Bessborough）伯爵比利·庞森比（Billy Ponsonby）时常倚在这儿的栏杆上，静静地感受着时光流逝。他与妻子卡罗琳（Caroline）一起生活在卡文迪许广场 3 号。他们有两女和一儿，但卡罗琳在孩子们十几岁时便撒手人寰了。她那心虔志诚的鳏夫穿上她带有钻石鞋扣的鞋子，在牛津街以北不断扩大的村庄四周形单影只地踱来踱去。

……他常常会驻足观看工人推倒围绕卡文迪许广场中心的木栏杆和砌砖。有次，在他驻足观看时，有个水手向他走来，向他要一片烟叶，爵爷回答道："朋友，我不抽烟。"……当水手转身离开时，爵爷走向他，说："朋友，我想，有了这个，你便可以购买烟草了。"言闭，他便给了水手半克朗。

还有个例子能诠释他的善良。有次走在街头，伯爵看到一位身着丧服的寡妇向他行屈膝礼。她看上去穷困潦倒，"但是清清爽爽"，还带有两个孩子。他驻足，转身，然后给了她些钱。可在他掏钱时，硬币掉到了路中央的阴沟里。比利捡起钱币，用手帕擦干净，把钱交给了她。

他的善意并非给予人们。雕塑家约瑟夫·诺勒肯斯（Joseph Nollekens）是个出了名的守财奴，但伯爵对其作品喜爱有加，经常参观他在马里波恩的工作室。诺勒肯斯养了条纤弱的狗，它常挨打受气，但"不管何时，看到伯爵迈过门槛，它就会停止吠叫，立即欢迎伯爵到来，而伯爵总是在蓝色大衣口袋里专门为它准备一个法式食物卷"[15]。

18 世纪 80 年代后期，比利府上的一个女佣突然临盆，在比利府诞下一名男婴。该男婴也被取名为比利。1793 年，比利·庞森比与世长辞，而此前，小比利一直在府中生活，"在他居住期间，其母寸步不离地照顾他"[16]。

小比利在 19 岁时，便走到街头卖豆瓣菜，但因市场低迷，一家三口（母亲、年迈的父亲和他）的生活难以维系，他只得另寻生存之道。他曾想过在卡文迪许广场担任十字路口清道夫，“我对那里很熟，毕竟，那是我的出生地，于是，我就在那里卖力干活了”。

“十字路口清道夫”是最微不足道的职业之一，但小比利被称为“贵族式”十字路口清道夫。若是碰到雨天，他便躲在“波特兰公爵的石门入口，以求避雨”。小比利的这一独特岗位，也能使人深刻了解到马里波恩富人的行善之心。有些富人赠他衣物，有些直接给钱，还有一个（富人）送他“一先令和一本宗教小册子”。小比利记得，那个虔诚的行善者是个高风亮节的好人。

223 小比利常在广场活跃，他在那儿打零工，例如擦洗低碳钢刀、帮波特兰公爵将现金送至银行，甚至为其他绅士兑现支票。他一大早便去各大府邸擦鞋、磨刀或帮忙寄信，“那些让我干活的都是些普通仆人，而非什么达官显贵”。当时社会等级制度颇为扭曲，他受一名绅士委托兑现 80 英镑支票，但仆人只让小比利在厨房等候，不让其踏入府中其他房间，给了他些“早已腐烂的食品”。像任何从事这行（清道夫）久了的人一样，比利依然记得那些已化为云烟的美好时光。他尤其不喜欢一个新发明，即一种柏油路材料——“柏油碎石”（他本人喜欢这么称呼），因为，它让扫帚的寿命从 3 个月（扫帚在鹅卵石路面寿命为 3 个月）减少到了两周。

卡文迪许广场的两个比利的故事凸显了该地区“相对宽松”的社会结构。此外，很多富裕的当地居民都曾是“外来人员”。马里波恩是东印度公司管理层的青睐之地，他们常带着混血家庭返回英格兰。但是，这些混血家庭并不局限于东印度人，许多西印度白人家庭也都在赚足糖料钱后，前往伦敦享受生活。

波特曼广场：蒙塔古“对决”霍姆

1765 年 1 月 31 日，《公共广告商》宣布：“波特曼广场（Portman Square）位于波特曼教堂（Portman Chapel）与马里波恩之间，它比格罗夫纳广场大得多，这儿将会修建赏心悦目的小路，直通广场中央的豪华水库，路旁还植有榆树。”但直到 1773 年，广场北侧的建筑才破土动工，彼时，罗伯特·亚当承诺为霍姆伯爵夫人——伊丽莎白打造府邸。与此同时，社会地位已牢不可破的伊丽莎白·蒙塔古离开梅菲尔的希尔街，她在广场西南角租下一大块土地，该地块的用途可绝非寻常。她聘用詹姆斯·“雅典人”·斯图尔特（James ‘Athenian’ Stuart）为其打造豪宅，以与邻居“一决高下”。霍姆伯爵夫人因自己获得的殖民遗产踌躇满志，而伊丽莎白·蒙塔古及其他“蓝袜族”则高举反奴隶制大旗。随着奴隶制问题越加不得人心，战斗的号角开始在波特曼广场吹响。

霍姆伯爵夫人生于牙买加，原名为伊丽莎白·吉本斯（Elizabeth 224
Gibbons）。她年纪轻轻便嫁给了当地总督之子。1734 年，她的丈夫于伦敦撒手人寰，18 岁的她年纪轻轻便坐享巨额财富。西印度群岛的社会人员流动性居高不下，更能吃苦耐劳的欧洲男女在那里发展得蒸蒸日上。当时人们普遍认为，这些岛屿不过是“英格兰投掷垃圾的污秽之地罢了”[17]。起初，牙买加仅是一个贸易岛，但当成为糖料种植基地后，岛上便有了赚大钱的机会。由于“坏果”、飓风和黄热病，那里的欧洲人年死亡率竟高达27%左右，真让人惊掉大牙。因为人员流动性很高，所以岛上的婚姻一般都好景不长，且鲜有岛民能够成功养家糊口。土生土长的白皮肤岛民能生存下来的寥寥无几，而成功的少数人则是机会主义者和冒险主义者。这些人锐不可当，他们通过从事制糖产业获得了巨额财富。白皮肤的种植园园主在牙买加的人均财富是其在美洲大陆的十倍。[18]

糖在伦敦的影响力越来越大。1700 年，英国人均年消费糖量为 4 磅，但到 1800 年，它已增长至 18 磅。牙买加及其经济作物是英属加勒比海的璀璨明珠。后来，白皮肤牙买加人的影响力竟渗入了英国政治和城市。他们的杰出代表，即那些种植园园主和从商人员组成了一个举足轻重的游说团体，他们强烈反对并成功阻止了大量东印度糖料输入英国。

225 伊丽莎白抵达伦敦时的身份是一位家财万贯的种植园园主夫人。但在丈夫早逝之后，她就人间蒸发了，直到 1742 年她才重现人间，彼时，她与霍姆伯爵喜结连理。再婚时，她 38 岁，其丈夫要比她年轻几岁。但在结婚第一年，他便抛弃了她。1761 年，她丈夫去世，其财产被拍卖，伊丽莎白回购了其丈夫随身携带的银制餐具。威廉·贝克福德本人是“糖资”（sugar money）继承者，他将伊丽莎白形容为一个“派头十足的怪人，常像士兵一样骂脏话”[19]。1772 年，70 岁的伊丽莎白决定在广场北侧建造一栋新房，“其行事风格像‘地狱女王’，而她也被冠以‘地狱女王’之名，伦敦所有爱尔兰议长和那帮地痞流氓对她都不陌生”[20]。1772 年 6 月，伊丽莎白不计代价地聘请詹姆斯·怀亚特（James Wyatt）为她设计新住宅。彼时，怀亚特只有 26 岁，其建筑才华根本无法与伊丽莎白所付佣金相匹配。为此，两人争吵一番。最后，伊丽莎白解聘了他，并聘用怀亚特的“劲敌”——罗伯特·亚当完成此项工程。

亚当不落俗套，而伊丽莎白家财万贯，两人结合打造了伦敦最精美绝伦的豪宅内部装饰之一。亚当在霍姆府（Home House）看着自己的杰作得意扬扬，毕竟，该府邸被用作最高等级的娱乐场所。

不久，伊丽莎白的霍姆府便迎来了黄金时代，而彼时，伦敦知识分子的废奴主义情绪愈演愈烈。公众舆论反对种植园园主堆金叠玉，也反对其“因糖致富”（sugar rich）的财富创造方式。威廉·柯珀写下一本小册子并发给每名食糖者，他在册子里对他们进行了笔诛墨伐：“动脑子想想，甘蔗造的糖果对你们身体的多少部位造成了不适感。”这本小册子描述的内容恰恰是西印度种植园园主竭力避免的东西。东印度茶“携手”西印度糖成为风靡英格兰的产品，但是，普通男女都被劝告去认真思考这种日常饮食背后的（残酷）现实：“当他加糖入茶时，请让他想一想‘杯底的苦衷’。”

广场另一侧便是伊丽莎白·蒙塔古知识分子交际圈的茶会。

蒙塔古府规模宏大：在乔迁聚会上，她为 700 位来访的客人备上早点。后来，伊丽莎白又专为伦敦的烟囱清洁工举行了五一节早餐聚会，但他们只能在草坪上享用庆祝餐（牛肉和布丁）。她那文学沙龙一如往常地开展（和在希尔街并无二致），但探讨的话题却随时代发展而不断演变，而废奴一直都是话题焦点。

226 “蓝袜族”备受瞩目，毕竟他们强调男女智力平等，且搭建了一个人人各抒己见的平台。他们的辩论话题也引起了民众的共鸣。1783 年 3 月 20 日，《宪报》刊登了一则广告，问：“有无真凭实据表明，就理解力而言，女性在任何层面都要低男性一等？”[21] 甚至有人在辩论中问道：“婚姻中‘嫁鸡随鸡，嫁狗随狗’一说是否不该存在？”[22] 伊丽莎白文学沙龙的举行地为蒙塔古府的华丽客厅，其他人坐在椅子上围成半圆，伊丽莎白恰在圆心位置，毫不夸张地说，她扮演了女老大的角色。塞缪尔·约翰逊谈到她：“就传播知识而言，她比我认识的所有女性，甚至几乎所有男性都要强。”[23] 海丝特·索尔亲切地称她“像钻石般熠熠生辉，且有精确无误的判断力”。[24] 她的朋友有伊丽莎白·韦西（Elizabeth Vesey）、乔舒亚·雷诺兹爵士、大卫·加里克、塞缪尔·约翰逊、范妮·伯尼（Fanny Burney）、海丝特·索尔、玛格丽特·本丁克（Margaret Bentinck）和废奴主义者威廉·威伯福斯（William Wilberforce）。

至于霍姆伯爵夫人对其邻居举办的废奴主义茶会态度如何，我们无从考究。她所继承的巨额财富是用别人的汗水和鲜血换来的，但她不会于心不安，因为她是有着铁石心肠的牙买加白人。真正的废奴运动是在威斯敏斯特大厅和其他不如霍姆府和蒙塔古府光鲜的地方进行的。然而，无论是对于奴隶制的既得利益者，还是奴隶制下的牺牲者而言，马里波恩仍保持着一种莫名其妙的吸引力。

1833 年，西印度种植园园主就废奴所造成的经济损失提出赔偿要求，与此同时，很多种植园园主将奴隶遣送至马里波恩。于是，马里波恩便成了非裔伦敦人的定居之地。18 世纪早期，非裔数量相对较少，多数人都能在更为雄伟壮观的府邸中拿到“饭碗”。因此，18 世纪的伦敦黑人大部分都为“隐形人”，且其数量难以评估。其数量范围可能是 4000 人至 10000 人，其中包括了自由奴和不自由奴、在美国独立战争（战争以英国失败而告终）中为英国而战的士兵，还有家庭仆人。他们因肤色而被标记为“外侨”（alien），他们中的很多人也都能发现，融入主流社会绝非易事。到 18 世纪 80 年代，黑人贫困问题变得格外突出也非常普遍。废奴运动正迅速赢得一席之地，且在支持解放黑奴的圈子里，力挺“土著黑人”已成为一件天经地义的事。

不久后，贫困黑人救济委员会（Committee for the Relief of the 227
Black Poor）应时而生，在伊丽莎白·蒙塔古等人的鼓励下，废奴运动成员集体签名入会。当德文郡公爵夫人参与其中时，其他女贵族也纷纷加入，包括索尔兹伯里（Salisbury）伯爵夫人、艾塞克斯（Essex）伯爵夫人和白金汉侯爵夫人。该委员会在塞拉利昂建立了一个“新殖民计划”。至于其最终目的是摆脱伦敦街头的贫苦黑人，还是单纯将其送回故土非洲，我们无从考究。无论是出于何种目的，1791 年后不久，该计划就宣布破产了。1786 年 1 月，

《公共广告商》发出通告，称威格莫尔街（Wigmore Street）的面包师布朗先生将“为所有身陷困境的黑人提供0.25磅大面包，他们大概可在周六的中午12点至下午2点之间前来领取”。被用来向贫困黑人分发捐赠品的酒馆有两家，分别为马里波恩的约克斯廷格（Yorkshire Stingo）和麦尔安德（Mile End）的白乌鸦（White Raven）。

约克斯廷格酒馆还颇有几分传奇，它以高浓度啤酒品牌命名。1790年，托马斯·潘恩（Thomas Paine）将大型铸铁桥模型存放于此，这是当时的第二个此类模型。此外，1829年，它成为首个连通伦敦城的通勤公交线路的始发站。长期以来，它一直是伦敦西部黑人社区贫困人口的聚集地，也充当了进出伦敦的停靠站[20世纪60年代，该酒馆被夷为平地，以便为韦斯特维（Westway）腾出空间]。

伦敦最早的印度餐厅——印度斯坦

228 波特曼广场和马里波恩吸引的不只有西印度人，也有从东印度群岛赶至或返回此地的人，他们带来了印度美食，并在周边开发了一个小型餐饮点，为当地人提供了颇具民族风情的美食和体验。迪恩·穆罕默德（Deen Mahomet）来自东印度。1759年，他出生于比哈尔（Bihar）的一个穆斯林家庭，以仆人身份在英国东印度军队的孟加拉国分部长大成人。

1784年，迪恩在一名军官的庇护下抵达科克郡（Cork）。1786年，他与简·戴丽（Jane Daly）坠入爱河，并一同私奔。此后，迪恩便开始写他的旅行故事。1794年，他出版了《迪恩·穆罕默德游记》（*The Travels of Deen Mahomet*），这是首本由印度人撰写的英文书。他和简来到伦敦，并在霍恩·巴兹尔·科克兰（Hon Basil Cochrane）那里找到饭碗，此人在印度财运亨通，且对印度人及其生活方式喜爱有加。巴兹尔在波特曼广场12号开设了一家澡堂，并聘请迪恩用芳香油为客人头部和身体提供印式按摩或“印式推拿”（champissage）。这项服务大获成功，若追本溯源，如今的“洗发水”（shampoo）一词便是由印度的“推拿”（champi）一词演化而来的。

1809年年末，迪恩的印度斯坦咖啡馆（Hindostanee）盛大开业，连《泰晤士报》都报道了它的到来，印度斯坦（咖啡馆）在彼时的出版物中好评如潮。在取得早期成功后，迪恩的业务扩张得很迅速。1813年，他宣告破产。但是该咖啡馆一直持续营业至1833年，不过自他破产后，咖啡馆便由他人打理。

迪恩及其妻子搬至布赖顿（Brighton），那里遍布亭阁，为当地生活增添了异国情调。他成了乔治四世及后来的威廉四世的“淋浴外科医生”（shampooing surgeon）。其子弗雷德里克（Frederick）为盖伊医院（Guy's Hospital）的外科医师，但天妒英才，弗雷德里克35岁便英年早逝。他在去世前，完成了有关高血压的开创性研究。迪恩·穆罕默德及其家人融入英国社会是多种因素共同作用的结果：感情、家庭、金钱、技能、才智、灾难，以及财务管理不善。

229 曼彻斯特广场：一名女先知和一个“猪脸女人”

曼彻斯特广场的最大亮点便是曼彻斯特府［Manchester House，现为赫特福德府（Hertford House）］，该府邸位于华莱士收藏馆的北侧。它最初由曼彻斯特公爵建造，但是1797年，它由赫特福德第二侯爵收购，并更名为“赫特福德府”。赫特福德第三代侯爵弗朗西斯·西摩·康威（Francis Seymour-Conway，1777—1842），不仅因其精彩绝伦的浪漫事业闻名遐迩，也因他妻子的混血血统声名远播。玛丽亚·法格纳妮（Maria Fagnani）是有一半意大利血统的俏美人，她可能是好色之徒昆斯伯里侯爵，即“老昆”之女，也可能是托里·乔治·塞尔温（Tory George Selwyn）之女，两人都曾给她留下巨额遗产。但玛丽亚之父也可能不是他们，而是塞尔温的男管家。彼时还有一些这样的流言蜚语在人群中传播：玛丽亚之母从未学会用地道的英语讲连贯的话。威廉·梅克比斯·萨克雷（William Makepeace Thackeray）也在《名利场》中对玛丽亚及其丈夫冷嘲热讽。

自女先知乔安娜·索斯科特（Joanna Southcott）入住曼彻斯特广场，此地报社便发表文章报道她的事迹。1750年，她出生于德文郡奥特里圣玛丽（Ottery St Mary），但到1792年，她才开始意识到自己拥有预言天赋。她认为，法国大革命预示着灾难临近，且拿破仑在她眼中就是“基督之敌”。她制作了特殊的海豹皮，并称穿上它的人，大炮都炸不死。此外她还自诩为“蒙受太阳恩泽的女人”[25]。1814 年，她宣布自己怀有身孕，即将诞生的婴儿便是“和平之主”。彼时，乔安娜已有 64 岁高龄。

乔安娜称其鼓起的肚子为“夏伊洛”。这是假孕？还是巨大肿瘤？连医学界都一知半解。1814 年 12 月，她在曼彻斯特广场的一所房屋中一命呜呼，而“救世主”并未降临人世。

媒体普遍用“痴人说梦”形容乔安娜的追随者。恰在同一时间，伦敦有些人则陷入了对曼彻斯特广场的另一名居民——“猪脸女人”的妄想中。1814 年 2 月，《泰晤士报》报道：“目前伦敦的一则报道称，有一名女子有一张奇特的变形脸，像极了猪脸，此女拥有巨额财富且地位非凡，若是同她完婚，岂不能坐享其财富和地位？”

此则报道在后文还特意抨击了这名“猪脸女人”的存在，并将其与荒诞无稽的乔安娜·索斯科特相提并论。尽管如此，仍有 230
数百人试图找到传言中她那位于曼彻斯特广场的家，其中包括驼背侏儒索尔托（Sholto），以及同样面目可憎且有意向“猪脸女人”求婚的柯克屈布赖特（Kirkcudbright）勋爵。《泰晤士报》继续严厉谴责：“就像很多人冥顽不灵地相信乔安娜·索斯科特会怀孕一样，很多人也无可救药地相信‘猪脸女人’的存在……几乎所有人都在谈论这个猪一般的女性。成千上万的人都对她的存在信以为真。”[26]

“猪脸女人”的骗局冷酷无情且具有女性歧视色彩，但它的以讹传讹源于人们对时下社会现象的反对之音。正如女性在询问是否有必要在婚姻中宣誓服从丈夫一样，有的女性开始主动找男人了却婚姻大事，有的甚至还公开征婚。1790 年 11 月 11 日，伦敦城辩论俱乐部在《每日广告报》（*Daily Advertiser*）中要求：“为找到丈夫而大肆宣传是否符合女性应有的谨慎或精致呢？”更有趣的是，似乎有些女性正开始在国外寻找男伴。一个伦敦协会发问：“那些为了找丈夫而前往印度的女士们是否已与女人性情中本有的精致分道扬镳？”对此问题，“几乎所有人都给出了肯定的答复”。[27]

女性公开征婚，或争先恐后前往另一国家寻找配偶反映出 18 世纪后期女性对婚姻日益增长的渴望。生活和健康标准的提升、时尚之风的兴起，以及媒体和艺术的发展都表明，人们越来越重视美感并心向往之。17 世纪末，高达 20% 的女性选择不婚，但她们仍以“准仆人”的身份为贵族大家庭效力。18 世纪后期，随着女性变得越加富有，且越来越不愿意以老处女的身份度过余生，不婚女性的比例已降至 10% 以下。[28] 在乔治时期，特别是在摄政时期，伦敦较为富裕的女性常被认为是一群“穿着紧身胸衣装腔作势”的人。尽管如此，许多女性还是会对自己在婚姻和社会中的地位提出质疑，有些会根据自身条件积极寻求幸福。

约翰·艾尔维斯："他自己的敌人"

231

约翰·艾尔维斯（John Elwes）[29] 绝非"幸福寻求者"，他是"伦敦最吝啬的人"，可能也是查尔斯·狄更斯笔下埃比尼泽·斯克鲁奇（Ebeneezer Scrooge，狄更斯作品中的守财奴）的灵感之源。随着马里波恩不断扩张，投机性建房便成了发财致富的门道。波特曼广场就建在马里波恩，广场上人口众多，各式各样的人都有。紧随广场落成的便是波特兰大街（Portland Place），当然它并非广场，而是街道。到 18 世纪 70 年代，高大优雅的连栋房屋已在此地推广开来。

这块土地开发所用的资金来自怪里怪气的约翰·艾尔维斯。在他乳臭未干时，他便在母亲的引导下踏入了"吝啬之路"，其母因舍不得吃饭而将自己活活饿死，而他却得到了母亲留下的 10 万英镑遗产。他舅舅哈维·艾尔维斯（Harvey Elwes）爵士，"也许是有史以来最完美的人类吝啬鬼的典范"，而他就是在舅舅的耳濡目染下成长起来的。

继承舅舅的财产之后，他在 40 岁时便腰缠万贯，其行为也越发荒诞不经。很快，他便决定不吃肉食之类的奢侈品，但他还是"'享用'极度腐烂的野味和散落盘外的肉食"。他常在自己的乡间别墅之间走走逛逛，尽量不对别墅们做房屋保养，且避免支付公路通行费。有一次，他将一件废弃的假发从树篱中捡起，并在伦敦戴了两周。

他只把钱投在建设、赌博和马匹上。波特曼大街由他修建，据说，“街道建起后，其财力便消耗一空”。艾尔维斯觉得，建设半成品烂尾房屋入住也挺方便，至少，这意味着他在伦敦时不必租住任何地方了。他雇了一位老女仆，在家中摆着零零星星的家具。这两人会燃烧木匠剩下的刨花以取暖，沦落到此地步，令人唏嘘。有一次，他外甥几经周折在大马尔伯勒街（Great Marlborough Street）的建筑工地上发现他昏倒在地，险些饿死。此事见证了他吝啬的顶峰。与此同时，有人在另一个房间里发现了老女仆，显然，她已去世多日。

232 康复之后，艾尔维斯对他自己的建筑项目越发感兴趣，并成为工人眼中的可憎可恶之人。因为他常在黎明破晓之际来到门口，坐等工人到来。1786 年，他因痴呆症而一命呜呼。尽管他家财万贯，但他在担心失窃这件事上越发偏执，甚至将几基尼藏在某处，然后半夜起床检查一下以确保钱财尚在，而睡觉时他也不脱衣服，生怕衣服在夜里遭窃。不过他遗产尚在：约翰·纳什将波特兰大街称为“伦敦最精美绝伦的街道”[30]，并将它纳入其摄政街和摄政公园的设计计划。

托马斯·洛德和绅士球员

伦敦早期的板球运动更多集中在城东和城南。男学生、学徒、教区劳工和贵族皆可参与板球运动，它是夏季运动的佳选。1739 年 7 月，伦敦队和肯特（Kent）队展开板球赛。据估有一万名观众参赛，每人需支付两便士观赛费。

1744 年，位于伦敦城东端炮兵阵地的伦敦板球俱乐部制定了《板球规章》（*The Laws of Cricket*）。该俱乐部将球场长度设定为 22 码，场地板球数量不得超过 4 个，击球手只有一次试球机会，而在以往，击球手有两次试球机会。两次试球会使得热情洋溢的守场员遭受严重的头伤，甚至会意外身亡，因为他们一定会在击球手第二次试球时拼命推搡。一名女守场员的死亡引发了公众对两次试球规则的广泛批评。岁月如梭，板球运动变得流行。到 18 世纪后期，包括马里波恩板球俱乐部（Marylebone Cricket Club）和汉布尔顿俱乐部（Hambledon Club）在内的俱乐部应时而生。

汉布尔顿俱乐部成立于汉普郡，其职业球员的聘请规定标志着英国板球运动发展的转折。此外，它还是个社交俱乐部，成员对这里的上乘晚宴甚是喜欢。烤面包应有尽有，包括“板球”“国王”和“珍珠的不朽记忆”。“不朽记忆”的“珍珠”是对女性生殖器的打趣说法。汉布尔顿总能出乎意料地大显神通：托马斯·潘恩在其《人权论》出版后因煽动性言论而惨遭流放，但他刚一被流放，就化身为晚宴参与者之一。到 18 世纪 90 年代末，汉布尔顿俱乐部竣工。但到彼时，马里波恩板球俱乐部已每况愈下。马里波恩板球俱乐部的前身是位于伊斯灵顿怀特康德特广场（White Conduit Fields）的怀特康德特俱乐部（White Conduit Club）。怀特康德特俱乐部会员皆为风雅之人，包括“J·怀亚特”，他很可能便是那个忙得不可开交的年轻建筑师（詹姆斯·怀亚特）。然而，这些风雅之士可 233

不喜欢认输。1785年，俱乐部聘用了职业球员，包括爱德华·“鲁皮”·史蒂文斯（Edward ‘Lumpy’ Stevens）、约翰·“小乔伊”·林（John ‘Little Joey’ Ring）和投球手托马斯·洛德（Thomas Lord）。洛德颇具企业家精神。当他们发展壮大到怀特康德特广场容不下时，他便鞍前马后，为俱乐部发展寻求新天地。1787年，洛德在多塞特租下一块地，马里波恩板球俱乐部便由此诞生。没有任何证据表明，这个地块是洛德同他人合租的。1806年，马里波恩板球俱乐部举办了首届“风雅之士对决职业球员”的比赛。1810年，租约纠纷迫使俱乐部再次搬家。3年后，也就是1813年，摄政运河的开发再次威胁到俱乐部的发展，于是，“狡猾”的洛德将俱乐部转移至如今所在的位置。彼时，板球运动已发展为夏日伦敦的一道靓丽风景。1811年，洛德自己所开的萨里与汉普名媛俱乐部（Surrey and Hampshire Ladies）在鲍尔池塘（Ball's Pond）盛大开业，1827年，该俱乐部举行了首场牛津对决剑桥（Cambridge）的比赛。

“可怜巴巴的小臭美者！”：马里波恩的艺术社区

洛德的俱乐部的早期球员混合了各色人马，工匠、绅士和贵族都参与其中，混合性正是马里波恩的典型特点。值得一提的是，那些事业有成的能工巧匠和艺术大师很快便搬入了马里波恩舒适、雅致但又低调的住宅中。

234 入住该地区的风雅人士数不胜数，名字可填满一本书，其中包括历史学家爱德华·吉本。1787 年，他的史诗性著作《罗马帝国的衰落与瓦解》(*Decline and Fall of the Roman Empire*）出版并广受好评，20 世纪之前，没有其他任何作品可与之相提并论。其他住户还包括住在伯纳斯街（Berners Street）的画家亨利·弗塞利（Henry Fuseli），以及住在安妮皇后东街（Queen Anne Street East）的泥水匠罗斯（Rose）一家。罗伯特·亚当聘用了别具匠心的罗斯先生，他的房屋里多数精细的粉刷工作都是由罗斯一手负责的。还有建筑承包商沃德（Ward）家族，该家族几代人都为伯克利广场的建设项目殚精竭虑。他们为人楷模，受人敬仰，甚至住在伦敦周边县城的乡间别墅里的客户都会专程而来，将沃德家的零工和水管工用马车接走聘用。

马里波恩的艺术家有约瑟夫·马洛德·威廉·透纳、约翰·奥佩（John Opie）、乔治·斯塔布斯（George Stubbs）、约翰·康斯太勃尔（John Constable）和爱德温·兰西尔（Edwin Landseer）爵士。彼时，最大名鼎鼎的艺术家要数理查德·科斯维（Richard Cosway）了。最初，他在德文郡的蒂弗顿（Tiverton）过着一贫如洗的生活。12 岁那年，他前往伦敦，并在那里拜斯特兰德大街的绘画大师威廉·希普利（William Shipley）为师。后来，希普利创立了艺术、制造业和商业鼓励协会［Society for the Encouragement of Arts, Manufactures and Commerce，即现在的皇家艺术协会（Royal Society of Arts）］。1755 年 1 月 15 日（抑或之前），该协会为“14 岁以下儿童设置了‘最佳绘画系列奖项’，以鼓励参与者一展才华”。[31]

少年科斯维势如破竹，斩获了所有绘画奖，而雕塑奖获得者是约瑟夫·诺勒肯斯（Joseph Nollekens），科斯维紧随其后。科斯维备受青睐，这主要源于他能够以商标“蓝天”为背景绘制出精美绝伦的袖珍肖像。肖像绘制于象牙之上，因此无论是天花感染者和痤疮患者，还是年迈色衰的老人，其肖像的皮肤都能展示得完美无瑕。希普利的艺术协会为尚在人世的英国艺术家们举行了里程碑式的展览。此前，此类展览专为纪念已逝的欧洲大陆艺术家举行，但这次展览展示了 69 位在世艺术家的 130 幅作品。短短两周内，展览就吸引了两万名观展者。这在伦敦艺术界掀起了一股浪潮。人们开始争相购买现代艺术品。

于是，科斯维飞黄腾达了。他从马里波恩搬至帕尔商城，然后又返回斯特拉特福广场（Stratford Place），并在那里建了一个别具一格的华丽住宅。实际上，住宅之优雅与他本人并不相称，因为“虽说科斯维是个矮小精悍的男子，但就面相而言，他特别像猴子”[32]。那个时代，很多人把他当猴耍，他自己也极力迎合，甚至还养了一只宠物狒狒。但有一天，狒狒咬了他，把他伤得皮开肉
235 绽。他的朋友约翰·汤利（John Townley）写道：

……上次我去看他时发现，他身着睡袍卧在沙发上，他的一个小腿肚缠着绷带。在我询问原因后，他告诉我，他家那只狒狒（或猴子）从他腿上撕下了一大块肉，在亨特医生的救治下，他正处于

> 良好恢复中。而医生（用救治他的同一只手）结束了猴子的小命，并乐此不疲地解剖它，还将它置于烈酒中，从而“杀猴儆猴”。[33]

科斯维不仅是艺术家，还是画商和经纪人，他经常“在老佳士得的绘画拍卖中，腰佩宝刀和口袋，头戴涂粉假发和一顶三角小帽，身着桑蚕丝大衣，上面还绣有猩红色草莓”[34]。漫画家嘲笑他贪慕虚荣，称其为“可怜巴巴的小臭美者！”不过，漫画家笔下的他比当时“庸庸碌碌的拙劣画家”好得多。

在即将步入不惑之年之际，他决定成家。玛丽亚·哈德菲尔德（Maria Hadfield）出生于意大利，是一位绅士之女。这位绅士“在佛罗伦萨的一家旅馆里住了 28 年，大部分英格兰达官贵人和绅士名流都曾下榻于此……该旅馆过去贵不可言，时至今日，它风采不减当年”[35]。他那曾在女修道院研修的女儿玛丽亚是一名连环杀手手下唯一的幸存者。玛丽亚的父母曾把她 4 个（抑或 5 个）姐姐一并送到乳母那里照养，但孩子们接连意外去世。他们心存疑虑，便决定把玛丽亚留家照看。不久，一名保姆在哈德菲尔德府玛丽亚的卧室发现了该乳母，并通知了玛丽亚的家人。随后，乳母解释道，她只是将“孩子们送到了天堂”。此次事件非同寻常且具悲剧色彩，使得一家人转而皈依了罗马天主教。玛丽亚所坚守的基督信仰，在其余生中发挥着重要的作用。

玛丽亚本身就是一位赫赫有名的画家。理查德·科斯维不让他 236
那才华横溢的妻子通过画画致富，因此，她职业生涯发展受限，不过她偶尔也会大展才华。玛丽亚·科斯维，同安妮·丹默（Anne Damer）和玛丽·摩瑟（Mary Moser）一道，成为 18 世纪 80 年代伦敦绘画界最重要的女性。她曾和理查德一同举办了艺术沙龙，沙龙参与者都是伦敦的艺术家和知识分子。用以举办沙龙的房屋“标新立异、独具匠心，它由参与者以某种合伙方式共同经营，这让他们的新邻居和老朋友们都大吃一惊，还为镇上的座谈会增添了奇趣”。[36] 威廉·哈兹里特说：“他们并不时尚，但他们就是时尚本身。”[37] 科斯维夫妇雇用了一个黑人仆人阔巴那·奥特巴哈·库格诺（Quobna Ottobah Cugano），并称其为“约翰·斯图尔特”（John Stewart）。作为“非洲之子”（Sons of Africa）组织的成员，约翰参加了反奴隶制运动，并在写信给那些希望反奴隶制运动赢得胜利的人时，使用了他自己和科斯维的地址。[38]

理查德和玛丽亚有个孩子，名叫路易莎（Louisa）。玛丽亚喜欢前往欧洲旅行。据猜测，1786 年，她与巴黎的托马斯·杰斐逊（Thomas Jefferson）有一段风流韵事。路易莎出生后不久，她再赴巴黎。表面上，她是在卢浮宫中撰写绘画目录，而实际上，科斯维的婚姻危在旦夕。玛丽亚可能还患有产后抑郁。大概 6 年后，她重返伦敦，彼时路易莎已经夭折，理查德为此伤心欲绝。

自路易莎逝世后，理查德便在煎熬中苦苦挣扎。理查德创作的关于路易莎平静离世的素描感人至深。他对她的尸身进行了防腐处理，并用大理石石棺保存在府邸大厅内。自此，理查德便对绘画收藏，尤其是那些重量级、大师级的绘画作品越加提不起兴趣。英国有史以来最伟大的大师作品集由托马斯·劳伦斯本人负责收集，他认为，科斯维的收藏举足轻重。在科斯维位于斯特拉特福广场的府中，一本1820年版的藏品目录中有27幅柯勒乔（Correggio）画作、67幅米开朗琪罗画作、44幅拉斐尔画派画作、39幅提香（Titian）画作、92幅鲁宾斯（Ruben）画作、46幅范戴克（van Dycks）画作和30幅伦勃朗（Rembrandt）画作。科斯维死后，这些展品在1822年便东零西散，有2500件藏品售出，而追回的藏品只有不到10%。

理查德·科斯维赶往朋友家时，在马车上猝然长逝。[39] 与此同时，玛丽亚将女儿的尸体埋葬，石棺则被送至约瑟夫·诺勒肯斯那里由他保管，当然，理查德对此一无所知。

马里波恩游乐花园 237

摄政公园现在是马里波恩最初的绿色空间，但在18世纪公园尚未建成时，这里是一片荒芜的开放空地。而彼时的伦敦人更喜欢马里波恩游乐花园（Marylebone Pleasure Gardens）那种安全且封闭的空间。与沃克斯豪尔花园和拉纳拉格（Ranelagh）花园相比，马里波恩游乐花园规模更小，但其创造了更多私密空间，对伦敦当代娱乐场所的建设产生了重要影响。

1668年5月7日，塞缪尔·皮普斯最早提出要建设马里波恩游乐花园。彼时，“我去了迈娄伯恩（Marrowbone），在那里的花园里走走转转，这是我第一次去那儿，它可真是个美丽之地”。塞缪尔参观的花园位于现在的马里波恩大街 35 号至 37 号的东侧，它从诺曼底玫瑰小酒馆（Rose of Normandy Tavern）的背面延伸出来。起初它只不过是滚木球草场和赌场，但人们可在那里毫不费力地欣赏到海格特（Highgate）和汉普斯特德的美丽风景。

随着卡文迪许广场的发展壮大，花园开始提供更多高品质的娱乐活动，例如“开嗓歌唱”“照亮黑夜”和“燃放烟花”，并因此而闻名遐迩。花园不仅有常规的娱乐活动，还在上午 10 点至下午 1 点之间提供早午餐。经营者丹尼尔·高夫（Daniel Gough）将入场费定为男士每位一先令，其夫人则可免费入场。花园内禁止吸烟，四处弥漫着高雅气氛。年轻的伊丽莎白·蒙塔古生性好动，她和十几岁的玩伴们常在附近的池塘里游泳，之后，他们会前去花园吃个早午餐，在就餐处与其他客人谈笑风生。

若进入花园，须在门口接受检查，刀剑和手枪不可携带入内，以防止争吵失控、动刀动枪。但在经营场地之外，佩戴刀剑和手枪还是必不可少的。由于 18 世纪 40 年代的军队遣散和经济动荡，街头犯罪的浪潮在伦敦掀起。往返花园的路程并不安全，抢劫屡见不鲜。鉴于此，配备一支武装警卫队专门护送人群进出花园变得非常必要，且在田野小径至马里波恩巷（Marylebone Lane）这一路段点亮照明火把也必不可少。

239 18 世纪 50 年代，亨德尔最喜欢的男高音托马斯·洛（Thomas Lowe）接管了花园。他斥巨资修缮花园，还差点为此倾家荡产，不过，他的修缮让花园迎来了黄金时代，而他的音乐质量也达到了前所未有的高度。“统治吧，不列颠尼亚！”（‘Rule, Britannia！’）的作曲家托马斯·阿恩（Thomas Arne）育有一子——马斯特·迈克尔·阿恩（Master Michael Arne），他 10 岁时便表现出卓尔不群的歌唱天赋，1750 年的整个夏季，他都在献唱，并吸引了大批观众。

那时，方丹（Fountain）医生及其妻子接管了最初由胡格诺教徒丹尼斯·德·拉·普莱斯（Denis de la Place）经营的当地学校。[40] 一名男生脑海里仍旧能浮现出这样一幅画面：学生们称方丹医生为“假发王”，因为他偏爱佩戴老式长假发。他们还称其妻子为“彩虹”，因为她常常染发，什么颜色都染过。若是倡导重教尊师的狄更斯知道学生为老师起了这样的外号，岂不气个半死？值得一提的是，“彩虹”常常以糖果和其他奖励为“诱饵”，说服思乡心切的男生认真做功课，她也因此为人所知。

“彩虹”和“假发王”常常光顾马里波恩游乐花园。方丹医生是亨德尔的好友，有一天，两个人像往日一样在花园里闲庭信步。当时，乐队正在演奏。

走在后边的亨德尔停下脚步，说：“我们坐一坐吧，听一听这首歌，我希望你表达一下你对曲子的看法。”

两人坐下，不一会儿，身材健硕且头戴假发的方丹医生表示：“这不值得一听，真是糟透了。”

亨德尔起身，然后叹了口气，说：“你说得没错，当我创作完这个曲子后，我也思量过。”

花园呈现出方兴未艾的态势，这里专门制作较短的喜剧歌剧——布列塔（burletta）。但到1757年，花园的末日将至——当年买下花园的特鲁斯勒（Trusler）夫妇想都没想过会是这样。在牛津街的南端和北端，越来越多的富裕居民开始抗议，他们抗议那些被沿街赶往史密斯菲尔德市场的牛群发出的噪音及造成的污染。收费公路信托公司（Turnpike Trusts）得到地方政府授权后，对道路加以管理，影响力越来越大。考虑到此地交通繁忙，有人瞄准了商机，打算修建“新路”以从中获利。新路是伦敦的首条大型支路，它从埃奇韦尔路（Edgware Road）的尽头延伸至托特纳姆法院路，穿过圣潘克拉斯（St Pancras）直抵伊斯灵顿的圣约翰街。这条路火速建成，路两侧建有篱桩。起初，交通并未干扰游乐花园，一切都运转良好，一如往常。

240 那不勒斯音乐家斯蒂芬·斯托拉斯（Stephen Storace）是特鲁斯勒夫妇长女的丈夫，两人对上乘烟花饶有兴趣。斯蒂芬是个精明能干的作曲家、音乐家。他常受雇于苏活广场的特里萨·康奈尔斯（Teresa Cornelys），他是伦敦最忙碌，也最受青睐的流行音乐家之一。他本人的艺术大作仅在花园出售，且销量一流。他和妻子伊丽莎白育有两个孩子。儿子斯蒂芬（Stephen）曾前往维也纳学习音乐并结识了莫扎特，但他英年早逝，享年32岁。女儿安娜·塞利纳（Anna Selina），即众所周知的“南希”（Nancy），便是莫扎特1786年所创作《费加罗的婚礼》（*The Marriage of Figaro*）中，女主苏珊娜（Susanna）的首个现实版模型。

彼时，烟花由一些驾轻就熟的技术人员燃放。烟花花样繁多，包括"'陀飞轮''迫击炮''热气球''豪猪刺''金字塔'和'日和星'"，此外还有"火箭弹"。那时，"彩虹"担任附近女子学校的校长，她对掉入花园的烟花甚是不满。

特鲁斯勒夫妇的二女儿特鲁斯勒小姐（Mrs Trusler）的烹饪事业备受重视。她本人的肖像画留存至今，画中的她端坐在桌旁，头戴一顶头巾式女帽，袖子卷起，一只手捧着一杯白兰地，面前还摆着一块蛋糕。她青春洋溢、乐观向上、身材圆润，是游乐花园的完美厨师。她似乎对自己的生意重视有加。吃早餐可是件不容忽视的大事，她为了取到"最上乘的黄油、奶油和新鲜牛奶"，自己饲养了牛。连水果都是她自己种的，"花园里种有各式各样的水果"，她那"种类繁多的果实和梅子蛋糕可以以 2 先令 6 便士的价格发送至城区任何地方"。后来她独自一人接手了萨维尔街（Savile Row）附近的博伊尔街（Boyle Street）的金灯甜品店（Gold Lamp），并在那儿专门制作甜食，包括广告所宣传的"一种名叫'屈莱弗'（Trifle）的甜食，实在让人垂涎欲滴"。

1762 年，易洛魁印第安人（Iroquois Indians）来到伦敦，向乔治三世诉苦道他们的土地"被纽约的某些人占用"。有一天，他们被带至花园享用晚宴。年轻的奥利弗·戈德史密斯（Oliver Goldsmith）向他们问好，并递交了他精心备好的礼物，即一份"屈莱弗"。这些人看到礼物后便心花怒放，给了他一个突然的拥抱，并将很多含铜的面部彩绘颜料涂到一脸惊讶的戈德史密斯脸上（以示友好）。

241 彼时，新路已发展成为一条牲口和四轮马车都能通行的大路。马里波恩正逐渐崛起，遮掩了遥远村庄的景观，也中和了花园的乡村气息。该地区土地空间的压力巨大，因此是时候将这 8 英亩（花园占地）和摇摇欲坠的老式酒馆另谋发展了。也许这就解释了为什么花园管理者在 1733 年申请《公共音乐许可证》时惨遭拒绝。同年，一位伦敦城检测员在搜寻水井时，在花园中发现了天然泉水，因此花园又被称为“矿泉疗养园”。可悲的是，它们不再具有浓厚的乡土气息。1777 年 4 月 2 日，《公共广告商》刊登广告，花园地块及其附属资产被出售。就这样，马里波恩游乐花园的运营中道而止，不久后，花园便被马里波恩大街“吞噬一空”。

泰伯恩尼亚和摄政运河的“大量浪费”

开发马里波恩的开放空地绝非一朝一夕能完成，毕竟建筑设施不会神奇地“自然涌现”。多年来，该地区一直是建筑工人的谋生之处。时代滚滚向前，越来越多的工人具有爱尔兰血统。爱尔兰人的轿子业务濒临消失，相比之下建筑业是个赚钱的行业，喜欢集体合作的爱尔兰人岂会错过如此商机？在马里波恩，最有趣的对比可以在贫穷的爱尔兰人身上体现，他们有些居住在东部的托特纳姆法院路，有些则住在牛津街的拐角地区。他们在马里波恩谋生，但仍倾向于从事梅菲尔和圣詹姆斯的轿子行业，也愿意做北部草地上的干草业务。爱尔兰人民在当时被视为必不可少又令人气恼的“恶魔”。一位评论员指出，“爱尔兰下层人民有着躁动不安、蛮横无理的习惯，他们的赤贫和痛苦长期以来一直都是一个不可避免的诉苦话题”[41]。爱尔兰人迅速从圣吉尔斯向四处扩散，他们住进了距离工作地点更近的临时住宅，“如今泰伯恩尼亚被大量垃圾所覆盖，而此前，这里被社区最底层人员非法占据，他们住在这简陋狭小的房子里，习惯在周日早晨玩空中格斗并乐在其中”[42]。

在乔治时代即将结束之际，马里波恩教区及济贫院已变得像圣吉尔斯（教区及济贫院）一般负担累累，因为此地也住进了“社会地位较低的爱尔兰人”。卡尔梅尔建筑群（Calmel Buildings）位于波特曼广场附近，它不过是个贫民窟罢了。据《马里波恩教区委员会会议纪要》记载，这里“脏乱不堪、惨象丛生，让人难以置信”。此后不久，卡尔梅尔协会（Calmel Society）应运而生，以救危济贫。协会秘书蒙塔古·布尔戈因（Montagu Burgoyne）对卡尔梅尔建筑群的24栋住宅展开调查，发现有700人居于此地。他将1816年出版的报告提交给行乞委员会（Mendicity Committee），报告称：“无论是在城市还是在乡下，我都没遇到过如此多的贫困潦倒者，他们有太多人都痛不欲生，但又有太多人都肆意挥霍、愚昧无知。” 242

但布尔戈因也认为：摄政运河的建设能取得如此骄人的成绩，许多爱尔兰工人功不可没。该运河从帕丁顿大章克申运河（Grand

Junction Canal）末端延伸至莱姆豪斯盆地（Limehouse Basin），其设计目的是“流经伦敦最高处”。如此一来，货物便可通过水路在伦敦周围运输。运河建造时恰逢帕丁顿面临严峻考验。彼时，“它声名狼藉，因为在那片运河流经的田野上漫步并不十分愉快，当然也不安全”[43]。近年来，帕丁顿盆地地区已实现再次开发，若置身于新建公寓，则可俯瞰运河美景，但早期的帕丁顿与工业和贫困结下了“不解之缘”，若要摆脱这种缘分还需相当时日。

新建道路和水路对马里波恩并无好处，但自道路建成以来，商业和货物运输便一直都是伦敦的重要组成部分。泰晤士河则是这座城市无与伦比的特色。我们现在就走进泰晤士河，找到水上生活的驳船夫和水手，以及伦敦“航海小村”的小偷和寡妇。

第八章

泰晤士河

1717年，乔治一世要求在泰晤士河上安排一场露天表演，借 243
以消遣。他“在白厅处登上一艘敞篷驳船”，此船极其豪华，它一路乘风破浪前往切尔西。不知不觉，已到晚上8点。国王驳船由其他驳船和船只相伴，有些船上满载乐手，他们首次奏响亨德尔的特别谱曲《水上音乐》(*Water Music*)。国王对此曲钟爱有加，要求乐手再奏两遍，搞得他们筋疲力尽。午夜时分，他和侍从在切尔西用起餐来，而凌晨2点又重返水上。之后，船只便划回威斯敏斯特，而那“余音缭绕的交响乐”[1]再次奏起。

泰晤士河在伦敦的庆典活动中一直扮演着重要角色，但它对这座城市的真正价值在于经济。伦敦并没有界线明确的港口。伦敦池（Pool of London）大致以沃平和伦敦桥为界，来自世界各地的货物都在此卸下，用以出售或转手。理论上来讲，所有货物须于日出和日落之间在法定码头，即伦敦桥和伦敦塔之间的20个码头进行申报。这些规定由伊丽莎白一世在1558年一手制定，用于收取适当的关税。到18世纪，码头拥挤得水泄不通，于是，南岸的“装货许可码头”便应时而生。根据规定，船只只有在此获得“装货许可”，方可取货。即便如此，到18世纪60年代，该系统也已完全不堪重负。伦敦池官方公布，停泊船只不得超过 545 艘，但通常有 2000 艘船停靠于此，由于无法卸载货物，最终完好无损的货品寥寥无几。“实际上，整条河，甚至整个桥底，都遍布双层船桅，只留下一条狭窄的中央航道。”[2] 但有时，航道也被彻底封死，这给登上船的年轻伙计带来挑战。若他们从泰晤士河的一岸前往另一岸，则要爬过不间断的船只甲板。许多人将英国的航海时代与海军鼎盛时期联系在一起，但与英国（在航海时代）追求新奇品和奢侈品的贪婪相比，其海军所展示的雄心算不上什么。物资供应因战乱中道而止，但伦敦港务局（Port of London Authority）的统计数据仍表明，1700 年至 1770 年间，贸易额翻了一番，且从 1770 年到 1790 年，贸易额再次翻番。1792 年，伦敦进口额为 1788.8 万英镑，而出口额（其中许多出口商品都与进口商品相同，用于向西转口）高达 2367.4 万英镑。伦敦货物吞吐量占英国货物吞吐量的 65%。

244 目前，河道交通没有了往日繁忙的景象，只有零零散散的警察快艇给河水带来一丝活力。18 世纪，东印度公司的 1000 吨级巨轮驶入泰晤士河，在河中行进时，它疲惫不堪、伤痕累累，船底沾满污泥。船上，英格兰船员的皮肤已晒成棕褐色，宛若皮革，而身手敏捷的“印度水手”别具一番异国情调。伦敦鲜有码头可容纳如此大的船只，因此，通常而言，货物会卸到下游的小型船只上，再由小船运至码头。伦敦城的皇后港（Queenhithe）可容船只不大，胶泥码头可容船只更小，而薄利码头（Small Profit Dock）只能容下最小的海船。从非严格的意义上说，这些码头不过是内河交通以外，允许船只进来的水湾而已。将罗瑟希德古老的深水码头——豪兰韦特码头［Howland Wet Dock，即后来的格陵兰码头（Greenland Dock）］[3] 加以改造翻新，用于处理鲸脂和其他鲸鱼产品。

加工鲸鱼尸体可是个脏活。第一阶段一般集中在海上完成，格 245
陵兰码头边缘的加工设备也能派得上用场。首先，由鲸须切割器割下鲸须。然后，小心翼翼地为鲸鱼开颅，取出鲸油或细蜡（位于头骨前部的一个“容器”中）。这是用于制作唇膏和保湿霜等化妆品的宝贵材料。为获得它，拿着铲斗的人须小心谨慎地将其从“洞”中铲出。当水位下降时，他便爬入鲸鱼的头内。当安全取出蜡后，便用长柄大镰刀状的刀片将鲸脂剥离去除，然后从中提取鲸油，以供多数伦敦住户照明。此外，龙涎香可从鲸鱼下部的小肠中取出，其内脏则被抛入河中。龙涎香是种蜡质分泌物，最初，它闻起来有些粪味儿，但是，随着时间流逝，粪味儿会逐渐消失。它可用作香水的固定剂，且价值不菲。鲸须可固定紧身胸衣，而鲸油可充作天然气用以照明。到 19 世纪时，格陵兰码头被弃置不用，长满草木，这无疑使得临近码头“沾沾自喜”。

由于缺乏便利的深水码头，船只便只能在普通码头附近排队停泊。驳船夫可将鲸鱼卸下船只，在处理“巨兽”时，身手敏捷、技术娴熟。满载货物的驳船穿过水面，驶向码头。搬运工用“危险致命”的钩镰钩住货物拎上岸后，又将其抬至最近的河梯。值得一提的是，伦敦河梯的名字颇具导航意义，因为，名字中总含有附近可见的地标，例如，板球运动员河梯（Cricketers' Stairs）、波普姆雅座河梯（Popham's Parlour Stairs）和金锚河梯（Golden Anchor Stairs），以便水手靠着地标航行。通常而言，每个河梯处都设有一家河边酒吧，上述 3 个河梯皆是如此。

246 此外，河边码头上有成百上千个仓库，用以存放货物，并列入账目。跃跃欲试的采购商一眼便能瞥见他们为养家糊口而装成包的茶叶、装成袋的咖啡或装成捆的鲸鱼骨。投机取巧的小孩们在码头附近懒洋洋地躺着，若某艘特定船只浮现眼前，小孩们便马不停蹄地跑至伦敦城的某家咖啡馆，并提供有关最新到达船只的新闻，从而获得报酬。海关官员爬至运载的货物上，以确保不漏查任何货物，此外，他们检查时会握紧文件和一个便利的书写工具。据内德·沃德回忆：一名海关官员将笔插入马尾辫中，以妥善保管。他们不仅会检查箱子外观，还会彻底翻查箱内货物，若是商贩走私枉法，则严惩不贷。水手们的妻子聚在一起，欢迎丈夫回家，并在“水上英雄”开始进行货品分类时从他们手中“榨取”工资。然后，所有主要仓库管理员开始检查货品。所有人都对这些管理员毕恭毕敬，因为他们能够快速识别商品，且高效干练地对产品进行等级分类，从而节省时间和金钱。通常而言，这一工作世代相传，这使得仓库管理员在乱作一团的伦敦东区成为朗姆酒、肉桂、生姜和红甜椒等商品的鉴赏家。茶叶仓库的学徒携有被称为“通俗读物”的小书，上面写有不同类型的茶，茶名有中英对照版，帮助他们破译用粉笔写于或雕刻在板条箱侧面的标记。活跃在河边的河贼有“海盗”“夜间掠夺者”“轻骑兵和重骑兵”和“打斗猎人”，他们是群孩子，这帮孩童会潜入船上，先将船只改道，后将货品打翻进河中，以便在退潮时拾取。据统计，这种盗窃案的所涉金额仅在 1796 年这一年间就有约 50 万英镑（同一年，鉴于港口贸易量和运输量不断增加，议会委员会开始着手研究为货品提供充足储放空间的最佳模式）。1798 年，泰晤士河警察局在沃平大街（Wapping High Street）应运而生：“这个河道警局旨在保护商业财产不遭受‘空前掠劫’，并帮助海上劳工更好地恪守职业操守。”[4] 改革家帕特里克·科尔克洪（Patrick Colquhoun）担任该警局的掌舵人，他所领导的警力起初仅由西印度委员会（West India Committee）资助的 50 名军官组成。科尔克洪监管河工约为 3.3 万名，他认为，其中 1/3 的人可能会监守自盗。

泰晤士河警察局之所以大获成功，主要是因为警察的薪水很高，且不允许从事其他工作。据估计，在他们奋战的第一年，被盗窃的金额便减少了 12.2 万英镑。尽管他们不招河工待见，但这无与伦比的“战绩”不可否认。

此外，东部建造了更易于监管的新码头。首先，1802 年，西印度码头（West India Docks）对外开放［如今，它已被金丝雀码头（Canary Wharf）取而代之］。西印度码头占地面积 30 英亩，建有 20 英尺高的保护墙。其官方容量为 600 艘船，与伦敦池容量并无二致。该码头的装卸更加井然有序，其防盗效果也立竿见影。

18 世纪是伦敦河道商业贸易的黄金期。船只在财源滚滚的伦敦池进进出出。此外，工业厂房也沿河而建，南岸最靓丽的风景便是建设工程，到 1820 年，已有 300 多家企业落户此地[5]。贸易和工业的发展有赖于伦敦的大水道，自然，相关从业者也都借此谋生。这些人是伦敦最坚韧不拔，也最饱经风霜的人物。但是，他们绝非贫困潦倒，且大都心怀希望，毕竟，无人知晓，明日是喜是悲。

他们热情好客，但时而出言不逊，甚至尖酸刻薄[6]: 泰晤士河水手

伦敦的水手可是特殊物种，他们多数是伦敦土著，主要住在南岸（South Bank）或沃平一带。他们身强力壮、吃苦耐劳。无论何种天气，他们都会在露天环境下辛苦劳作。泰晤士河波涛汹涌，水流湍急。他们的黑色船只在水面纵横交错，供上班族和社交达人们往返摆渡。像出租马车和轿子一般，这些黑船也颇受管制，而水手也须佩戴徽章和号码牌。船员为他们的“英伦风”和悠久历史深感骄傲，且在加里克海斯（Garlickhythe）附近成立了一个小型的行业公会。他们在伦敦桥以西工作，常成群结队地出现在河梯上和岸边。

248 夏日里，泰晤士河河水宽阔，水流缓慢，若在夏季从城市一端乘船转移至另一端，旅途妙不可言。若你需要两个水手，只消 6 便士便可乘船两英里；若你只需一个水手，支付 3 便士便可乘船两英里；若与多人结伴前往上游或下游的村庄，乘船则更为划算。[7]

亨利·梅休（Henry Mayhew）将泰晤士河水手形容为“闭目塞耳者，而非一败涂地者”。对于四肢发达、头脑简单者而言，成为一名水手是一个理想的选择。此项工作艰苦卓绝，可其启动资金却微不足道。当然，这个工作也很危险，因为伦敦桥水流湍急、危机四伏。1771 年，一名可怜的水手被困于泰晤士河的冰层之中，被活活冻死。他对过往的大型船只大声疾呼，但无人敢上前营救。据报纸报道：“一名水手的船被夹在冰缝里，无法上岸，但没有其他水手敢冒险前去救援。昨晚，他虚弱至极，说不出话来，大家认为，他命不久矣。”一周后，报纸又报道：“上周，不幸溺亡于伦敦桥的水手雅各布·乌尔文（Jacob Urwin）的尸体被潮水冲至结冰的浅滩，后又被带至季风码头（Monsoon Dock）。”[8]

水手们在各种各样的河梯上排列成队，等待客人（就像现在的 249
黑色出租车在出租车站列队候客一样）。他们与无牌水手的激烈争执常会登上新闻。泰晤士河水手以厚颜无耻和脏话连篇著称：“河上的水手有一个奇怪的习惯，即将所有过往船只骂个狗血喷头。这种谩骂美名为河中风趣。”[9] 此外，他们还因食用发臭的“烤红鲱鱼”，以及“面包、奶酪和洋葱”[10] 而为人所知。

水手的每日工作环境都具有潜在危险，这使得他们对河流“情绪”多加留意。他们也很迷信，没什么比“反常潮汐”更让他们疑神疑鬼的了。伦敦港每日有两次涨潮，但也会有反常。1662 年 3 月 22 日，泰晤士河在 4 个小时内见证了 3 次高水位，而在 18 世纪，这种现象也出现了 3 次。尽管高水位反复出现，但它并不像

18 世纪 60 年代和 70 年代长时间出现的“死水”那样让人不寒而栗。在此期间，若潮水出现，原本持续几分钟的死水将持续 1.5 个小时。水手会将诸如水桶之类的物体放入水中，使其旋转，以证明水流静止不动。对于经常与水打交道者而言，如此现象绝非什么好兆头。死水现象仍偶有发生，令人毛骨悚然。

水手生活不易，划船比赛可帮其减轻些许负担。绅士们赞助专业水手队进行比赛，甚至“专业水手对阵学徒”的比赛也时常举办，毕竟，这些学徒通常会在周日雇个船，与女友一道划向里士满和邱园。这些陆上作业的学徒对周日本无须工作的水手而言，是从未间断的苦恼，因此，两大派系会在周日展开比赛，氛围总搞得十分紧张。

1716 年 8 月 1 日，伦敦桥上发布了一条公告，宣布：

国王登基大典的欢庆日临近，多吉特（Doggett）先生准备了带有自由徽章的橙色制服作为奖品，并由“学年结束后，有大把时间”的 6 名水手开展划船比赛以示庆祝。这种比赛在每年的同一天进行，且会一直持续下去。[11]

此处的“有大把时间”是指，他们会在学徒期结束后重获自由。托马斯·多吉特（Thomas Doggett）是一名来自水手之家的男演员。自泰晤士河水上划船比赛取悦国王后，该比赛便开始风靡英格兰。18 世纪末，人们对获此“奖品”望眼欲穿，因为，它可使获胜者避免被“强征入伍（海军）”。水手深谙水上环境，所以，他们常成为被强征入伍的目标。而如今，人们并不太需要担心被强征入伍，但托马斯·多吉特的比赛一如往常，且在他的授权下，黑衣修士桥的南岸酒吧也以他的名字命名：多吉特酒吧。

水上运动包括划船和游泳，不过，后者是为身强力壮者量身打造的。本杰明·富兰克林曾在泰晤士河游泳，这令他的同事大吃一惊，也大加赞赏。到 18 世纪末，划船已成为“热血青年”的一种流行运动，但主要是在靠近切尔西和普特尼的西部地区开展，因为那里的人流量微乎其微。

冰上伦敦：冰霜博览会 250

英国人对天气研究如痴如醉，这就意味着，我们拥有历史悠久的气候记录。记录中的伦敦与我们现在所熟知的伦敦大相径庭。一般而言，12 月至 3 月为伦敦的冰霜期，17 世纪 90 年代，有 6 个冰霜期，其中 3 个月份的温度始终低于 3°C，若连塞缪尔·皮普斯这样的人都会穿两件衬衫、一件马甲，外加一件外套，无疑证明了这种寒冷的天气。

1862 年，约瑟夫·威廉·巴扎尔盖特（Joseph William Bazalgette）爵士在泰晤士河修建河堤，此前，河面较宽，水流缓慢。河岸上铺满了缓缓倾斜且沾满泥污的木板，想必，在潮湿和冰冷的条件下，它一定很滑。桥梁由宽大的“挡水木桩”支撑而起，它们可捕获垃圾碎片，并减缓水流。不得不提的是，伦敦桥下的木桩不仅挡住了水流，还使得那里更易结冰。若让泰晤士河完全冻结，非得耗费几天不可，而这几天则是危险期。水手们希望尽可能多地揽活，而有些人甚至为多招揽一位顾客而命丧黄泉。

但是，河水冻结之时便是庆祝之日。自伊丽莎白女王时代以来，人们便开始记录冰霜博览会的情况，当时，人们习惯将印刷机推至冰上，以试冰的厚度。若它能立正不倒，纪念卡片便得以印刷，以庆祝博览会可在冰面开展。冰上设有展台和烹饪摊位，也出售溜冰鞋（由鲸须制成）、木偶、手套、帽子、围巾、热栗子和用扦子穿起来的猪肉三明治，以及可置于报纸上、用勺子舀着吃的黏姜饼和烤苹果。此外，这里还有街头表演、木偶戏、演唱等娱乐项目。有时，冰冻得牢不可破（1683 年冬季便是如此），于是，泰晤士河摇身一变，成为一个微型购物村，“街头”摊位摆成一排。德汉（Derham）牧师为皇家学会记录下伦敦异常寒冷的冬日，还回忆了 17 世纪 80 年代那漫长的冰期：

251 ……水面结冰，而在桥梁上方，众所周知，人们架起许多摊位，并制作炸薯条、加工肉食。1 月 10 日，我亲眼看到，两匹马拉着一辆四轮马车驶过泰晤士河的冰面，前往南沃克，后又再次穿冰返回，其马车旁还跟着不少侍从。[12]

最早的冰霜博览会还提供娱乐设施，孩童可借此玩“旋转木马”“荡秋千”和“骑小马”，但河岸就不会有那么多乐趣。在这种冰冻期，最大的问题便是地面冻结了两到三英尺的深度，使得从街上抽取井水变得难如登天，但也绝非不可能。于是，有人便集冰，融冰，然后煮沸，以供家用。冰商们趁着这冰天雪地的天气将冰雪放入地下商铺和酒窖，并用稻草覆盖，以便在天气回暖时出售。自然，他们对此天气毫无怨言。到 18 世纪 20 年代，人们对冰的需求已经变得足够大，以至于冰雪经销商终年靠此谋生。自那时起，他们从天寒地冻的北方进口冰块。

但当冰消雪融时，可怕之事突然降临。1740 年 1 月 26 日，《环球观众》（*Universal Spectator*）记录道：

> ……桥西居民发现了一个非常奇怪的景象，他们一开窗便看到，形形色色的货摊、商铺和小屋在断裂的冰面上摇摇欲坠，且冰上毫无人影。

货摊落入冰窟的现象实属罕见，摊主自己对于何时撤摊心知肚明。但在 1789 年，当一艘原先停泊在酒馆码头的船再次驶入“解冻区”时，将冰块撞裂，也将货摊推倒。1763 年，《绅士杂志》也讲述了一件悲伤之事：一个可怜之人“冻僵至死，尸身与浮冰漂在一起，而其对面便是犬之岛（Isle of Dogs）”。

1814 年，泰晤士河最后一次冻结，河冰有 4 天都坚不可摧，252
甚至大象都可穿越黑衣修士桥附近的冰层，露天游乐场的飞车项目也可在冰上开展。维多利亚时代的创新大作，例如，新的伦敦桥和堤区，都使得河道更窄、更深，水流更急，而伦敦的冰上生活则就此结束。

伦敦大桥："奇迹之桥"

我清晰地记得，伦敦桥上有条狭窄、阴暗的街道，对众多乘坐马车的乘客而言都非常危险：由坚固木材精制而成的拱门排得密密麻麻，遮盖了桥上的建房，且纵穿整条街道，有效地将行人与车辆聚拢在桥上，防止其坠入河中。拱门是无家可归者的保护伞，他们在此落脚后便很快对落水噪声、水手吵闹或不幸溺水者的频频尖叫充耳不闻了。[13]

如今，桥身北接南岸，距其旧址 100 英尺，它其貌不扬，但不失为宣传佳地，桥上贴满了有关混凝土优质特性的广告。3 个世纪前，伦敦桥本身是一个川流不息的繁华村庄，那里有教堂、房屋、商店、花园和屋顶露台。至少自 10 世纪起，伦敦桥得以建成，而如今，它依旧岿然屹立。在建成初期，它承担了伦敦城的南部防御功能。数百年来，叛徒头颅遍布桥上以警示世人：威廉·华莱士首当其冲，而奥利弗·克伦威尔则属最后一批。桥上建房有 4 层楼，其中一层为地下室，位于桥墩之内，抑或桥墩之间。北端建房上方是威风凛凛的平台，周围由栏杆环绕。街道宽 20 英尺，其上有步道和花园。相比之下，南端道路上方 14 英尺（有些路段为 12 英尺）出现了“萎靡不振”的构筑物和狭窄通道。

街道两旁分布着商店和“广场”，北端的一排商店颇具殖民风 253
格。几个世纪以来，众多商店都因出售针线工具和其他小巧玲珑且易于运输的物品而声名远播。17 世纪 90 年代的一家墙纸制造商，爱德华·巴特林（Edward Butling）便在此隆重开业，且约翰·艾伦（John Allan）的“几绺头发”也在此营业，出售“各种卷发或直发”，此外，罗伯特·文森特（Robert Vincent），即“天平制造商的‘指针和标度’、南沃克那侧的‘小熊酒馆的第二门’等也都在此营业”。[14]

1722 年，桥上车水马龙、拥挤不堪，因此，货车和手推车须交过路费，如若不然，必遭罚款。桥西的人流车流会涌入伦敦城，而桥东的则流出伦敦城。据说，如今我们靠左行驶便是以此为鉴（当然，它只是原因之一）。

1750 年，威斯敏斯特桥对外开放，这意味着伦敦桥迎来了“劲敌”。对伦敦城的参议员而言，这是来自西部（威斯敏斯特位于伦敦城西部）的一个清晰信号，伦敦城对伦敦南部的交通垄断已画上句号。不久后，伦敦桥的翻修计划提上日程，以增加交通流量。如此一来，桥上建房必须拆除。在此期间，一名年轻的意大利画家，乔凡尼·安东尼奥·康纳尔［Giovanni Antonio Canal，后以“卡纳莱托”（Canaletto）之名而为人所知］在伦敦落脚，他将这座摇摇欲坠的桥描述得光芒万丈。此人前来伦敦是为了寻找客源，因为前往“意大利”开启“盛大教育之旅”的年轻人已被奥地利的王位继承战争（War of the Austrian Succession）所阻止。他那“旧伦敦桥”画作现置于大英博物馆，将一座桥、一座购物中心和一个居民区描绘得惟妙惟肖，这大概是最真实的桥景吧。

254 无论卡纳莱托的妙笔把旧桥描绘得何等美妙，这座新的奇迹之桥最终破茧成蝶[15]。旧桥大部分石头都被回收利用，石柱从露天广场流向了大卫·加里克，大卫用石柱建造了位于汉普顿的别墅。1756年，在石头旁建造了一座木桥，以供短暂通行，而桥上建房惨遭拆除，其中有些已历经500年的风雨沧桑。1758年，这座木桥被付之一炬，这可能是纵火犯的“大作”。若纵火犯旨在破坏伦敦桥，那他不但未能得逞，反而为其发展加速：就在同年，此处建房便被清扫一空。伦敦的文物工作者开始记录这座桥的历史，既记录了有关了解者的回忆，也记载了人们在这座桥修复时，以及在随后拆毁时发现的一些手工艺品和文物。旧桥的荡然无存让很多人怅然若失。

尤其令人遗憾的是，桥上的坎特伯雷（Canterbury）托马斯教堂（Chapel of Thomas）也被拆得一干二净。它位于桥北第九个桥墩，人们可通过蜿蜒的盘梯从河道和街道进入。据说，堂内还铺上了黑白相间的大理石，真是美轮美奂。教堂所在桥墩呈方形空心，其上覆盖有带洞金属网。该网织成一个水池，可在其中捕鱼，退潮时，年轻人就会爬入网中捕鱼。从7月到9月，野生水蒜芥在全桥遍地开花，放眼望去，尽是嫩黄色的花朵。

尽管伦敦桥给人带来浪漫之感，但它也令很多人命丧黄泉。有关船只“翻倒”或“颠覆”的事件屡见不鲜。通常而言，“所有船只都被毁得面目全非”。1758—1770 年，桥下落水 27 人，其中 11 人溺亡[16]。拥挤不堪的街道承载装有砂轮的车辆，湍流咆哮，十分扰人。人被马车碾断腿也不足为奇。1752 年，两辆相向而行的马车从一名不知名的年轻人身上碾压而过。1758 年，一个年轻女子及其孩子也被撞身亡。在建房拆除期间，事故量见顶，彼时，两名工人从梯子上掉入河中，其中一名被落下的砖石砸死（砖石是由劳工推倒的）。

这座桥不仅“造就”了意外死亡，还吸引了那些希望永久摆脱困境的自寻短见者。1689 年 4 月 14 日，一名外交官的独生子约翰·坦普尔（John Temple）租用了一条小船（船上有一名水手）。在他的要求下，船只猛冲进桥下湍流，然后，他纵身一跃，跳入水中。船上水手表示，坦普尔很快便沉没没影了，因为，他可能用石头把口袋塞得满满当当。他在船座上留了一张纸条：“我在为国王尽职效忠时出了差错，未能如愿以偿地履行我应对国王履行的职责，这就是为什么我突然作出如此决定：我希望国王一切顺利，诸事成功，并能找到一个更好的仆人。”他留下了妻子和两个年幼的女儿。后来，水手懊恼不已，因为，他从同事那里得知，坦普尔当天早些时候便已雇了同事的船，且在船只猛冲进桥下湍流时死死盯着水面，但随后他失去了跳水的勇气，又下了船。

1752 年的一个周日晚上，一个外表看来完全没理由寻死的人，

前来自寻短见[17]。他“中等身材，带有褶边的内侧衣物干干净净，
255 褐色的外侧大衣精致美观，长筒袜乌黑发亮，鞋子一尘不染”，他站在桥上，凝望栏杆。一名渔夫招呼他，但他不予理会。当渔夫移开视线，他便纵身一跃，跳入水中。“渔夫向他扔了一根绳子，但他视而不见，不久后，他便被卷入水车下边，溺水身亡。”

18 世纪末期，“清理过后”的伦敦桥有 6 个世纪的历史了，但它仍在苟延残喘。1811 年，滑铁卢桥（Waterloo Bridge）上建筑兴起，显而易见，伦敦桥上的交通量会再次减少。1814 年严冬，12 月 27 日便开始结霜，雾凇一连持续 8 日，其间有两日大雪纷飞。这座桥已面目全非，直到 1824 年，桥梁才得以翻新，设计师为苏格兰工程师约翰·雷尼（John Rennie）。

雷尼设计的桥真让人称奇道绝。但翻新后的桥面临交通堵塞问题，因此，1902—1904 年，新桥得以拓宽。达特穆尔（Dartmoor）采掘了更多花岗岩托臂来开展此项工作，如今有些托臂仍闲置未用。最终，桥梁因不能承受自身重量而开始下沉。直到 20 世纪 20 年代，工程师才开始意识到，他们其实大错特错：虽说更换桥梁是大势所趋，但新桥也未必经得起时间考验。1927 年，一名历史学家指出：“雷尼设计的桥所用的花岗岩开采自阴雨连绵的达特穆尔（Dartmoor），有朝一日，它会轰然倒塌，届时，一些具有奇特设计结构的大桥会取而代之。”[18]

40 年后，雷尼之桥得以出售。最终，它由一位美国企业家购置，这名企业家将其运至美国亚利桑那州，并在那里将其重新组

装。取代它的“具有奇特设计结构的大桥”，由霍尔福德（Holford）勋爵和工程师莫特（Mott）、海伊（Hay）和安德森（Anderson）共同设计，并于1973年对外开放。

沃平：“斯特普尼的航海小村”[19]

在沃平一带，小酒馆遍地都是，码头工人和临时工也无处不在。256
它是伦敦早期进行鸦片贸易的地方，这里粗糙不堪而又变幻莫测。布鲁盖特·菲尔茨（Blewgate Fields）接管了伦敦首批“鸦片根据地”之一。鸦片贸易和其他违法乱纪的行为使得执行码头（Execution Dock）上遵纪守法的商船队也惨遭处分。那个凄凉且落寞的码头仍坐落在那里，不远处便是惠特比（Whitby）酒吧。“若是黯然神伤，此地倒是可借以消愁。直到今天，死囚犯依旧在低潮线处的临时支架上被处决。但尸体被‘三潮’淹没的传统早已荡然无存。”[20]

出海是一个艰难的决定，但是对于体面家庭的年轻人而言，它可能会像从军一样促进社会进步。当然，出海也可能是一种痛苦且危险的生活，有些人从来没走过这么远：“1787年元旦那天，波普拉（Poplar）的渔民抓到一条鲨鱼，鲨鱼膛内有一块手表、链条及一个光玉髓印章。显然，这只手表是怀特查佩尔的一个人为儿子的首次海上航行而购置的。不过，这名男孩刚一出海，就落水身亡了。”[21]

塞缪尔·约翰逊表示，多数人宁愿去监狱，也不愿去海上，因为监狱有吃的，还有人陪伴，而“身在船上宛若身在囚笼，还有可能被淹死”[22]。整个伦敦都在进行“强征入伍（海军）”，河流区和桥梁区尤甚，“那些没有任何谋生途径者”[23]往往“中标”。他们也在寻找那些生活没有目标，也没有朋友的人。

除了码头上的造船工人和男性劳工，该地区的独居妇女人数最多。妻子、寡妇、女友和妓女皆住在公寓房间内。毫无疑问，她们常先被纠缠，再遭骚扰，等纠缠骚扰者离开后则陷入孤独，如此循环往复。那些由外国水手生的混血儿与其白人兄弟姐妹在街上游荡。女人并不总是待在岸上，而一封致塞缪尔·皮普斯的信详细说明了，海军舰船是如何“被女性所困扰的”[24]。

允许妇女登船的不仅有海军舰船，还有商船。亨利·丁格（Henry Teonge）在1675年是专职教士，当时他写道：“您会想知道这里有一个男人和一个女人爬到吊床上，女人的腿伸到吊床末端两侧或伸出吊床。”在整个18世纪和19世纪，人们意见分歧很大，有关抗议女人上船的投诉从未消停过。纳尔逊享有盛誉的海军上将托马斯·哈迪（Thomas Hardy）说：“我认为，允许妇女入船是明智之举。当我在海上时，我总是批准她们加入。但是，其他人则认为这完全是无理取闹。”[25]

257 狂热的改革家爱德华·霍克（Edward Hawker）海军上将在1821年写道，船员及其老婆走到甲板下边，

……像狗一样毫不羞耻、毫不脸红地发生性关系，对此，有人看到，也有人听到。而在此后的一个周日早上，船长和他妻子在后

甲板上干柴烈火，与此同时，第一中尉正检查 78 名妓女，以确保她们的“衣服整洁”。[26]

第一中尉不是在检查女孩们的最新时装，“衣服整洁”是霍克海军上将对妇女“没有性病”的委婉说法。19 世纪初期，在皇家海军服役的威廉·罗宾逊（William Robinson）写下了他们的状况，并得出如下结论：“在所有人类中，这些可怜的生物是最可怜的。她们堕落，卖身求生，其中的心酸是无法描述的。”[27] 这些妇女主要生活在泰晤士河与拉特克里夫大道［Ratcliff Highway，现在称为高速路（The Highway）］之间的小房子里。那些妓女从业者时不时便对船只翘首以盼。她们不必时时眺望，毕竟，“在她们的住所和河之间的这条漫长街道上到处都是码头和小型建筑场地。行人常会惊讶地看到，船首高高耸起在街道上，后来船只的船体则出现在许多‘空位’处”。[28]

“本世纪最令人耿耿于怀的暴行”[29]：拉特克里夫大道谋杀

随着拉特克里夫大道如雨后春笋般迅速落成，它与海员瞬息万变的生活和变幻无常的命运联系在了一起。“沃平女房东”（The Wapping Landlady）对船只的到来翘足企首，“水手刚一上岸”，她便迎宾入店，并为客人供上女孩或酒品。她是伦敦的标志性人物，足以成为弗朗西斯·海曼（Francis Hayman）的画作《沃克斯豪尔花园》（*Vauxhall Gardens*）中浓墨重彩的一笔。拉特克里夫大道为：

> 258 一条狭长街道，它铺砌良好，两旁铺有华丽昂贵的石板，此道长约两英里，它沿泰晤士河蜿蜒而行，一直延伸至莱姆豪斯（Limehouse）尽头。这里既住有大量出海者，也住有非出海者，航海之人一上岸，便可看到他们的流动简易房。[30]

该地区混乱不堪，居民总体缺乏教养。但是，教养的缺乏并不能解释一切。若谈及著名的伦敦东区杀手，毫无疑问，大家第一个想到的便是“开膛手杰克”，但杰克不过是后来者罢了。1811 年，拉特克里夫大道两周内发生两起谋杀，使得伦敦阴云密布。

12 月 7 日凌晨，24 岁的服装商蒂莫西·马尔（Timothy Marr）关闭位于拉特克里夫大道 29 号的商店。他在十几岁的时候，曾在东印度公司担任水手，但 4 年后，他重返伦敦，并开始打理生意，财运亨通。

他妻子西莉亚（Celia），以及三个半月大的婴儿、学徒詹姆士·高万（James Gowan）和女仆玛格丽特·杰威尔（Margaret Jewell）都同他一起住在商店上层。蒂莫西·马尔将玛格丽特送出家门，让她先去购些牡蛎作为夜宵，后去转角处的面包房付账。玛格丽特发现，两家商店都已闭店。回到马尔的商店后，她看见老板还在屋内埋头工作。于是，她决定去另一家牡蛎店碰碰运气。正是这个决定，让她逃过一劫。

夜里 12 点 20 分，她再次空手而归。商店漆黑一片，她按了一下门铃。然而，无人回应。于是，她再次尝试，而那时，屋内已展开生死肉搏，婴儿被吓得哇哇大哭。玛格丽特突感不妙，试图破门而入，但是，她被路过的醉汉严词质问，只得放弃。她停了下来，坐在台阶上，又怕又冷。1 点，她将发生的事对教区巡夜人乔治·奥尔尼（George Olney）如实相告。事实上，在玛格丽特第二次前去购买牡蛎时，乔治已路过马尔家。那时，百叶窗已经关闭，他尝试打开，却发现窗子没锁。他隐约看到有人在商店，便大声提醒百叶窗没锁。一个不可辨别的声音回应道他知道，没锁也没关系。

约翰·默里（John Murray）是一名当铺经纪人，也是马尔一家的邻居。他隐隐约约觉得房内噪声由玛格丽特发出，但开始并 259
未采取行动。后来他出来告诉了巡夜人这一情况，之后他忐忑不安，绕到马尔家后面，从未落锁的后门走了进去。他举着蜡烛，边走边喊。

约翰隔窗望去，发现了学徒詹姆斯·高万的尸体。高万的头骨已被重物砸烂，面目全非，其旁边便是西莉亚的尸体。尸体面朝地板，鲜血仍从她血肉模糊的脸部不断喷出。约翰·默里大呼“有人谋杀”，于是，其他邻居纷纷赶来。蒂莫西·马尔的尸体则躺在另一个房间，他的头部已被砸成碎片。据知情者回忆：婴儿死在婴儿床上，其左侧头骨已断裂。更糟糕的是，婴儿的喉咙上有个深深的刀口，头部已基本被割断。

呼喊声愈加高涨，泰晤士河警局（Thames Police Office）的查理·霍顿（Charles Horton）应声而来。他亲自搜查现场，彻底检查了受害人的钱包，并在蒂莫西·马尔身上搜出了 5 磅多。他在马尔家的卧室里发现，造船工的大锤正靠在椅子上，锤上刻有字母“JP”。后来他们发现，此案嫌疑人为“瑞典佬”约翰·彼得森（John Peterson），他就住在附近的皮尔特里（Pear Tree）。马尔家的抽屉里竟留有 150 多英镑：要么是因为玛格丽特试图闯入之举使凶手惶惶不安，凶手尚未劫钱便逃之夭夭；要么是因为劫钱并非凶手的犯案动机。

负责此案的约翰·哈里奥特（John Harriott）发布悬赏通告，以求嫌犯下落。案发两周内，当局调查了每条街道，但查无结果。12 月 19 日，有人在国王军械库酒店［King's Arms，位于如今的加内特街（Garnet Street）］发现了酒店老板约翰·威廉姆森（John Williamson）、他妻子伊丽莎白和侍女布里奇特·哈灵顿（Bridget Harrington）的尸身。一名巡夜人先是发现了威廉姆森的房客约翰·特纳（John Turner）。特纳说他碰到一个“大块头”在被杀害的威廉姆森的东西中乱翻，之后他顺着打结的床单从楼上爬下来，并大声呼喊，“出人命了！”后来赶到的人强行打开酒窖的活板门，找到了尸体。约翰·威廉姆森的尸体在酒窖的楼梯上吊着，而其头骨已被砸碎，喉咙已被割伤。他那 14 岁的孙女凯蒂·斯蒂尔威尔（Kitty Stillwell）成为威廉姆森一家中唯一的幸存者。她在一个不起眼的后侧卧室睡着，凶手对此浑然不觉。

260 12 月 20 日上午，内政大臣命令弓街治安官破解此案，缉拿凶手。他们逮捕了几人，但对于真凶是谁一无所知。其中一名被捕者是詹姆斯·威廉姆斯（James Williams），他曾是一名在国王军械库喝酒的水手，并通过东印度公司与蒂莫西·马尔间接熟识。至于两人是否曾一起扬帆起航，我们无从考究。威廉姆斯并不符合房客对行凶者的描述，但警方有似是而非的证据指控他。威廉姆斯被捕后从未受到审判，甚至未受到二次讯问，但他在圣诞节前一日的早上自我了断，吊死在牢房中。

新年前夕，威廉姆斯的尸体被装入货车，游街示众。其间，有一名出租马车的车夫倾身用鞭抽打了尸体头部 3 下，但其他上万名观众大军并未为难尸体。尽管民众对那些私闯民宅者“万般痛恨”，但凶手并未激起强烈民愤，毕竟，沃平和拉特克里夫大道发生谋杀案不足为奇。威廉姆斯的尸体由一根柱子穿过心脏，且跪于马尔一家近期下葬的圣乔治东（St George’s East）坟场旁。詹姆斯·威廉姆斯一直在那里守候赎罪，直到此地铺设煤气总管时，他的尸体才被挖了出来，而又过了几十年，他才被重新葬于其他地方。

衰落：“谁会真正在意呢？”

到乔治时代末期，光辉灿烂的伦敦水上贸易已黯然失色。沃平、罗瑟希德和德特福德比较“粗野”，但也曾充满生气，而河畔无序分布的建筑物开始沦为城市贫民窟。污泥浊水日益侵蚀此段泰晤士河，1833 年后，此段再无鲑鱼。这些木船于德特福德和格林威治建造，它们先是扬帆起航，然后返回伦敦，最后被大卸八块。1815 年，蒸汽船驶入泰晤士河，而到 1830 年，纵看水上航线，铁船无处不在。1808 年，亨利 · 卡斯尔（Henry Castle）生于一个造船之家，19 世纪 30 年代，他住在罗瑟希德，彼时，他意识到，被大卸八块的木船多于“新鲜出炉”的木船。于是，他开了家船只拆卸企业，它位于罗瑟希德和米尔班克的波罗的海码头（Baltic Wharf）。

261 木制船七零八落地散布于拆船场地，工人先将其拆卸，后回收利用，通常而言，它们会被制成庭院家具。卡斯尔的家具目录后来成为伦敦世界博览会（Great Exhibition，于 1851 年举行）中的重要展品，如若购买，当日即可交货。有些船在前滩被烧毁，而后船体的金属残片被清理一空。据说，透纳的著名油画作品《被拖去解体的战舰无畏号》（*Fighting Temeraire*）所描绘的那个千疮百孔、百无一用的“战舰”也被拖至卡斯尔的院子里。卡斯尔热衷于从旧船上收集艏饰像。在乔治时代向维多利亚时代的过渡期，即风帆时代向蒸汽时代的过渡期，收集艏饰像是最生动的故事之一。海军发现，那些与铁船“分家”的艏饰像已成为水手士气和灵感之源，他们希望将艏饰像保存良好。海军当局发现自己境地尴尬，它被迫与新式“打捞”商人打交道，他们对一个 15 英尺高的木制女像的价值心知肚明。也许，卡斯尔拆船场地最好地见证了时光流逝：乔治时代伦敦的航海库存可能已化身为维多利亚的代伦敦的折叠式帆布躺椅。

在维多利亚女王统治尚未到来的前几年里，该地区“伤痕累累”。1832 年，伦敦首轮霍乱疫情席卷沃平。1831 年，霍乱蔓延全欧，而波罗的海一带尤其深受其害。若船只抵达伦敦，则须在斯坦德盖特克里克（Stadgate Creek）接受为期 10 天的强行隔离，但预防措施还远远不够。冬季来临，霍乱抵达纽卡斯尔（Newcastle），不久，泰恩河煤矿工人的船只于东海岸进进出出且不受检疫限制，导致霍乱侵袭伦敦。一个名叫约翰·波茨（John Potts）的乘客登上一艘名作“莫尔德”（Mould）的船，并等着乘坐另一艘船“德尔特”（Dirt）打道回府。他出现霍乱症状不久便不治身亡。中央卫生局（Central Board of Health）从约翰体内取出 20 英寸的肠子进行检查，随后宣布，他并非死于霍乱，而是死于“肠自发性坏疽”[31]。2 月，莱姆豪斯岸边的 3 名采煤妇女也因此病相继离世。他们的尸体干干瘪瘪，且在其临死前已变为蓝色，这是亚细亚霍乱的典型迹象。整个伦敦都惶惶不安。

于是，一家霍乱医院应运而生。它建于沃平艾米塔吉码头 262
（Hermitage Pier）的英国皇家海军舰艇“多佛号”（Dover）上。船上尸体下葬于伍尔维奇灌木丛深处，但这种疾病一发不可收拾。霍乱传播载体之一是受污染的粪便。由于患者体内大量失水，保持环境清洁便成为“乌头白，马生角”的事情。无人能记录确切的死亡者总数，但据估计，死亡人数为 2000 人到 3000 人，其中近一半来自伦敦东部的航海小村。1854 年，伦敦布劳德大街（Broad Street）再次暴发霍乱瘟疫，那里的污水坑遭霍乱污染，而污水后来又泄漏，祸害了普通供水。约翰·斯诺（John Snow）医生开始了解它的传播方式，并最终在处理该疾病方面取得进展。

当霍乱吞噬莱姆豪斯和沃平时，旧工业已从河岸消失，被新工业取代。泰晤士河隧道位于罗瑟希德和沃平之间，身处河底。从1825年起，建设工作时断时续地于此开展，经过漫长的建设，隧道终于竣工。理查德·特里维西克（Richard Trevithick）的较早尝试以失败告终，但马克·布鲁内尔（Marc Brunel）及其儿子伊桑巴德·金德姆（Isambard Kingdom）最终如愿以偿，使得该隧道在1834年成功开通。此工程耗费多年，不少人也为此付出生命代价，最终，它在维多利亚时代得以对外开放，当时它成为万众瞩目的宠儿，并且证明了水下隧道绝非“空中楼阁”。（在空置多年后，它如今已成为伦敦地铁系统的一部分。）该地区在创新创造方面取得了长足进展，这一点有目共睹，此外，德特福德建有伦敦首个火车站，该站于1836年2月对外开放。铁路线很快便延伸至伦敦桥，使得伦敦主干线的古香古色与现代风情相得益彰。

19世纪，河流、码头和周边地区继续变得繁华，也愈加拥挤。但是，随着铁路的逐步改进，以及随后公路交通系统的不断完善，货物也可进入其他更为便捷、更深的港口，如南安普敦港口，与此同时，货物可在合理期限内运抵伦敦。之后，在“闪电战”期间，乔治时代修建的那被人遗忘的斯特普尼（Stepney）广场及沃平古老破旧的公寓惨遭毁灭。有些建筑物早已人去楼空，许多年长的居民在战后再也没有回来。不久后，大片阴沉的庄园将伦敦曾经的航海小村吞噬一空。1966年，历史学家和记者伊恩·奈恩（Ian Nairn）曾访问此地，他回忆道：“谁会真正在意呢？”

第九章

南沃克和兰贝斯

泰晤士河以南是一片灌木沼泽地和令人头皮发麻的浅滩，上面 264
“铺满”了潮湿的棚屋、腐臭的码头和肮脏的船屋[1]。南沃克包括班克赛德、伯勒（Borough）和伯蒙德西（Bermondsey），其西边为兰贝斯（Lambeth）。这片风水宝地零零星星分布着工业建筑和动力风车。

该区域一望无际，但因过于潮湿，不适合兴建建筑。若将湿地变干，一是代价高昂，二是回报率不高，这意味着人们并不急于在此居住。更糟糕的是，附近制革厂散发的刺鼻气味，臭不可闻，毕竟，皮革加工还得靠人尿和狗粪。粪便收集者走在城市的大街小巷四处吆喝，这帮提供上门服务的“中间商”用“纯净粪便”（具有讽刺意义）将桶装满，然后将其出售给工厂。不久后，这些工厂便被驱赶至远离城市的偏远之地，如此一来，臭气熏天的工厂便只能“殃及”田野了。

用以燃烧垃圾的篝火四处都是，老妇人们在空旷的荒地画线，以让各自的“清洗晾晒区”泾渭分明。伦敦桥以东是圣萨维尔码头（St Saviour’s Dock），或叫圣萨沃里码头[2]……目前，它仅是驳船停放之地，这些驳船会运输煤炭、铜矿［来自艾塞克斯郡惠特尔西

（Writtlesea）]、白陶土、玉米等商品。其后方便是伯勒和伯蒙德西，后者是一个历经沧桑且贫富不均的定居点，它拥有繁华的果蔬市场，以及中世纪的圣托马斯医院。到18世纪末，圣萨沃里码头成为伦敦最骇人听闻的贫民窟——雅各布岛（Jacob's Island），的沼泽边界。该地区遍布监狱：王座监狱、马歇尔希监狱（Marshalsea）、郡县监狱（County Gaol）、少教所（House of Correction）以及伯勒克姆皮特监狱（Borough Compter）和克林克监狱（Clink）。

265 向西则是兰贝斯，它后来成为杂乱无章的主教宫殿和波罗的海木材场所在地。此外，这里还有一所盲人学校，自1779年起，盲人儿童便可在此学习纺织篮子和演奏乐器，以便他们可能完全或部分借此自力更生，维持生计。到乔治时代末期，老师开始教授盲童阅读带有凸起字母的书。纵观全伦敦，四处都是提供有偿服务的小型盲人乐手团体，名噪一时的盲人演奏当属科芬园中的“狂欢演奏”了。

266 兰贝斯迅速发展成为风景宜人的萨里（Surrey）郊区，这里有苗圃、“菠萝园”，还有瓜坑，用于种植奇珍异果和温室蔬菜。河边有一座巨大的盖伊医院，该医院成立于1721年，凡是圣托马斯医院无药可医的患者都会被送到这里治病。伦敦桥南端附近有通往南沃克的车道、南岸颇具中世纪风格的娱乐中心、班克赛德的破旧街道和腐烂剧院，以及年代已久的伯勒市场（Borough Market）。“新旧交织”是南沃克的主题：这里既保留着中世纪的“残羹剩饭”，也发展着新兴工业和开创性医学。

班克赛德：屠夫逗熊之地

传统而言，班克赛德曾是伦敦的逗熊之地。伊丽莎白女王的宫廷官员对此项残酷运动情有独钟。周日的班克赛德备受青睐，富人和穷人一道赶来，汇聚一堂，并在不幸的“竞争者”身上下注，但是，并非所有人都视之为理所当然的消遣娱乐。

让动物铤而走险，多么愚不可及！
肥头大耳的狗，要对阵威风凛凛的熊。
快来这里观看，两者背水一战。
伴随着惨绝人寰的撕裂，
一个血迹斑斑的场面映入眼帘。[3]

清教徒禁玩“狗逗熊”游戏，在他们看来，只有猎捕野兔才是合情合理的。王政复辟后，班克赛德的熊园恢复了往日生机，但查尔斯并未提倡此项运动。“投掷公鸡”（将石头或瓶子投掷于绑在木桩的公鸡上）“斗狗”和“狗对鼠”的比赛比比皆是。猛犬（Bandogs）是斗牛犬的可怕“亲戚”，它饲养于克拉肯韦尔，专门用于挑衅个头较大的动物。但是，当人们更想看到熊“秀技”，而非死亡时，“挑衅类动物”便需另寻目标了。1675 年 2 月，一头上了年纪的狮子在班克赛德被挑衅致死。同年，罗切斯特伯爵的“野蛮”马被“一只力大无穷、活力四射的动物挑衅致死”。

267 这匹马站立时，肩高约 19 掌（约 1.93 米），即 6 英尺 3 英寸。它摧毁了“几匹马和其他牲畜”，也造成了人员死亡。罗切斯特将其卖给多尔切斯特（Dorchester）的侯爵，但此马随后伤了它的饲养员，于是，它被转卖给一名酿酒师，成为一头拉货的牲口。但好景不长，它将载满货物的马车抛却身后，然后脱缰而逃，并对街头行人发起攻势，“它将人撕皮剥肉，还吃得津津有味，这种情况还真是前所未有”。实际上，在这种情况下，人们别无选择，只得将此特殊物种围而歼之。挑衅致死并非仁义之道，尽管如此，这匹马还是被置于群狗之中，“以取悦来自摩洛哥（Morocco）帝国菲兹城（Fez）的大使阁下”。许多达官贵人都对此马有所耳闻，也晓得它作恶多端，所以他们打算赶来，一睹好戏[4]。

这匹马被带到摇摇欲坠的希望剧院（Hope Theatre，一家建造于詹姆斯一世时代，为血腥运动量身打造的剧场），并与群狗针锋相对。激战后，这些狗要么被弄得残废，要么就失去了生命。见此情形，马主人便决定中止比赛，但是，人群中突然有人起哄要求欣赏此马被挑衅致死。于是，比赛不得不继续，群狗再次向它发起挑战[5]，但群狗依旧无法战而胜之，最终，这匹马被剑刺穿。由于天气恶劣，大使未能前来观战。

到 18 世纪初，挑衅游戏已从泰晤士河北端风靡至克拉肯韦尔的霍尔霍克利（Hockley-in-the-Hole）。

1710 年，一场挑衅赛如火如荼地展开，参与方为两只狗（其

> 中一只来自纽盖特市场，另一只来自霍尼小巷市场）……和一头雷厉风行、健步如飞的公牛（它可是挑衅场上的常胜将军）。若此牛败下阵来，则有一头从未受过挑衅的绿色公牛取而代之。若还是不行，一头年事已高、身上装有烟花装置的公牛会上前迎战。此外，等待参与者也包括一头疯驴。彼时，“逗牛”游戏和“逗熊”游戏花样百出，甚至，被牵来的狗身上也放有烟花装置。好戏恰在3点钟拉开序幕。[6]

霍克利（Hockley）是伦敦斗牛梗的繁殖中心，所以，那里也理所当然地成为此项运动的举办地。经过在霍克利短暂发展后，“逗牛”运动举办地于1756年迁至斯皮塔佛德（Spitalfields）。但这项运动愈加不招待见，很快，它便只能成为集镇“杂耍”了。

与此同时，霍加斯发起运动，反对“野蛮对待动物，因为这种 268
虐待行为已使得大都市大街小巷的每个有良知者都唉声叹气”[7]。根据他的《四个残酷阶段》(*Four Stages of Cruelty*)，虐待动物与思想堕落脱不开干系。此书首页提到，汤姆·尼罗（Tom Nero）试图用一支箭刺入狗的肛门，而另一名青年则恳求他莫作此孽。

伦敦人对动物的态度正在发生转变。1785年，报道称：

> ……一匹来自阿拉伯半岛的良种骏马在托特纳姆法院路的一个围栏中，将由群狗挑衅致死，有些人大呼过瘾，有些人则忧心忡忡。为防止过多人观战，参观者须购单价为半基尼的入场券。但

是，治安官怀疑这样做会伤及无辜，并觉得训练狗马对彼此互生敌意绝非明智之举，于是，他们介入其中，使得这部精彩绝伦的“大片”中道而止。[8]

1822 年，《防止虐待家畜法案》（*Act to Prevent the Cruel and Improper Treatment of Cattle*）获准通过。此法案也被称为《马丁法案》（*Martin's Act*）。理查德·马丁（Richard Martin）是一名提倡动物权利的政治家和运动家，他曾将虐待驴子的街头小贩——比尔·伯恩斯（Bill Burns）绳之以法。马丁所采用的战术“出奇制胜”，他将驴子带入法庭，这样，驴子所受到的伤害便一目了然。伯恩斯是首个因虐待动物而被定罪量刑的人。1824 年，一群人在圣马丁巷的奥尔德斯劳特咖啡馆相聚一堂，商议组建一个新协会，以助力落实《马丁法案》，并提高群众的动物保护意识。该协会由亚瑟·布鲁姆（Arthur Broome）牧师领导，其成员包括理查德·马丁和威廉·威尔伯福斯（William Wilberforce）。不久后，它便有了一个新名字：皇家防止虐待动物协会（RSPCA）。

库珀矿泉疗养中心和沃克斯豪尔：“两性纵情享乐的绝佳之地”[9]

269 自 17 世纪初期起，伦敦人便忙着四处寻找水疗生活馆，即众所周知的“矿泉疗养中心”。矿泉比比皆是，且矿泉水在全伦敦都有出售。斯特里特姆（Streatham）水是于咖啡馆里出售的一种天然催吐剂，也是一种治疗宿醉的特效药。据说，它还具有从体内驱除蠕虫之惊人功效。霍克斯顿（Hoxton）的香醋水则是种泻药，它能“让人肠胃翻江倒海，使人频频如厕”[10]。此外，圣潘克拉斯韦尔斯（St Pancras Wells）的水作出最夸大其实的宣传：它可治愈坏血病、淋巴结核、麻风病、痔疮、脓疮、溃疡和癌症。

王政复辟后，这些疗养中心规模更大，也更加正规了。这里可提供更加精致的食品和饮料，并举办各种活动，以招徕更多顾客。通常而言，花园会围绕矿泉疗养中心而建，且其中一些饰有创意之作和水景设计。

库珀（Cuper's）矿泉疗养中心是一个古香古色的正规花园，它至少可追溯至1589年，如今，人们可由此通向滑铁卢桥。1624年，阿伦德尔（Arundel）的伯爵将其收购，并把它租给了他的园丁亚伯拉罕·博伊德尔·库珀（Abraham Boydell Cuper）。库珀一家把它当作休闲花园对外开放，“内设滚木球草场……夏季时，这里便成了伦敦的度假胜地，花园西区许多景点都值得游玩一番”。这些花园闻名遐迩，因为“退休劳工可漫步于此，这里有阴凉步道，道路两侧饰有雕塑，还有颇具古风古韵的大理石块和博人眼球的烟花爆竹”[11]。

此地大理石块是阿伦德尔大理石（Arundel Marbles）的小块碎片：

……这些碎片是由建设者出于装饰目的，从爵爷那里祈求而来的……为建设一条以“阿伦德尔”命名的街道，人们将阿伦德尔府邸拆除，而这些碎石和其他受损藏品都被运至花园。但是，还是有大量大理石块被遗留在靠河的地面上，并被新建圣保罗教堂所产生的垃圾所淹没。[12]

如今，主要的大理石已收藏于阿什莫尔博物馆中，谁能想到，这眼前的古物曾栖息于古代大教堂的废墟之下。

库珀矿泉疗养中心的娱乐设施和周围环境尽显高情逸态，尽管如此，它还是声名狼藉，被形容为“破烂不堪，因陋守旧”。相比之下，附近沃克斯豪尔花园则蓬勃发展。1760 年，库珀矿泉疗养中心关门大吉，而彼时，竞争已趋于白热化。从那时起，沃克斯豪尔花园便成了伦敦主要的休闲花园。

270 最初，沃克斯豪尔花园被称为“新春天花园”（New Spring Gardens）。1662 年，塞缪尔·皮普斯曾光临此处，在随后的一个世纪里，花园的面积不断扩大，也赢得越来越多人的青睐。1729 年，乔纳森·泰尔斯（Jonathan Tyers）接管花园，此人温文尔雅且高瞻远瞩。他支付了 20 年的租金，将艺术、建筑和音乐统统引入。因此，花园内既有威廉·霍加斯和弗朗西斯·海曼的画作，也有汉德尔的音乐。亨德尔雕像出自苏活区的胡格诺雕塑家路易斯·鲁比利亚克（Louis Roubiliac）之手，它已在花园中屹立多年，如今则被置于维多利亚和阿尔伯特博物馆（Victoria and Albert Museum）中。

威尔士亲王弗雷德里克为花园建设慷慨解囊，他在仿造的遗迹、拱门和庙宇之间建有自己的专属凉亭，年复一年，凉亭越建越多。

1785 年，泰尔斯的孩子开始接管父亲的花园。后来，这些花园发展成为一个引人瞩目的企业：

> ……大量砖砌房屋包括春天花园房、阀门房和其他 36 个“住所”“马车房”“马厩”“外屋”“工作室”“棚屋”“冰屋”“大房间”等，此外，这里还有“管弦乐队”“覆盖走廊”“开放步道”“滑路”“通道”“亭子”“箱子”“春天花园小院”“池塘”和“蓄水池”［其水源为沃克斯豪尔小溪（Vauxhall Creek）］。[13]

大部分供应食物都产自当地。伯勒市场既出售当地果蔬，也有来自肯特和萨里的农产品。南沃克之所以闻名遐迩，是因为那里的瓜坑和苗圃种植有菠萝等奇珍异果。1755 年《伦敦世界》（*London World*）中的一篇文章提及：“……曾几何时，花园老板以在温室中培育出黄瓜为荣，而如今他们也可为（在温室）培育出菠萝而骄傲了。”安德鲁·莫菲特（Andrew Moffett）在南沃克格兰奇路（Grange Road）的菠萝园储备了能结出最甜果实的“果树和演替性植物”，从而保证植株“免受昆虫侵害”[14]。1798 年 2 月，威廉·诺斯（William North）借《纪事晨报》（*Morning Chronicle*）极力宣传他在萨里兰贝斯收容所附近苗圃种植的新式矮花椰菜，且其宣传力度要大于菠萝植株，显而易见，在温室环境下，植物的任何种植问题都有解决之道。

271 自1785年起，花园正式更名为“沃克斯豪尔花园”，多年来，人们一直这样称呼。花园步入黄金时期，而该时期一直持续到维多利亚时代。每当夜幕降临，

……花园约1.5万盏玻璃灯点亮夜空，光彩夺目。展灯悬挂于人行道两侧的树木之间，别有一番风情，若置身其中，则宛如进入《一千零一夜》（*Arabian Nights Entertainments*）中的一些故事之中。有时候，观赏人次超过1.9万。那熠熠生辉的步行道为这座城市增添了浓墨重彩的一笔，也为整体园景带来了令人惊艳的效果。[15]

沃克斯豪尔花园可谓伦敦最大的“夜总会”。夜幕降临，黑暗无处不在，访客却可在这流光溢彩的环境中纵情饮酒。约1840年，音乐厅风靡一时，于是，以灯光和饮酒为特色的“夜总会”便逐渐退出历史舞台。1859年，这里最后一次举办此类夜间活动，彼时，烟花腾空而起，划出“永别”的字样。仅仅几年后，由于滑铁卢站（Waterloo Station）的扩建，无人问津的花园也被吞掉。

债务人监狱和雅各布岛

南沃克和兰贝斯都属乡村地带，其多数乔治时代的基础设施都留有中世纪痕迹。18世纪80年代末，唯一的建筑密集区建于伦敦桥

南端附近，距东部伯蒙德西仅一箭之遥。雅各布岛是个历经沧桑的贫民窟，它坐落于如今颇受欢迎的沙德泰晤士（Shad Thames，泰晤士河畔码头仓库区）所在的小溪之上。毫不夸张地说，那里的住房真是千疮百孔。破烂不堪的窗户上糊着碎布和废纸，前方街道不过是曾经的排水沟罢了。许多住户都在小溪之上共享公用厕所，搞得整个区域都臭气熏天。落潮之时，此处毫无魅力可言。每个住宅都由多户共居（这已是约定俗成的做法），孩子们光着脚丫，四处游荡。

雅各布岛居民的行为本就扑朔迷离，而紧挨伦敦伯勒主街（Borough High Street）的 4 所监狱使得雅各布岛的形势更加难以捉摸。王座监狱、马歇尔希监狱、郡县监狱和少教所都坐落于伯勒主街东侧，监狱关押囚犯多达数百名。王座监狱和马歇尔希监狱与威斯敏斯特宫廷相连，这两座监狱是为债务人量身打造的，狱中囚犯囚禁期是长是短，很大程度上由债权人决定。

1869 年《破产法》（*Bankruptcy Act*）获准通过，而在此之前， 272
因小债务而锒铛入狱者屡见不鲜，且自中世纪起，这种情况就一直存在。马歇尔希监狱早在 1294 年就已存在，王座监狱则在一个世纪后才得以落成。17 世纪时，有少数人试图阻止债务人因小额债务而遭牢狱之苦。但是，大众对债务的态度依旧是零容忍，直到乔治三世统治时，最低入狱门槛才被设定为 40 先令。但是，一旦律师介入，该门槛便形同虚设，然后，一旦债务人遭到监禁，他们赚钱还债也就成了“空中楼阁”。对普通人来言，这是个恶性循环。

监狱本身便是一类方兴未艾的私营企业，囚犯生活成本不菲。

他们要吃、要穿、要洗衣，甚至牢房本身都是高价收费。若无朋友或某种慈善机构相助，债务人可能要在监狱中度过漫漫岁月了。1824 年，查尔斯·狄更斯之父因欠债而被押入马歇尔希监狱。于是，少年狄更斯只得被迫辍学，进入沃伦布莱克宁工厂自力更生。不过，狄更斯很庆幸，因为那时他已长成大孩子，可以自食其力了。而有很多孩子不得不和父母一道身陷困境。孩子们在狱中成为额外负担，毕竟，食品和衣物是必需品。有些犯人只因欠了点小钱就只得在狱中度过余生。狄更斯通过笔下的艾米“小”杜丽（Amy 'Little' Dorrit）回忆起了自己的生活。

王座监狱和马歇尔希监狱建于中世纪，所以狱中设施不佳，难以容纳日益增多的囚犯。特别是在马歇尔希监狱，若囚犯无法负担其“重要监”囚房的住宿费，他们将被关在“普通监”囚房（普通监有 9 个囚房，共囚禁 300 名囚犯）。若妇女财力雄厚，则被安置在“橡树屋”中，如若不然，她们就和其他人一道“共享”拥挤的“普通监”囚房。

1728 年时，34 岁的约翰·格兰诺（John Grano）已成为赫赫有名的音乐家，他曾为亨德尔效力。约翰主要专注于笛子音乐的创作，但也会演奏小号。年轻时，他在“南海泡沫”事件中倾家荡产，自那以后，他便一直竭其所能地维持生计。1728 年 5 月，他因欠债而锒铛入狱，也被关押于马歇尔希监狱。

273 他欠各种各样的债权人共计 29 英镑。在狱中，他发现了一个由监狱长老婆经营的酒吧和一家出售日常必需品的商店。狱中有一名裁缝和一位理发师。囚犯莎拉·布拉德肖（Sarah Bradshaw）经营着一家咖啡店，此外，狱中那个叫作乳头多利（Titty Doll's）的小吃店也由一名囚犯及其老婆共同经营。

该小吃店以著名的姜饼销售商迪兑·多利（Tiddy Doll）之名命名，他曾于乔治二世统治时期在南沃克博览会（Southwark Fair）担任巡逻官。多利大名鼎鼎，他曾被绘入霍加斯的画作《南沃克博览会》之中。画中，他的帽上饰有巨大羽毛和金色花边带，帽上写着长长的销售口号，但其中几字可一眼辨出，“迪兑·多利”。人们甚至扮成迪兑·多利参加化装舞会，而詹姆斯·吉尔雷（James Gillray）在其漫画《伟大的法国姜饼面包师迪兑·多利，勾勒出一批新的国王》（*Tiddy-Doll the great French Gingerbread-Baker, drawing out a new Batch of Kings*）中对他加以描述，自此，他名垂千古。迪兑·多利成为伦敦小餐馆津津乐道的人物。最后一个上述小餐馆位于梅菲尔牧羊人市场，它于20世纪90年代后期关门大吉。

囚犯和工作人员皆认为，马歇尔希监狱所创建的“社会结构”符合人之常情，尽管如此，到18世纪中叶，也许在此之前很久，那里都一直是个令人不悦之地。“讨好”是惯例，付钱给监狱恶霸和看守的做法风靡一时，这使得债务人手头上仅存的一点钱也被榨得一干二净。“单宿房租”（Chummage）这一术语可反映出囚犯的社会和经济等级。通过讨好和支付单宿房租，那些重要监的囚犯可摆脱烦扰，独享单间。而普通监的犯人则生活得饥寒交迫。1729年，约翰·格兰诺摆脱马歇尔希监狱，彼时，议会委员会开始调查伦敦监狱的情况。结果，委员会发现，马歇尔希监狱真是惨不忍睹，让全伦敦都大吃一惊。普通监囚犯常因付不起饭钱而饥肠辘辘，一命归阴。若他们大吵大闹或不和谐相处，则会惨遭中世纪刑具（如拇指夹）的折磨。监狱长威廉·阿克顿（William Acton）曾因谋杀囚犯托马斯·布利斯（Thomas Bliss）而被审判，此外，他还涉嫌谋杀另外 3 名囚犯。但在审判中，他占尽优势，最终，法院对他作出无罪判决。议会委员会已告知民众事实真相，但对于发动真正变革，委员会实在无能为力。

274 到 18 世纪末，监狱已变得满目疮痍。1811 年，重建工作不得不提上日程。新囚房依旧拥挤不堪，许多人仍因小额债务（通常不到 20 英镑）而遭牢狱之灾。讨好和支付单宿房租的传统一如往常。马歇尔希监狱一直都是个“奇怪社区”，那里的犯人因污名和债务压身而无法享有正常的日常生活，但本质上，它是个伦敦辖区，毕竟各色人等，一应俱全。1842 年，《国会法案》（*Act of Parliament*）迫使马歇尔希监狱关闭，于是，此处囚犯开始在全伦敦的监狱“安家”。但在伦敦人眼里，它依旧是个传奇，狄更斯将其描述为“戒备森严的小窝”[16]。

圣托马斯（医院）和盖伊医院

18 世纪初，南沃克很大程度上都颇具中世纪色彩。然而，就在这个靠近乡村游乐园和摇摇欲坠的中世纪监狱之地，新技术正在被投入实践之中。圣托马斯医院成立于12世纪，不久后，它便陷入了翻新与失修的循环中。日记作家约翰·伊夫林于1664年12月2日写道，该建筑物的一部分得以保留，以便“不时医治来自（海军）舰队的重伤员”。1732年，大规模翻新工程画上句号，自此，该医院每年的接纳人数从几百人增至数千人，病房也增至“20多个”[17]……每个患者都由一名修女或一名女房管，以及两三个护士精心照料。其中两个病房可用汞治疗花柳病，也称为“汞中毒病房”或“切割病房”。“这里还有手术室、浴室、剧院和太平间（尸体下葬之前都可在此存放）。”

医学发展日新月异，治疗方法通常全面而系统，医生不仅重视 275
症状，也开始强调饮食和健康。但是，医生对“替代”医学愈加持有疑心。18世纪初，伦敦掀起顺势疗法（homeopathy）的浪潮，彼时，一位名叫约翰·霍格（John Hogg）的医生嘲笑道：“一个小时前，有人在伦敦桥扔了一杯金酒。若治愈脑膜炎，医生岂不是要让患者喝干泰晤士河水。”[18]但是，顺势疗法在“更柔和的性爱”中颇受欢迎。此外，圣托马斯医院的医生约翰·伯奇（John Birch）开始尝试通过电击疗法治愈各种疾病，神经性疾病也被囊括其中。1803年，约翰有关该主题的书《电力医疗应用论文》（*An Essay on the Medical Application of Electricity*）出版。他在论文引言中承认，毕竟，此疗法是一项大胆的尝试，但他坚信，在他和斯特兰德大街乐器制造商的班克斯（Banks）先生的共同努力下，此疗法定会万无一失。在他的“仔细斟酌”及悉心指导下，电流直抵“大脑的柔软结构”。伯奇借用一把绝缘椅、一个莱顿瓶（Leyden jar），以及由黄铜和木头制成的工具（一个指针和一个球），实现了人体导电，且其效果出人意料。他用电疗治愈了患有贝尔氏麻痹症的妇女，且针对此病的电疗一直沿用至今。多数情况下，此病可自行缓解，但若加以电疗干预，一些症状会迅速消失。伯奇指出，“这些例子比比皆是”。他回忆道：

1787 年 11 月，一位拥有菩萨心肠的女士将印度仓库的一名搬运工送到我这里，他因一个孩子的过世而整日郁郁寡欢。他罕言寡语，在家还要对颐指气使的妻子忍气吞声，但他从来都对她保持缄默，他常常叹气，无论发生什么事，他都心不在焉。

伯奇对他进行了 3 次电疗，此后，他开始变得活泼开朗，并重返工作。显而易见，伯奇此次治疗抑郁症大获成功，他也因此而备受鼓舞，于是，他开始对居住在庇护所的患者尝试大电击疗法，比如，他对一名患抑郁症的 26 岁男性“强加”了 3 次最高程度的强烈电击，事后，他都觉得如此疗法不可思议。男子病情并未好转，伯奇则说，他也只是在竭其所能地进行实验而已。此外，他还尝试为一名用丝绸手帕上吊致死的工人做“电击治疗”，结果，此人竟“死而复生”。伯奇认为，别人对其在圣托马斯医院的实验充耳不闻，并以这段颇具预言性的段落为论文画上句号：“没错，我仍心怀一种希望，那就是，我在有生之年能看到电击仪器的诞生，相信它可成为每个外科医生都不可或缺的工具。”

尽管电击疗法在圣托马斯医院尚未盛行，但伯奇并不认为该医院采用全新疗法会面临重重风险，因为它广受欢迎。18 世纪 80 年代是他实验的黄金期，而在此期间，圣托马斯医院“累计住院量为 30717 人，门诊接诊总量高达 47099 人”[19]。该医院接诊数量巨大，若不是该院早期院长托马斯·盖伊（Thomas Guy）高瞻远瞩，它早就不堪重负了。1721 年，盖伊决定在圣托马斯医院后方建立另一家医院，以满足那些余生都要依靠持续医疗服务的患者之需。 276

托马斯·盖伊本是一名生于南沃克的书商，他一生未娶，且过着返璞归真的生活：他“就在柜台上就餐，其桌布充其量不过是一张报纸罢了”，此外，他不会花钱购置衣物[20]。“在他 76 岁时，他从盖伊医院‘前身医院’负责人那里‘拿下’一份租地契约……并开始建造以他名字命名的新医院。”1720 年是托马斯·盖伊最难忘的一年，那一年，“他通过买卖南海股票赚得盆满钵满”，且通过出售《圣经》获取巨额利润，此后，他投资 20 万英镑将新医院建设提上日程。一名同时代的评论员曾这样评论：“上帝和财富之神助他一臂之力，让他大捞一笔。”[21]

乔治时代的车轮铿锵而行，医院也如雨后春笋般建立。1829 年，慈善家威廉·亨特（William Hunt）慷慨解囊，促使该医院收治量几乎翻了一番。彼时，医院有 6 位内科医生、2 名妇产科医生、7 名外科医生和眼耳专家，外加 1 名牙医。盖伊医院设有新的教学部门，包括解剖部、病理部、化学部，以及“电气化室”。

时至今日，该医院仍以牙科远近闻名，且每年收治患者 10 万余名。

我将再起[22]：兰贝斯掘墓盗尸人

277 伦敦和爱丁堡（Edinburgh）是整个 18 世纪的医学教学双中心。两个城市都纠结于同一问题：若出于教学目的而剖尸，是否有违道德并且会引起现实问题？“几乎所有人，无论老少，都推崇‘死者为大’[23]的理念。”但自 14 世纪以来，意大利的医学生便一直在进行“人体实验”[24]。因此，到了 17 世纪初，意大利被视为“人体解剖学教研地”，其中的帕多瓦大学（Padua university）尤其如此。1541 年，亨利八世将英格兰解剖控制权移交给了理发师－外科医生公会，该机构每年可从泰伯恩刑场绞刑架获取 4 具尸体。1663 年，可获尸数量增加至 6 具。

自约 1690 年起，解剖学校开始在伦敦初露头角，并在 18 世纪上半叶取得突飞猛进的发展[25]。除了私立学校，医院也会开设解剖课赚取外快，老师在课堂上经常展示医院中无人认领的患者的尸身。圣巴塞洛缪医院和圣托马斯医院都开办了早期（解剖）学校。病房内四处皆是穷人，因此，医生有了更多的剖尸研习之机，面对医院竞争，私立学校须更加努力开拓创新。自 18 世纪初起，掘墓盗尸演变成了一个社会问题。

尽管尸体在英格兰不再享有法律权益，但任何盗尸行为都会挑战法律红线。新鲜尸体对医学界有着举足轻重的实际价值。但是尸体的这种“巅峰状态”在冬季也只能维持几日，而在温暖的月份便转瞬即逝。1752 年，立法规定，所有杀人犯都应予以剖尸，法令文字如下：“因此，有必要在死亡惩罚上进一步增加一些令人不寒而栗的奇耻大辱。”[26] 而早在中世纪，人们便觉得，剖尸是一种侮辱，而制定的法则就是火上浇油。

解剖医生要对人体知识了然于心，要清楚地知道解剖环境复杂多变且因人而异，还要有勇气、波澜不惊地迅速“动刀”，做好这些并不容易。在人体上动刀会让人心生反感，此外，我们普遍认为，人体，特别是尸体，神圣不可侵犯，而这种意识会使反感加剧。然而，这是准外科医生必须要过的坎儿。1811 年，范妮·伯尼在一封信中讲述道，她不幸被诊断为乳腺癌后，便接受了乳房切除术：

> 在整个手术切除过程中，我持续不断地尖声大叫……当我再次 278
> 感到仪器画出一个弧线时，我痛不欲生，想要挣脱……然后，我感到刀子紧贴着胸骨，并与之刮擦！

整个手术（包括包扎）在 20 分钟内便大功告成，且全过程中都未使用麻醉剂。用伯尼的话说，外科医生对患者的痛苦几乎麻木，但这也是人之常情。他们肯定不能感同身受。毕竟，他们在接受教育的最初阶段，便通过处理新鲜尸体孕育出这种麻木之心，但它会助长道德上的矛盾情绪，而此情绪由购置尸体催生而成。毫无疑问，经营这些学校的外科医生对待尸体都如履薄冰。

私立解剖学校一成立，掘墓盗尸便在伦敦肆无忌惮（也许在解剖学校成立前并非如此），唯一的文献记载可追溯到 18 世纪 90 年代后，彼时，外科手术的实践量和医学生数量都急剧增加。1793 年，伦敦有 200 名医学生[27]，但到 1823 年，医学生数量已超过 1000 名。理论上来讲，学校和医院并驱争先，以求合法获取 100 具尸体。即便到 18 世纪初，解剖学家也会尽量避免将自身卷入“取尸”工作。相反，他们会雇用医学生或“代理人”，让他们说服垂死之人（那些囚犯或患者们）捐出尸体，若说服成功，则有金钱奖励。此外，掘墓盗尸者也被发展为代理人，他们被称为“盗墓人”。

从 19 世纪初，盗尸者开始成立盗尸团伙，江湖人称“伯勒帮”（The Borough Gang），直到 1825 年，该帮派才偃旗息鼓。帮派头目为盖伊医院前搬运工本·克劳奇（Ben Crouch）。盖伊医院的解剖学教授阿斯特利·库柏（Astley Cooper）爵士聘请了克劳奇及其帮派成员为医学生四处寻尸。该团伙寻尸的效率很高，并且具备持续服务的精神，库柏自然对其依赖有加，通常而言，当其帮派成员因与盗尸无关的小罪而锒铛入狱时，库柏会继续向其家人付钱。

279 “伯勒帮”对于掘坟挖尸驾轻就熟。他们会在墓地和葬礼队伍旁踱来踱去，以瞄准目标，伺机而动。在死者下葬第二晚，他们就挖出棺材的一端并破棺而入，将尸体拖出。然后，他们将泥土回填，并将坟墓恢复如初。伦敦人愈加意识到，他们已逝亲朋好友的坟墓可能并不安全，于是，他们将标记物置于新土之上，以便检查是否有人打扰亡者。有些甚至设置了秘密陷阱。尽管如此，“伯勒帮”依旧百无一失。他们并非总是坐等挖尸，而是在尸体下葬前事先闯入墓室一窥究竟。

盗尸交易变得愈加错综复杂，且其定价结构也一言难尽。尸体若奇形怪状或不同寻常，则以高价出售。身高不足3尺的儿童分为“大号”“小号”或“胎儿号”，并按尺寸定价[28]。此外，单独的牙齿交易也很盛行，牙医可购买尸体牙齿，以制作假牙。有些牙医甚至可能试图将死人牙齿直接移植到活人口中。1817年，本·克劳奇脱离“伯勒帮”，并随英国陆军前往法国和西班牙，他在异国他乡以搜寻一些死尸牙齿为生，日子过得红红火火。

1795年，有人在贝兰斯发现，“有3个人用3个麻袋在运送5具人尸”。经官方查明，“挖墓者是个强盗头目，且有8位赫赫有名的外科医生都惯于购买这些尸体……每具成人尸体，若非泛绿或腐烂，售价为2基尼1克朗；而未成年人尸体，从脚往头量第一英尺6先令，以上部分每英寸9便士”。其中一名外科医生在众目睽睽之下“肆意滥用尸体，他用头骨制作钉匣、肥皂盒等，甚至用婴儿骨骼为其孩子打造玩偶”。他被称为“兰贝斯接牙人”（Lambeth Articulator）。官方还听闻“大部分人肉已化身为类似于鲸脑油的脂肪，且燃烧起来和蜡烛并无二致，此外，少许人肉则被转化为肥皂”[29]。

贩尸人和尸体解剖造成的公众恐惧像尸体交易本身一样与日俱增。1811年，约瑟夫·那不勒斯（Joseph Naples）与“伯勒帮”结为联盟，并将该帮派在伦敦各地广泛开展的各项“工作”一一记入日记，他们常在晚上从各式各样的墓地中窃取 5 具尸体，若其中尸体较小，则会窃取更多。12 月 10 日（周二），他写道：“我们一整天都兴致勃勃，夜晚出门后，又在登喜路（Bunhill Row）挖尸 5 具。不过，杰克（Jack）的尸体被埋得太深了。”日记也阐明了，掘墓盗尸日进斗金：1812 年 1 月 9 日和 10 日，那不勒斯从圣托马斯医院收取了 20 英镑，而这不过是盗尸利润中他自己的份额罢了。当时，一名普通劳工的平均年薪也只有 40 英镑左右。由于那不勒斯摘奸发伏，本·克劳奇被绳之以法，并被判入狱两年。阿斯特利·库柏爵士考虑到自身利益，只得介入其中，帮克劳奇“金蝉脱壳”。

280 大约在同一时间，伦敦许多外科医生成立了一个自由俱乐部，其出发点有两个。首先，实现有关尸体及其定价信息的共享，以防止盗尸者漫天要价。其次，强化“尸体是硬需”的认知。1828 年，爱丁堡发生了臭名昭著的布克和海尔（Burke and Hare）谋杀案，两个案件的作案动机为获取尸体以供解剖，此案震惊全英。于是，议会成立了一个特别委员会（Select Committee），以研究是否有必要打造一个更完善的（剖尸）运行机制。面对委员会的发难，阿斯特利·库柏爵士将其忠心耿耿的“伯勒帮”描述为“最卑鄙龌龊的无耻小人”。1832 年，《解剖法》（*Anatomy Act*）获准通过，它允许对那些靠救济度日者，以及死时无人问津者的尸身进行解剖。人们对手术流程及该法令愈加了解，于是解剖污名逐渐洗清，尽管如此，掘墓盗尸交易一直是 20 世纪伦敦的主要贸易之一。

南沃克工业：阿尔比恩磨粉厂和科德石材

伦敦一些主要工厂的大本营都设在南沃克。放眼望去，“大木料场”[30]遍布泰晤士河畔……“伦敦发展日新月异，有人担心，为满足发展之需，挪威和波罗的海的森林会消耗殆尽”。南沃克还设有制秤厂和“规模庞大的酿酒厂……常有 2000 多头猪在此地咕噜作响，并且这些牲畜完全放养于谷物之中”。

整个南沃克和兰贝斯的风车都可磨面，以供大半个伦敦对于 281
粮食的需求。18 世纪 80 年代初，塞缪尔·怀亚特（Samuel Wyatt）决定采用全新技术制造大型磨粉机。1783 年 3 月，他通过谈判，租下一块土地（如今该土地已由通往滑铁卢的铁路线所覆盖）。之后，怀亚特加速建设磨粉厂，并于 1786 年成功安装了第一台发动机。它是由博尔顿和瓦特（Boulton & Watt）设计的 3 台蒸汽机中第一台，也是最早用于磨粉的蒸汽机之一。磨粉厂在万众瞩目下开张运营，伦敦的达官贵人们纷纷出席其开张仪式，其中包括约西亚·韦奇伍德。

首台发动机每小时可用 20 对磨盘研磨 10 蒲式耳（约 27 公斤）小麦。这是新工业时代的奇迹，许多人都慕名而来，观看其运作过程。1788 年，第二台发动机也投入使用。1791 年，兰贝斯磨粉厂的第三台发动机尚未安装便被付之一炬，大量面粉和谷物惨遭烧毁[31]。

有人怀疑，这是一场有预谋的纵火案。当地的磨粉厂厂主目睹了阿尔比恩磨粉厂（Albion Mills）一日的面粉生产量，他们甚至都不敢想象一周可以生产如此多的面粉。蒸汽动力使得阿尔比恩磨粉厂，摆脱了变幻莫测的天气之扰，许多人怀疑，（阿尔比恩）磨粉厂厂主正囤积面粉以投机取巧。出生于兰贝斯的威廉·布雷克（William Blake）深谙阿尔比恩磨粉厂的重要意义：其名字本身便具“召唤魔力”，英国工厂运作的理想模式尽在名字之中。但是，对布雷克而言，这些是耶路撒冷的“黑暗的撒旦磨粉厂”。

阿尔比恩磨粉厂并未重建。大火之夜，许多南沃克穷人在街头翩翩起舞，为这头工业怪兽的终结而呼呼雀跃。它是工业革命的象征，并预示着新机械化时代的到来，但这个时代未能持久。

南岸已成为酿酒、金属丝制造、玻璃制造和锚固件加工的心脏地带。然后，1769 年，“寡妇”科德（Widow Coade）从莱姆里吉斯（Lyme Regis）抵达兰贝斯，带来了她那已被乔治时代的伦敦所遗忘的奇迹之一：科德石材（Coade stone），或如她所说，这是“经两次烧造的石材”。

1733 年，埃莉诺·科德（Eleanor Coade）出生于一个陶瓷之家，她有一个负债累累且无力还债的父亲。1769 年，其父与世长辞，同年，她和女儿小埃莉诺抵达兰贝斯的纳尔沃（Narrow Wall），并接管了大卫·皮科特（David Picot）的人造石铸造厂，两年后，大卫便功成身退了。

有关该地区人造石的历史，众人皆知，但科德家持有一个不为人知的秘密。他家的石头比别人家的更细腻，也更耐用，并可打造成精细入微的浮雕之作。他们研究出了一个秘密配方，且毕生都对此秘方守口如瓶。年轻的埃莉诺·科德是一位出色的艺术家和女商人，她一生未婚，却获得了“太太”头衔。1796 年，她母亲也一命归阴，在她的带领下，公司发展迈上新台阶，且“配料”改进离不开她的功劳。

凭借雕塑家颇具创意且栩栩如生的建模，科德很快便化身为 282
“石模”。该模型纤尘不染，且未受污染侵蚀。雕塑家有英国人，也有一些当时在伦敦工作的才华横溢的外国人，例如，后来在韦奇伍德瓷器（公司）工作的约翰·德·瓦雷（John de Vaere）。客户可量身订做雕塑作品，或从科德产品目录中选择心仪的作品类型。他们还可参观厂房，在那里，巨大的花园雕像和建筑装饰随处可见。1799 年，小埃莉诺宣布她表弟兼首席建模师约翰·西利（John Sealy）成为她的合伙人。同年，他们在威斯敏斯特桥南端的“商贩之地”（Pedlar's Acre）开设了科德美术馆（Coade's Gallery）。

该美术馆的展品不拘泥于风格，也不太在意尺寸。设计展品的范围无所不及，从印度动物装饰带、大门，到希腊复兴雕像，不胜枚举。美术馆有个内部设计师团队，此外，这里也展有乔舒亚·雷诺兹、本杰明·韦斯特（Benjamin West）和詹姆斯·怀亚特的设计大作。科德石材在全伦敦都有使用，甚至被运至南非、锡兰、直布罗陀（海峡）和西印度群岛。孟买一所教堂的哥特式受洗池也由科德美术馆设计。蒙特利尔的一家银行从兰贝斯公司订购了大量装饰品。葡萄牙国王也为其在里约热内卢的建筑群订购了一套特殊的建筑作品（如今，其中一些已化身为通往里约动物园大门的石材）。

1821年，埃莉诺·科德在坎伯韦尔格罗夫（Camberwell Grove）的家中与世长辞。她是一个虔诚的浸信会教友。石材配方仍然存在，所以时至今日，人们依旧可制作科德石材。原来，使“配料”如此易于加工的特殊原料并非水泥，而是陶瓷。伦敦川宁家族（Twining's）在斯特兰德大街216号的店面，以及布莱（Bligh）船长在兰贝斯圣玛丽教堂的坟墓保存至今，它们都用到了科德石材。科德创作的狮子雕像坐落于威斯敏斯特桥东南侧的基座之上。最初，雕像落脚于与郡厅（County Hall）近在咫尺的红狮啤酒厂（Red Lion Brewery）门外，但到1949年，它被移至滑铁卢站。1966年，它被带至其今天所在地，如今，它以一种狂妄自大的眼神凝视着议会大厦。为维护公序良俗，它的睾丸被移除，这么做也实属人之常情。

284 接下来，我们将视线从南岸大大小小的工厂转移至“严格意义”上的伦敦北部，以及于18世纪诞生、发展并消亡的东区工厂。

第十章

斯皮塔佛德、怀特查佩尔和斯特普尼

丹尼尔·笛福生于1660年，他回忆了自己儿时的斯皮塔佛德：“巷子又深又脏，人迹罕至，自1670年起，这里便有一片草地（如今，它已化身为斯皮塔佛德市场），其上有牛在吃草。”[1]但这种田园风光好景不长。1700年，斯皮塔佛德及其东部的怀特查佩尔变为一大片开阔空地，于是，酿酒房、非法住房开始于此“安营扎寨”，制衣工人也开始在这里从事畜牧业。此外，该地区还有修道院和早期剧院，包括理查德·伯巴奇（Richard Burbage）的环球剧院（The Globe）的前身。这些开放空间既可用于娱乐消遣，也是伦敦毛纺织业开展低端贸易之地，并且它也充当了胡格诺派和犹太教等诸多异端教派的避难之处。移民问题一直是全地区绕不开的话题，人们常就此展开口舌之战。 285

几个世纪以来，伦敦一直是英国布料贸易的中心。整个城市中有购买区、存储区、纺织区、染色区、加工区，各司其职、一应俱全。自中世纪后期起，伦敦城的纺织工和纺织企业便开始向东转移，因为东部水源充足，土地空旷。开阔地带对制衣业而言至关重要：该地区地图上标有不少“湿布风干地”，加工大卷织布时，这些地方颇具风干之功效。为防止染料沉淀不均，可动用张布钩拉紧布匹，时至今日，我们“如坐针毡（being on tenterhooks）”的说法便出自此处。

这里的天然泉水供应充足，且没有使用限制，而这恰恰是酿酒业等轻工业求之不得的。1694 年，约瑟夫·杜鲁门（Joseph Truman）在布里克巷（Brick Lane）成立了黑鹰啤酒厂（Black Eagle Brewery），彼时，这个“酿酒厂”已开始成为乔治时代伦敦该地区规模最大的用人机构之一。该公司很快便在布里克巷的东侧占地 6 英亩，其啤酒产量也大得惊人[2]。（如今，后来翻新的杜鲁门啤酒厂大楼依旧巍然屹立，不过，它已转变成传媒公司使用的时尚工作室。）

287 彼时，该地区演变为“纺织王国”和“制布天堂”，并在后来的两个世纪里保持了这样的地位。长期以来，羊毛织物都是英格兰人的最爱，但是，它后来被更受欢迎的亚麻和丝绸（乔治时代开始不久，丝绸便风靡英格兰）取而代之……羊毛产于乡野之地；亚麻通常起源于爱尔兰；而丝绸是一种奇珍异品，是进口而来的成品。詹姆斯一世为了养蚕，在汉普顿宫（Hampton Court Palace）附近种植了数千棵树木，遗憾的是，桑蚕并不食用这些树木，早期英格兰的养蚕尝试以失败告终。从那时起，人们就觉得，直接获取丝绸成品岂不是更加方便快捷？1685 年至 1686 年，胡格诺教徒带着法国的新技术、新设计、新体制抵达伦敦，自此，纺织社区才开始成为该地区的中坚力量。他们的离开给法国带来了不堪设想的后果，在几年内，法国已从大宗商品（丝绸）出口国“沦”为大宗商品（丝绸）进口国。

如今，斯皮塔佛德因斯皮塔尔广场（Spital Square）、富尔尼耶大街（Fournier Street）和埃德街（Elder Street）及周围的织工大楼而闻名遐迩，它们建于 18 世纪初期，而在随后的几十年里，它们经历了拆除和“翻修”，并最终保存至今。如今，该地区与伦敦的艺术界密切相连。尽管它位于伦敦城边缘，直到 20 世纪 70 年代依旧破败不堪。时至今日，织工大楼成为伦敦最受青睐的大楼，但它们也不过“外强中干”罢了。许多大楼从外观看来大气恢宏，还设有地下室、3 个到 4 个楼层以及明亮通风的屋顶阁楼，但实际上其内部深度仅有 1 个或 1.5 个房间的长度，有的房间也小得可怜。埃德街上的各式各样的织工大楼便是其中典例。这些大楼在破破烂烂的小块土地上一夜之间拔地而起，楼内有的房间并非方方正正。房内到处都是千奇百怪的错视画，给人一种房间对称的错觉。18 世纪上半叶，斯皮塔佛德的织工迎来巅峰时代，尽管如此，其所住房屋并未像乍一看那样宏伟壮观。他们的衣着打扮，和住所一样，都在上演着一场华而不实的表演秀。英国丝绸贸易的大起大落“催孕”了这些街道，但并未将它们“抚养成人”，时间宛若凝固了一般，静静等着姗姗来迟的另一批艺术家。

难民：胡格诺（派）教徒 288

胡格诺（派）教徒的到来使得英国的丝绸生意彻底“改头换面”。随着他们主导苏活区，整个 18 世纪的斯皮塔佛德和肖尔迪奇地区也开始由他们主导。1687 年 4 月，苏珊娜·德·尚帕尼（Suzanne de Champagné）与其弟弟妹妹扬帆起航，赶往英格兰[3]。苏珊娜之母玛丽·德·尚帕尼（Marie de Champagné）及孩子们热切期望逃离法国，并出发前往拉罗谢尔（La Rochelle）。彼时，玛丽因早已身怀六甲，无法立即开启海上航行，19 岁的苏珊娜专门制定了逃跑计划，以确保其弟弟妹妹安然无恙。她与英国海军上尉托马斯·罗宾逊（Thomas Robinson）进行了谈判，请求其将他们带至英格兰。那晚两点，她把最小的妹妹抱在怀中，而 4 名水手则将这一大家子的其他成员扛在肩上，走向船只。他们被安顿在一个堆满盐的秘密小隔间中。

我们就此安顿，坐在盐堆之上……活板门又关上了，我们这块儿漆黑一片，船上其他部分也是如此，所有人都伸手不见五指……我们小心翼翼地将头直接缩在横梁之下，如此一来，当检查员用他们习以为常的“可爱”方式，即用剑刺来时，我们的头骨不至于惨遭刺穿。

他们成功通过了法国官方对船只的检查，此后，这家人被带出存放着盐与压舱物的小舱。苏珊娜说，在他们得以释放时，已在“那个洞里喘不过气来，我们以为要一命呜呼了，而且还要在混乱之中竭力保护身边的财物以免遭抢夺”。

他们抵达了英格兰，但困难接踵而来，罗宾逊船长决定向他们收取更高的费用，否则将不带他们去协商好的目的地——托普瑟姆（Topsham）。苏珊娜说，这“有违公正，并向地方长官诉苦”，于是，长官要求罗宾逊履行合同承诺。然而，罗宾逊以迅雷不及掩耳之势在萨尔科姆（Salcombe）把他们甩开了。

尚帕尼一家经分离、逃亡，最后如愿以偿，得以重聚。苏珊娜 289
的经历在胡格诺社区中绝非独一无二。除家族传说外，许多最非同寻常的逃生经历都未记录在案。一旦胡格诺教徒抵达伦敦，他们中的许多人，无论是达官贵人还是平民百姓，都会现身于针线街的法国教堂。

教堂提供了一种他们司空见惯的礼拜形式。表面看来，胡格诺教堂在很大程度上不拘礼节，且与贵格会教堂大相径庭。里昂（Lyons）神庙16世纪的照片显示，甚至有只狗蹲于教堂过道，显然，它在听人布道。

若胡格诺成员犯了通奸类重罪，或有轻微违规行为（例如，在服务期间提早离开教堂），他们会被传唤至针线街法国教堂的“法庭”之上。“这使蒙受牧师祝福的英格兰人义愤填膺，任何能让他们平心静气的东西，我们绝不视若无睹，毕竟，我们是遵从上帝之道且真正改过自新的新教徒。”[4] 塞缪尔·皮普斯等英格兰人曾在胡格诺教堂参加礼拜（皮普斯对唱歌喜爱有加）。

并非所有的胡格诺派教徒都是霍加斯《午间》（*Noon*）所描绘的虔心敬畏上帝之人。法院必须谴责那些“不分昼夜在酒馆里虚度光阴的胡格诺教徒，从而让他们放弃骄奢淫逸、沉迷酒色和放荡不羁”。法院向他们警告道，他们是“遭受迫害的新教徒，是难民，而如此不端行为与其身份不符”[5]。不管胡格诺教徒在啤酒方面工艺如何，他们最终助杜鲁门家一臂之力，帮其酿造出英格兰首批啤酒花，从而帮助法国教会维护其清美之名。

针线街教堂不仅是聚会之地，还是慈善之源，同时也充当了知识网络的枢纽。其中许多人，尤其是奢侈品从业者，发现苏活是最宜人的定居之地。但是，苏活并非纺织业或丝绸业从业人员的理想选择，因为，他们需要充足的供水和广阔的空地。

英格兰的纺织品多以家庭制作的形式出现并按件计费，因此，
290 纺织业是最容易受市场影响的行业之一。罗伯特·坎贝尔（Robert Campbell）对那些考虑让自己孩子从事纺织业的人们的建议之词颇具警告意味：“从业者愈加年轻化，但这更多造福了他们的师傅，而小小年纪的他们，从纺织品贸易中学的东西寥寥无几。”[6] 因此，纺织业倾向于使上层师傅们变得腰缠万贯，若他们对丝绸设计和时尚风潮独具慧眼，则会更胜一筹。而那些底层人士只能清洁并修理机器，或在满是织布机的房间里跑来跑去，他们翻不了贫困之身，且一旦需求低迷，随时都可能丢掉饭碗。

尽管如此，相比胡格诺商人建于苏活的那空间狭小且密密麻麻的纺织小屋，建于伦敦东部的丝绸工厂对非专业工人有更大的需求。那些最贫困难民，在到达针线街教堂后，便被送至斯皮塔佛德学习纺织，努力发展成一名专业织工，他们靠着胡格诺慈善厨房——“汤厨”勉强填饱肚子。

许多英国人认为，所有胡格诺教徒抵达伦敦时都身无分文，庆幸的是，他们到了慷慨解囊的针线街教堂：教堂可从内部管理慈善团体，并加强社区凝聚力。但实际上，许多胡格诺教徒都是携钱而来。1691 年，法国教堂斥责教区居民举行规模宏大且嘈嘈杂杂的婚礼，这破坏了（英格兰人民）对我们可怜的难民同胞的同情之心。我们应同那些哭泣者一起哭泣，而非“炫耀财富以及给予如此令人垂头丧气的慈善，因为这是对信德的破坏”。[7] 因此，在胡格诺社区内部，到来时便腰缠万贯者与“可怜的难民弟兄”已两歧遂分。较为富有者很快便建立了自己的教堂，与针线街分开来，但也与之结盟。

霍吉尔一家（Ogiers）居住在蓬塞烈大街（Princelet Street） 291
19 号。彼得是普瓦图（Poitou）的一名丝绸织布工，他女儿路易莎（Louisa）与苏活银匠塞缪尔·考陶尔德（Samuel Courtauld）结为连理。塞缪尔去世后，路易莎凭一己之力打理生意。她为自己的康希尔（Cornhill）商店雇用了诸如朱迪思·塔兹阿尤（Judith Touzeau）这样的女性，朱迪思是个胡格诺女孩，商店收据上还印有她的签名。塞缪尔和路易莎的儿子乔治，恪守了胡格诺教徒的典型传统，他开始成为丝绸贸易的学徒，于是，考陶尔德的纺织品诞生了，在不久后便雇用了更多法国人。

若论就业结构和社会生活，东区与西区大相径庭。西区银匠保罗·德·拉梅里是其师傅的仆人，他若还是个学徒，便只能低人一等。在较大的东区家族企业中，家族女性成员和女性劳动力的情况也有所不同。在克拉肯韦尔和苏活的小型家宅中，若整个家族团结一心，则女子在丧夫沦为寡妇之后，依旧可以打理生意。多年来，家族企业结识的学徒和佣工不计其数，其中多数都很希望齐心协力为企业效劳，以保持其长久兴盛不衰。但是，东区企业较大，且员工较多，因此，贸易关系通常建立在企业之间——对丧夫老板娘而言，打理生意绝非易事。丹尼尔·笛福评论企业丧夫老板娘（特别是，还未花时间熟悉其丈夫贸易项目的老板娘）：

……若她丈夫有个对顾客和账簿了如指掌的仆人或学徒，那么，若他能为她搞定账目，她只得感恩戴德，且尽力还他人情……最后，她可能会放下脸面，允许那个男孩跟她滚床单。[8]

1729 年，斯皮塔佛德基督教堂大功告成，彼时，该地的贫困
292 问题日益恶化。胡格诺教徒在很大程度上已抱成一团，并在创造和销售时尚新丝绸方面大有作为。丝绸不仅适用于服装制造，还可用于室内陈设和墙壁装饰。此外，丝绸还有“百搭”之优势。然而，它不能在这里生产出来。不少人尝试在英国本土养蚕，但均以失败而告终。一方面，英格兰任何地方的原材料都来自海外，另一方面，时尚本身变幻无常，所以并非所有人都可一直从事该行业，而失业者则发现，失业后的生活变得愈加困难。暴力事件和极端贫困一样都屡见不鲜，而工作机会匮乏是罪魁祸首。1729 年，霍克斯莫尔（Hawksmoor）的“光荣教堂”得以落成，同年，斯皮塔佛德

汤品协会（Spitafields Soup Society）应运而生，以满足那些无法以其他方式养家糊口的穷人之需。

纺织工和斯皮塔佛德数学学会

基督教堂周围有迷人的街道，尽管如此，斯皮塔佛德的空间仍主要留给了仓库、车间，以及规模庞大的杜鲁门啤酒厂（Truman Brewery）。力织机的引入极大冲击了伦敦的纺织业。此外，纺织业还遭受英法之间战争的蹂躏，影响了生丝供应及中转贸易。早在 1736 年，斯皮塔佛德纺织工便在摩尔费德斯齐聚一堂，以抗议工资标准。1742 年，纺织开始外包至伦敦之外的地区。不久之后，斯皮塔佛德纺织社区便陷入大规模贫困之中。

一名典型的制造商会雇用那些要赚钱养家的纺织工。18 世纪初，一份有关计件工资率的清单敲定完毕，该清单列在“书”中，且所有制造商和大师级纺织厂或多或少都可参考它。1767 年，该书所列的计件工资率已被削减。在伦敦之外的地区以及力织机的重压之下，在伦敦制造纺织品愈加变成死路一条。结果，暴乱四起，纺织工在午夜时分穿过街道，闯入作坊，并将制造商的财物毁于一旦[9]。

于是，新的薪水标准得以重新商定，且书中的计件工资率上调。但是，1773 年，议会批准《斯皮塔佛德 1 号法案》（*the first Spitalfields Act*），旨在迫使纺织工同意（较低）计件工资标准。屋漏偏逢连夜雨，彼时，面临严重的经济萧条，他们都赋闲在家，无事可做。于是，斯皮塔佛德的纺织工继续吹响战斗号角。后来，该法案又被修改两次，首次修改中，所有类型的丝混材料都引入其中，而第二次修改中，常受雇于丝绸贸易中的熟练女工（此前，她们常被忽视）的权益得以保障。但是，除了最优良的丝绸制品，几乎所有其他制品的生产都被赶出了伦敦。纺织工史蒂芬·威尔逊（Stephen Wilson）保留了一本“有关失传丝绸之作的书”，他哀叹道：“他们依次将绉纱、纱布、扎染印花大手帕和斜纹布拒之门外。”[10] 如今，绉纱和纱布主要产于埃塞克斯，基德明斯特（Kidderminster）盛产斜纹布，麦克莱斯菲尔德（Macclesfield）盛产扎染印花大手帕。不久之后，威尔逊指出，伦敦“所有小巧玲珑的精致纺织品”都消失殆尽。

293 到 19 世纪初，伦敦已无力与外省（市）一竞高下，毕竟，外地工人可用更低的工资维持生计。英法之间战争结束后，这一点尤其显著，时尚已变得愈加转瞬即逝，愈加国际化，也愈加渴望别出心裁。尽管斯皮塔佛德营商模式受法案保护，它终究成为隔年皇历。此外，伦敦之外的英国各省（市）也在激烈的竞争中苦苦挣扎，庆幸的是，斯皮塔佛德的纺织工工资受到法律和司法保护，但好景不长。1824 年，一项法案获准通过，此法案实际将斯皮塔佛德的命运交给了自由市场。于是，贫困袭击斯皮塔佛德，且持续了 150 年之久。

伦敦纺织工中如外国劳工、自命不凡者和暴力分子纷纷惨遭解雇，尽管他们是能工巧匠，为斯皮塔佛德提供了社会力量和智力能量。贫困绝非一时半会就能解决，但该地还是勤奋努力、敢于创新，营造了一种“追求卓越，永无止境”的氛围，且此氛围很可能维持至维多利亚时代后期。许多胡格诺教徒受教良好，并一如既往地对教育予以高度重视。对于一个才华横溢者而言，掌握几乎所有已知基本知识并非痴心妄想。

有人希望继续接受教育，以发现这个世界的更多奥秘，但对他们多数人而言，加入皇家学会可望而不可即，实际上，该学会只对社会高层开放。因此，一群斯皮塔佛德男性决定成立自己专属的学会，开展实验，并举办讲座，以帮成员补充更多的专业知识。到 18 世纪时，“科学”与非科学之间已存在巨大鸿沟，许多人都对探索这种鸿沟跃跃欲试。斯皮塔佛德数学学会（Spitafields Mathematical Society）便应时而生。

值得注意的是，谦逊的胡格诺纺织者对于发现更多科学进步以 294
及提升自我颇有兴趣。1717 年，约翰·米德尔顿（John Middleton）任数学老师和海军验船师。他开始在蒙茅斯街（Monmouth Street）的蒙茅斯黑德酒馆（Monmouth Head Tavern）为一群法国人（约 60 人）上课，该酒馆与斯皮塔佛德基督教堂的建筑工地相隔不远。“学会在周六晚上开课，据说，其中一项规则便是，若一名成员未能回答出另一成员提出的数学问题，则将被罚款两便士”。[11] 米德尔顿的教学重点为实用数学，尽管课程的学习者多为手艺人，但富人也不在少数。

不久后，一所数学学院在斯皮塔尔广场揭牌运营，其中一位大师为约翰·坎顿（John Canton）——一名大名鼎鼎的电气实验家和皇家学会会员。另一位大师是博物学家约瑟夫·丹德里奇（Joseph Dandridge），彼时，他便开始根据科学插图设计丝绸图案。斯皮塔佛德因汇聚英才而闻名遐迩，这里既有受教良好的生意人，也有彬彬有礼的手艺人。

自 18 世纪 40 年代后期起，数学学会便在示范教学的科学仪器上投入了大量资金。到 18 世纪 90 年代，这个“仪器柜”已经变得非常庞大，足以让学会在大量观众面前进行教学演示。1804 年，学会已拥有一个大型图书馆，可供成员自由参阅书目。能够加入该学会，成了受教良好、富有洞见的标志。

到 19 世纪末，纺织工在社会人口的比例开始下降，而绅士老爷的人数却在增加。但学会对公共教育的承诺从一而终。从 19 世纪中叶开始，纺织工学生约占其学员的 40%，但化学家、药剂师、药材商、种子商以及蒸馏酒者、染工、酿酒师、制糖商、五金商、仪器制造商和教师逐渐将纺织工取而代之。

数学学会是所有斯皮塔佛德学会中首个成立、最举足轻重的学会。一名 30 多岁的斯皮塔尔广场的居民追忆道：

> 295 ……它看起来奇奇怪怪，但我相信许多方兴未艾的学会都可在斯皮塔佛德追根溯源。皇家学会成立后，斯皮塔佛德数学学会便紧随其后，而且，如今它依旧存在。此外，这里还有一个历史学会（后来与数学学会合二为一），一个花卉学会（参加者众多，但如

今已不复存在）。纺织工几乎是当时大都市中唯一的“植物学家”。

许多纺织工“对鸟类喜爱有加，且擅长养殖金丝雀，如今，许多工人在纺织时也会欢快地讨论他们（与鸟相伴）的静谧时光”[12]。

怀特查佩尔和斯特普尼的命运交织

怀特查佩尔位于斯皮塔佛德以南，那里有许多法裔纺织工，但还有一种从事纺织品交易的移民，且在当地大街小巷更加为人所知。传统上，从事二手衣服交易的犹太商在怀特查佩尔站稳了脚跟，并成为当地居民中的佼佼者。在那里，他们可轻松抵达伦敦塔附近的破布集市，并进行交易。此外，该地住所租金不高，却与犹太教堂相距甚远。

通常而言，这些经销商“全家从商”，若谁卖掉破旧或不再需要的衣物，他们会现款现结，然后将衣物出售给需要者（旧衣适于工业加工或回收再利用）。塞缪尔·泰勒·科尔里奇（Coleridge）讲述了一个有关街头收旧衣者的有趣故事，向人们展示了那些街头收衣者是如何采用一种大家公认但又含混不清的“行话”进行吆喝的。科尔里奇对一个犹太人“旧”（与“舅”同音）的叫喊感到可笑，还专门给他指出来。

……于是，犹太人停了下来，他俨乎其然地看了看我，然后心平气和且字正腔圆地说："先生，我可以像你一样说'旧衣'。但若你必须一分钟说十遍，且连续说上一小时，到时候，你就会跟我一样，把'衣'字给漏了"，说完，他继续吆喝，而我则追他而去，并把身上仅有的一先令给了他。[13]

怀特查佩尔的犹太人不同于斯皮塔佛德，没有万众一心的工人队伍，且大师级人物也少得可怜。绝大多数犹太人不过是小商小贩这些小角色而已。到维多利亚时代初期，犹太人数量已超过 1.5 万人。

296 修建于中世纪的圣玛丽马特费隆教堂（St Mary Matfellon Church）为该地区的腹地，它因外墙被粉刷成白色而得名"白教堂"（White Chapel），且该地区也由此得名（该地区名为"怀特查佩尔"，英文为"Whitechapel"，若将"White"和"chapel"分开则可译为"白教堂"）。1711 年，牛津大学布雷齐诺斯学院（Brasenose College, Oxford）购买了"牧师任命权"。1715 年后，牧师与院长发生冲突，并将圣坛上方《最后的晚餐》（*Last Supper*）画作中的犹大肖像换成了院长肖像[14]。牧师还对其进行了"有益"注释——"叛徒犹大"。院长对此睁一眼闭一只眼，但伦敦主教见状，下令将整幅画作移走，并重新粉刷。圣玛丽马特费隆教堂在闪电战中毁于一旦，且重建工作从未提上日程，这一点与怀特查佩尔大部分地区的情况并无二致。

1720 年，约翰·斯特赖普（John Strype）修订了《斯托伦敦调查》，彼时，他对怀特查佩尔作了如下描述，"那里有一条宽阔的精美街道，沿街向东可进入伦敦城，街道还有些长”。诸多成功的中型企业都落脚于此，1570 年成立的怀特查佩尔铸钟厂（Whitechapel Bell Foundry，它是英国最古老的从未间断生产的制造商）也囊括其中。18 世纪，铸钟厂向美洲出口各类钟表，独立钟（Liberty Bell）便包含在内。独立钟驶离英格兰，前往美利坚，而刻于其上的圣经铭文对于朝拜之处仅有一箭之遥的寻求避难的法国新教徒和犹太教徒而言都是耳熟能详的家常便饭。它来自《利未记》（*Leviticus*）第 25 章第 10 节：“普天之下，一切居民可得自由。”

若从“迅速填满”的怀特查佩尔再往外走，则能看到麦尔安德（英文为“Mile End”，若直译则为“一英里尽头”）。麦尔安德以距离阿尔达门一英里而得名，长期以来，它一直是通往科尔切斯特（Colchester）的必经居民区。乔治时代初期，人们决定在靠近斯皮塔佛德的地方建立居民区。麦尔安德分为旧城区和新城区。如今，旧麦尔安德已被斯特普尼格林（Stepney Green）保护区吞没。它最早是达官贵人用以修身养性的乡野之地，奥古斯都时代和乔治时代的银行家以及包括斯堪的纳维亚商人（他们从重建所需的木材生意中赚得盆满钵满）在内的诸多人物都曾做客此地。

1696 年，威尔克洛斯广场（Wellclose Square）的丹麦 - 挪威教 297
堂（Danish-Norwegian Church）建成，彼时，广场整齐划一、欣欣
向荣。这一带是伦敦城做生意的斯堪的纳维亚商人眼中的香饽饽，
于是，在他们的资助下，1729 年，王子广场（Princes Square）的
瑞典教堂（Swedish Church）在挪威教堂的正东顺利完工。

但到18世纪60年代，该地区威望渐失。制糖厂有令人作呕的难闻气味，逼走了那些较为德高望重的居民。伦敦港的交通量极大，这意味着，水手们会蜂拥而来，穿过以前文人雅士用以悠闲漫步的街道和广场。1816年，斯堪的纳维亚商人从这里迁出，并将其教堂移交给受托人，以便可以将其用作“慈善基地”，从而帮助那些来自自己国家的海员。

相比之下，西部的麦尔安德新城区（Mile End New Town）正蒸蒸日上。1717年，约翰·考克斯（John Cox）和约翰·戴维斯（John Davies）宣布，他们持有“麦尔安德新城区小村庄各式各样的土地”[15]，且正着手将“野兔沼泽”（Hares Marsh）化为“建设用地”，以打造一个时尚新潮的新型社区。早期，人们便尝试安装公共设施，但出师不利：1718年2月，詹姆斯·威斯（James Withy）在麦尔安德新城大街（Mile End New Town High Street）被一个装有“25个喷泉凸灯”[16]的袋子击中。尽管挫折重重，麦尔安德新城依旧蓬勃发展。18世纪80年代，新城区成了城市规划的典范，此次规划中，一所济贫院应时而生，街道照明和巡逻所需资金也得以供应。它与斯皮塔佛德近在咫尺，所以可搭上其发展顺风车，此外，它还避免陷入了斯特普尼式的衰落。

斯特普尼的发展每况愈下，尽管乔治时代的许多村庄都在闪电战中幸免于难，但在20世纪50年代的发展大潮中，伦敦的规划师们驱赶了所有住户，野蛮行径日久年深，导致18世纪的大半个城市都被埋于混合泥土之中。

第十一章

哈克尼和贝夫诺格林

哈克尼是伦敦最大的教区（由主教管辖的教务行政区）之一。 298
18 世纪末，仅沼泽地就占地 335 英亩。该教区从北部的斯坦福德山（Stamford Hill）一直延伸到南部的剑桥希思（Cambridge Heath）。它西起肖尔迪奇济贫院，东到与贝夫诺格林圣马修（St Matthew）教区的边界线。哈克尼的小村庄包括克拉普顿（Clapton）、达斯顿（Dalston）、荷马顿（Homerton）、沙克韦尔（Shacklewell）和金斯兰（Kingsland）。在整个 18 世纪，教区大部分土地被用作耕地，仅有一小部分用于以“外来植株”为重心的商品果蔬种植业和园艺业。哈克尼教区有草木茂盛的牧场，可用于牧牛。塞缪尔·皮普斯看到，教区里的橘子树在阳光照耀下逐渐成熟起来。荷马顿大街（Homerton High Street）南侧长满了密密麻麻的西洋菜。该地区不仅有小型游乐园、酒吧、游泳池和养鱼池，也有与伦敦城相隔甚远却又令人愉悦的开放空间。

几个世纪以来，哈克尼教区居民一直前往建于 1253 年的圣奥古斯丁教堂（St Augustine’s Church）做礼拜，与此同时，亨利三世在国家级报刊也提到了该教区。从 1578 年起，黑白府邸（Black and White House）就坐落在教堂一旁，最初，它充当了莫斯科商人的豪华私人住所，而在后来的很多年里，它发展成为女子寄宿制学校，直到18世纪末，它才被迫关闭，并毁于一旦。那时，显而易见，圣奥古斯丁教堂也不能“幸免于难”。1789年，圣约翰·哈克尼（St John-at-Hackney）横空出世，为2000名教区居民提供了容身之处。圣奥古斯丁教堂中殿已化为废墟，只剩下塔楼巍然屹立。就像哈克尼的牧场为金斯兰的砖砌场和逐渐扩张的街道腾出空位一样，那些年代已久的住所也已被现代房屋所取代。

299 哈克尼长期以来都以其优质教育闻名遐迩。在伊丽莎白一世时代，它成为很多知识分子的家园，而在接下来的几个世纪，各种备受赞誉的学校于此建立。约翰·卡斯爵士一家为逃避瘟疫而从伦敦城搬至南哈克尼，并为90名学生留下一笔教育资金。在其去世40年后（1708年），约翰·卡斯爵士基金会成立，以继续推动慈善事业。约翰·卡斯组建的各种机构仍在伦敦“有迹可循”，成为伦敦城市大学（London Metropolitan University）、怀特查佩尔的约翰·卡斯艺术学院（John Cass School of Art）和斯特拉特福的约翰·卡斯教育学院（John Cass School of Education）的主要组成机构。

整个哈克尼也遍布“异端学院”，它们于17世纪末便在哈克尼建成，旨在为信奉“异端宗教”（例如加尔文派和唯一论派）的男孩提供文法学校教育，这些人不会被牛津大学或剑桥大学录取，也不会发展成为主流神职人员或教育系统的老师和导师。“异端学院”对于鼓励18世纪伦敦的独立思想，以及最终维多利亚时代“不信奉国教运动”（Nonconformist movement）的形成至关重要。很多在这些学校接受教育的男孩成为牧师和传教士，他们将代表世界各地的“异端教会”传道授业。

“学院雏形”不过是附属于富裕“异端分子”的小型私人机构。其中许多位于纽因顿格林（Newington Green）周围，在当地社区，“新教徒不信奉国教现象屡见不鲜……商业发展欣欣向荣”[1]。斯托克纽因顿（Stoke Newington）距伦敦仅 3 英里之遥，长期以来，它一直都是富商建造乡间别墅的理想之地。那里的人口稀少，当地居民以从事养殖业和商品果蔬种植业为生。它是个令人愉快的私密之地，于此建立的小型“异端学院”仅由十几名学生组成。

这些学院依赖于授课讲师（通常在其所在领域享有崇高的威望），以及提供空间和资金的赞助人。1678 年，托马斯·罗（Thomas Rowe）开始经营最与众不同的学院之一。埃德蒙·卡拉米（Edmund Calamy）在其《不信奉国教者的纪念馆》（*The Nonconformist's Memorial*）一书中写道，托马斯·罗“和蔼可亲地与年轻学生对话，并化繁为简，让他们以熟知方式搞懂困难科目，在他的指导下，年轻人对美德和学习充满热情”。托马斯·罗在 1686 年移居美国后，他所经营的学院最终和典型的小型“异端学院”一并关闭，而托马斯·罗后来则成了耶鲁大学的副校长。他的学生中有丹尼尔·笛福、塞缪尔·卫斯理（Samuel Wesley，约翰·卫斯理之父）和艾萨克·沃茨（Isaac Watts）。艾萨克后来返回哈克尼，并与玛丽·艾伯尼（Mary Abney）夫人一道设计了艾伯尼公园（Abney Park，1840 年被改建为非教派公墓）。在 17 世纪末和18世纪初，人们对“异端教派”的容忍度更大了，并且，学术机构也愈加发展壮大。

300 1762年，另一“异端”学院——霍克斯顿学院（Hoxton College）在霍克斯顿建成，其前身位于摩尔费斯德和斯特普尼。该学院信奉加尔文派教义，并设有完备的科学课程。学院聘用皇家学会的几名研究员担任讲师，当年年轻的威廉·戈德温（William Godwin，1756—1836）就就读于该学院，而后来，他发展成为一名激进主义作家，他还与女权主义者玛丽·沃斯通克拉夫特（Mary Wollstonecraft）结为连理。

哈克尼学院（Hackney Academy）又名为“新学院”（New College），于1786年落成，它在当时受万人瞩目，但好景不长。它占用了荷马顿大厅（Homerton Hall）的区域，并提供了广泛且自由的教育，无论学员有何种信仰，都可参与其中。在1785年12月的一天晚上，来自伦敦城的37名新教徒齐聚齐普赛街（Cheapside）的伦敦咖啡馆（London Coffee House）里，决定建立一所专注于“塑造卓越知识分子”的学校。“戈登暴动”后，该学校在宽容友好的宗教气氛中蓬勃发展。但它很快便与激进主义和煽动叛乱扯上了关系。不过，学校似乎也在鼓励做这些事情：托马斯·潘恩因发表《人权论》被控有煽动诽谤罪，但数周之后，他竟神奇般地受邀回来发表宴后演讲。1794年，校长威廉·斯通（William Stone）因叛国罪被捕。据称，他一直在向法兰西共和国传递情报。尽管他最终被无罪释放，但对他的审判还是敲响了“异端分子”学校的丧钟。在历经十年巨大成功后，该学校于1796年关闭。神学家、哲学家以及发现氧气的化学家约瑟夫·普里斯特利（Joseph Priestley）一直是该校深受拥戴的导师。批评家威廉·哈兹里特曾是该校的学生，此外，那里还培育了诸多青年才俊，他们在19世纪初期的英国生活中起着举足轻重的作用。1793年，哈兹里特写信给父亲，记录了他在学校的每周开支，“洗衣花一先令；火柴两先令；茶和糖一先令；而如今，蜡烛和信件也要花一先令等”[2]。学校的关闭标志着哈克尼18世纪的美好时代一去不返，且开始步入下坡路。如今，杰克邓宁庄园（Jack Dunning Estate）便坐落在当时占地18英亩的新学院中。

在新学院转瞬即逝的顶峰期，工业开始兴起，吸引了大量需要 301
住宿的非技术移民工人。莱利河（River Lea）一直都可通航，且载货船只在哈克尼威克（Hackney Wick）码头进进出出。1780年，伯杰（Berger）一家抵达此地，开始制造和提炼油漆颜料。两个世纪后（1988年），他们的业务被并入皇冠漆（Crown Paints）。哈克尼盛产丝绸、印花布、靴子、鞋子，此外，首批塑料也诞生于此，然而，过大的人口密度导致当地的工业土崩瓦解。

相比哈克尼，附近的贝夫诺格林保持了更长时间的乡村特色。位于圣保罗大教堂东北约两英里半处的贝夫诺格林，曾在很长一段时间内都是斯特普尼的一部分。那里的乳牛场欣欣向荣。1743年，小村庄凭一己之力化身为一个教区。像哈克尼一样，贝夫诺格林村诸多遗址都可在都铎（Tudor）王朝追根溯源，其外观宏伟壮观。那引人瞩目的大庄园便点缀于旷地之上。教区南端部分坐落于“野兔沼泽”和佛米尔（Foulmere），那里有一个堤道，名为狗街（Dog Row）。牲畜和马车可从埃塞克斯沿贝夫诺格林边缘涌入伦敦，导致人行道坑坑洼洼，同时，“每隔 10 码或 20 码便冒出个垃圾堆”[3]。老贝夫诺格林路（Old Bethnal Green Road）以前被称为流氓巷（Rogue Lane），且直到 1717 年，它还被称为妓女巷（Whore’s Lane）。1756 年，正南的贝夫诺格林路规模扩大，将老贝夫诺格林路取代，成为主道。

到 18 世纪中叶，贝夫诺格林一带开始成为较贫困居民的收容之地。都铎王朝的大庄园要么细分为“公寓房间”，要么成为“私人收容所”，以供出租。然后，自 18 世纪 60 年代起，建筑热潮席卷而来，数以百计的小型房屋由当地的砖块堆砌而成，且房屋临街面长为 13 英尺至 19 英尺之间。它们用于安置斯皮塔佛德的织布工（主要集中于教区西南，且正逐渐东迁）。1751 年，贝夫诺格林村仅有 150 所住宅。而到 18 世纪 90 年代初，贝夫诺格林教区新增房屋约 3500 所[4]。

303 18 世纪 90 年代，拳击成为该地区风靡一时的特色运动。1792 年至 1795 年，犹太拳击手丹尼尔·门多萨（Daniel Mendoza）连续问鼎英格兰重量级拳击比赛。1795 年，他惜败于拜伦（Byron）的拳击教练约翰·杰克逊（John Jackson），未能卫冕成功。门多萨是一位魅力四射且颇受欢迎的本地明星，起初，他在怀特查佩尔经营一家酒吧，后又从事拳击教学以增加收入。约克厅

（York Hall）位于旧福特路（Old Ford Road），它在该地延续了拳击运动的优良传统，是英国最著名的拳击场馆之一。门多萨在贝夫诺格林一住就是 30 年，他见证了该地由强大中产阶级社区向普通工人阶级社区的转变。这里海纳百川，既有英格兰人、法国人，也有犹太人。随着移民潮的到来，富裕居民撤离了这坑坑洼洼、空空荡荡的乡野之地，不过那时，人们已开始在这里造砖块、搞建筑了。

从 1800 年开始，地球镇（Globe Town）建设提上日程[5]，旨在安置那些在家而非在岌岌可危的工厂系统中工作的纺织工，从而进一步改善贝夫诺格林之风貌。在乔治时代的最后几十年里，运作着两万台织机的地球镇，吸引了成千上万的贫苦织工。

哈克尼和贝夫诺格林在乔治时代发生了沧桑巨变。这种巨变使得邻近地区的两大主题——暴力和疯狂，屡禁不止。

"狠狠地打她"：哈克尼法官

东部诸多路段都穿过大教区哈克尼和贝夫诺格林，交通堵塞屡见不鲜。通行者大多是前往史密斯菲尔德（市场）的家畜，或往返于伦敦城的生意人。因为村与村之间路程较远，致使夜间危机四伏，且邻居之间相隔甚远，为早期的财产侵害罪行埋下祸种。

王政复辟后，拦路抢劫案呈激增之势。原因再简单不过：人们 304
会携带现金并佩戴昂贵饰品四处走动。商务出差的增加意味着，孤苦伶仃者更易于抢劫财物，一是用于交易，二是维持生计。18 世纪初期，人们依旧对纸币持有疑心，相反，他们对硬币信赖有加。许多人往返于东安格利亚（East Anglia）及其北部，而他们必经哈克尼的偏僻之路，为那些全副武装且敢于冒险者提供了大量发家致富的机会。

1739 年，奎克·弗朗西斯·特鲁伯（Quaker Francis Trumble）[6] 将“商机”瞄向拦路抢劫，他将托马斯·布朗（Thomas Brown）从哈克尼的一片玉米田里引诱至一条乡间小道上。刚开始，他问布朗去纽因顿的路怎么走，而布朗则向他指路，之后则转身离开，最终，他鼓足勇气实施抢劫。特鲁伯持有一对手枪，他向布朗索要钱财，布朗见状，便交了大约 9 便士。此外，特鲁伯还将布朗的银色怀表据为己有。当特鲁伯朝哈克尼村飞奔时，布朗大声呼喊，以求援手。附近村民应声而来，开始了历时 45 分钟的“大追赶”。这其中包括爱德华·迪克森（Edward Dixon），那时，他正和一位朋友在酒吧外边站着喝酒。他发现，特鲁伯正躲在哈克尼唐斯（Hackney Downs）边缘的树篱之下。特鲁伯见他过来，便开枪威胁，然后再次朝金斯兰路（Kingsland Road）一路狂奔，“他穿过一片果园，并进入一大片豌豆田”。迪克森将他撞倒，当特鲁伯抬头时，发现面前已密密麻麻站满了人。特鲁伯走投无路，再次用手枪威胁他们，但最终还是对那个未戴假发且“抓他头发”的迪克森低首下气。迪克森将他带至附近的“小酒吧”，虽然特鲁伯乖乖就范，但他依旧将其交给了亨利·诺里斯（Henry Norris）法官。

诺里斯是哈克尼的治安法官，与亨利·菲尔丁头衔一致，他长期担任审判员，并负责观察该地区以及伦敦的犯罪性质在一段时间内发生的变化。诺里斯以马雷街（Mare Street）的美人鱼酒馆（Mermaid Tavern）为大本营，但酒馆老板有时心有不甘，且于1738年拒绝“存放”诺里斯想审判的囚犯。1944年，该酒馆关门大吉，但其原址依旧坐落于马雷街364号。不过，如今的它，已化身为一个名为“美人鱼织物”（Mermaid Fabrics）的男装店。

特鲁伯被诺里斯送至老贝利出庭受审，迪克森在庭上作证道，当他没收特鲁伯的手枪时，发现枪里装有子弹和纸填料，但枪支并 305
未上膛，所以他开枪威胁不过是虚张声势罢了。老贝利听闻了特鲁伯父母自杀的来龙去脉——他母亲上吊致死，其父则是溺水身亡。其父弗朗西斯·特鲁伯（Francis Trumble）自杀几周后，他便上路抢劫，那么，父亲自杀似乎是其犯罪诱因。目击者证实，在抢劫案发生的前几周，弗朗西斯变得愈加郁郁寡欢、心不在焉。当担心他的朋友登门造访时，他都拒之门外，且眼神充满野性。在他锒铛入狱后，其囚犯朋友为防止他自我了断便开始对其密切观察，并为他试图割喉而亡和上吊自杀的想法泼了冷水。鉴于他头脑清醒，尚可分辨是非，法院判他有罪。1944年7月18日，他被判绞刑。但9日后，他获得王室赦免。自此，他下落不明。

另一名与哈克尼相关的拦路强盗更为知名，他便是迪克·图平（Dick Turpin）。哈克尼格里高利帮（Gregory Gang）起初从事的是猎鹿的勾当，后来，随着帮派将目光瞄向入室行窃，迪克加入其中。与拦路抢劫一样，入室盗窃在市中心以外也是常见的现象，但到18世纪30年代，个人财富激增，人们对新奢侈品的需求变大，这也意味着入室盗窃可日赚斗金。格里高利帮在哈克尼以外的伦敦四处抢劫行窃，最终，该帮因其一名成员的揭发而被一窝端掉。

约翰·惠勒（John Wheeler）加入该团伙时可能只有15岁。他来自一个臭名昭著的哈克尼家庭：他父亲——老约翰·惠勒，是该地区的蛀虫。18世纪30年代，他成为诺里斯“再熟悉不过的面孔”。1731年，他首次出现在诺里斯面前，彼时，他妻子托马森（Thomasin）向诺里斯投诉他，“即便她病恹恹的，他也不愿帮她和孩子维持生活，还殴打辱骂她，甚至威胁说，杀死她和杀死一只狗一样不足为惜”[7]。于是，诺里斯批准逮捕他。他先是锒铛入狱，后刑满释放，而两年后，惠勒再次威胁要谋杀发妻，并再次被捕。1735年，诺里斯将他羁押于纽盖特监狱，理由是“惠勒狠狠地殴打他的妻子”。但“在他妻子要求下”，不久后，他又获释放。

306 诺里斯所记录的家庭暴力案例不胜枚举，但并非所有案例都会涉及男人家暴妻子和女友。在18世纪30年代后期，威廉和玛丽·金斯兰（Mary Kingsland）是该地区的害群之马。他会殴打她，而她会奋起反击，此外，两人还会在不同场合冒犯他人。暴力家庭的争吵会经常记录在诺里斯的笔记本上。他就事论事，将赤裸裸的案件记录得淋漓尽致，并不厌其详地表达了责备和心痛，例如，“拉扯你的头发”“用鞭子抽他脸”和“用扫帚殴打她”。家庭暴力事件的发生率在乔治时代的伦敦无法衡量，且如今依旧如此。但诺里斯的记录表明，一些法官会兢兢业业地对待这些事件。从犯罪举报人提供的少量细节来看，这些犯罪似乎主要来自社会底层。但是，玛丽·沃斯通克拉夫特则出生于邻近霍克斯顿的一个中产阶级家庭，十几岁时，她便躺在母亲房外，以防止醉醺醺且有暴力倾向的父亲入室（殴打母亲）。这和许多家庭暴力事件一样，是不为官方所知的。

18 世纪 30 年代至 40 年代是亨利·诺里斯的忙碌期，其间，伦敦犯罪活动肆无忌惮，这是部分军队遣散和普遍失业所导致的。拦路强盗通常都是失业人员或退伍士兵。入室盗窃愈加猖獗，而住户则正竭其所能，想方设法地保护其私人财产。1736 年 10 月，《绅士杂志》报道，“琼斯（Jones）先生是哈克尼收费公路附近的一名花商，其珍贵花根曾多次被劫，因此，他配有一把扳机连线的枪支，一旦碰线，枪支便会走火，但劫匪对是否碰线毫无察觉，若枪支走火，劫匪肩膀就会被击为碎片”。

早期，哈克尼也全力维护公共秩序：1617 年，此地实行了夜间巡逻；1630 年，圣奥古斯丁教堂的墓地安装了一个笼子、一个鞭打桩和一把浸水椅；到 17 世纪末，哈克尼附近设有一个哨所，而通往剑桥希思的路尽头也设有一个。

1708 年，墓地消防站顺利完工。1728 年，另一个哨所开设在
哈克尼百老汇（Hackney Broadway）尽头的“羊肉之肩”（Shoulder 307
of Mutton，如今它叫“猫与羊肉”）。夜深人静之际，16 名警员开始上街巡逻。到 1740 年，各个警员分工明确，且结对巡逻。巡逻人员在通往伦敦的主道上都骑马执勤。看守绝非儿戏：每名警员都

配有枪支刺刀，且都对它们爱不释手。

起初，哈克尼警员的工资由教区所发。但后来，私人捐款成为警员的主要工资来源。1738 年，为养护通向伦敦的道路，收费公路信托公司成立。不久后，大家都意识到，点亮夜路以威慑犯罪贩子已变得势在必行。1756 年，油灯已遍布通向伦敦的道路。在 18 世纪中后期，哈克尼继续雇用那些威风凛凛、尽忠职守的警员。随着街道建成，步行巡逻队愈加壮大，而街道照明系统也日益完善。

教区理所当然地以此为傲。然而，犯罪腐败并未停止。1764 年左右，约瑟夫·默瑟隆（Joseph Merceron）出生于布里克巷（Brick Lane）的胡格诺之家。最初，他担任了彩票办公室的职员，但不久之后，他便被任命为贝夫诺格林圣马修教堂的执行委员。而此后，他又以迅雷不及掩耳之势相继成为教区代表、税务专员和治安法官。很快，他改革税制，掌握地方控制大权，地方百姓对其赞不绝口。作为一个颇具传奇色彩的“大老粗”，他鼓励空中格斗和“逗牛”游戏。默瑟隆的成功彰显了教区在地方事务上具有强大力量，以及若一个人信心足够坚定，必可雄霸一方。圣马修教堂牧师是默瑟隆家的要敌，但该牧师在 1818 年人间蒸发，与此同时，默瑟隆因挪用 1000 英镑公款而遭牢狱之灾。默瑟隆家的另一大敌便是约翰·威尔莫特（John Wilmot），作为一名劳工，约翰之父竟筹集了足够资金在贝夫诺格林建房。1839 年，默瑟隆与世长辞，“尽管他看似生活窘迫”[8]，他还是留下了 30 万英镑的巨额财产。

308 在默瑟隆治理贪腐和勒索的人生高峰，哈克尼和贝夫诺格林在维持公共秩序方面取得了骄人业绩。哈克尼甚至请愿提出反对《1829 年都市警察法》（*Metropolitan Police Act of 1829*），以证明百年来，他们一直为控制犯罪埋头苦干。他们还表示，哈克尼的所有罪犯已驱逐至托特纳姆（Tottenham）。

“疯子行业”：伦敦东部的疯狂农场

自 18 世纪初起，“疯子行业”（Lunatic Trade）便在伦敦东部迅速兴起。收费关卡的正北便是哈克尼疯狂之家（Hackney Mad House），更准确地说，它叫布鲁克之家（Brooke House）。私人疯人院是哈克尼和贝夫诺格林一道浓墨重彩的“风景”。布鲁克之家安静、祥和，且与伦敦城近在咫尺。

《1845 年疯人法》（*1845 Lunatics Act*）获准通过，于是，有关遭受精神疾病折磨的人的公共规定便出台了。但位于伦敦市中心的疯人院和圣路加医院的承载能力有限。此外，并非所有患者都符合入院条件。小型私人疯人院在整个伦敦已有数百年的历史。通常而言，院里只住一两个病人，护理人员少得可怜，而其监督者是未受专业训练，且不太可能发展为住院医师的所谓的医生。这些机构通常在 18 世纪的前 75 年都未引起官方注意。许多都颇负盛名，且为患者提供了高标准的同情护理。布鲁克之家是一栋宏伟的都铎式建筑。1758 年，哈克尼居民威廉·克拉克（William Clarke）将其改建为收容所。它坐落在一块占地 50 英亩的土地上。克拉克是约翰·门罗（疯人院收容所医生）的朋友，而门罗建议，在 1762 年后将患者送往布鲁克之家。这些患者主要来自中产阶级和上层阶级，他们被护理得无微不至。

309 布鲁克之家等较好的疯人收容机构，使用了诸如止血、净化和冷浴以及早期的职业疗法。但这些疗法只用于治疗有能力支付的绅士和女士而已。小型私人疯人院的主要问题之一便是，有些人身处逆境不能进入，遇到麻烦的正常人却被当作精神病患者在此监禁。毕竟，相比结束婚姻，将歇斯底里的妻子囚于牢笼并将其财产据为己有，岂不易如反掌？ 18 世纪后期，人们的心理健康意识开始提高：乔治三世国王的周期性举止失常将“疯狂”带入公众意识，而在此之前，人们一直对此秘而不宣。1774 年，《议会法案》获准通过，以确保皇家内科医师学会（Royal College of Physicians）的专员对伦敦的私人疯人院进行定期检查。

贫穷的疯子更是心头大患，而照顾他们的责任全落在教区身上。于是，伦敦东部建起了规模更大的收容机构，以照顾贫困的疯子。贝夫诺格林收容所（Bethnal Green Asylum）成立于 18 世纪初，它是当时最大的收容所之一，伦敦以及东南部各地的患者纷纷赶往此处就医。

1815 年，约翰·罗杰斯（John Rogers）编撰了小册子《有关在疯人院中所践行的残忍、虐待和欺诈的声明》（*A Statement of the Cruelties, Abuses and Frauds which are practiced in Madhouses*），揭露了伦敦各地，特别是贝夫诺格林和霍克斯顿的贫民疯人院的惨象。他讲述道，患者身披枷锁，活动于肮脏的稻草之上，工作人员使用铁槽强迫喂食，此举会导致患者牙齿碎裂。一些患者惨遭控制，后又无人问津，最后便患上坏疽。公众对此强烈抗议，于是，一个特别委员会匆匆成立，对此事展开调查。

自 1800 年以来，托马斯·沃伯顿（Thomas Warburton）一直是贝夫诺格林收容所业主，他被委员会召去谈话。他解释道，照料暴力病人绝非易事，故须限制其人身自由，且应该采取必要手段。即便如此，1816 年的报告宣布，托马斯须为虐待患者付出代价。然而，这并未阻止沃伯顿继续在贝夫诺格林开展业务——那里既有收容量上百的大型收容所，也有较小的收容机构，包括霍克斯顿的惠特莫尔之家（Whitmore House）。在 1827 年，另一个特别委员会应时而生，以调查贝夫诺格林收容所的情况。调查者发现，患者之惨状超乎他们最糟糕的想象："令人作呕的人类玩偶"[9] 被拴在墙壁和地板上，且被他们自己的粪便所覆盖。这里臭味熏天，其中一名官员不得不借故离场，走到外面狂吐。

自此，托马斯·沃伯顿便声名狼藉，但收容所并未就此关闭。310
毕竟，数百名被收容者何去何从？沃伯顿之子约翰"临危受命"，彼时，《1828 年疯人院管理法》（*1828 Madhouses Regulation*）已生效。该法令的主要规定之一便是，在大型收容所，如贝夫诺格林收容所，驻地卫生官员必不可少。查尔斯·贝弗利（Charles Beverly）接受约翰·沃伯顿任命，挑起医护大梁。他 40 岁，曾担任苏格兰海军外科医生，且其大部分职业生涯都在北极探险中度过。此外，他已婚，并想在伦敦安家落户。虽然贝弗利并非该职位的最佳人选。但是此人能谋善断，且遇事从容不迫。

于是，沃伯顿便携手贝弗利，开始了收容所改造工作。那些被称为“红房子”和“白房子”的建筑陈旧不堪，维修不善。他们把住房整理得井井有条，并制定规定，将男女分开。此外，他们还加雇工作人员来监督被收容者。在1827年调查期间，每50位患者仅配有一名工作人员。

缺乏消遣娱乐一直是特别委员会心中的一块石头，很快，贝弗利便设立了一个收藏了500本图书的庞大图书馆，此后，他不断增加图书馆藏书量，最后藏书量高达2000本。改革前，被收容者无自由，但改革后，他们可呼吸新鲜的空气，自由活动。贝夫诺格林收容所的转型耗时15年，沃伯顿也投入了大量建设资金。他曾因父亲的“疯子农场”（mad-farming）而腰缠万贯，并娶了圣巴塞洛缪医院知名外科医生约翰·阿贝内西（John Abernethy）的长女。1827年的调查几乎让他与父亲的公信力土崩瓦解，幸好，贝夫诺格林（收容所）的改进计划提上日程，此外，该计划也属于专业变革的一部分，到维多利亚时代中期，该收容所已发展成为精神保健的典范。

“意大利男孩”：卡罗·法拉利

311 新兴东区的人命一文不值，卡罗·法拉利（Carlo Ferrari）的故事便可阐明这一点。他因其尸体价值不菲而惨遭谋杀，之后，他被媒体称为“意大利男孩”（The Italian Boy）。卡罗靠在伦敦街头的小杂耍中让小白鼠表演（博观众眼球，让观众投币）维持生计[10]。大街便是他的主要住所，他四处走动，以吸引新观众。1831 年冬天，卡罗惨遭谋杀，且其尸体已被解剖，毕竟，卡罗是个无亲无故的移民，他的失踪也无人问津，直到 11 月 5 日：

……两名分别名叫贝舍普（Bishop）和梅（May）的男子来到国王学院（King's College），并在解剖室旁喊住搬运工希尔（Hill），问他是否“想要点东西”。当被问及所谓的“东西”为何物时，梅答道：“一名 14 岁男孩。”对于卡罗的尸体，他们要价 12 基尼，但双方最终同意以 9 基尼成交……看到尸体后希尔满腹狐疑，难道这是一起谋杀？他即刻与解剖学演示者帕特里奇（Partridge）先生沟通了情况。为拖住交易者以为联络警员赢得时间，他表示自己仅有 50 英镑的支票，且只有换零才能付钱给他们。不久后，警察便赶到现场，并羁押了贝舍普和梅。[11]

结果，该团伙被判处死刑。据罪犯描述：

……两人引诱这名男孩前往其新斯科舍花园 [Nova Scotia Gardens，如今该花园是哥伦比亚路花市场（Columbia Road Flower Market）的一个小型贫民窟] 的住所。他们给男孩服用鸦片后将其抛入井中，一直守在井边等待男孩窒息致死。[12]

两人辗转伦敦很多医院以兜售尸体，但都被拒之门外，万般无奈之下，他们选择了国王学院。在整个审判过程中，他们对天发誓，遇害男孩并非卡罗·法拉利，而是林肯郡（Lincolnshire）的一个不明身份者。

至于他们为什么一口咬定，此男孩并非卡罗，至今仍是未解之谜。从表面来看，卡罗是街头名人，也许两人担心，谋杀卡罗会引起强烈公愤。他们拔掉了卡罗的牙齿，“并将牙齿以 12 先令的价格出售给牙医米尔斯（Mills）先生”，此外，运输途中，他们并未妥善保管卡罗的尸体，其中所有细节都在报纸和小册子中广为报道，使得公众义愤填膺、咬牙切齿。在他们招供当天，一家报社的报纸发行量高达 5 万次，创造了其历史之最。

若参照当时标准，发行量如此之大实属罕见。卡罗的故事悲天悯人，它凸显出伦敦街头流浪儿童的脆弱，以及伦敦贫困地区的人命轻贱。

人口压力致使伦敦东区经济滑坡，社会也发生了沧桑巨变。而在北部地带，这些村庄历史更久，并且直到 19 世纪，它们仍保持着原汁原味的田园气质。若置身于哈克尼沼泽区（Hackney Marshes），如此村庄便映入眼帘。现在，我们就要从那里设定路线。在这里，我们可先在山丘之下看到草地、果园、马厩和牧场（它们是伦敦成千上万马匹的福音），也可在此找到泉水、温泉和剧院，然后，我们走上山丘，欣赏伦敦的浪漫风光。

第十二章

伊斯灵顿、汉普斯特德和海格特

北边的海格特和汉普斯特德两村庄脱离了四处蔓延的城区，
保留了其乡村本色。一路上，我们经过了伊斯灵顿和肯蒂什镇 313
（Kentish Town）的小型居民区。

伊斯灵顿南接伦敦城，东接斯托克纽因顿，长期以来，它一直是连接英格兰北部的交通要道。17 世纪后期，人们在萨德勒井中发现了所谓的萨德勒涌泉［Sadler's Wells，该涌泉以所有者理查德·萨德勒（Richard Sadler）名字命名］。萨德勒声称，温水可抵御“女性最易患得的溃疡，治愈为人母者和处女的发烧症状，以及瘟热病”[1] 且效果立竿见影。到 18 世纪初，萨德勒涌泉却变得臭名昭著，彼时，它已发展为一个不招待见的游乐园，尽管连接伦敦城的诸多干道所带来的大规模贸易对伊斯灵顿大有裨益，但游乐园并未能从中分一杯羹。

道路是村子最靓丽的风景。1717 年，村子成立了较早的公路 314
信托机构之一，以养护道路。1735 年，主要道路旁都已建有房
屋，但直到 19 世纪，填土计划才姗姗来迟。伊斯灵顿的安杰尔
（Angel）是一个大北路（Great North Road）收费站附近的旅馆。据
说，霍加斯在《驿站马车》（*Stagecoach*）就描绘了安杰尔的庭院，

此外，托马斯·潘恩在1790—1791年期间曾在此落脚，并写下《人权论》篇章。车水马龙乃村庄本色，此地为繁忙之地，这里的住户有的从事旅游业并以此为生，有的专程赶到这个距离伦敦城仅一英里的地方体验风土人情，且对聒噪不休的牲畜马车毫不介意。

上街（Upper Street）周围的许多建筑都可在中世纪追根溯源，且巴恩斯伯里（Barnsbury）坐落着几座精美庄园。不过，对退休者或者从商人士而言，绝大多数新建筑物都是18世纪的存货佳地。到18世纪90年代，该村庄已有两个理发店，诸多出售陶器、茶叶和布料的仓库，以及一个葡萄酒商铺和一家玩具店。然而，此处的绿地以及与其相连的池塘变得死气沉沉且污秽不堪，给人一种无人问津的整体印象。

到19世纪初，伊斯灵顿人口已增至一万多人，此外，音乐厅和娱乐场所（可能有些破破烂烂）也方兴未艾。彼时，萨德勒涌泉已化身为一座剧院。20世纪初，它号称“水上剧院”，专门表演水上剧目，剧院“被水淹没”，旨在再现海洋战争或传说中的战争场面。观众对洪水的错觉，是由一个长90英尺，宽约20英尺，深3英尺的池塘所产生的。新河（New River）可将水引入伦敦，将池塘注满。1802年4月，迪布丁（Dibdin）剧院家族的小查尔斯·迪布丁（Charles Dibdin the Younger）将《直布罗陀大围攻》（*Siege of Gibraltar*）推上舞台。在此剧目中，儿童扮演了西班牙水手，他们纵身一跃，钻入水中，“并在水中奋力前行，与海浪苦苦斗争，令人潸然泪下”[2]。

伊斯灵顿真正的建筑热潮兴起于维多利亚时期。卡姆登镇（Camden Town）和肯蒂什镇在维多利亚时代合二为一，但合并过程始于1791年，彼时，卡姆登勋爵（Lord Camden）将自己手中1400套房屋的建筑权倾售一空。霍勒斯·沃波尔表示，这预示着，伦敦将把“距城市边界10英里内的所有村庄”[3]据为己有。肯蒂什镇曾被用以牧养马匹和牲畜，它们摆脱不了转移到史密斯菲尔德的命运。这里牧草丰盛，中间地带遍布小水塘，可将黏土中的雨水收入其中。此外，这里还有镶满高草的泥制围墙。史密斯菲尔德每周屠宰数千头牛，于是内墙便是由牛角制成[4]。外墙由不值钱的饮酒陶瓷杯，或角质柄、书本和匾制成，但锥形内墙形成了这些墙的“砖块”，而后可将泥浆涂抹其上，并将草籽塞入泥浆。这些墙廉价、坚固，且不透明，若在伦敦周边饲养昂贵牲畜和马匹，此类墙再安全不过了。

从18世纪中叶到19世纪，肯蒂什镇享有一间引领潮流的集会室，此处可在早上晚上供应茶与咖啡，还可“在最短时间内”安排公共和私人晚宴。它还可在“周日午后两点”提供“美味可口的烤肉午餐”[5]。

伊斯灵顿和肯蒂什镇在大半个乔治时代都保留了乡野本色。让 315
我们把目光再次转向汉普斯特德和海格特，在伦敦人眼中，两村皆属伦敦市区，毕竟，若他们置身于城市的北部边界，两村都可收入视野之中。长期以来，两个村庄充当了伦敦上层名流的度假胜地：若是赶上夏季月份，游客可赶往汉普斯特德，并在那里尽享新鲜空气和纯净水源，而海格特为专业领域的时髦阶层提供了“流动住房”。起初，汉普斯特德建有“古老迷人的红砖堆砌而成的豪宅，如今，这些豪宅也是汉普斯特德最浓墨重彩的一笔”[6]。

1727 年，笛福在大不列颠（Great Britain）之旅中对该村庄赞不绝口：

> 没错，汉普斯特德从一个乡下小村华丽转变为一座城，这靠的不仅仅是水域优势，显而易见，它会不断变大变强；此地剧团方兴未艾，逐渐变多，且人们喜欢这里和这里的娱乐活动；突然之间，这里人口增多，聚集者不计其数。

316 但是，他确实觉得“此处地势太高，除却登山一族，大概没人会前来此地（观光游玩）”[7]。

长期以来，汉普斯特德办学一流，吸引了很多优秀知识分子。这可能是人口多元化的结果：早在 16 世纪，此处土地所有者的名字就暴露了这一点，很多人具有犹太人和欧洲（除英国以外的欧洲）人血统。怀尔伍德（Wildwood）是《末日审判书》（*Domesday*）中首个提到的房屋，也是教区边界最举足轻重的房屋之一，如今，纪念遗址位于怀尔伍德路（Wildwood Road）和格罗夫（Grove）。1767 年，老威廉·皮特便是在此房屋里从神经衰弱中恢复，“这个痛不欲生的患者……拒绝见任何人，连侍者也不例外，其吃的也是通过门上的镶板进行传递”[8]。

汉普斯特德荒野（Hampstead Heath）最高处坐落着肯伍德

（Kenwood）的大房子，乔治时期，他以发表演讲和撰写信件而闻名。此房最早可溯源到17世纪初，曼斯菲尔德（Mansfield）勋爵于1754年将其买下。罗伯特·亚当曾在18世纪60代和70年代对它进行大幅改建。此外，它还充当了曼斯菲尔德夫妇与其（私生）混血侄孙女黛朵·伊丽莎白·贝莱的住所。1804年，黛朵撒手人寰，享年40岁。1975年，黛朵家族的最后一名后人哈罗德·戴维尼尔（Harold Davinier）——一个自由的南非白人与世长辞，而在南非，人们仍在与种族隔离制度苦苦斗争。

自1692年以来，汉普斯特德自来水公司便一直通过汉普斯特德水库向伦敦西区供水，而阿伯佛拉斯科酒馆（Upper Flask Tavern）就坐落于水库附近。据塞缪尔·理查逊（Samuel Richardson）的小说描述，克拉丽莎（Clarissa）逃脱罗弗莱斯（Lovelace）之手，流落此地，而此前，他对她和辉格党人展开"邪恶攻击"。另外，夏日里，基特卡特俱乐部（Kit-Cat Club）成员在此酒馆齐聚一堂，他们坐在已有裂缝的桑树荫下谈笑风生，后来，此树被铁箍圈住，一是保护它，二是纪念此俱乐部。乔治·史蒂文斯（George Steevens）也曾下榻于此，他于1766年出版了21部莎士比亚戏剧，并由此声名鹊起，而在1765年，塞缪尔·约翰逊也出版了莎翁戏剧。史蒂文斯每早不到7点便步行赶往伦敦，与各个赫赫有名的研究人员讨论莎士比亚，然后穿梭于各大书店查阅资料，夜幕降临时，他则赶回汉普斯特德。约翰逊对史蒂文斯的作品赞不绝口，因此，他邀史蒂文斯一道创作了一部莎士比亚的完整作品，该作品问世于1773年，共10册，但约翰逊并未按计划恪尽职守。而为完成此项工作，史蒂文斯只得鞠躬尽瘁，夜间巡逻队刚一结束巡逻，他便离开汉普斯特德，步行去找他在伦敦的印刷工，并将其打印好的材料带至家中。无论是刮风下雨，还是严寒酷暑，他都始终如一，连续20个月从未间断[9]。史蒂文斯会将前一日写满内容的纸页收集起来，回家编辑，然后再编写下一批。再次出发赶往伦敦前，他会小睡一会。

317 荒野西侧的井街（Well Walk）上有一口井，此井可生产汉普斯特德最闻名的铁质通便水，若是阳光明媚时，数百名伦敦群众会慕名而来，驻足观望。井水含有“铁的氧化物，苏打氯化物、氧化镁、石灰硫酸盐和少量硅酸盐”[10]，其平均温度在46到47华氏度。查理二世统治时，一种半便士的纪念币得以发行，其背面刻有“汉普斯特德井上的多萝西·里平（Dorothy Rippin）”字样，且一币可换一品脱井水。1698年，苏珊娜·诺埃尔（Susanna Noel）同儿子巴普蒂斯特［Baptist，盖恩斯伯勒（Gainsborough）第三伯爵］一道，将此井和6英亩的土地赠予汉普斯特德贫困居民。井水每天都可出售至霍尔本酒吧（Holborn Bars）、查令十字街以及各个大街小巷，供汉普斯特德井水青睐者购买。

井街南侧建有一个饮水房（Pump Room），1701年8月，该地举行了音乐会，以庆祝水房开张大吉。而在井街以北，则建有可用于跳舞和聚会的长屋（Long Room）。若想在汉普斯特德和伦敦享受精彩生活，这些聚会又岂能不去？饮水房的设立，使得汉普斯特德一跃成为一个“温泉小镇”[11]，到18世纪60年代，此处已拥有500所住宅。曾几何时，画家约翰·康斯坦布尔（John Constable）下榻于井街6号，但他依旧前往伦敦工作室创作。彼时，每天都有包括约翰在内的许多汉普斯特德住户在伦敦上班[12]。到1834年，每日都有8辆马车在汉普斯特德与伦敦之间穿行20次。自英国内战（Civil War）以来，伦敦商人一直将汉普斯特德视为藏身保命之地，那里的住户腰缠万贯、安闲自在、知书达理。

318 像汉普斯特德一样，海格特也在16世纪后期化身为一个富裕村庄。海格特村恰恰“坐跨”于汉普斯特德和霍恩西（Hornsey）边界之上。它建成于17世纪，那里既有精美房屋，也有繁华大街。像汉普斯特德和哈克尼一样，它与生俱来便是一个空气新鲜、安静祥和且毗邻伦敦的佳地。海格特教堂和圣迈克尔（St Michael）教堂等高于圣保罗大教堂的圆顶：高达365英尺。这片挺拔高耸的沃土非常适于种植软果，若从伊斯灵顿出发前往海格特，一路果园便尽收眼底。此外，奶牛场数不胜数，患天花的挤奶女工寥寥无几，因此，伦敦人称赞海格特的空气沁人心脾，有让女孩皮肤清爽透明之功效。结束苏格兰漫长的旅程之后，博斯韦尔来此“高地”观光旅游，此后，他于1762年11月19日离开高地，“走进”伦敦剧院，并在日记中记录道：“当我们来到海格特山（Highgate Hill）并一览伦敦景色时，我便充满能量，幸福惬意。”

就发展实力而言，海格特无法与汉普斯特德并驾齐驱，但银行家托马斯·库茨（Thomas Coutts）的遗孀哈丽特·梅隆（Harriet

Mellon）的到来本身便是海格特的一项难得成就。哈丽特在其首任丈夫去世后，便在海格特山租下了霍利旅舍（Holly Lodge）。她从戏剧演员跃身为性感情妇，而就这点而言，她与库茨的祖先和海格特居民内尔·格温（Nell Gwynne）并无二致。就像内尔一样，“这些从小在舞台上长大的10位到12位女士都佩戴着小冠冕，但没有哪个比哈丽特·梅隆更平易近人”。她的传记作者说：“她有个父亲，但尚不清楚他是谁。”[13]1777年11月11日，哈丽特呱呱坠地于兰贝斯宫（Lambeth Palace）后侧不远处。据说，她父亲是谢菲尔德（Sheffield）的扫烟囱工，抑或是马德拉斯步兵团（Madras Infantry）的一名士兵。

1795年，哈丽特在特鲁里街皇家剧院首次亮相，但直到1805年，她才遇见了已到古稀之年的托马斯·库茨。1815年，库茨前妻与世长辞，不久后，两人便结为连理，而在此之前，她一直是他的情妇。鉴于首次结婚仪式被莫名其妙地宣布无效，他们不得不再次举行结婚仪式。婚后，她成为英国最富有的女性之一，此外，她“极度渴望”获得伦敦上流社会的认可，做梦都想成为伦敦最受欢迎的女主人，所以常常因此被漫画家冷嘲热讽，但她心地善良，派头十足，且对娱乐活动喜爱有加，这一切使她赢得了上流社会的青睐。1822年，托马斯去世，他将财产以及他在库茨银行（Coutts Bank）的股份都留给了哈丽特，这令他与前妻生的女儿们大为恼火。但是，哈丽特无视那些继女们的恐吓，相反，她还对她们慷慨解囊。1827年，49岁的她嫁给了现年26岁的圣奥尔本斯公爵威廉·博克莱尔克（St Albans William Beauclerk），她也因此再次激起了继女们的义愤填膺和全伦敦的嗤之以鼻。讽刺漫画更加肆无忌惮，但正如她幸福美满的初婚一样，哈丽特的活泼开朗和她丈夫的平易近人使他们相处甚欢、其乐融融。

但是，威廉家人对他的新婚妻子毫不客气，哈丽特对姻亲也充满敌意。1837 年，她撒手人寰，她的遗嘱中规定，若威廉的任 319
何家人在她留给他的任何房子里待一周以上，她便撤回对他的所有遗赠。哈丽特将大部分财产（180 万英镑）留给了托马斯·库茨的外孙女安吉拉（Angela）。安吉拉·伯迪特·库茨（Angela Burdett Coutts）是维多利亚时期伦敦最伟大的慈善家，她在 69 岁时，嫁给了一位 26 岁的丈夫，但她却被迫放弃了自己的巨额财富。她嫁给这位年轻人，与其继外祖母的遗嘱不相违背，而她之所以被迫放弃财富，是因为她嫁了个美国人：遗嘱条款明确规定，安吉拉不得嫁给“外国人”。她的美国丈夫在安吉拉死后住进了霍利旅社。1922 年，他与世长辞，那时恰逢“一战”刚刚结束，伦敦城急需文员和秘书，于是，霍利旅社经过开发后，为前来伦敦工作的巾帼英雄提供住宿之地。长期以来，该住房仅为女性提供便利。

随着哈丽特·梅隆的“华丽转身”，海格特也开始“摇身一变”。1813 年，约翰·纳什的拱道建成，从而打通了位于海格特和霍洛韦（Holloway）之间的海格特山，提供了一条收费公路，如此一来，行人便省去了翻越陡峭险峻的海格特山的烦琐。有关优美的海格特山景以及拱道路（Archway Road）的许多图像都描绘了进出伦敦的牲畜和干草马车。但拱道也成为自杀者的“磁石”，所以，此处安装了高栏杆，以防再有人自我了断。在19世纪30年代，海格特设立了一个伦敦新型大型公墓，毕竟，城市中的墓地空间很快便会消耗殆尽，1835年，《埋葬法》(*Burial Act*)获准通过，这意味着，伦敦亡者将葬身于城市边缘的“七大公墓”(Magnificent Seven)之中。时至今日，海格特公墓容有5.3万个坟墓，葬有17万具尸体。1839年，公墓对外开放，不难看出，伦敦人就像古雅典人一样，“将亡者安葬在伦敦城风景最美的郊区”[14]。

320 济慈和科尔里奇：汉普斯特德和海格特的浪漫主义者

汉普斯特德最出名的居民非约翰·济慈(John Keats)莫属。1817—1818年，济慈和弟弟汤姆(Tom)暂助于靠近涌泉酒馆(Wells Tavern)的井街，但在此期间，汤姆患上肺痨，命在旦夕，且其母亲也因肺痨撒手人寰。几年后，济慈也驾鹤西去。

济慈是汉普斯特德居民的“熟人”。他并不喜欢伦敦，因为他觉得，那里的每个人“一直争来争去”[15]，但伦敦这座城市见证了他的出生和成长。他那转瞬即逝而又痛不欲生的人生之旅始于穆尔盖特(Moorgate)边上的胡扑斯旺(Hoop and Swan)酒馆，酒馆老板有4个孩子，其中3名男孩、1名女孩，济慈就是老大。如今，这家酒馆并未易址，不过，它已更名为“济慈与地球”(Keats and the Globe)。济慈在7岁时，便被送至伦敦北部恩菲尔德

（Enfield）的一所学校。在他入学9个月时，其父前来探望他，但在回家途中跌落马下，导致颅骨断裂，数个小时后便不治身亡了。1810年3月，济慈之母也与世长辞，并将14岁的济慈托付给药剂师托马斯·哈蒙德（Thomas Hammond）。

济慈与哈蒙德共享一处住所，并在那里对医学产生了浓厚兴趣，18岁那年，他成了盖伊医院的一名学生。他以“裹伤员”身 321
份进入手术室，为术后病人包扎伤口，一晃5年过去了。1816年，他通过了药剂师考试，且其第一首诗作诞生了。1817年，他再次出版诗作，但好评寥寥。

1818年，济慈与其好友查尔斯·布朗（Charles Brown）一起欢度“苏格兰暑假”，但他患上重感冒，被迫停止休假。回家时，他发现弟弟已患上肺结核，当时它被称为“肺痨”。济慈在井街悉心照顾汤姆，但他也已处于肺痨初期了，并可能危在旦夕。于是，他也开始服用鸦片酊，且对“罂粟花气味如痴如醉”[16]，并声称其可以缓解胸口的压迫感。

济慈一心想创作诗歌，加上生活担子不断加重，因此，他果断投入写作，并以此谋生。1818年，《恩底弥翁》（*Endymion*）问世，但它的发行使得济慈的希望化为泡沫。批评家对此口诛笔伐，让济慈心碎不已。他感叹道，“对批评家而言，我永远都是个织工男孩”[17]。拜伦嘲笑济慈为“伦敦土鳖”和“下流的小无赖”[18]。

1818年12月，汤姆撒手人寰。济慈和查尔斯·布朗一同搬到汉普斯特德荒野一带。他们在那里遇到了神出鬼没的范妮·布劳恩

（Fanny Brawne）小姐，她是济慈诸多创作的缪斯。布劳恩一家住在伦敦西区附近的小村庄里。她是个不可救药的调情老手，而济慈不过是她的调情对象之一。他笔下的她残酷无情且常怀有恶意，而他笔下的别人却忏悔自省，尽管如此，这两人还是亲密无间，并最终打算订婚。

1820 年，在冬天即将结束之际，济慈从伦敦城搬到了布劳恩寒冷刺骨的家中。在布劳恩送他上床睡觉时，济慈只咳了一下，鲜血便喷涌而出，染红了床单。他的外科手术经验使他认识到，这是动脉血，意味着他的肺部已经受损。“那滴血便是我的死刑令。”他告诉朋友。布劳恩后来回忆道，济慈擦拭下巴时表现得平静如水，他说：“大事不妙。”[19]

322 济慈咨询了 3 名医生，并尝试了流血、挨饿、增肥和鸦片麻醉多种治疗方式。他为布劳恩的陪伴感到心烦意乱，并开始出现心悸症状。最后，医生建议让他找一个温暖之地养病。约瑟夫·塞文（Joseph Severn）是一位前途无量的年轻艺术家，曾获得皇家学院（Royal Academy）旅行奖，他被济慈选为作陪之友，同济慈一道前往罗马疗养。临别之际，布劳恩送给济慈一块大理石做的大顶针，平时缝衣时，她会将它戴于手指上。在他人生剩余的日子里，它也从未离开过他的视线。

1820 年 9 月 17 日，约翰·济慈和约瑟夫·塞文离开英格兰。此后，济慈的病情每况愈下，医生证实了济慈早就了然于胸的事：他命在旦夕了。济慈对黑暗惶恐不安，于是，塞文设立了一个照明系统，让一根“摇摇欲坠”的蜡烛点燃下一根蜡烛的灯芯，济慈称这项发明为“仙女点灯器”[20]。

济慈在护理房对赛文语重心长地说：“我感觉撑不住了，但你必须振作起来。”[21] 济慈和塞文手拉手坐了 7 个小时后，便撒手人寰。塞文写信给布劳恩，告诉她：

> 我这 4 个晚上一直守候着他，彻夜无眠，但可怜的济慈还是走了，我的心也凉了。3 天后，济慈的尸体被解剖，结果显示，其肺部已伤痕累累，面目全非。连医生都无法想象，他是如何熬过这两个月的。周一，我跟着殡葬队，直到看着其可怜的尸体埋入墓中，才怅然离去。[22]

据济慈遗愿，他被葬入新教公墓中。他的墓碑并未刻名：

> 此墓
> 埋葬之尸骨，属
> 一位英年早逝的英格兰诗人
> 临终病榻之上
> 他满心愁苦
> 不堪敌人恶语中伤
> 希望墓碑之上刻下此言：
> 此地长眠者，声明水上书。

323 直到一个月后，济慈的死讯才传到伦敦。1821 年 3 月 23 日，《泰晤士报》发文："2 月 23 日，诗人约翰·济慈因病逝于罗马，享年 25 岁。" 1833 年，布劳恩嫁给了马里波恩的路易斯·林多（Louis Lindo）。这时，那个"织工男孩"已被誉为英国最伟大的诗人之一。1829 年，查尔斯·布朗开始撰写他与济慈人生交集的点点滴滴。他写信给布劳恩，问她是否需要补充。布劳恩担心自己无以补充，毕竟，在她与济慈的关系中，济慈只是男友而非诗人，但她建议"最仁慈的做法便是，让他在默默无闻中长眠安息，摆脱那令人不悦的谴责之词"[23]。

若汉普斯特德属于约翰·济慈，那么海格特则属于塞缪尔·泰勒·科尔里奇。1817 年，科尔里奇到达吉尔曼（Gillman）医生在海格特格罗夫的住处，以求战胜他的鸦片成瘾症状。长期吸食鸦片后，他便对"每天吸食 4 盎司—5 盎司（相当大的剂量）鸦片习以为常"[24]——1797 年，他写下《忽必烈汗》（*Kubla Khan*），而在此之前，他便嗜毒成瘾。吸食鸦片后，他飘飘欲仙，灵感大发，便创下此诗。

起初，他很可能是通过其"领路人"——约西亚（Josiah）之子汤姆·韦奇伍德（Tom Wedgwood）与鸦片结下不解之缘。韦奇伍德对摄影的早期发展功不可没，但他也确乎是个鸦片迷。他服用鸦片，以缓解抑郁症及改善体虚。韦奇伍德对家族企业并不感冒，但他之前也参与过希腊街店面的装修，并写道："为了同胞利益，我自己也打算闯出自己的天地。"[25] 他 23 岁时，便从父亲那里继承了一笔钱，这笔钱足以让他干一番事业。通过朋友介绍，他认识科尔里奇后，听说科尔里奇的手头紧张，便写信给他，并附上一张 100 英镑的支票。

科尔里奇满怀感激，但将支票还给了韦奇伍德。韦奇伍德一家深为感动，便为这名诗人设立了 150 英镑的年金。1805 年，韦奇伍德因过度吸食鸦片而死于与之相关的并发症，而科尔里奇也深陷毒瘾，不能自拔。他记得，他首次吸食鸦片的情形："我未能经住诱惑，最终深陷毒瘾，但由于我愚昧无知，吸食时并未躲躲藏藏，而是堂而皇之，还自鸣得意，结果被人瞧见。我一直对吸食这灵丹妙药乐此不疲，但直到我身体养成了铁打不动的吸食习惯，真相才浮出水面。"[26]

像所有瘾君子一样，科尔里奇变得愈加脱离现实，尽管鸦片对 324
其诗歌创作必不可少，但它也让他的婚姻和友谊毁于一旦，他意识到："我在肮脏的鸦片生意中受过上百次误导、欺骗，我感觉，我听到的皆为谎言，而事实亦是如此。"[27]

到海格特 8 日后，科尔里奇写信给约翰·默里表示，若默里答应给他鸦片，他会为默里翻译歌德（Goethe）的《浮士德》（*Faust*），此后，默里"将一个包裹交给负责办事的门童"，而该门童小心翼翼地将其放在了书堆里。毋庸置疑，包裹里放的是鸦片酊，这一点在《季度评论》（*Quarterly Review*）中有所提及。科尔里奇认为，鸦片可让他"心平气和，以及发挥文学创造力"[28]。

吉尔曼（Gillman）夫妇为（贵宾）科尔里奇专门打造了一个

侧厅，但他们尚未意识到，他们的长期客人不仅通过约翰·默里的门童，还利用主街当地的药剂师邓恩（Dunn）先生来滋养吸毒恶习。西摩·特隆·波特（Seymour Teulon Porter）是药剂师的年轻学徒。他认为，科尔里奇是个老奸巨猾的瘾君子。他记得，除了从默里那里获取鸦片外，科尔里奇每周还要喝一品脱鸦片酒，且约每3个月才付账一次。他从侧门溜进来装酒，直到鸦片酒装满瓶子，才肯开口讲话，然后又从侧门溜之大吉。

早些年，科尔里奇曾在汉普斯特德附近的一条小巷与利·亨特（Leigh Hunt）一起散步，科尔里奇回忆道，“一个精神恍惚、眼神涣散、衣冠不整的青年在海格特的一条小巷遇见格林（Green）先生和我。格林认识他，然后开口讲话。没错，这个青年正是济慈”[29]。

1824年7月，拜伦勋爵的遗体路过海格特，多数村民都前来观望送葬队伍。西摩·波特（Seymour Porter）回忆道，科尔里奇过来与他一道观看送葬队伍时，他还是个“身穿白围裙的15岁少年”[30]，他回想起这名已逝诗人的“不幸青春”，并预测“拜伦的文学影响力会不断提升，而拜伦的个人错误，即使未被‘一棒子打死’或被完全遗忘，也几乎不会引人注意”。兴许，科尔里奇也对自己抱有相同希望吧。

325 然而，科尔里奇仍想方设法在纸上保留一些真理。1832年，他将鸦片描述成“毒药，30多年来，它令我后悔不已、妄自菲薄、痛苦不堪”，这表明，他从未战胜过鸦片瘾。到他写下此文时，乔治时代已经画上句号。威廉四世是汉诺威王朝的最后一名国王。政治局面在改革浪潮中翻腾不息。科尔里奇在海格特看到的伦敦是一个现代化的大都市。两年后，他死于吉尔曼夫妇的“奇特房间”，若打开房窗，“伦敦之海”便可尽收眼底，圣保罗大教堂的穹顶和尖塔在阳光下清晰可见，而该教堂及与之相关的许多记忆，已成为历史长河中一股气势汹涌的湍流。在阳光明媚的夏日，此等美景恐怕只有在科尔里奇的房间才能看到吧[31]。

后　记

我们的起点，以及终点亦是，圣保罗大教堂金色画廊的伦敦城上空。如今，我们脚下的伦敦已发生了沧桑巨变。通常而言，地图上的伦敦仍分为伦敦城、威斯敏斯特和南沃克，尽管如此，它已向四面八方延展至更远之地。马里波恩、哈克尼、贝夫诺格林，这些曾经的边缘地带如今也还是远郊而已。

1825 年，托马斯・库比特为皮姆利科和贝尔格莱维亚构建的蓝图，将埃伯里庄园的古香古色的花园和柳树区吞噬一空。格林威治过去是、现在依旧是一个自给自足的沿河定居点。切尔西是个风景如画的村庄，那里一望无际的苗圃和花园延绵不断，直至“世界尽头”。肯辛顿（Kensington）拥有宫殿和气派的度假胜地，诺丁山（Notting Hill）以其引人入胜的砾石坑闻名遐迩。富勒姆被繁华的市场花园所占据，依靠从伦敦的污水坑运来的粪便为花草树木施肥。在维多利亚时代初期开发之际，许多花园都出售给了不同的建筑商。小型住宅拔地而起，一栋连着一栋，拥挤不堪，导致大量普通住户交通不便。

克拉珀姆（Clapham）在 18 世纪后期便声名显赫，这并非由于此地本身值得称道，而是因为它与设在这里的宗教团体——克拉珀姆圣徒组织（Clapham Saints）及其发起的废奴运动不无关系。威廉·威伯福斯（William Wilberforce）便是其中的骨干成员。此外，威廉·科贝特（William Cobbett）谴责赫恩山（Herne Hill）“整整两英里内，除却股票经纪人一无所有”[1]。坎伯韦尔格罗夫特意建于一条死路尽头——这是这条伦敦最美丽的街道能够幸存至今的关键所在。

我们正处于一个新时代的起点。维多利亚将登上王位，这座城市将再次革新，它会向外扩展，不过，这次可是整齐划一的规律扩展。伦敦将在40年内发展成为一个大都市，届时，偌大的郊区将会盖起诸多样板房和建筑作品。它将拥有地下铁路和全世界最先进的污水处理系统。它将成为一个强大、富裕、博爱、可敬，且辉煌灿烂的文明之地。可它摆脱不了令人生畏的大规模城市贫困和疾病。

328 但，未来如何，我们无以控制。故事就此落下帷幕。一个多世纪以来，伦敦经历了一场不可思议的发展之旅。它已摆脱中世纪的旧色彩，并化身为一座现代化城市：环境污染、人口众多、生气勃勃，时时处于“爆炸”的边缘。贫瘠的土地和巨额财富依旧形影不离，但是科学、医学和工业创新正以前所未有的速度大步阔进。这个城市颇具艺术与文化高度。如今的伦敦人比以往任何时候都更富足、更健康、更有教养。今天，他们正在打造品位和文雅的新标准，人们也竞相效仿。看，街道、医院、博物馆和其他机构中的许多遗迹都在向你招手致意。听，它们依旧在发声。

致 谢 329

我希望我能将此书置于父亲手中，然后观察他的表情；我希望我的母亲和姐姐知道，她们手持的书籍对我意义非凡。

它仅是一本书而已，此书的写成要归功于大卫·戈德温协会（David Godwin Associates）的科斯蒂·麦克拉克伦（Kirsty McLachlan）、科斯蒂、希瑟（Heather）、大卫（David），安娜（Anna）、凯特琳（Caitlin）以及协会的每个人，他们不惜超越职责范围为《乔治时代的伦敦》尽心尽力。

此书的写成，要归功于我的编辑爱罗·戈登（Eleo Gordon）的远见卓识和奉献精神。还要感谢吉莉安·泰勒（Jillian Taylor）、本·卜鲁瑟里（Ben Brusey）和维京（Viking）领导的团队，他们恰到好处地止住了我探索紧身胸衣（对治疝气有疗效）、码头卖淫和烟花爆竹所有细节的心气。感谢山·莫里·琼斯（Shân Morley Jones）对稿件进行编辑，感谢他将之视为一种乐趣，而非琐事。

这本书所用的原始手稿多不胜数，难以应付，使得多数参与者将围裙置于脸上，掩面而泣（很可能是这样）。感谢历史学家帕特里克·巴蒂（Patrick Baty）和阿德里安·廷尼斯伍德（Adrian Tinniswood）的无尽鼓励和明智之言。你们一直是我的指路明灯、人生楷模。

感谢伦敦博物馆（Museum of London）的亚历克斯·沃纳（Alex Werner），他花时间阅读了终极版手稿，并讲了很多我前所未闻的知识。非常感谢伦敦博物馆的所有人，感谢他们的帮助、热忱和鼓励。

若页面中有出错之处，我个人责无旁贷。

伦敦图书馆是个无与伦比的祥和、互助之地，它也罕见而微妙地表达出，陌生人也可建立同志之谊。愿我们继续默默无言，但彼此祝福。感谢我通过电话、电子邮件联系或当面登门造访的所有图书馆员和档案管理员。

330 感谢布兰德·英格里斯（Brand Inglis）、理查德·考特尼（Richard Courtney）和凯耶·米基（Kaye Michie），因为我的家人并非生物专家。感谢安妮（Anne）、汉克（Hank）和卡莉·马丁（Carly Martin），因为我的家人并非地理学家。

感谢卡蒂（Katie）、萨姆（Sam）和迈克尔·赛德勒（Michael Sedler）提供的历史知识，我爱你们。感谢休（Sue）、培迪·林纳克（Paddy Linaker）、布莱恩（Brian）和比菲·罗尔斯顿（Biffy Rolleston），你们总是问我此书进展如何，并乐此不疲地听我娓娓道来。感谢菲奥娜·柯克帕特里克（Fiona Kirkpatrick）、罗里·麦克斯韦（Rory Maxwell）和大卫·柴尔德（David Child），是你们让我每日都保持理性，此外，在苏活度过的那几个晚上多亏了你们。感谢林恩·普伦德加斯特（Lyn Prendergast）为我提供规划和餐食，并告诉我，进入法国外籍军团（French Foreign Legion）须携带何物。感谢西蒙 · 苏特斯（Simon Surtees）15 年的调侃，以及在互联网上为我搜索的一切。感谢布莱迪（Bridie）的默默支持及分享给我的饼干。

再次感谢我的丈夫。切斯特菲尔德勋爵曾说我们“经常大笑有失礼仪，且愚不可及”，若真如此，我们长久以来的表现可真是糟糕透顶。

注 释 331

引 言

[1] *The Diurnal of Thomas Rugg, 1659–1660* (London, 1961), 80.

[2] Daniel Baker, 'One Warning More' (London, 1660).

[3] 记录于 1660 年 5 月 29 日的日记条目。

[4] Gideon Harvey, *The City Remembrancer* (London, 1722), 2.

[5] Daniel Defoe, A Journal of the Plague Year (London, 1772), 44-7.

[6] 同上，140.

[7] John Allin in W. G. Bell, *Unknown London* (London, 1920), 43.

[8] *A Journal of the Plague Year*, 73.

[9] 参见 *The Gentleman's Magazine Miscellany*, vol. 192, 51.

[10] *A Journal of the Plague Year*, 284.

[11] Autobiography and Anecdotes of William Taswell (1652–1682)，再印刷者：*The Camden Miscellany* (London, 1853), vol. 2, 11.

[12] 同上，13.

[13] 克拉伦自己所著 *The Life of Edward, Earl of Clarendon (1609–1674)*, (London, 1827), vol. 3, 96.

[14] *The City Remembrancer*, 23.

[15] Edward Gregg, *Queen Anne* (London, 1984), 16.

[16] Sir James Mackintosh, *History of the Revolution in England in 1688* (London,

1835), 572.

332 [17] L. D. Schwarz, *London in the Age of Industrialisation: Entrepreneurs, Labour Force and Living Conditions, 1700–1850* (Cambridge, 1992), 128.

[18] Johann Wilhelm von Archenholz, *A Picture of England* (1789), 121.

[19] *The London Magazine*, vol. 6 (August 1822), 137.

第一章 伦敦城

[1] Henry Milman, *Annals of St Paul's Cathedral* (London, 1868), 367.

[2] T. F. Reddaway, 'The Rebuilding of London after the Fire', *The Town Planning Review*, vol. 17, no. 4 (December 1937), 276–277.

[3] James Chambers, *Building St Paul's* (London, 2007), 36.

[4] 同上，56.

[5] Paul Elliott and Stephen Daniels, 'The "School of True, Useful and Universal Science"? Freemasonry, Natural Philosophy and Scientific Culture in Eighteenth-Century England', *The British Journal for the History of Science*, vol. 39, no. 2 (June 2006), 207–229.

[6] 古时，同业公会有权制定它们自己的"相同标准"或"统一标准"。"同业公会 12 大类"分别是绸缎商、杂货商、布商、鱼商、金匠、泰勒斯批发商、皮革商、男装经销商、盐商、铁器商、葡萄酒商、制衣商。

[7] 援引自 Leo Hollis, *The Phoenix: The Men Who Made Modern London* (London, 2009), 173.

[8] Robert Campbell, *The London Tradesman* (London, 1747), 120–121.

[9] Paula McDowell, *The Women of Grub Street: Press, Politics, and Gender in the London Literary Marketplace 1678–1730* (Oxford, 1998), 33.

[10] 有关钱伯斯生活记录内容源于 *Gentleman's Magazine, and Historical Chronicle*, vol. 44, part 2 (London, 1785), 673.

[11] 其全名为 'Cyclopaedia, or, An Universal Dictionary of Arts and Sciences: 333
Containing the Definitions of the Terms, and Accounts of the Things Signify'd Thereby, in the Several Arts, both Liberal and Mechanical, and the Several Sciences, Human and Divine: the Figures, Kinds, Properties, Productions, Preparations, and Uses, of Things Natural and Artificial: the Rise, Progress, and State of Things Ecclesiastical, Civil, Military, and Commercial: with the Several Systems, Sects, Opinions, etc; among Philosophers, Divines, Mathematicians, Physicians, Antiquaries, Critics, etc.: The Whole Intended as a Course of Ancient and Modern Learning' .

[12] Susan Whyman, *The Pen and the People: English Letter Writers 1660–1800* (Oxford, 2009), 61.

[13] Milton Percival, *Robert Walpole, Earl of Orford, 1676–1745* (Oxford, 1916), xiii.

[14] A. M. Ogilvie, 'The Rise of the English Post Office' , *The Economic Journal*, vol. 3, no. 11 (September 1893), 453.

[15] Ned Ward, *The London Spy*, 首次出版时间：1706 (London, 1955 edition), 187.

[16] William Hone, *The Every-day Book* (London, 1826), 591.

[17] *London Chronicle*, 17 November 1764.

[18] George Dodd, *The Food of London: A Sketch of the Chief Varieties, Sources of Supply, Probable Quantities, Modes of Arrival, Processes of Manufacture, Suspected Adul- teration, and Machinery of Distribution, of the Food for a Community of Two Millions and a Half* (London, 1856), 228.

[19] Claire Williams, *Sophie in London, 1786* (London, 1933), 71.

[20] *Supplement to the Harleian Miscellany* (London, 1812), 325.

334 [21] Walter Thornbury, 'The Fleet River and Fleet Ditch', *Old and New London: Volume 2* (London, 1878), 416.

[22] 信件写于 1838 年 8 月 22 日。

[23] Thomas Pennant, *An Account of London* (London, 1790), 309.

[24] John Southerden Burn, *History of the Fleet Marriages* (London, 1846), 5.

[25] Alexander Pope, *The Dunciad* (London, 1723), ll. 267–268.

[26] Lord Byron, *Don Juan* (London, 1823), canto X.

[27] Lynn Sorge-English, '"29 Doz and 11 Best Cutt Bone": The Trade in Whalebone and Stays in Eighteenth-Century London', *Textile History*, vol. 36/I (May 2005), 22.

[28] 援引自 Valerie Steele, *The Corset: A Cultural History* (New Haven, Connecticut, 2003), 26.

[29] 由伊丽莎白·哈姆（Elizabeth Ham）援引自 Kristin Olsen, *Daily Life in 18th-Century England* (Westport, Connecticut, 1999), 96.

[30] Georgiana, Duchess of Devonshire, *The Sylph* (London, 1738), 34.

[31] Henry Kent, *The Shopkeeper's and Tradesman's Assistant* (London, 1768), 144.

[32] 同上, 78.

[33] 1662 年 11 月 30 日的日记条目。

[34] Voltaire, *Letters Concerning the English Nation* (1773), Letter VI, 'On the Presbyterians'.

[35] Peter Renton, *The Lost Synagogues of London* (London, 2000), 30.

[36] 1662 年 1 月 9 日的日记条目。

[37] 1667 年 2 月 15 日的日记条目。

[38] 援引自 Richard S. West- fall, *The Life of Isaac Newton* (Cambridge, 1994), 17.

[39] John Giuseppi, *The Bank of England: A History from its Foundation in 1694*.

[40] Deidre Palk (ed.), *Prisoners' Letters to the Bank of England 1781–1827* (London, 2007), vol. XLII, vii.

[41] 由乔纳森・格朗斯（Jonathan Glancey）援引自 *Lost Buildings* (London, 335 2008), 65.

[42] R. Bradley, *The Virtue and Use of Coffee* (London, 1772), 12.

[43] James Walvin, *Fruits of Empire: Exotic Produce and British Taste, 1660–1800* (London, 1997), 39.

[44] George S. McCue, 'Libraries of the London Coffeehouses' , *The Library Quarterly*, vol. 4, no. 4 (October, 1934), 624.

[45] Ned Ward, *London Spy*, 299.

[46] 1660 年 1 月 11 日的日记条目。

[47] Ned Ward, *London Spy*,236.

[48] Daniel Hahn, *The Tower Menagerie: Being the Amazing True Story of the Royal Collection of Wild and Ferocious Beasts* (London, 2003), 125.

[49] The Papers of Gertrude Savile, Nottinghamshire Archives: DD/SR/212/10-11.

[50] *Curiosities in the Tower of London* (London, 1741), 31.

[51] Christopher Plumb, 'Exotic Animals in Eighteenth Century Britain' (PhD thesis in Museology, submitted to the University of Manchester's Faculty of Humanities, 2010), 60–61.

[52] Edward Turner Bennett, *The Tower Menagerie (comprising the natural history of the animals contained in that establishment, with anecdotes of their characters and history)* (London, 1829), 128.

[53] 同上 , 153.

[54] *An Historical Description of the Tower of London and its Curiosities* (London, 1753), 23.

[55] 1810 年版伦敦塔指南手册，援引自 Hahn in *The Tower Menagerie*, 191.

[56] Bennett, *The Tower Menagerie*, 174.

[57] James Wilson, ‘Essays on the Origin and Natural History of Domestic Animals’, *The Quarterly Journal of Agriculture*, vol. 2 (November 1829–February 1831), 64.

336 **第二章　伦敦城四围**

[1] 由爱德华 · 布劳力（Edward Brayley）援引自 Rowland Dobie, *The History of the United Parishes of St Giles in the Fields and St George's Bloomsbury* (London, 1829), 183.

[2] John Stow, *Survey of London* (London, 1598), 47.

[3] 来自由威廉 · 罗斯科在《愚人志》(*The Dunciad*) 中添加的脚注。*The Works of Alexander Pope* (London, 1824), 100.

[4] Thomas Pennant, *An Account of London* (London, 1790), 286.

[5] John Sherren Brewer, *English Studies; or Essays in English History and Literature* (London, 1881), 427.

[6] Henry Mayhew, *London Labour and the London Poor:* 这是一部描绘那些即将从事水手工作、不能从事水手工作，以及不会从事水手工作者的工作状况和收入情况的百科全书 : *Volume II* (London, 1851), 10.

[7] 由斯托引自 Weinreb, Hibbert, Keay and Keay, *The London Encyclopedia* (London, 2008), 417.

[8] W. Denton, *Records of St Giles' Cripplegate* (London, 1883), 104–106.

[9] Walter Thornbury, 'Whitefriars', *Old and New London: Volume 1* (London, 1878), 182–199.

[10] 医院员工的规章制度，节选自 Minutes of Bridewell and Bethlem Governors (20 June 1756). See also Jonathan Andrews and Andrew Scull, *Undertaker of the Mind: John Monro and Mad-Doctoring in Eighteenth-Century England* (Berkeley, California, 2001).

[11] *Remarks on Dr. Battie's Treatise of Madness by John Monro* (London, 1758).

[12] 援引自 John Haslam, *Illustrations of Madness* (London, 2003), xxxii.

[13] John Thomas Smith, *Nollekens and his Times: Volume I* (London, 1829), 213.

[14] Denton, *Records of St Giles'*, 104.

[15] 援引自 Rictor Norton, *Mother Clap's Molly House: The Gay Subculture in* 337
England 1700–1830 (Stroud, 2006), 126.

[16] 有关伦敦地震的记录可参见 T. D. Kendrick's *The Lisbon Earthquake* (London, 1957).

[17] John Wesley, *The Cause and Cure of Earthquakes* (London, 1750).

[18] Horace Walpole quoted in Kendrick, *The Lisbon Earthquake*, 11.

[19] 同上，13.

[20] Rose Macauley, *The Minor Pleasures of Life* (London, 1936), 90.

[21] 在草莓山（Strawberry Hill）之行中，由馆长讲述，材料来自耶鲁大学档案馆。

[22] 报道于 *The Albion* of July 1800.

[23] 参见于乔纳森·斯威夫特（Jonathan Swift）1726 年所创诗歌，'Advice to the Grub Street Verse-Writers'.

[24] Paula McDowell, *The Women of Grub Street: Press, Politics, and Gender in the London Literary Marketplace 1678–1730* (Oxford, 1998), 55.

[25] 同上，217.

[26] David R. Green, *Finsbury: Past, Present & Future* (London, 2009), 6.

[27] Old Bailey Proceedings Online (www.old- baileyonline.org, accessed 4 February 2012), trial of Margaret Clap (July 1726), t17260711-54.

[28] Norton, *Mother Clap's Molly House*, 19.

[29] Ned Ward, *The Field Spy* (London, 1714), 16.

[30] Old Bailey Proceedings Online, trial of Margaret Clap.

[31] 同上 (accessed 18 January 2012), 对威廉·布朗的审讯 (July 1726) .

[32] *The Works of John Locke: Volume 2* (London, 1727), 166.

[33] *The Phoenix of Sodom; Or the Vere Street Coterie* (London, 1813), 12–13.

338 [34] *The Annual Register or a View of History, Literature and Politics for the Year 1811* (London, 1811), 28.

[35] *The trial of Josiah Phillips for a libel on the Duke of Cumberland and the proceedings previous thereto, in 1810* (London, 1833), 9.

[36] 有关查特顿生活的故事可参见 Linda Kelly, *The Marvellous Boy: The Life and Myth of Thomas Chatterton* (London, 1971); Nick Groom, 'Thomas Chatterton Was a Forger', *The Yearbook of English Studies*, vol. 28 (Eighteenth Century Lexis and Lexicography, 1998), 276–291.

[37] James Boswell, *Life of Samuel Johnson* (London, 1833 edition), 68.

[38] Edward Walford, 'Lincoln's Inn Fields', *Old and New London*: *Volume 3* (London, 1878), 44.

[39] Richard Steele, *Spectator*, no. 6 (7 March 1711).

[40] Thomas Dibden, *The London Theatre* (London, 1815), 3.

[41] Timothy Hyde, 'Some Evidence of Libel, Criticism, and Publicity in the Architectural Career of Sir John Soane', *Perspecta*, vol. 37 (Famous, 2005),

144–63.

[42] *Morning Post*, 30 September 1812.

[43] 可参见 David Watkin, *Sir John Soane, Enlightenment Thought and the Royal Academy Lectures* (Cambridge, 1996), 76.

[44] John Britton, *The Union of Architecture, Sculpture and Painting* (London, 1827), 44.

[45] John Summerson, 'Change, Decay and the Soane Museum' , *Architectural Association Journal* (October 1949), 50.

[46] James Boswell, *Life of Samuel Johnson* (London, 1833 edition), 292.

[47] *Edinburgh Review*, vol. 16 (1810), 109.

[48] Edward Foss, *The Grandeur of the Law: Or, the legal peers of England: with sketches of their professional career* (London, 1843), 138.

[49] Walter Thornbury, 'Fleet Street: General Introduction' , *Old and New London: Volume 1* (London, 1878), 32–53. 339

[50] Dan Cruickshank, *The Secret History of Georgian London: How the Wages of Sin Shaped the Capital* (London, 2009), 181.

[51] *Philosophical experiments and observations of the late eminent Dr. Robert Hooke, F.R.S.* (London, 1726), 210.

[52] Old Bailey Proceedings Online (www.oldbaileyonline.org, accessed 18 January 2012), 纽盖特监狱所记录的平常事 (November 1744), OA17441107.

[53] Hallie Rubenhold, *Harris's List of Covent Garden Ladies* (London, 2005), 48–49.

第三章 威斯敏斯特和圣詹姆斯

[1] John Gwynne, *London and Westminster, Improved* (London, 1766), 8.

[2] Old Bailey Proceedings Online (www.oldbaileyonline.org, accessed 18 January

2012), Ordinary's account (August 1679), o16790827-1.

[3] Cardinal Wiseman, *An Appeal to the Reason and Good Feeling of the English People on the Subject of Catholic Hierarchy* (London, 1850), 30.

[4] Tim Hitchcock, *Down and Out in Eighteenth- Century London* (London, 2004), 32.

[5] Edward Walford, 'The City of Westminster: Introduction' , *Old and New London: Volume 4* (London, 1878), 1.

[6] John Pinkerton, *A General Collection of the Best and Most Interesting Voyages and Travels in all Parts of the World: Volume 2* (London, 1808), 92.

[7] Old Bailey Proceedings Online (www.oldbaileyonline.org, accessed 18 January 2012), trial of John Loppenberg (October 1740), tl7401015-66.

[8] Lynn MacKay, 'A Culture of Poverty? The St Martin in the Fields Workhouse, 1817' , *Journal of Interdisciplinary History*, vol. 26, no. 2 (Autumn 1995), 214.

[9] Lynn MacKay, 'A Culture of Poverty? The St Martin in the Fields Workhouse, 1817' , *Journal of Interdisciplinary History*, vol. 26, no. 2 (Autumn 1995),221.

340 [10] Hitchcock, *Down and Out*, 139.

[11] Hitchcock, *Down and Out*, 3–7.

[12] *The Reports of the Society for the Suppression of Mendicity, established in London, 1818* (London, 1821).

[13] Thomas Pennant, *An Account of London*(London, 1790), 57.

[14] Peter Cameron: 'Henry Jernegan, the Kandlers and the client who changed his mind' , *The Silver Society Journal* (Autumn 1996).

[15] C. L' Estrange Ewen, *Lotteries and Sweepstakes: An Historical, Legal and*

Ethical Survey of Their Introduction, Repression and Establishment in the British Isles (London, 1932), 142.

[16] *The Gentleman's Magazine* 中的 'Westminster Bridge', *Survey of London, Volume 23. Lambeth: South Bank and Vauxhall* (London, 1951), 67.

[17] Pennant, *An Account of London*, 91.

[18] Giacomo Casanova, *History of My Life: Volume 9* (Baltimore, Maryland, 1997 edition), 319–323.

[19] Ian Kelly, *Casanova* (London, 2008), 266.

[20] *A New View of London* (London, 1708), 68.

[21] Pennant, *An Account of London*, 83.

[22] William John Loftie, *The Inns of Court and Chancery* (London, 1895), 123.

[23] Edward Pugh (1763–1813) 'The Houses of Parliament with the Royal Procession'.

[24] Old Bailey Proceedings Online (www.oldbaileyonline.org, accessed 4 February 2012), 爱德华・伍尔德里奇和约翰・尼科尔斯的审讯 (March 1720), t17200303-43.

[25] Old Bailey Proceedings Online (www.oldbaileyonline.org, accessed 4 February 2012), 对丹尼尔・拉基的审讯 (April 1757), t17570420-42.

[26] Antony Simpson, 'Vulnerability and the age of female consent: legal innovation and its effect on prosecutions for rape in eighteenth-century London', in G. S.Rousseau and Roy Porter (eds.), Sexual Underworlds of the Enlightenment (Manchester, 1987), 181–205.

[27] John Locke, *Two Treatises on Government*(London, 1821 edition), 206. 341

[28] *The Diary and Letters of his Excellency Thomas Hutchinson (1711–1780)* (Boston, 1884), 276.

[29] William M. Wiecek, 'Somersett: Lord Mansfield and the Legitimacy of Slavery in the Anglo-American World' , *The University of Chicago Law Review*, vol. 42, no. 1 (Autumn 1974), 102.

[30] Donna T. Andrew (ed.), *London Debating Societies 1776–1799* (London, 1994), 221.

[31] Ruth Paley, 'Imperial Politics and English Law: The Many Contexts of "Somersett"' , *Law and History Review*, vol. 24, no. 3 (Fall 2006), 663.

[32] Samuel Estwick, 'Considerations on the Negroe Cause Addressed to Lord Mansfield' ,1773.

[33] www.brycchancarey.com/ sancho/letter2.htm.

[34] 有关依格内修斯・桑乔信件详情可参见 Vincent Carretta (ed.), *Unchained Voices: An Anthology of Black Authors in the English-Speaking World of the Eighteenth Century* (Kentucky, 1996).

[35] Joseph Jekyll, *The Letters of the late Ignatius Sancho, an African, to which are prefixed memoirs of his life* (London, 1782), i.

[36] *The North Briton*, issue no. 144.

[37] James Boswell, *Life of Samuel Johnson*(London, 1833 edition), 204.

[38] Christopher Hibbert, *King Mob: The Story of Lord George Gordon and the Riots of 1780* (London, 1958), 1.

[39] *The Life and Times of Frederick Reynolds, Written by Himself, in Two Volumes: Volume 1* (London, 1827), 124.

342 [40] Hibbert, *King Mob*, 61.

[41] William Cowper, 'Table Talk' in *Poems* (London, 1782) , l. 323.

[42] Hibbert, *King Mob*, vi.

[43] *London Courant*, 26 August 1780.

[44] Cecil Faber Aspinall-Oglander and Frances E. G. Boscawen, *Admiral's Widow: Being the Life and Letters of the Hon. Mrs Edward Boscawen from 1761 to 1805* (London, 1943), letter dated 12 April 1784.

[45] John Hogg, *London As It Is: Being a series of observations on the health, habits, and amusements of the people* (London, 1837), 41.

[46] Andrew, *London Debating Societies*, 177.

[47] 'St James's Square: General', *Survey of London, Volumes 29 and 30. St James Westminster, Part 1* (London, 1960), 56.

[48] Arthur Irwin Dasent, *The History of St James's Square and the Foundation of the West End of London, with a Glimpse of Whitehall in the Reign of Charles the Second* (London, 1895), 4.

[49] 由塞缪尔·皮普斯于 1668 年 1 月 14 日记录在他的日记条目中。

[50] Don Manuel Gonzales, Portuguese mer- chant, 援引自 John Pinkerton 的 *A General Collection of the Best and Most Interesting Voyages and Travels in all Parts of the World: Volume 2* (London, 1808), 90.

[51] Tobias George Smollett, *The Expedition of Humphry Clinker* (London, 1771), 145.

[52] Old Bailey Proceedings Online (www. oldbaileyonline.org, accessed 27 January 2012), 对理查德·艾尔布里奇（也叫阿尔德）的审讯 (December 1732), tl7321206-5.

[53] Andrew, *London Debating Societies*, 11.

[54] François de La Rochefoucauld, *A Frenchman in England, 1784* (Cambridge, 1933 edition), 51.

[55] John Cordy Jeafferson, *The Real Lord Byron*(London, 1883), 63. 343

[56] Marguerite Blessington, *A Journal of Conversations with Lord Byron* (London,

1869), 345.

[57] W. G. Constable, 'The Foundation of the National Gallery' , *The Burlington Magazine for Connoisseurs*, vol. 44, no. 253 (April 1924), 158.

[58] Revd J. Richardson, *Recollections Political, Literary, Dramatic and Miscellaneous, of the Last Half Century* (London, 1856), 31.

[59] John Ashton, *Social Life in the Reign of Queen Anne: Volume I* (London, 1882), 88.

[60] Ned Ward, *The London Spy*, first published 1706 (London, 1955 edition), 179–80.

[61] Pehr Kalm, *Kalm's Account of his visit to England: on his way to America in 1748*, 译者为 Joseph Lucas (London, 1892), 62.

[62] David Piper, *The London Companion*(London, 1964), 144.

[63] *The European Magazine, and London Review* (London, 1785), 426.

[64] César de Saussure, *A Foreign View of England in 1725–1729: The Letters of Monsieur César de Saussure to his Family*, 译者和编辑为 Madame Van Muyden (London, 1902), 92.

[65] César de Saussure, *A Foreign View of England in 1725–1729: The Letters of Monsieur César de Saussure to his Family*, 译者和编辑为 Madame Van Muyden (London, 1902), 93.

[66] Thomas Wright, *The Life of Daniel Defoe* (London, 1894), 342.

[67] John Pinkerton (ed.), *Walpoliana* (London, 1800), 7.

[68] Edward Wood, *Giantology and Dwarfiana* (London, 1868), 350–351.

[69] Old Bailey Proceedings Online (www.oldbaileyonline.org, accessed 28 January 2012), 对来自后来圣詹姆斯的伦威克 [后叫 "吕恩威克" (Rhynwick)] · 威廉姆斯的审讯 (December 1790), t17901208-54.

[70] César de Saussure, *A Foreign View of England*, 104. 344

[71] *The Letters of Horace Walpole, Earl of Orford, in 6 Volumes*, for 1791 (London, 1840), 418.

[72] Pinkerton, *A General Collection*, 83.

[73] Hogg, *London As It Is*, 178.

[74] 引自 J. W. Willis Jr, 'European Consumption and Asian Production in the Seven teenth and Eighteenth Centuries', in John Brewer and Roy Porter (eds.), *Consumption and the World of Goods* (London, 1993), 140.

[75] James Walvin, *Fruits of Empire: Exotic Produce and British Taste, 1660–1800* (London, 1997), 10.

[76] Boswell, *Life of Samuel Johnson*, 363.

[77] Jonas Hanway, *Essay on Tea* (London, 1757).

[78] Walvin, *Fruits of Empire*, 26.

[79] John Lettsom, *Natural History of the Tea Trade* (London, 1772), 62.

[80] Lord Wharton (ed.), *The Letters and Works of Lady Mary Wortley Montagu: Volume 1* (London, 1837), 77.

[81] J. G. Humble, 'Westminster Hospital: The First 250 Years', *British Medical Journal*, vol. 1, no. 5480 (January 1966), 156.

[82] J. G. Humble, 'Westminster Hospital: The First 250 Years', *British Medical Journal*, vol. 1, no. 5480 (January 1966), 158.

[83] G. R. Cameron, 'Edward Jenner, FRS 1749–1823', *Notes and Records of the Royal Society of London*, vol. 7, no. 1 (December 1949), 43–53.

[84] Nicholas Temperley, 'The Lock Hospital Chapel and its Music', *Journal of the Royal Musical Association*, vol. 118, no. 1 (1993), 44.

[85] Andrew, *London Debating Societies*, 115–116.

[86] *St James's Chronicle*, 11 September 1789.

[87] John Hunter, 'Proposals for the Recovery of People Apparently Drowned', *Philosophical Transactions of the Royal Society of London*, vol. 66, no. 1776, 412–425.

[88] Samuel Bentley, *Literary Anecdotes of the Eighteenth Century* (London, 1814), 182–183.

[89] Andrew, *London Debating Societies*, 1.

345 [90] E. Perman, 'Successful Cardiac Resuscitation with Electricity in the 18th Century?', *The British Medical Journal*, vol. 2, no. 6154 (December 1978), 1770–1771.

第四章 布鲁姆斯伯里、科芬园和斯特兰德

[1] Rowland Dobie, *The History of the United Parishes of St Giles in the Fields and St George's Bloomsbury* (London, 1829), 137.

[2] Rowland Dobie, *The History of the United Parishes of St Giles in the Fields and St George's Bloomsbury* (London, 1829), 67.

[3] Richard Tames, *Bloomsbury Past* (London, 1993), 51.

[4] Edward Walford, 'Bloomsbury', *Old and New London: Volume 4* (London, 1878), 480–489.

[5] 'Preface', *Survey Of London, Volume 36. Covent Garden* (London, 1970), vii–viii.

[6] Ruth K. McClure, *Coram's Children: The London Foundling Hospital in the Eighteenth Century* (London, 1981), 19.

[7] Ruth K. McClure, *Coram's Children: The London Foundling Hospital in the Eighteenth Century* (London, 1981), 50.

[8] *Vertue Note Books, Volume Ⅲ*, *Number 22* (London, 1933), 135.

[9] 小册子名为 'Joyful News to Batchelors and Maids: Being a Song in Praise of the Foundling Hospital and the London Hospital Aldersgate Street', circa 1760, 引自 McClure, *Coram's Children*, 109.

[10] McClure, *Coram's Children*, 114.

[11] McClure, *Coram's Children*,104.

[12] 证据取自 the Parliamentary Committee on Climbing Boys, 介绍了托马斯·皮茨于 1813 年 3 月 29 日的死亡。

[13] Percival Pott, 援引者为 H. A. Waldron, 'A Brief History of Scrotal Cancer', *British Journal of Industrial Medicine*, vol. 40, no. 4 (November 1983), 390.

[14] 详情可见于 Old Bailey Proceedings Online (www.oldbaileyonline.org, accessed 31 January 2012), trial of James Brownrigg, Elizabeth his wife, John their son (September 1767), t17670909-1. 346

[15] McClure, *Coram's Children*, 237.

[16] Edward Walford, 'St. Giles-in-the-Fields', *Old and New London: Volume 3* (London, 1878), 197–218.

[17] Peter Clark, 'The "Mother Gin" Controversy in the Early Eighteenth Century', *Transactions of the Royal Historical Society*, fifth series, vol. 38 (1988), 64.

[18] *The Trial of the Spirits; Or, Some Considerations upon the Pernicious Consequences of the Gin Trade to Great Britain* (London, 1736), 4.

[19] Jonathan White, 'The "Slow but Sure Poyson": The Representation of Gin and its Drinkers, 1736–1751', *Journal of British Studies*, vol. 42, no. 1 (January 2003), 38.

[20] Clark, 'The "Mother Gin" Controversy', 70.

[21] James Dawson Burn, *Autobiography of a Beggar Boy*(London, 1856), 21.

[22] *Survey of London, 36*, vii–viii.

[23] 引自 T. H. Vail Motter, 'Garrick and the Private Theatres: With a List of Amateur Performances in the Eighteenth Century' , *English Literary History*, vol. 11, no. 1 (March 1944), 63–75.

[24] John Williams, *The Pinbasket to the Children of Thespis* (London, 1797), 41.

[25] Arthur Murphy, *The Life of David Garrick* (London, 1801), 360.

[26] 文字来自 *The Examiner*, 16 June 1816.

[27] Linda Buchanan, 'Sarah Siddons and Her Place in Rhetorical History' , *Rhetorica: A Journal of the History of Rhetoric*, vol. 25, no. 4 (Autumn 2007), 431.

347 [28] Donn T. Andrew (ed.),*London Debating Societies 1776–1799* (London, 1994), 22.

[29] J. M. Beattie, 'Sir John Fielding and Public Justice: The Bow Street Magistrates' Court, 1754–1780' , *Law and History Review*, vol. 25, no. 1 (Spring 2007), 63.

[30] J. M. Beattie, 'Sir John Fielding and Public Justice: The Bow Street Magistrates' Court, 1754–1780' , Law and History Review, vol. 25, no. 1 (Spring 2007),74.

[31] J. M. Beattie, 'Sir John Fielding and Public Justice: The Bow Street Magistrates' Court, 1754–1780' , Law and History Review, vol. 25, no. 1 (Spring 2007), 75.

[32] Johann Wilhelm von Archenholz, *A picture of England: Containing a description of the laws, customs, and manners of England* (London, 1789), 193.

[33] Tony Henderson, *Disorderly Women in Eighteenth-Century London: Prostitution*

and Control in the Metropolis, 1730–1830 (London, 1999), 36–44.

[34] von Archenholz, *A picture of England*, 193.

[35] Elizabeth Campbell Denlinger, 'The Garment and the Man: Masculine Desire in "Harris's List of Covent-Garden Ladies", 1764–1793', *Journal of the History of Sexuality*, vol. 11, no. 3 (July 2002), 357–394.

[36] James Boswell, *London Journal 1762–1763* (London, 1950 edition), 332.

[37] James Boswell, *London Journal 1762–1763* (London, 1950 edition), 231.

[38] James Boswell, *London Journal 1762–1763* (London, 1950 edition), 240.

[39] Hallie Rubenhold, *Harris's List of Covent Garden Ladies* (London, 2005), 15.

[40] Hallie Rubenhold, *The Covent Garden Ladies: Pimp General Jack & The Extraordinary Story of Harris's List* (London, 2005), 144.

[41] *The Gentleman's Magazine*, October 1760.

[42] Old Bailey Proceedings Online (www. oldbaileyonline.org, accessed 4 February 2012), 对维利・萨顿的审讯 (February 1761), t17610225-18.

[43] Annette Hope, *Londoner's Larder: English Cuisine from Chaucer to the Present* (London, 2005), 120.

[44] Annette Hope, *Londoner's Larder: English Cuisine from Chaucer to the Present* (London, 2005),189. 348

[45] Ned Ward, *The London Spy*, first published 1706 (London, 1955 edition), 32.

[46] François de La Rochefoucauld, *A Frenchman in England, 1784* (Cambridge, 1933 edition), 20.

[47] 日记节选自 *The Antiquaries Journal* (1958), 334.

[48] John Taylor, *The life, death and dissection of the largest elephant ever known in this country and was destroy'd a few days since at Exeter 'Change* (London, 1826), 5.

[49] Francis T. Buckland, *Curiosities of Natural History, Volume 1* (London, 1857), 119.

[50] Francis T. Buckland, *Curiosities of Natural History, Volume 1* (London, 1857),120.

[51] Mary Thale (ed.), *The Autobiography of Francis Place, 1771–1854* (Cambridge, 1972), 51.

[52] Mary Thale (ed.), *The Autobiography of Francis Place, 1771–1854* (Cambridge, 1972), 52.

[53] Julie Peakman, *Mighty Lewd Books: The Development of Pornography in Eighteenth-Century England* (Basingstoke, 2003), 23.

第五章　苏活区和查令十字街

[1] 1641 年，该缩略语首次记录如下 :ho, according to ‘General Introduction’, *Survey of London, Volumes 33 & 34. St Anne's, Soho* (London, 1966), 1.

[2] Charles Dickens, *Nicholas Nickleby*, 首次出版年份：1839 年 (Ware, 1995 edition), 14.

[3] Charles Dickens, *A Tale of Two Cities*, 首次出版年份：1859 年 (Cambridge, 2008 edition), 80.

[4] ‘Soho Square Area: Portland Estate – Nos. 8 and 9 Soho Square: The French Protestant Church’, *Survey of London, 33 & 34*, 62.

[5] E. Beresford Chancellor, *The Romance of Soho: Being an Account of the District, its Past Distinguished Inhabitants, its Historic Houses, and its Place in the Social Annals of London* (London, 1931), 62.

[6] Thomas Martin, ‘Origins of the Royal Institution’, *The British Journal for the History.*

[7] ‘Soho Square Area: Portland Estate – Carlisle House: Soho Square’, *Survey of London, 33 & 34*, 73–79.

[8] Chancellor, *The Romance of Soho*, 70.

[9] 信件作者：*Horace Walpole, Earl of Orford, in 6 Volumes*, for 1771 (London, 1840), 13.

[10] Rictor Norton, ‘William Beckford: The Fool of Fonthill’, *Gay History and Literature*, 16 November 1999 (www.ric- tornorton.co.uk/beckfor1.htm).

[11] William Hazlitt, *Sketches of the Principal Picture Galleries of England* (London, 1824), 284.

[12] 援引自德昆西自传中的生活情节 *Confessions of an English Opium Eater* (London, 1822).

[13] *Public Advertiser*, 12 April 1781.

[14] William Maitland, *The History of London from the Romans to the Present Time* (1739), 援引自 Henry Benjamin Wheatley and Peter Cunningham, *London Past and Present: Its History, Associations and Traditions*, 首次出版年份：1891 年 (Cambridge, 2011 edition), 50.

[15] 有关其生活详情可咨询 P. A. S. Phillips,*Paul de Lamerie* (London, 1935).

[16] Old Bailey Proceedings Online (www. oldbaileyonline.org, accessed 5 February 2012), 对罗伯特·琼斯的审讯 (July 1772), t17720715-22.

[17] César de Saussure, *A Foreign View of England in 1725–1729: The Letters of Monsieur César de Saussure to his Family*, 译者和编辑：Madame Van Muyden (London, 1902), 64.

[18] Ronald Paulson, *Hogarth: His Life and Times, Volume I* (London, 1971), 340.

[19] *British Medical Journal*, vol. 1, no. 1799 (June 1895), 1388.

[20] Marti Postle, ‘Flayed for Art: The Écorché Figure in the English Art Academy’,

British Art Journal, vol. V, no. 1 (2004), 57.

350 [21] Joshua Reynolds, *Seven Discourses on Art* (London, 1769), Discourse 1.

[22] Martin Kemp and Marina Wallace, *Spectacular Bodies: The Art and Science of the Human Body from Leonardo to Now* (Berkeley, California, 2001), 87.

[23] 引自 Postle, 'Flayed for Art', 60.

[24] Alexander Penrose, *Benjamin Robert Haydon 1786–1846* (London, 1927), 93.

[25] 威尔逊的故事出自 Clarke Olney, *Benjamin Robert Haydon, Historical Painter* (Athens, Georgia, 1952).

[26] James Boswell, *Life of Samuel Johnson*, recorded for 1775 (London, 1833 edition), 266.

[27] 'Trafalgar Square and neighbourhood', *Survey of London, Volume 20. St Martin-in-the-Fields, Part* Ⅲ (London, 1940), 7–14.

[28] 由他自己所创作的 *Memoirs of the Life and Writing of Benjamin Franklin,* (Philadelphia, Pennsylvania, 1818), 45.

[29] Mary Thale (ed.), *Autobiography of Francis Place, 1771–1854* (Cambridge, 1972), 227.

[30] Mary Thale (ed.), Autobiography of Francis Place, 1771–1854 (Cambridge, 1972), 229.

[31] John Forster, *The Life of Charles Dickens: Volume I* (New York, 1966), 21–22.

[32] *Johnsoniana; Or, Supplement to Boswell* (London, 1842), 53.

[33] Thale, *Autobiography of Francis Place,* 229.

[34] *Reports from Committees* (London, 1828), 74.

第六章　梅菲尔

351 [1] Ben Weinreb, Christopher Hibbert, Julia Keay and John Keay, *The London*

Encyclopedia, third edition (London, 2008).

[2] Daniel Defoe, 出自 *Applebee's Weekly Journal*, 17 July 1725.

[3] 威廉霍加斯的雕刻作品之名，用以讽刺伯林顿勋爵以及他的朋友。

[4] *The Works of Horatio Walpole, Earl of Orford, Volume Ⅲ* (London, 1798), 487.

[5] Alexander Pope, 'Summary', *Epistle IV: An Epistle to the Right Honourable Richard Earl of Burlington* (London, 1731), v. 65.

[6] 'The Acquisition of the Estate', *Survey of London, Volume 39. The Grosvenor Estate in Mayfair, Part I* (London, 1977), 1.

[7] 悲剧详情出自 Charles Gatty, *Mary Davies and the Manor of Ebury* (London, 1921), 54–81.

[8] James Ralph, *A Critical Review of the Publick Buildings, Statues and Ornaments of London and Westminster* (London, 1763), 108.

[9] Emily Anderson (ed.), *The Letters of Mozart and his Family* (London, 1966), 50–51.

[10] 'The Social Character of the Estate: A Survey of Householders in *c.*1790', *Survey of London, 39*, 83–86.

[11] 'The Social Character of the Estate: A Survey of Householders in c.1790', Survey of London, 39,86–89.

[12] J. V. Beckett, *The Aristocracy in England, 1660–1924* (London, 1986).

[13] 'Grosvenor, Richard, first Earl Grosvenor (1731–1802)', *Oxford Dictionary of National Biography* (Oxford, 2004).

[14] 'Stanhope, Philip Dormer, fourth Earl of Chesterfield (1694–1773)', *ODNB.*

[15] Philip Dormer Stanhope, *Letters*: *Volume 1* (London, 1847) Letter LXX, London, May the 15th, O. S. 1749.

[16] Philip Dormer Stanhope, *Letters: Volume 1* (London, 1847) Letter CXL,

London, May the 2nd, O. S. 1751.

[17] Philip Dormer Stanhope, *Letters: Volume 4*(London, 1847), Letter CCCLXXXVII, London, April 22, 1765.

352 [18] Charles Knight, 'Strawberry Hill: Walpole's London' , *London: Volume 3* (London, 1851), 159.

[19] 'Clive, Robert, first Baron Clive of Plassey (1725–1774)' , *ODNB*.

[20] Edward Walford, 'Berkeley Square and its neighbourhood' , *Old and New London: Volume 4* (London, 1878), 326–338.

[21] Percival Spear, *Master of Bengal: Clive of India* (London, 1974), 189.

[22] 铭刻于莫顿萨伊村（Moreton Say）圣玛格丽特教堂罗伯特·克莱武的纪念碑上。

[23] *The Somerset House Gazette* (London, 1824), vol. i, 38.

[24] Helena Hayward and Pat Kirkham, *William and John Linnell, Eighteenth-Century London Furniture Makers* (London, 1980), 52.

[25] 'Montagu, Elizabeth (Robinson) (1720–1800)' , *ODNB*.

[26] Berkeley Square and its neighbourhood' , *Old and New London: 4*, 326–38.

[27] William Makepeace Thackeray, *The Virginians* (London, 1859), 296.

[28] César de Saussure, *A Foreign View of England in 1725–1729: The Letters of Monsieur César de Saussure to his Family*, 译者和编辑为 Madame Van Muyden (London, 1902), 194.

[29] 有关约翰·帕里生活详情请参见 Old Bailey Proceedings Online (www.oldbaileyonline.org, accessed 5 February 2012), 纽盖特监狱所记录的平常事 (June 1754), OA17540605.

[30] Thackeray, *The Virginians*, 296.

[31] Robert Chambers, *Book of Days* (London, 1869),1 月 12 日条目。

[32] Claire Williams, *Sophie in London, 1786* (London, 1933), 87.

[33] ‘Piccadilly: Northern tributaries’, *Old and New London: 4*, 291–314.

[34] Nikolai Tolstoy, *The Half-mad Lord: Thomas Pitt, 2nd Baron Camelford (1775–1804)* (London, 1978), 90. 353

[35] ‘Pitt, Thomas, second Baron Camelford (1775–1804)’, *ODNB*.

[36] Donna T. Andrew (ed.), *London Debating Societies 1776–1799* (London, 1994), 218.

[37] Ian Kelly, *Beau Brummell, The Ultimate Dandy* (London, 2005), 98.

[38] William Jesse, *The Life of George Brummell, Esq., Commonly Called Beau Brummell: Volume I* (London, 1844), 117.

[39] Thomas Raikes, quoted in ‘Berkeley Square and its neighbourhood’, *Old and New London: 4*, 326–338.

[40] William Wordsworth, *The Prelude*(London, 1850), Book 7, l. 714.

[41] Mrs Matthews, *Memoirs of Charles Matthews, Comedian: Volume 4* (London 1839), 133.

[42] Giovanni Belzoni, *Narrative of the Operations and Recent Discoveries within the Pyramids, Temples, Tombs and Excavations in Egypt and Nubia* (London, 1822), 39.

第七章 马里波恩

[1] Johann Wilhelm von Archenholz, 援引自 Gordon Mackenzie in *Marylebone: Great City North of Oxford Street* (London, 1972), 94.

[2] Bernard Mandeville, ‘Of Execution Day, the Journey to Tyburn, 以及 a Word in Behalf of Anatomical Dissections’, *An Enquiry into the Causes of the Frequent Executions at Tyburn* (London, 1725), Chapter 3.

[3] 有关普莱斯之生死，详情请见 Old Bailey Proceedings Online (www.oldbaileyonline.org, accessed 6 February 2012), trial of John Price, the quondam Hangman (April 1718), tl7180423-24.

[4] 有关保罗·刘易斯被施以绞刑的详情请见 Old Bailey Proceedings Online, 纽盖特监狱记录的平常事 (May 1763), OA17630504, 和 James Boswell, *London Journal 1762–1763* (London, 1952 edition), 245.

354 [5] C. E. Wright, ‘Portrait of a Bibliophile VIII, Edward Harley, 2nd Earl of Oxford, 1689–1741’, *The Book Collector*, vol. 2 (1962), 170.

[6] A. S. Turberville, *A History of Welbeck Abbey and its Owners* (London, 1938), 384.

[7] Mackenzie, *Marylebone*, 180.

[8] Robert DeMaria, *The Life of Samuel Johnson: A Critical Biography* (Oxford, 1993), 114.

[9] 托马斯·赫恩的日记节选 (London, 1869), 条目编写日期为 1734 年 7 月 19 日。

[10] William Curtis, *A Catalogue of the British Medicinal, Culinary,* 以及 *Agricultural Plants Cultivated in the London Botanic Garden* (London, 1783), ii.

[11] Milo Keynes, ‘The Portland Vase: Sir William Hamilton, Josiah Wedgwood and the Darwins’, *Notes and Records of the Royal Society of London*, vol. 52, no. 2 (July 1998), 237.

[12] 信件记录时间为 1784 年 2 月 5 日，同上，239.

[13] “一个朴实无华”: *The Letters of Horace Walpole, Earl of Orford, in 6 Volumes*, for 1785 (London, 1840), 6.

[14] Susan Jenkins, *Portrait of a Patron: The Patronage and Collecting of James Brydges, 1st Duke of Chandos (1674–1744)* (Aldershot, 2007), 128.

[15] John Thomas Smith,*Nollekens and his Times: Volume I* (London, 1829), 107–108.

[16] 有关比利生活的详情出自 Henry Mayhew, *London Labour and the London Poor: Volume II* (London, 1851), 467–469.

[17] 亨利 · 惠斯勒引自 Trevor Burnard, 'European Migration to Jamaica, 1655–1780' , *The William and Mary Quarterly*, ser. 3, vol. 53, no. 4 (October 1996), 786.

[18] 同上 , 779.

[19] Lesley Lewis, 'Elizabeth, Countess of Home, and Her House in Portman Square' , *The Burlington Magazine*, vol. 109, no. 773 (August 1967), 450.

[20] 威廉 · 贝克福德引自 Leo Hollis, *The Stones of London: A History in Twelve* 355
Buildings (London, 2010), 163.

[21] Donna T. Andrew (ed.), *London Debating Societies 1776–1799* (London, 1994), 154.

[22] 同上 , 291.

[23] 援引自 David Brandon and Alan Brooke, *Marylebone and Tyburn Past* (London, 2007), 33.

[24] 援引自 Hollis, *The Stones of London*, 179.

[25] *Leeds Mercury*, 22 October 1803.

[26] Yet many hundreds: Jan Bondeson, *The Pig-Faced Lady of Manchester Square & Other Medical Marvels* (Stroud, 2006), 163.

[27] Andrew, *London Debating Societies*, 178.

[28] Anne Laurence (ed.), *Women and Their Money, 1700–1950: Essays on Women and Finance* (Oxford, 2008), 14.

[29] 有关他生活的详情可查阅 *The Lives and Portraits of Curious and Odd*

Characters (London, 1852), 52–63.

[30] 援引自 Hollis, *The Stones of London*, 27.

[31] Roy Porter and Aileen Ribeiro, *Richard and Maria Cosway: Regency Artists of Taste and Fashion* (Edinburgh, 1995), 20.

[32] Smith, *Nollekens and his Times*, 325.

[33] Porter and Ribeiro, *Richard and Maria Cosway*, 30.

[34] Allan Cunningham, *The lives of the most eminent British painters, sculptors and architects* (London, 1833), 4.

[35] *A Brief Account of the Roads of Italy* (London, 1775), 23.

[36] 'Recollections of Richard Cosway' in *Library of the Fine Arts or Repertory of Painting, Sculpture, Architecture and Engraving, Volume 4* (London, 1832), 186.

356 [37] William Hazlitt, *The Plain Speaker: Opinion on Books, Men and Things* (London, 1870), 131.

[38] 参见 Vincent Carretta (ed.), *Unchained Voices: An Anthology of Black Authors in the English-Speaking World of the Eight- eenth Century* (Kentucky, 1996).

[39] Smith, *Nollekens and his Times*, 325.

[40] 方丹医生是亨德尔的好友，接下来，有关马里波恩花园的奇闻逸事和详情描述，都源自莫利·桑斯的记录。*The Eighteenth- Century Pleasure Gardens of Marylebone, 1737–1777* (London, 1987).

[41] Robert Bell, *Description of theConditions and Manners of the Peasantry of Ireland* (London, 1804), 27.

[42] Charles Knight, *Passages from a Working Life* (London, 1873), 119.

[43] "声名狼藉"：同上。

第八章 泰晤士河

[1] *Daily Courant*, 19 July 1717.

[2] Thomas Pennant, *An Account of London* (London, 1790), 281.

[3] 同上, 56.

[4] Patrick Colquhoun, *A Treatise on the Commerce and Police of the River Thames* (London, 1797).

[5] Roy Porter, *London: A Social History* (London, 1994), 196.

[6] Henry Mayhew, *London Labour and the London Poor*（这是一部描绘那些即将从事水手工作、不能从事水手工作，以及不会从事水手工作者的工作状况和收入情况的百科全书）*Volume Ⅲ* (London, 1851), 328.

[7] Don Manuel Gonzales, Portuguese mer- chant, 引用者为 John Pinkerton in *A General Collection of the Best and Most Interesting Voyages and Travels in all Parts of the World: Volume 2* (London, 1808), 85.

[8] 援引自 M. Dorothy George, *London Life in the XVIIIth Century* (London, 1930), 66.

[9] Ned Ward, *The London Spy*, 首次出版年份：1706 年 (London, 1955 edition), 357
177.

[10] 同上, 33.

[11] A. G. Linney, *Peepshow of the Port of London* (London, 1929), 93.

[12] *Philosophical Transactions of the Royal Society 1683–1775*, vol. 26 (1708–1709), 454–478.

[13] Gordon Home, *Old London Bridge* (London, 1931), 254.

[14] 同上, 317.

[15] James Howell, *Londonopolis* (London, 1657).

[16] Home, *Old London Bridge*, 277.

[17] 同上，264.

[18] G. B. Besant, *London Bridge* (London, 1927), 10.

[19] 参见 Walter Thornbury, 'The Thames Tunnel, Ratcliff Highway and Wapping', *Old and New London: Volume 2* (London, 1878), 128–137.

[20] Pennant, *An Account of London*, 282.

[21] Linney, *Peepshow*, 80.

[22] James Boswell, *Journal of a Tour of the Hebrides* (London, 1807 edition), 126.

[23] Richard Thornton, *History of London* (London, 1785), 142.

[24] Admiral John Mennes to Pepys, 19 April 1666, quoted in Suzanne J. Stark, *Female Tars: Women Aboard Ship in the Age of Sail* (London, 1998), 5.

[25] 援引自 Stark, *Female Tars*, 20.

[26] 同上，43.

[27] 援引自 Gregory Fremont-Barnes, *Nelson's Sailors* (Oxford, 2005), 48.

[28] Pennant, *An Account of London*, 427.

[29] John Timbs, *Romance of London: Strange Stories, Scenes and Remarkable Persons of the Great Town, Volume 2* (London, 1865), 81.

[30] Pennant, *An Account of London*, 281.

358 [31] *Morning Chronicle*, 23 January 1832.

第九章 南沃克和兰贝斯

[1] Edward Walford, 'Lambeth: Waterloo Road', *Old and New London: Volume 6* (London, 1878), 407.

[2] Thomas Pennant, *An Account of London* (London, 1790), 55.

[3] 援引自同上，56.

[4] 有关此内容的报道出自 *The Loyal Protestant and True Domestick Intelligence*, 7 April 1682.

[5] 有关该内容的报道可参见 *The Gentleman's Magazine*, vol. 86, part I (1816), 207.

[6] Walter Thornbury, 'Hockley-in-the-Hole' , *Old and New London: Volume 2* (London, 1878), 308.

[7] William Hogarth, 'Remarks on Various Prints' , *Anecdotes of William Hogarth, Written by Himself* (London, 1833), 64.

[8] 有关此内容的报道可参见 *The Gentleman's Magazine*, 86 (I), 207.

[9] Thomas Dobson, 'London' , *Encyclopedia: Volume X* (Philadelphia, 1798), 263.

[10] James Stevens Curl, 'Spas and Pleasure Gardens of London, from the Seventeenth to the Nineteenth Centuries' , *Garden History*, vol. 7, no. 2 (Summer 1979), 60.

[11] 'Waterloo Road' , *Survey of London, Volume 23. Lambeth: South Bank and Vauxhall* (London, 1951), 25–31.

[12] Pennant, *An Account of London*, 32–33.

[13] 'Vauxhall Gardens and Kennington Lane' , *Survey of London, 23*, 146–147.

[14] 1775 年 9 月，该广告词出自 *St James's Chronicle*.

[15] 条目来自于 *Edinburgh Encyclopedia* of 1830.

[16] Charles Dickens, *Little Dorrit*, 首次出版时间：1857 年 (Ware, 1996 edition) 59.

[17] 'Southwark: Old St Thomas's and Guy's Hospitals' , *Old and New London: 2*, 89–100. 359

[18] John Hogg, *London As It Is:* 上面记录了有关人们的健康、习惯和娱乐的

一系列观察 (London, 1837), 348.

[19] Pennant, *An Account of London*, 52.

[20] 参见 'Southwark: Old St Thomas's 以及 Guy's Hospitals', *Old and New London: 2*, 89–100.

[21] Pennant, *An Account of London*, 52.

[22] 窃尸人约瑟夫·那不勒斯在其日记上的自述。

[23] James Blake Bailey, *The Diary of a Resurrectionist 1811–1812, To Which are Added an Account of the Resurrection Men in London and a Short History of the Passing of the Anatomy Act* (London, 1896), 14.

[24] 参见 Julia Bess Frank, 'Body Snatching: A Grave Medical Problem', *Yale Journal of Biology and Medicine*, vol. 49, no. 4 (September 1976), 399–410.

[25] Ruth Richardson, *Death, Dissection and the Destitute* (London, 1987), 39.

[26] Julia Bess Frank, 'Body Snatching', 400.

[27] 同上。

[28] James Blake Bailey, *The Diary of a Resurrectionist*, 71.

[29] George Smeeton, *Doings in London* (London, 1800), 107.

[30] Pennant, *An Account of London*, 33.

[31]] 参见 A. W. Skempton, 'Samuel Wyatt and the Albion Mill', *Architectural History*, vol. 14 (1971), 53–73.

第十章 斯皮塔佛德、怀特查佩尔和斯特普尼

360 [1] Daniel Defoe, *A Tour Through the Whole Island of Great Britain: Volume II*, first published 1724–1726 (London, 1971 edition), 298.

[2] 参见 'Industries: Brewing' in *A History of the County of Middlesex: Volume 2* (London, 1911), 169.

[3] 有关她家庭从法国逃往英格兰的经历记录者为 Carolyn Lougee Chappell, '"The Pains I Took to Save My/His Family" : Escape Accounts by a Huguenot Mother and Daughter after the Revocation of the Edict of Nantes' , *French Historical Studies*, vol. 22, no. 1 (Winter 1999), 1–64.

[4] Robin Gwynn (ed.), *Minutes of the Consistory of the French Church of London, Threadneedle Street, 1679–1692* (London, 1994), 146.

[5] 同上 , 134.

[6] Robert Campbell, *The London Tradesman* (London, 1747), 258.

[7] Gwynn, *Minutes of the Consistory*, 332.

[8] 参见 Daniel Defoe, *The Complete English Tradesman* (London, 1726), Chapter XXI.

[9] J. H. Clapham, 'The Spitalfields Acts, 1773– 1824' , *The Economic Journal*, vol. 26, no. 104 (December 1916), 460.

[10] 同上 , 463.

[11] 'Spitalfields Market Area' , *Survey of London, Volume 27. Spitalfields and Mile End New Town* (London, 1957), 135.

[12] 援引自 Clapham, 'The Spitalfields Acts' , 465.

[13] 相关报道可参考 *The Literary Gazette* (London, 1835), 322.

[14] Walter Thornbury, 'Whitechapel' , *Old and New London: Volume 2* (London, 1878), 142.

[15] 'Mile End New Town' , *Survey of London, 27*, 270.

[16] Old Bailey Proceedings Online (www. oldbaileyonline.org, accessed 7 February 2012), trial of James Withy (February 1718), tl7180227-11.

第十一章　哈克尼和贝夫诺格林

361 [1] ‘Stoke Newington: Growth’, *A His- tory of the County of Middlesex, Volume 8: Islington and Stoke Newington parishes* (London, 1985), 143–151.

[2] Stephen Burley, *Hackney New College 1786– 1796* (London, 2011), 62.

[3] ‘Bethnal Green: Communications’, *A History of the County of Middlesex, Volume 11: Stepney, Bethnal Green* (London, 1998), 88–90.

[4] ‘Bethnal Green: Settlement and Building to 1836’: 同上, 91–95.

[5] ‘Bethnal Green: The East: Old Ford Lane, Green Street, and Globe Town’, 同上, 117–119.

[6] 有关他的犯罪详情记录于 Old Bailey Proceedings Online (www.oldbaileyonline.org, accessed 7 February 2012), trial of Francis Trumble (July 1739), tl7390718-10.

[7] Ruth Paley (ed.), *Justice in Eighteenth-Century Hackney: The Justicing Notebook of Henry Norris and the Hackney Petty Sessions Book* (London, 1991), 2.

[8] ‘Merceron, Joseph (*c*.1764–1839)’, *Oxford Dictionary of National Biography* (Oxford, 2004).

[9] 援引自特别委员会报告，详见 Elaine Murphy, ‘A Mad House Transformed: The Lives and Work of Charles James Beverly FRS (1788–1868) 以及 John Warbur- ton MD FRS (1795–1847)’, *Notes and Records of the Royal Society of London*, vol. 58, no. 3 (September 2004), 267–281.

[10] 有关卡罗生活的详情，请查阅 Sarah Wise, *The Italian Boy: Murder and Grave-Robbery in 1830s London* (London, 2004).

[11] James Blake Bailey, *The Diary of a Resurrectionist 1811–1812, To Which are Added an Account of the Resurrection Men in London and a Short History of the Passing of the Anatomy Act* (London, 1896), 107.

[12] 同上 , 109.

第十二章 伊斯灵顿、汉普斯特德、和海格特

[1] 由斯蒂芬・雷明顿（Stephen Remington）援引自 'Three Centuries of Sadler's Wells' , *Journal of the Royal Society of the Arts* (July 1982), vol. 130, 473.

[2] Michael Hays and Anastasia Nikolopoulou (eds.), *Melodrama: The Cultural Emergence of a Genre* (London, 1998), 171. 362

[3] *The Letters of Horace Walpole, Earl of Orford, in 6 Volumes*, for 1791 (London, 1840), 324.

[4] Pehr Kalm, *Kalm's Account of his Visit to England: On his Way to America in 1748*, 译者为 Joseph Lucas (London, 1892), 73.

[5] Edward Walford, 'Camden Town and Kentish Town' , *Old and New London: Volume 5* (London, 1878), 309–324.

[6] Geraldine Edith Mitton, *Hampstead and Marylebone: The Fascination of London* (London, 1902), 15.

[7] Daniel Defoe, *A Tour Through the Whole Island of Great Britain: Volume II*, 首次出版时间：1724—1726 年 (London, 1971 edition), 168.

[8] Mitton, *Hampstead and Marylebone*, 10.

[9] William Howitt, *The Northern Heights of London* (London, 1862), 127.

[10] Samuel Lewis, 'Hampstead – Hampton-Wick' , *A Topographical Dictionary of England* (London, 1848), 394.

[11] 请参见 'Hampstead: Settlement and Growth' , *A History of the County of Middlesex, Volume 9: Hampstead, Paddington* (London, 1989), 8–15.

[12] 同上 , 3–8.

[13] Edward Walford, *Chapters from the Family Chests* (London, 1887), 'Harriet Mellon' 中条目 .

[14] 'Highgate – Part 2 of 2' , *Old and New London: 5*, 405. 也可参见 www.highgate-cemetery.org/index.php/faqs.

[15] Maurice Buxton Forman, *The Letters of John Keats* (Oxford, 1947), 41.

[16] 选自约翰・济慈诗歌 'To Autumn' (London, 1819), l. 17.

[17] Forman, *The Letters of John Keats*, 360.

[18] 内容源自拜伦于 1820 年 11 月 18 日写给其出版商约翰・默里的信。

363 [19] William Michael Rosetti, *Life of John Keats* (London, 1887), 42.

[20] Sidney Colvin, *Keats* (London, 1887), 205.

[21] Joseph Severn, 援引自 W. Jackson Bate, *John Keats* (Cambridge, Massachusetts, 1963), 695.

[22] Sue Brown, *Joseph Severn, A Life: The Rewards of Friendship* (Oxford, 2009), 111.

[23] Forman, *The Letters of John Keats*, lxiii.

[24] 援引自 Earl Leslie Griggs and Seymour Teulon Porter, 'Samuel Taylor Coleridge and Opium' , *Huntington Library Quarterly*, vol. 17, no. 4 (August 1954), 361.

[25] R. B. Litchfield, *Tom Wedgwood, the first photographer: An account of his life, his discovery and his friendship with Samuel Taylor Coleridge, including the letters of Coleridge to the Wedgwoods and an examination of accounts of earlier photographic discoveries* (London, 1903), 45.

[26] 同上 , 54.

[27] Earl Leslie Griggs (ed.), *Collected Letters of Samuel Taylor Coleridge, Volume I, 1785–1800* (Oxford, 1966), xxxiv.

[28] 援引自 Richard Holmes, *Coleridge: Darker Reflections, 1804–1834* (London, 1999), 421.

[29] Colvin, *Keats*, 347.

[30] 波特（Porter）援引自 Griggs, 'Samuel Taylor Coleridge and Opium', *HLQ* 17 (4), 362.

[31] Thomas Carlyle, *The Life of John Sterling* (Boston, 1851), Chapter VIII: 塞缪尔·泰勒·科尔里奇回忆节选。

后 记

[1] Roy Porter, *London: A Social History* (London, 1994), 224.

参考文献

书 目

1 《有关伦敦塔及其奇珍异宝的历史描述》(*An Historical Description of the Tower of London and its Curiosities*)(伦敦，1753 年)；安德鲁·唐娜·T.(Andrew, Donna T.)(编)《1776—1799 年伦敦辩论协会》(*London Debating Societies 1776-1799*)(伦敦，1994 年)；乔纳森·安德鲁斯(Andrews, Jonathan)，安德鲁·斯库尔(Scull, Andrew)《心灵管理者：约翰·门罗和 18 世纪英格兰的精神病医治》(*Undertaker of the Mind: John Monro and Mad-Doctoring in Eighteenth-Century England*)[加利福尼亚伯克利(Berkeley, California)，2001 年]

2 约翰·威廉·冯·阿兴霍尔茨(Archenholz Johann Wilhelm von)，《一张英格兰照片：对英格兰法律、习俗和礼仪的描述》(*A Picture of England:Containing a description of the laws, customs, and manners of England*)(伦敦，1789 年)

3 詹姆斯·布雷克(James Blake)，《1811—1812 年复苏者日记，其中增加了伦敦复苏人员的记述以及“解剖法”简短历史》(*The Diary of a Resurrectionist 1811-1812, To Which Are Added an Account of the Resurrection Men in London and a Short History of the Passing of the Anatomy Act*)(伦敦，1896 年)

4 丹尼尔·贝克(Daniel，Baker)，“更多警告”(伦敦，1660 年)

5 罗伯特·贝尔（Robert Bell），《有关爱尔兰农民生活条件和行为举止的描述》（*Description of the Conditions and Manners of the Peasantry of Ireland*）（伦敦，1804 年）

6 乔瓦尼·贝尔佐尼（Belzoni，Giovanni），《有关埃及和努比亚金字塔、庙宇、陵墓和发掘品运营状态和最新发现的记述》（*Narrative of the Operations and Recent Discoveries within the Pyramids, Temples, Tombs and Excavations in Egypt and Nubia*）（伦敦，1822 年）

7 塞缪尔·本特利（Bentley, Samuel），《18 世纪文学逸事》（*Literary Anecdotes of the Eighteenth Century*）（伦敦，1814 年）；玛格丽特·布莱辛顿（Blessington, Marguerite），《与拜伦勋爵的对话之旅》（*A Journal of Conversations with Lord Byron*）（伦敦，1869 年）

8 贾金·邦德森（Bondeson, Jan），《曼彻斯特广场的猪脸女士以及医疗奇迹》（*The Pig-Faced Lady of Manchester Square & Other Medical Marvels*）[斯特劳德（Stroud），2006 年]

9 詹姆斯·博斯韦尔（Boswell，James），《1762—1763 年伦敦杂志》（*London Journal 1762–1763*）（伦敦，1950 年）；R. 布拉德利，《咖啡的优点与使用》（*The Virtue and Use of Coffee*）（伦敦，1772 年）

10 大卫·布兰登（Brandon, David）和艾伦·布鲁克（Brooke, Alan），《马里波恩和泰伯恩刑场的过去》（*Marylebone and Tyburn Past*）（伦敦，2007 年）；约翰·布鲁尔（Brewer, John）和罗伊·波特（Porter, Roy）（编），《消费与商品世界》（*Consumption and the World of Goods*）（伦敦，1993 年）

11 休·布朗（Brown, Sue），《约瑟夫·塞文，一生：友谊的奖励》（*Joseph Severn, A Life: The Rewards of Friendship*）（牛津，2009 年）；斯蒂芬·伯利（Burley, Stephen）《1786—1796 年哈克尼新学院》（*Hackney*

New College 1786–1796)(伦敦，2011 年)

12 约翰·索瑟顿·伯恩(Burn, John),《舰队一带婚姻史》(*History of the Fleet Marriages*)(伦敦，1846 年)；罗伯特·坎贝尔(Campbell, Robert),《伦敦商人》(*The London Tradesman*)(1747 年，伦敦)

13 托马斯·卡莱尔(Carlyle, Thomas),《约翰·斯特林生平》(*The Life of John Sterling*)[波士顿(Boston)，1851 年]

14 文森特·卡雷塔(Carretta, Vincent)(编),《无人问津的声音：18 世纪英语世界黑人作家选集》(*Unchained Voices: An Anthology of Black Authors in the English-Speaking World of the Eighteenth Century*)[肯塔基(Kentucky)，1996 年]

15 贾科莫·卡萨诺瓦(Casanova, Giacomo),《我的生活史》(*History of My Life*)[马里兰巴尔的摩(Baltimore, Maryland)，1997 年]

16 詹姆斯·钱伯斯(Chambers, James),《建造圣保罗大教堂》(*Building* 366 *St Paul's*)(伦敦，2007 年)

17 凯瑟琳·查特(Chater, Kathleen),《不为人知的历史：大不列颠奴隶贸易时期的英格兰和威尔士黑人(1660—1807 年)》(*Untold Histories: Black People in England and Wales During the Period of the British Slave Trade, c1660–1807*)(曼彻斯特，2009 年)

18 帕特里克·科尔奎恩(Colquhoun, Patrick),《有关泰晤士河商业和警力的论述》(*A Treatise on the Commerce and Police of the River Thames*)(伦敦，1797 年)

19 丹·克鲁克香克(Cruickshank, Dan),《乔治时代伦敦的秘密历史：罪恶的报应如何塑造了首都》(*The Secret History of Georgian London: How the Wages of Sin Shaped the Capital*)(伦敦，2009 年)

20 《伦敦塔的奇珍异宝》(*Curiosities in the Tower of London*)(伦敦，

1741 年）

21 亚瑟·欧文·达森（Dasent, Arthur Irwin），《圣詹姆斯广场的历史、伦敦西区的基石，以及查理二世统治时期的白厅（简述）》（*The History of St James's Square and the Foundation of the West End of London, with a Glimpse of Whitehall in the Reign of Charles the Second*）（伦敦，1895 年）

22 多萝西·戴维斯（Davis, Dorothy），《购物史》（*A History of Shopping*）（伦敦，1966 年）；丹尼尔·笛福，《鼠疫年日记》（*A Journal of the Plague Year*）（伦敦，1722 年）

23 丹尼尔·笛福，《穿越整个大不列颠之旅》（*A Tour Through the Whole Island of Great Britain*）（伦敦，1724—1726）；丹尼尔·笛福，《完全的英国商人》（*The Complete English Tradesman*）（伦敦，1726 年）

24 罗伯特·德玛丽亚（DeMaria, Robert），《塞缪尔·约翰逊的生平：一个批判传记》（*The Life of Samuel Johnson: A Critical Biography*）（牛津，1993 年）；W. 丹顿（Denton, W），《有关圣吉尔斯克里斯普门记录》（*Records of St Giles' Cripplegate*）（伦敦，1883 年）

25 罗兰·多比（Dobie, Rowland），《圣吉尔斯田野联合教区史和圣乔治的布卢姆斯伯里》（*The History of the United Parishes of St Giles in the Fields and St George's Bloomsbury*）（伦敦，1829 年）

26 多德·乔治（Dodd, George），《养活 250 万人口的伦敦食品：有关食品主要种类、供应来源、潜在供量、到达方式、加工过程、可疑掺假和供应机械装置的概述》（*The Food of London: A Sketch of the Chief Varieties, Sources of Supply, Probable Quantities, Modes of Arrival, Processes of Manufacture, Suspected Adulteration, and Machinery of Distribution, of the Food for a Community of Two Millions and a Half*）（伦敦，1856 年）

27 彼得·厄尔（Earle, Peter），《英格兰中产阶级的形成：1660—1730年伦敦的商业、社会和家庭生活》（*The Making of the English Middle Class: Business, Society and Family Life in London, 1660–1730*）（伦敦，1989年）

28 皮尔斯·伊根（Egan, Pierce），《伦敦生活，或杰里·霍索恩先生和他那优雅朋友科林斯·汤姆，在奥克森主义者鲍勃·逻辑的陪同下，在大都市中日夜漫步和狂欢》（*Life in London, Or, the day and night scenes of Jerry Hawthorn, Esq.: and his elegant friend Corinthian Tom, accompanied by Bob Logic, the Oxonian, in their rambles and sprees through the metropolis*）（伦敦，1904年）

29 C L.爱丝顿支·埃文（Ewen, C. L' Estrange），《彩票抽奖：有关其引进的历史、法律和道德问题的调查、其在不列颠群岛受到的压制，以及其地位的确立》（*Lotteries and Sweepstakes: An Historical, Legal and Ethical Survey of Their Introduction, Repression and Establishment in the British Isles*）（伦敦，1932年）

30 莫里斯·巴克斯顿·福尔曼（Forman, Maurice Buxton），《约翰·济慈的信》（*The Letters of John Keats*）（牛津，1947年）；M.多萝西·乔治（George, M. Dorothy），《18世纪的伦敦生活》（*London Life in the XVIIIth Century*）（伦敦，1930年）

31 约翰·朱塞佩（Giuseppi, John），《英格兰银行：自其1694年成立以来的历史》（*A History from its Foundation in 1694*）（伦敦，1966年）

32 大卫·R.格林（Green, David R.），《芬斯伯里：过去、现在和未来》（*Finsbury: Past, Present & Future*）（伦敦，2009年）；伊索贝尔·格伦迪（Grundy, Isobel），《玛丽·沃特利·蒙塔古夫人》（Lady Mary Wortley Montagu）（牛津，1999年）

33 罗宾·D. 格温（Gwynn, Robin D.），《胡格诺派遗产：英国胡格诺派的历史和贡献》（*Huguenot Heritage: The History and Contribution of the Huguenots in Britain*）（苏塞克斯，2001 年）

34 约翰·格温妮（Gwynne, John），《改良后的伦敦和威斯敏斯特》（*London and Westminster, Improved*）（伦敦，1766 年）

35 丹尼尔·哈恩（Hahn, Daniel），《伦敦塔动物园：有关皇室成员收集野生动物以及残忍野兽的令人惊叹的真实故事》（*The Tower Menagerie: Being the Amazing True Story of the Royal Collection of Wild and Ferocious Beasts*）（伦敦，2003 年）

36 伊丽莎白·哈姆（Ham, Elizabeth），《伊丽莎白·哈姆她自己》（*Elizabeth Ham by Herself*）（伦敦，1792 年）

367 37 A. P. 汉兹（Hands，A. P.），《1681—1687 年通过伦敦线针街教堂获救的法国新教难民》（*French Protestant Refugees Relieved Through the Threadneedle Street Church, London, 1681–1687*）（伦敦，1971 年）

38 乔纳斯·汉纳（Hanway, Jonas），《茶随笔》（*Essay on Tea*）（伦敦，1757 年）

39 基甸·哈维（Harvey, Gideon），《伦敦城纪念品》（*The City Remembrancer*）（伦敦，1769 年）

40 卡伦·哈维（Harvey, Karen），《阅读 18 世纪的两性：英国色情文化中的身体和性别》（*Reading Sex in the Eighteenth Century: Bodies and Gender in English Erotic Culture*）（剑桥，2004 年）

41 海伦娜·海沃德（Hayward, Helena）和帕特·柯克汉姆（Kirkham, Pat），《18 世纪伦敦家具制造商：威廉和约翰·林内尔》（*William and John Linnell, Eighteenth-Century London Furniture Makers*）（伦敦，1980 年）

42 威廉·哈兹利特（Hazlitt, William），《英格兰主要美术馆的素描》（*Sketches of the Principal Picture Galleries of England*）（伦敦，1824 年）；托尼·亨德森（Henderson, Tony），《18 世纪伦敦生活混乱的女性：1730—1830 年大都市的卖淫现象以及相应管控》（*Disorderly Women in Eighteenth-Century London: Prostitution and Control in the Metropolis*）（伦敦，1999 年）

43 克里斯托弗·希伯特（Hibbert, Christopher），《暴民之王：乔治·戈登勋爵的故事以及 1780 年的伦敦暴动》（*King Mob: The Story of Lord George Gordon and the London Riots of 1780*）（1958 年，伦敦）

44 蒂姆·希区柯克（Hitchcock, Tim），《18 世纪伦敦伦敦穷困潦倒的一面》（*Down and Out in Eighteenth-Century London*）（伦敦，2004 年）；约翰·霍格，《伦敦的真实一面：有关伦敦人健康、习惯和娱乐的一系列观察》（*London As It Is: Being a series of observations on the health, habits, and amusements of the people*）（伦敦，1837 年）

45 里奥·霍利斯（Hollis, Leo），《死而复生：现代伦敦的成就者》（*The Phoenix: The Men Who Made Modern London*）（伦敦，2009 年）；里奥·霍利斯，《伦敦之石：12 栋建筑的历史》（*The Stones of London: A History in Twelve Buildings*）（伦敦，2010 年）；戈登·霍姆（Home, Gordon），《旧伦敦桥》（*Old London Bridge*）（伦敦，1931 年）

46 威廉·霍恩（Hone，William），《日常书》（*The Every-day Book*）（伦敦，1826 年）

47 安妮特·霍普（Hope, Annette），《伦敦人的食物橱：从乔叟时代至今的英国美食》（*Londoner's Larder: English Cuisine from Chaucer to the Present*）（伦敦，2005 年）

48 詹姆斯·豪威尔（Howell, James），《伦敦大都市区》（*Londonopolis*）

（1657年）
49 彼得·杰克逊（Jackson, Peter），《伦敦桥：视觉史》（*London Bridge: A Visual History*）（伦敦，2002年）
50 苏珊·詹金斯（Jenkins, Susan），《赞助人肖像：钱多斯第一公爵詹姆斯·布瑞杰斯的赞助及收集（1674—1744）》（*Portrait of a Patron: The Patronage and Collecting of James Brydges, 1st Duke of Chandos*）[奥尔德肖特（Aldershot），2007年]
51 威廉·杰西（Jesse, William），《博·布鲁梅尔即乔治·布鲁梅尔先生的生平，第1卷》（*The Life of George Brummell, Esq., Commonly Called Beau Brummell, Volume 1*）（伦敦，1844年）
52 卡尔姆·佩尔（Kalm, Pehr），《卡尔姆出访英格兰记录：1748年前往美国》（*Kalm's Account of his Visit to England: On his Way to America in 1748*），约瑟夫·卢卡斯（Joseph Lucas）译（伦敦，1892年）
53 伊恩·凯莉（Kelly, Ian），《博·布鲁梅尔，终极花花公子》（*Beau Brummell, The Ultimate Dandy*）（伦敦，2005年）；伊恩·凯莉，《卡萨诺瓦》（*Casanova*）（伦敦，2008年）
54 琳达·凯莉（Kelly, Linda），《不可思议的男孩：托马斯·查特顿的一生传奇》（*The Marvellous Boy: The Life and Myth of Thomas Chatterton*）（伦敦，1971年）
55 马丁·肯普（Kemp, Martin）和马里纳·华莱士（Wallace, Marina），《公开展示的身体：从莱昂纳多至今的人体艺术与科学》（*Spectacular Bodies: The Art and Science of the Human Body from Leonardo to Now*）（加利福尼亚伯克利，2001年）
56 T. D. 肯德里克（Kendrick, T. D.），《里斯本地震》（*The Lisbon Earthquake*）（伦敦，1957年）

57 亨利·肯特（Kent，Henry），《店主和商人的助理》（*The Shopkeeper's and Tradesman's Assistant*）（伦敦，1768 年）

58 雅各布·拉伍德（Larwood，Jacob），《英格兰贵族房屋标（历史上布告板修订版和现代版）》（*English Inn Signs being a revised and modernized version of History of Signboards*）（伦敦，1951 年）

59 安妮·劳伦斯（Laurence, Anne）（编），《1700—1950 年女性与金钱：妇女与财政论文集》（*Women and Their Money, 1700–1950: Essays on Women and Finance*）（牛津，2008 年）

60 约翰·莱特瑟姆（Lettsom, John），《茶叶贸易的自然历史》（*Natural History of the Tea Trade*）（伦敦，1772 年）；A. G. 琳尼（Linney, A. G.），《伦敦港的西洋镜》（*Peepshow of the Port of London*）（伦敦，1929 年） 368

61 路易莎·利平科特（Lippincott, Louise），《乔治时代伦敦的艺术品出售：亚瑟池塘的崛起》（*Selling Art in Georgian London: The Rise of Arthur Pond*）[康涅狄格纽黑文（New Haven, Connecticut），1983 年]

62 R. B. 利奇菲尔德 (Litchfield, R. B)，《首位摄影师汤姆·韦奇伍德：有关他的生活、他的发现、他与塞缪尔·泰勒·科尔里奇的友谊、科尔里奇给他的信件的描述，以及对其所谓早期摄影发现的记录的考察》（*Tom Wedgwood, the first photographer: An account of his life, his discovery and his friendship with Samuel Taylor Coleridge, including the letters of Coleridge to the Wedgwoods and an examination of accounts of alleged earlier photographic discoveries*）（伦敦，1903 年）

63 托德·朗斯德费·高恩（Longstaffe-Gowan, Todd），《1740—1840 年的伦敦城市花园》（*The London Town Garden, 1740–1840*），（康涅狄格纽黑文，2001 年）

64 杰克·林奇（Lynch，Jack），《18 世纪大不列颠的欺骗与侦查》

（*Deception and Detection in Eighteenth-Century Britain*）（奥尔德肖特，2008 年）；露丝·K. 麦克卢尔 (McClure, Ruth K),《科勒姆的孩子们：18 世纪伦敦的弃婴堂》（*Coram's Children: The London Foundling Hospital in the Eighteenth*）（伦敦，1981 年）

65 保拉·麦克道尔（McDowell, Paula），《葛拉布街的女人们：1678—1730 年伦敦文学市场上的新闻、政治和性别》（*The Women of Grub Street: Press, Politics, and Gender in the London Literary Marketplace 1678–1730*）（牛津，1998 年）

66 乔安妮·麦克尤恩（McEwan, Joanne），帕梅拉·夏普（Sharpe, Pamela）（编），《为穷人提供住宿：1600—1850 年英国贫困人口的住房和起居》（*Accommodating Poverty: The Housing and Living Arrangements of the English Poor, c1600–1850*）[贝辛斯托克（Basingstoke），2011 年]

67 梅纳德·麦克（Mack, Maynard），《亚历山大·蒲柏：一生》（*Alexander Pope: A Life*）（康涅狄格纽黑文，1985 年）；戈登·麦肯齐（Mackenzie, Gordon），《马里波恩：牛津街以北的大城市》（*Marylebone: Great City North of Oxford Street*）（伦敦，1972 年）；亨利·梅休（Mayhew, Henry），《伦敦劳工和伦敦穷人，第 1、2、3 卷》（*London Labour and the London Poor, Volumes I, II & III*）（伦敦，1851 年）

68 罗伯特·美加瑞爵士（Megarry, Sir Robert），《古代和现代律师学院：四大律师学院，衡平法律师学院和陆战队士官律师学院的地理和历史介绍》（*Inns Ancient and Modern: A Topographical and Historical Introduc- tion to the Inns of Court, Inns of Chancery, and Serjeants' Inns*）（伦敦，1972 年）

69 杰拉尔丁·伊迪丝·米顿（Mitton, Geraldine Edith），《汉普斯特德和马里波恩：伦敦之魅力》（*Hampstead and Marylebone: The Fascination of*

London）（伦敦，1902 年）

70 约翰·门罗（Monro, John），《约翰·门罗有关巴蒂医生愚蠢行为论文的评述》（*Remarks on Dr. Battie's Treatise of Madness by John Monro*）（伦敦，1758 年）

71 詹姆斯·尼科尔斯（Nicholls, James），《酒精政治：英格兰饮酒问题的历史》（*The Politics of Alcohol: A History of the Drink Question in England*）（曼彻斯特，2009 年）

72 里克托·诺顿（Norton, Rictor），《克拉普妈妈的茉莉房：1700—1830 年英格兰同性恋亚文化》（*Mother Clap's Molly House: The Gay Subculture in England*）（斯特劳德，2006 年）

73 克拉克·奥尔尼（Olney，Clarke），《历史画家本杰明·罗伯特·海顿》（*Benjamin Robert Haydon, Historical Painter*）（乔治亚雅典，1952 年）；克里斯汀·奥尔森（Olsen, Kristin），《18 世纪英格兰的日常生活》（*Daily Life in 18th-Century England*）[康涅狄格韦斯特波特（Westport, Connecticut），1999 年]；露丝·佩斯（Paley, Ruth）（编），《18 世纪哈克尼司法：亨利·诺里斯司法笔记和哈克尼即决法庭庭审》（*Justice in Eighteenth-Century Hackney: The Justicing Notebook of Henry Norris and the Hackney Petty Sessions Book*）（伦敦，1991 年）

74 黛德丽·波尔克（Palk，Deidre）（编），《1781—1827 年囚犯给英格兰银行的信》（*Prisoners' Letters to the Bank of England 1781–1827*）（伦敦，2007 年）；苏珊·帕尔梅（Palmer，Susan），《索纳斯之家：林肯律师学院广场的家庭生活》（*The Soanes At Home: Domestic Life At Lincoln's Inn Fields*）（伦敦，1997 年）

75 罗纳德·鲍尔森（Paulson, Ronald），《霍加斯：他的生活和时代》（*Hogarth: His Life and Times*）（伦敦，1971 年）

76 朱莉·匹克曼（Peakman，Julie），《极其淫荡之书：18世纪英格兰色情文学的发展》（*Mighty Lewd Books: The Development of Pornography in Eighteenth- Century England*）（贝辛斯托克，2003年）

77 朱莉·匹克曼（编），《1670—1890年性变态》（*Sexual Perversions, 1670–1890*），（贝辛斯托克，2009年）

369 78 托马斯·彭南特（Pennant, Thomas），《伦敦记述》（*An Account of London*）（伦敦，1790年）

79 亚历山大·彭罗斯（Penrose, Alexander），《本杰明·罗伯特·海顿（1786—1846）》（*Benjamin Robert Haydon 1786–1846*）（伦敦，1927年）；米尔顿·佩西瓦尔（Percival, Milton），《奥福德伯爵罗伯特·沃波尔 1676—1745》（*Robert Walpole, Earl of Orford, 1676–1745*）（牛津，1916年）；P. A. S. 菲利普斯（Phillips, P. A. S.），《保罗·德·拉梅里》（*Paul de Lamerie*）（伦敦，1935年）

80 约翰·平克顿（Pinkerton, John）（编），《沃尔波利阿纳》（*Walpoliana*）（伦敦，1800年）

81 约翰·平克顿，《世界各地最佳和最有趣的航行和旅行总集：第2卷》（*A General Collection of the Best and Most Interesting Voyages and Travels in all Parts of the World: Volume 2*）（伦敦，1808年）

82 罗伊·波特（Porter, Roy），《伦敦：一段社会史》（*London: A Social History*）（伦敦，1994年）

83 罗伊·波特和玛丽·穆维（编），《18世纪的快乐》（*Pleasure in the Eighteenth Century*）（贝辛斯托克，1996年）

84 罗伊·波特和艾琳·里贝罗（Ribeiro, Aileen），《理查德和玛丽亚·科斯维：摄政时期颇有品位且引领时尚的艺术家》（*Richard and Maria Cosway: Regency Artists of Taste and Fashion*）（爱丁堡，1995年）

85 詹姆斯・拉尔夫（Ralph，James），《关于伦敦和威斯敏斯特的公共建筑、雕像和装饰品的评论》（*A Critical Review of the Publick Buildings, Statues and Ornaments of London and Westminster*）（伦敦，1763 年）

86 彼得・伦顿（Renton, Peter），《伦敦消失的犹太教堂》（*The Lost Synagogues of London*）（伦敦，2000 年）

87 弗雷德里克・雷诺兹，《弗雷德里克・雷诺兹的生平和时代，由其自己撰写，分两卷：第 1 卷》（*The Life and Times of Frederick Reynolds, Written By Himself, in Two Volumes: Volume I*）（伦敦，1827 年）

88 约书亚・雷诺兹，《七种艺术话语》（*Seven Discourses on Art*）（伦敦，1769 年）；露丝・理查森（Richardson, Ruth），《死亡，解剖和赤贫》（*Death, Dissection and the Destitute*）（伦敦，1987 年）

89 弗朗索瓦・德拉・罗什富高（Rochefoucauld, François de La），《一名英格兰的法国人（1784）》（*A Frenchman in England, 1784*）（剑桥，1933 年）

90 帕特・罗杰斯（Rogers, Pat），《葛拉布街：亚文化研究》（*Grub Street: Studies in a Subculture*）（伦敦，1972 年）；威廉・迈克尔・罗塞蒂（Rosetti, William Michael），《约翰・济慈的生平》（*Life of John Keats*）（伦敦，1887 年）

91 G. S. 卢梭（Rousseau, G. S.）和罗伊・波特（Porter, Roy）（编），《具有启蒙性的地下性交易》（*Sexual Underworlds of the Enlightenment*）（曼彻斯特，1987 年）

92 哈莉・鲁宾霍尔德（Rubenhold, Hallie），《科芬园女士：皮条客首长杰克和哈里斯名单的非凡故事》（*The Covent Garden Ladies: Pimp General Jack & The Extraordinary Story of Harris's List*）（伦敦，2005 年）

93 托马斯・拉格（Rugg，Thomas），《托马斯・拉格 1659—1660 年日

记》(*The Diurnal of Thomas Rugg, 1659-1660*)(伦敦，1961 年)

94 莫莉·桑兹(Sands，Mollie)，《18 世纪的马里波恩游乐园(1737—1777)》(*The Eighteenth-Century Pleasure Gardens of Marylebone, 1737-1777*)(伦敦，1987 年)

95 塞萨尔·德·索绪尔(Saussure, César de)，《1725—1729 年英国的外国视角：塞萨尔·德·索绪尔先生给其家人的信》(*A Foreign View of England in 1725-1729: The Letters of Monsieur César de Saussure to his Family*)，由范·穆伊登夫人(Madame Van Muyden)翻译和编辑(1902 年，伦敦)

96 J. R. 史密斯(Smith, J. R.)，《斑点怪物：英格兰天花(1670—1970)》(*The Speckled Monster: Smallpox in England,1670-1970*)[切姆斯福德(Chelmsford)，1987 年]约翰·托马斯·史密斯(Smith, John Thomas)，《诺勒肯斯和他的时代；当代艺术家的回忆录(从卢比里埃克、霍加斯和雷诺兹时代到菲尤泽利、弗拉克斯曼和布莱克时代)》(*Nollekens and his Times; and memoirs of contemporary artists from the time of Roubiliac, Hogarth and Reynolds to that of Fuseli, Flaxman and Blake*)(伦敦，1829 年)

97 托拜厄斯·乔治·斯莫利特(Smollett，Tobias George)，《汉弗莱·克林克历险记》(*The Expedition of Humphry Clinker*)(伦敦，1771 年)珀西瓦尔·斯皮尔(Spear, Percival)，孟加拉大师：印度的克莱武(伦敦，1974)

98 克雷格·斯彭斯(Spence, Craig)，《17 世纪 90 年代的伦敦：一张社交图谱》(*London in the 1690s: A Social Atlas*)(伦敦，2000 年)，菲利普·多默·斯坦霍普(Stanhope, Philip Dormer)，《信件》(*Letters*)(伦敦，1847 年)

99 苏珊娜·J. 斯塔尔克（Stark, Suzanne J.），《女水手：航海时代的船上女性》（*Female Tars: Women Aboard Ship in the Age of Sail*）（伦敦，1998 年）

100 瓦莱丽·斯蒂尔（Steele, Valerie），《紧身胸衣：文化史》（*The Corset:* 370
A Cultural History）（康涅狄格纽黑文，2001 年）；理查德·塔梅斯（Tames, Richard），《苏活过去》（*Soho Past*）（伦敦，1994 年）

101 玛丽·塞勒（Thale, Mary）（编），《弗朗西斯·普莱斯（1771—1854 年）自传》（*The Autobiography of Francis Place (1771–1854)*）（剑桥，1972 年）

102 《欧洲杂志和伦敦评论》（*The European Magazine, and London Review*）（伦敦，1785 年）

103 《奇异人物的生平和肖像》（*The Lives and Portraits of Curious and Odd Characters*）（伦敦，1852 年）

104 《所多玛的菲尼克斯；或维尔街的小圈子》（*The Phoenix of Sodom; Or the Vere Street Coterie*）（伦敦，1813 年）

105 《灵魂拷问；或者，对金酒贸易对大不列颠产生不良后果的一些思考》（*The Trial of the Spirits; Or, Some Considerations upon the Pernicious Consequences of the Gin Trade to Great Britain*）（伦敦，1736 年）

106 沃尔特·桑伯里（Thornbury, Walter），《新旧伦敦：第 1、2 卷》（*Old and New London:Volumes 1 & 2*）（伦敦，1878 年）；理查德·桑顿（Thornton, Richard），《伦敦历史》（*History of London*）（伦敦，1785 年）

107 约翰·廷布斯（Timbs, John），《伦敦的俱乐部和俱乐部生活：从 17 世纪至今，遍布伦敦的闻名遐迩的咖啡屋、客栈和小酒馆的奇闻逸事》（*Clubs and Club Life in London: With anecdotes of its famous coffee-*

houses, hostelries, and taverns, from the seventeenth century to the present time)(伦敦，1872 年)

108 尼古拉·托尔斯泰(Tolstoy, Nikolai),《半疯勋爵：第二任卡姆尔福德托马斯·皮特(1775—1804)》(*The Half-mad Lord: Thomas Pitt, 2nd Baron Camelford(1775–1804)*),(伦敦，1978 年)

109 伏尔泰(Voltaire),《有关英国民族的信件，信件 6 事关“长老会教徒”》(*Letters Concerning the English Nation, Letter VI 'On the Presbyterians'*)(伦敦，1733 年)

110 爱德华·沃尔福德(Walford, Edward),《新旧伦敦：第 3—6 卷》(*Old and New London: Volumes 3–6*)(伦敦，1878 年)；爱德华·沃尔福德,《有关家庭储物箱的章节》(*Chapters from the Family Chests*)(伦敦，1887 年)

111 霍勒斯·沃波尔,《弗图记事本第 3 卷第 22 号》(*Vertue Note Books, Volume Ⅲ, Number 22*)(伦敦，1933 年)

112 詹姆斯·沃尔文(Walvin, James),《帝国的果实：外来农产品和英国本土品味(1660—1800)》(*Fruits of Empire: Exotic Produce and British Taste, 1660–1800*)(伦敦，1997 年)

113 内德·沃德,《伦敦间谍大全》(*The London Spy Compleat*)(伦敦，1706 年)；内德·沃德,《伦敦战场间谍》(*The Field Spy*)(伦敦，1714 年)

114 大卫·沃特金(Watkin, David),《约翰·索恩爵士的启蒙思想和皇家学院演讲》(*Sir John Soane, Enlightenment Thought and the Royal Academy Lectures*)(剑桥，1996 年)

115 西蒙·韦雷特(Werrett, Simon),《烟花：欧洲历史中的烟火艺术与科学》(*Fireworks: Pyrotechnic Arts and Sciences in European History*)(伊

利诺伊芝加哥，2010 年）

116 洛德·沃顿（Wharton, Lord）（编），《玛丽·沃特利·蒙塔古夫人的信件和作品：第 1 卷》（*The Letters and Works of Lady Mary Wortley Montagu: Volume 1*）（伦敦，1837 年）

117 克莱尔·威廉姆斯（Williams, Claire），《1786 年索菲在伦敦》（*Sophie in London, 1786*）（伦敦，1933 年）

118 约翰·威廉姆斯，《给泰斯庇斯孩子们的别针篮》（*The Pin-basket to the Children of Thespis*）（伦敦，1797 年）

119 莎拉·怀斯（Wise, Sarah），《意大利男孩：19 世纪 30 年代伦敦的谋杀和盗墓》（*Murder and Grave-Robbery in 1830s London*）（伦敦，2004 年）；爱德华·伍德（Wood, Edward），《巨人学和侏儒学》（*Giantology and Dwarfiana*）（伦敦，1868 年）

120 托马斯·赖特，《丹尼尔·笛福的生平》（*The Life of Daniel Defoe*）（伦敦，1894 年）

期 刊

1 J. M. 贝蒂，“约翰·菲尔丁爵士与公共司法：1754—1780 年的弓街地方法院”《法律和历史评论》（Law and History Review），第 25 卷第 1 号（2007 年春），61-100；琳达·布坎南（Buchanan, Linda），“莎拉·西顿斯（Sarah Siddons）以及她在修辞史上的地位”，《修辞学：修辞史杂志》（Rhetorica: A Journal of the History of Rhetoric），第 25 卷第 4 号（2007 年秋），413-434

2 特雷弗·伯纳德（Burnard, Trevor），“1655—1780 年牙买加的欧洲移民”，《威廉和玛丽季刊》（*The William and Mary Quarterly*），第 3 期。第 53 卷第 4 号（1996 年 10 月），769-796 371

3 G. R. 卡梅伦（Cameron, G. R.），“皇家学会会员爱德华·詹纳（1749–1823）”，《伦敦皇家学会笔记和记录》（*Notes and Records of the Royal Society of London*），第 7 卷第 1 号（1949 年 12 月），43-53

4 J. H. 克拉彭（Clapham, J. H.），“斯皮塔佛德法案（1773—1824）”，《经济学杂志》（The Economic Journal），第 26 卷第 104 号（1916 年 12 月），459-471

5 彼得·克拉克（Clark，Peter），“18 世纪初‘金酒狂潮’论战”，《皇家历史学会汇报》（*Transactions of the Royal Historical Society*），第 5 期第 1 卷第 38 号（1988 年），63-84；W. G. 康斯特布尔（Constable, W. G.），“国家美术馆之基”，《伯林顿鉴赏家杂志》（*The Burlington Magazine for Connoisseurs*），第 44 卷第 253 号（1924 年 4 月），158-172

6 詹姆斯·史蒂文斯·柯尔（Curl, James Stevens），“伦敦 17 世纪至 19 世纪的温泉和游乐园”，《花园史》（*Garden History*），第 7 卷第 2 号（1979 年夏），27-68；伊丽莎白·坎贝尔·丹宁格（Denlinger, Elizabeth Campbell），“服装与男人：从哈里斯科芬园女士名单看男性欲望（1764—1793）”，《两性史期刊》（*Journal of the History of Sexuality*）第 11 卷第 3 号（2002 年 7 月），357-394

7 朱莉娅·贝丝·弗兰克（Frank, Julia Bess），“掘墓盗尸：一个严重的医学问题”，《耶鲁生物与医学杂志》（*Yale Journal of Biology and Medicine*），第 49 卷第 4 号（1976 年 9 月），399-410

8 J. G. 哈姆伯（Humble, J. G.），“威斯敏斯特医院：前 250 年”，《英国医学杂志》（*British Medical Journal*），第 1 卷第 5480 号（1996 年 1 月），156-162

9 约翰·亨特（Hunter，John），“有关复苏看似溺亡者的建议”，《伦敦皇家学会的哲学会刊》(*Philosophical Transactions of the Royal Society of London*)，第 66 卷第 1776 号，412–425

10 米洛·凯恩斯(Keynes, Milo)，“波特兰花瓶：威廉·汉密尔顿爵士，约西亚·韦奇伍德和达尔文夫妇”，《伦敦皇家学会笔记与记录》，第 52 卷第 2 号(1998 年 7 月)，237–259

11 莱斯利·路易斯(Lewis，Lesley)，“伊丽莎白，霍姆伯爵夫人以及她在波特曼广场的府邸”，《伯灵顿杂志》(*The Burlington Magazine*)，第 109 卷第 773 号(1967 年 8 月)，443-453

12 林恩·麦凯(MacKay, Lynn)，“贫穷文化? 1817 年菲尔茨圣马丁教堂济贫院”，《跨学科历史杂志》(*Journal of Interdisciplinary History*)，第 26 卷第 2 号(1995 年秋)，209-231；伊莱恩·墨菲(Murphy, Elaine)，“疯人院的变革：查尔斯的生活和工作”

13 皇家学会会员詹姆斯·贝弗利(James Beverly)(1788–1868)和皇家学会会员约翰·沃伯顿·MD(John Warburton MD)(1795–1847)，《伦敦皇家学会笔记与记录》，第 58 卷第 3 号(2004 年 9 月)，267-281

14 E. Perman(E. 佩尔曼)，“18 世纪用电成功进行心脏复苏?”，《英国医学杂志》(*British Medical Journal*)，第 1 卷第 6154 号(1978 年 12 月)

15 马丁·波斯特(Postle，Martin)，“为艺术剥皮：英格兰艺术学院的去皮人体模型”，《英国艺术杂志》(*British Art Journal*)，第 5 卷第 1 号(2004)，55-63

16 A. W. 斯肯普敦(Skempton, A. W.)，“塞缪尔·怀亚特和阿尔比恩磨粉厂”，《建筑史》(*Architectural History*)，第 1 卷第 14 号(1971)，53–73

17 约翰·萨默森（John, Summerson），“变化，衰变和索恩博物馆”，《建筑协会杂志》（*Architectural Association Journal*）（1949 年 10 月），50-53

18 尼古拉斯·坦佩利（Temperley, Nicholas）“洛克医院的礼拜堂及其音乐”，《皇家音乐协会杂志》（*Journal of the Royal Musical Association*），第 118 卷第 1 号（1993），44-72

372 19 H. A. Waldron（沃尔德伦，H. A.），“阴囊癌简史”，《英国工业医学杂志》（*British Journal of Industrial Medicine*），第 1 卷第 40 号（1983 年 11 月），390–401

20 乔纳森·怀特（White, Jonathan），“逐步胜利的皮埃森”：1736—1751 年金酒及其饮酒者的特征，《英国研究杂志》（*Journal of British Studies*），第 42 卷第 1 号（2003 年 1 月），35–64

21 C. E. 赖特（Wright, C. E.），“收藏狂牛津第二伯爵爱德华·哈利（1689—1741）的第八幅肖像画”，《藏书者》（*The Book Collector*），第 2 卷（1962 年），158–174

图书在版编目（CIP）数据

乔治时代的伦敦：探寻城市街道里的生活 /（英）露西·英格里斯著；徐国胜译.
-- 北京：中国工人出版社, 2020.4
书名原文: Georgian London:Into the Streets
ISBN 978-7-5008-7382-2

Ⅰ. ①乔… Ⅱ. ①露… ②徐… Ⅲ. ①城市史—伦敦—近代 Ⅳ. ①K956.1

中国版本图书馆CIP数据核字（2020）第043785号

著作权合同登记号：图字 01-2020-4822

乔治时代的伦敦：探寻城市街道里的生活

出 版 人　王娇萍
责任编辑　董　虹　陈晓辰
责任印制　栾征宇
出版发行　中国工人出版社
地　　址　北京市东城区鼓楼外大街45号　邮编：100120
网　　址　http://www.wp-china.com
电　　话　（010）62005043（总编室）　（010）62005039（印制管理中心）
　　　　　（010）62004005（万川文化项目组）
发行热线　（010）82029051　62383056
经　　销　各地书店
印　　刷　北京盛通印刷股份有限公司
开　　本　880毫米×1230毫米　1/32
印　　张　16.375
彩插印张　0.25
字　　数　350千字
版　　次　2022年2月第1版　2022年2月第1次印刷
定　　价　108.00元

本书如有破损、缺页、装订错误，请与本社印制管理中心联系更换